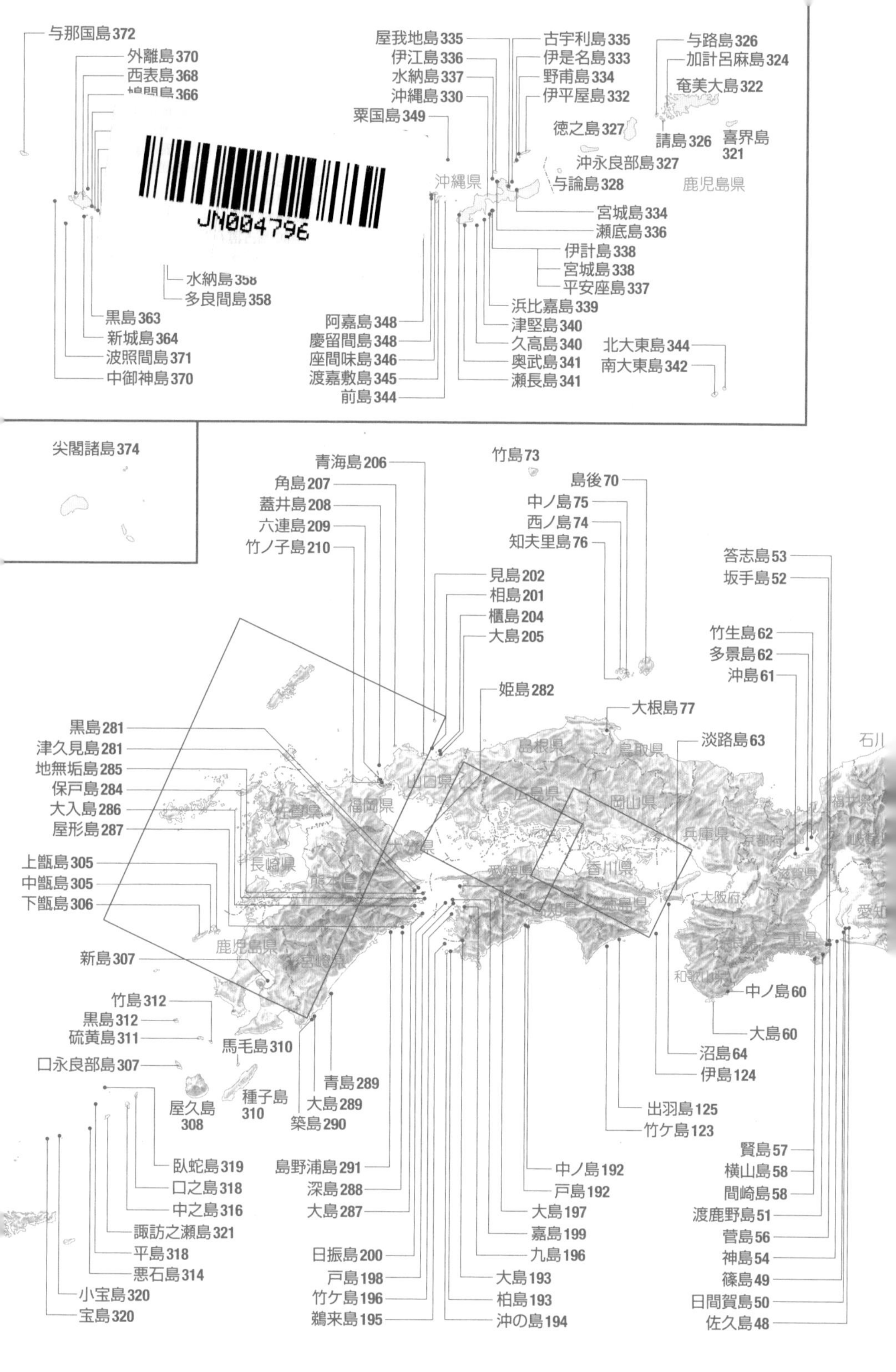

与那国島372
外離島370
西表島368
水納島358
多良間島358
黒島363
新城島364
波照間島371
中御神島370
屋我地島335
伊江島336
水納島337
沖縄島330
粟国島349
沖縄県
古宇利島335
伊是名島333
野甫島334
伊平屋島332
徳之島327
沖永良部島327
与論島328
与路島326
加計呂麻島324
奄美大島322
請島326
喜界島321
鹿児島県
宮城島334
瀬底島336
伊計島338
宮城島338
平安座島337
浜比嘉島339
津堅島340
久高島340
奥武島341
瀬長島341
阿嘉島348
慶留間島348
座間味島346
渡嘉敷島345
前島344
北大東島344
南大東島342
尖閣諸島374
青海島206
角島207
蓋井島208
六連島209
竹ノ子島210
竹島73
島後70
中ノ島75
西ノ島74
知夫里島76
見島202
相島201
櫃島204
大島205
姫島282
大根島77
答志島53
坂手島52
竹生島62
多景島62
沖島61
淡路島63
黒島281
津久見島281
地無垢島285
保戸島284
大入島286
屋形島287
上甑島305
中甑島305
下甑島306
新島307
竹島312
黒島312
硫黄島311
口永良部島307
馬毛島310
屋久島308
種子島310
青島289
大島289
築島290
島根県
鳥取県
山口県
広島県
岡山県
兵庫県
京都府
福井県
石川
佐賀県
福岡県
大分県
長崎県
熊本県
愛媛県
香川県
大阪府
滋賀県
高知県
徳島県
三重県
愛知
和歌山県
鹿児島県
宮崎県
中ノ島60
大島60
沼島64
伊島124
出羽島125
竹ケ島123
賢島57
横山島58
間崎島58
渡鹿野島51
菅島56
神島54
篠島49
日間賀島50
佐久島48
臥蛇島319
口之島318
中之島316
諏訪之瀬島321
平島318
悪石島314
小宝島320
宝島320
島野浦島291
深島288
大島287
日振島200
戸島198
竹ケ島196
鵜来島195
中ノ島192
戸島192
大島197
嘉島199
九島196
大島193
柏島193
沖の島194

The visual encyclopedia of SHIMA

原色 日本島図鑑

加藤庸二

「島」は、一般的に周囲を水域（海、湖、河川）などにより囲まれた、独立している陸地のこと。地球上最大の島はグリーンランドである。国連海洋法条約第１２１条の定義では「島は自然に形成された陸地であること」「水に囲まれていること」「満潮時でも水面上にあること」を満たせば「島」である。日本の島の数は、国土地理院が１万４１２５島、海上保安庁が６８５２島と発表している。

日本の島450
［有人島全収録］

INDEX

北方四島《ほっぽうよんとう》（北海道）

歯舞群島《はぼまい》（根室市）
色丹島《しこたんとう》（色丹郡色丹村）
国後島《くなしりとう》（国後郡泊村／留夜別村《るよべつ》）
択捉島《えとろふとう》（択捉郡留別村《るべつ》／紗那郡《しゃな》紗那村／蘂取郡《しべとろ》蘂取村）

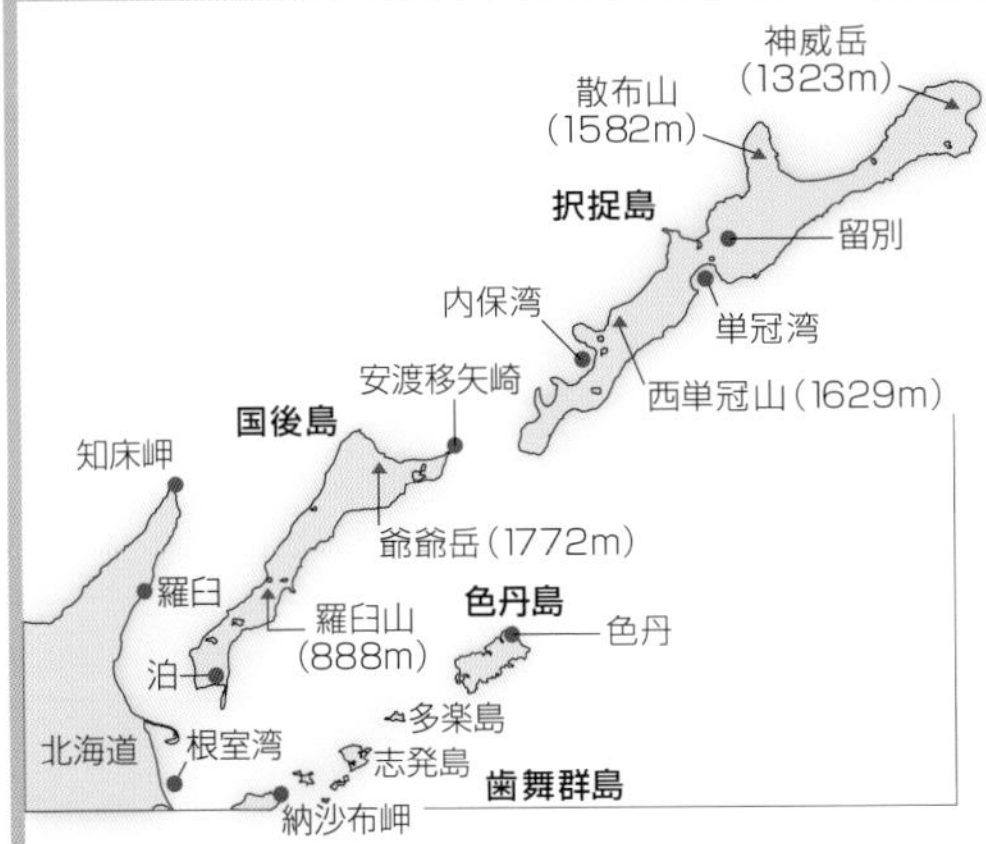

北海道の東にはこれほど多くの
日本固有の島々がある

安政元年（1855）の「日露通好条約」（下田条約）で、択捉島《えとろふとう》と得撫島《うるっぷとう》の間に以前から存在していた国境線で確認と合意がなされ、北方四島は日本の領土として画定されている。しかし第二次大戦終戦まぎわの昭和20年8月9日、それまで日本とソ連で結んでいた「日ソ中立条約」をソ連が一方的に破棄して対日参戦し、その後、日本のポツダム宣言受諾後の8月28日、ソ連はわずか9日間で北方四島を占領したまま今日に至っている。占領されたとき四島には約3千世帯、1万7千人の日本人が生活していたが、昭和24年までに強制退去させられた。北方四島には豊かな水産資源、森林、鉱物資源があり、旧住民の帰島とともに、わが国の領土として必ずや返還を実現しなければならない島々である。

択捉島の港に群れるカモメ。
時事通信社

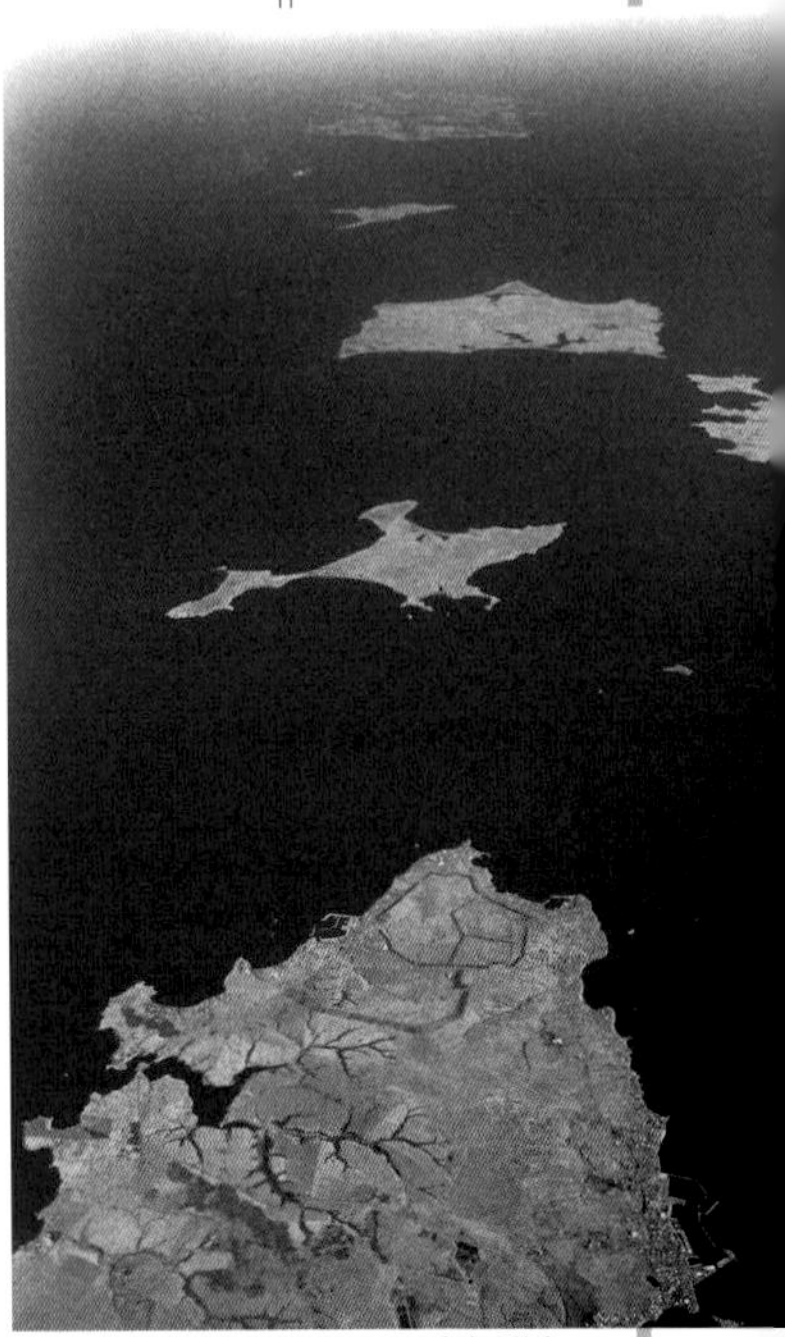

手前、根室半島上空から見た歯舞群島と色丹島（画面上）　提供／朝日新聞社

[歯舞群島データ]・貝殻島　・水晶島 ●面積：12.1㎢　・勇留島 ●面積：9.9㎢　・秋勇留島 ●面積：2.1㎢　・志発島 ●面積：58.3㎢　・多楽島 ●面積：10.9㎢　[色丹島データ]●面積：248.9㎢　[国後島データ]●面積：1489.3㎢　[択捉島データ]●面積：3166.6㎢

原色日本島図鑑

北海道・東日本・中部

Hokkaido
Higashinihon
Chubu

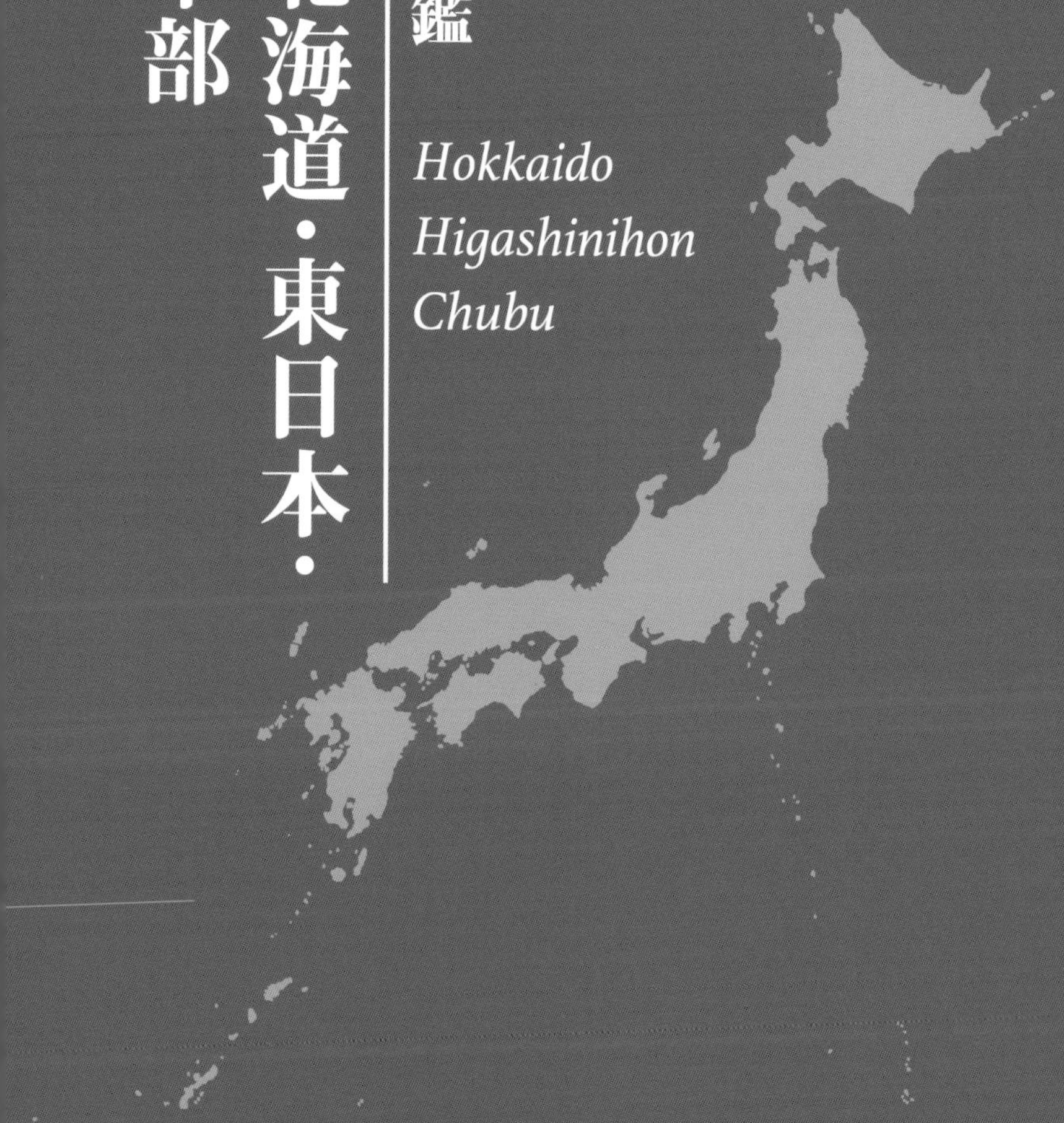

利尻島《りしりとう》（北海道）

日本百名山の利尻山《りしりざん》はアルピニストの憧れ

稚内港の西、約52kmにある。寛文9年（1669）に松前藩が交易のために寄港した際、アイヌの人々300人ほどが居住する島だったと伝えられる。嘉永1年（1848）、アメリカの捕鯨船乗組員だったラナルド・マクドナルドが上陸した島として知られる。この島で保護されたマクドナルドは長崎に送られ日本初の英話教師となった人物で、教え子の通詞・森山栄之助はペリー提督と幕府との条約交渉の際に通訳を

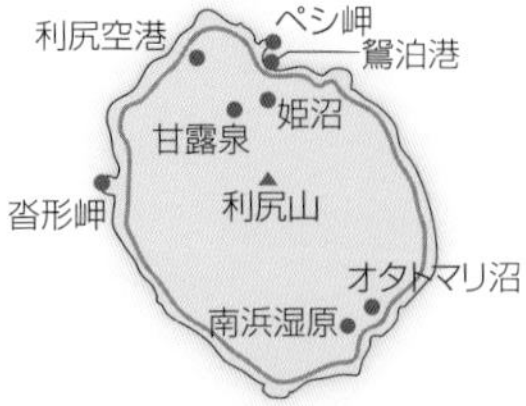

鴛泊《おしどまり》港を出港して礼文島に向かう船上から見た利尻山（1721m）。6月下旬でもまだ残雪が多い。

務めた。
島の周囲は64㎞、全体が山の島である。島の中央にそびえる利尻山（1721m）は日本百名山の一つで、しかも日本最北の名山として知られ多くのアルピニストが憧れ、そして訪れる。利尻山の登山をする人は朝から丸1日を使ってひたすら歩くが、山登りをしない人でも登山口の5合目まで行き、その周辺のエゾマツやダケカンバの中を歩いて森林浴するのもよい。少し歩くと名水の「甘露泉」がこんこんと湧く場所がある。

南浜湿原には水鳥などもやって来る。

湖沼が美しい。北部には「姫沼」、南部には「オタトマリ沼」があり、どちらも利尻山を水面に映す静寂で雄大な風景が美しい。また南部のオタトマリ沼の近くにある「南浜湿原」は、木道を歩き湿地の草花を探勝するのによい場所で鳥の観察もできる。
夏のシーズンにはコンブ漁で島の漁師たちは忙しく、特産の「利尻昆布」が浜に干される光景も見られる。鴛泊《おしどまり》港のペシ岬に上って壮大な夕日の眺めを見たあとは、鴛泊と沓形にある温泉に浸かるのもまた格別。

ペシ岬は標高93m。夕日と港の景色が素晴らしい。

アカエゾマツ原生林が美しい姫沼。

【利尻島データ】●北海道利尻郡利尻町／利尻富士町　●人口：4,051人　●面積：182.12㎢　●周囲：64.0㎞
●ホームページ：利尻町 https://www.town.rishiri.hokkaido.jp ／利尻富士町 https://www.town.rishirifuji.hokkaido.jp

礼文島《れぶんとう》（北海道）

厳冬期もまた格別
でも、やっぱり夏のお花畑——

5～6月にかけて咲くレブンアツモリソウ。

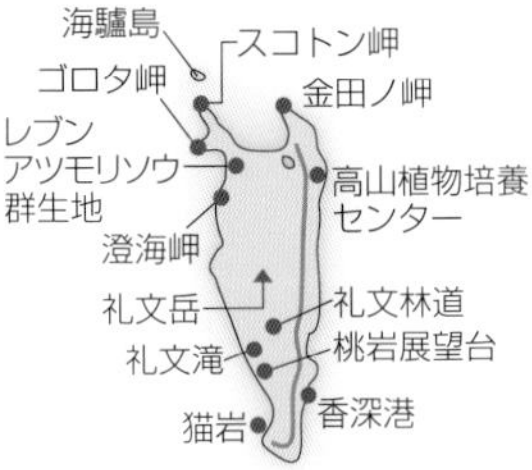

稚内港の西、約59kmにある。江戸時代前期に松前藩がニシンやサケ、コンブなどの水揚げ地としてここを開拓したのが島の始まりといわれる。その後、弘化3年（１８４６）に津軽半島先端にある三厩《みんまや》村の柳谷万之助という漁家がこの島に進出し、香深《かふか》（当時は尺忍《しゃくにん》と呼ばれた場所）に渡島《おしま》漁場を開いた。

夏の快晴の朝には、よくガス（霧）に包まれる。アイヌの古戦場伝説を残す「桃岩」。まさに桃の形の岩。

利尻島が山登りを目的とするアルピニストの島だとするならば、ここは丘陵地をハイキングしながら楽しむというという島である。島自体が高緯度にあるので、本土のようにわざわざ高い山に登らなくても平地で高山植物が見られるという特異な島でもある。

　南北に長い島の比較的平地のある北部と東側に集落が開け、西側は断崖の海岸線が続いて険しい。しかしその厳しい環境の中にも数か所漁村集落がある光景を見ると、大自然の中でも海の豊かさで生活していけることが実感としてわかるだろう。また最北端のスコトン岬から見える海驢島も、現在は無人島だがかつては漁師たちが暮らす島だった。

島の伝統食「トド鍋」。

魚をさばく鮑古丹の漁師。

　5月下旬から6月上旬にこの島の固有種である『レブンアツモリソウ』が咲く。クリーム色の美しい花だ。西海岸北部や桃岩周辺は〝お花畑〟と呼ばれるほどの高山植物の宝庫。6月〜8月にかけて歩けばいろいろな花を探勝できる。強風、霧、雨など天気の悪い日は迷わず「高山植物培養センター」へ。50種2万株の島の草花を楽しめる。夏はウニの季節。早起きすれば沿岸のウニ漁や水揚げ、殻割りなども見られる。

　厳冬の年末から冬が終わる3月ごろま

西海岸にある落差15mの日本最北（北方領土を除く）の滝「礼文滝」。

夏の名物「ウニ丼」。

で、礼文島は雪と氷の世界に覆われて、大地は静かに眠っているようである。島の最北の地、スコトン岬の冬はほとんど毎日シケの海景色になり、すぐ近くにあるトド島も見えなくなるほど海は荒れる。

　冬の礼文島自体の積雪はさほど多くはないが、島の大地に吹きつけて張りつく雪がカチカチに凍って島全体を包み、礼文島はまるで冷凍庫の中のような世界となる。

春から夏へ。「澄海岬」の海の色は美しい。

レブンウスユキソウ

　島に春のきざしが訪れるのは毎年4月の初めころだろうか…。白波で荒れ狂っていた海が穏やかな表情の海面に戻ってくる。そのころになるとスコトン岬の沖合にある海驢島あたりには暖かい日本の海の居心地がよいのか、冬場を礼文島近海で過ごしたアザラシたちがいつまでも岩礁の上で日光浴をしている姿が見られる。

　大地から雪がすっかり消え、久しぶりに太陽の下に姿を現した地面は、

チシマフウロ

ひなたぼっこ中のゴマフアザラシ。

レブンシオガマ

エゾノハクサンイチゲ

西海岸最南部の景観。島の右には座ったネコの後ろ姿に見える奇岩の「猫岩」がある。

思い出したように緑のじゅうたんを繁茂しはじめる。しかし、ほんとうの礼文島の春は5月の声を聞いてから…。西海岸の澄海《すかい》岬の海がまるで沖縄のようなエメラルドブルーの極彩色になり、山肌や草原では白、黄色、紫、などの草花が咲き競い、誇らしげに島の花の季節を謳歌する。北部のスコトン岬から西海岸に沿って遊歩道を歩くと雄大な海の景観とお花畑のコントラストがみごとだ。島の南部の「桃岩」や礼文林道に沿って歩くのもいいだろう。6月から8月ごろにかけて礼文島はお花畑一色となる。

吹雪模様の真冬のスコトン岬。

初夏のスコトン岬。潮風いっぱいの清々しい景色。

【礼文島データ】●北海道利礼文郡礼文町　●人口：2,248人　●面積：81.64㎢　●周囲：66.6㎞
●ホームページ：礼文町 https://www.town.rebun.hokkaido.jp

天売島《てうりとう》（北海道）

海鳥を通して自然を知る

羽幌港の西、約28㎞にある。日本全国の数ある島々の中でも海鳥の島として特に有名。東側は丘陵の穏やかな地形で集落はそちら側にあるが、西側には集落はなく海岸は険しい断崖になっている。そこでは8種100万羽を超す海鳥たちがやって来る。

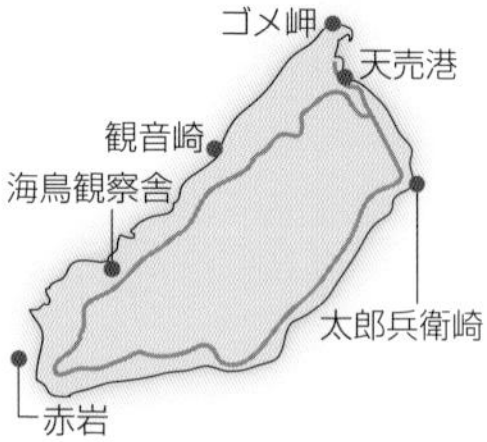

鳥のフンで真っ白になった「赤岩」。

5月にウミネコたちが飛来して子育てが始まり、ウミスズメ、ウトウ、ケイマフリ、ウミガラス（オロロン鳥）などが7月ごろまでの間、西海岸の断崖を中心に乱舞する光景は圧巻。

夏、7月ともなるとあたりの磯ではウニ漁が始まる。早朝いっせいに海に繰り出したノナ船（ウニ取りの小船）は、数時間で船いっぱいのウニを取り帰港する。島に泊まればそれを食べることができる。島で食べるウニは濃厚。街で食べるものとは明らかに味が違いうまい。タラやホッケ、ミズダコ、オオナゴなどの漁が盛んである。

西側の断崖は海鳥たちの楽園。春から夏にかけては遊覧船で海上から観察もできる。

▲まずお出迎えしてくれるのはウミネコ。
▶天売港と家々が密集する港前。

［天売島データ］●北海道苫前郡羽幌町　●人口：267人　●面積：5.47㎢　●周囲：11.6㎞
●ホームページ：羽幌町 https://www.town.haboro.lg.jp

焼尻島《やぎしりとう》（北海道）

海歩きから山歩き 雄大な牧場でひと休み

羽幌港の西、約25㎞にある。全体には丘のようになった緩斜面の島でありながら、東側半分には北海道でオンコと呼ぶイチイの原生林があり、「焼尻の自然林」として国指定天然記念物になっている。

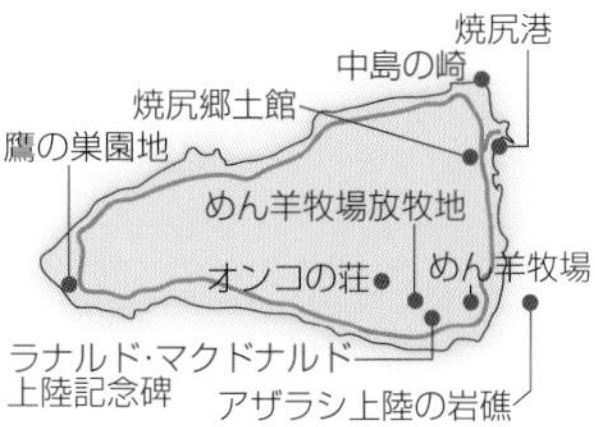

沖の岩礁でひなたぼっこするゴマフアザラシ。肉眼でもじゅうぶん見ることができる。

その中にはちょっとした谷もあってトレッキングを楽しむのには絶好。また、自然林の中には季節によっていろいろな野草も見られ、植物観賞や野鳥観察などを目的にやって来る旅人も多い。その自然林を西に抜け出ると「めん羊牧場」の広大な丘陵が展開する。ここが島か…、と意外に思うほどののびやかな風景が展開する気持ちのよい場所。

東海岸部の岩礁地帯には毎年ゴマフアザラシがやって来て、春どころか初夏以降まで留まることが多く、島内から望遠鏡で観察できる。南東部の海岸には、日本初のアメリカ人英語教師ラナルド・マクドナルドが幕末に漂着、一時上陸した場所として記念碑が建つ。

夏のウニ漁は早朝の数時間が勝負。船いっぱいのウニの水揚げに力が入る。

▲明治33年の洋風建築、旧小納家は現在「焼尻郷土館」。

▶自然林の真ん中あたりが「うぐいす谷」。

［焼尻島データ］●北海道苫前郡羽幌町　●人口：158人　●面積：5.19㎢　●周囲：10.6㎞
●ホームページ：羽幌町 https://www.town.haboro.lg.jp

奥尻島《おくしりとう》（北海道）

江差や函館から
味覚と天然温泉を求めて

江差港の北西、約60kmにある。定期船はその60kmの間を結んでいるが、もっとも本道に至近の大成町との距離は約20km。平成5年に起きた北海道南西沖地震の大津波では198人という多くの犠牲者を出す災害となったが、現在はそこからもみごとに復興して防災にじゅうぶん対応した島として全国の島々の手本になっている。

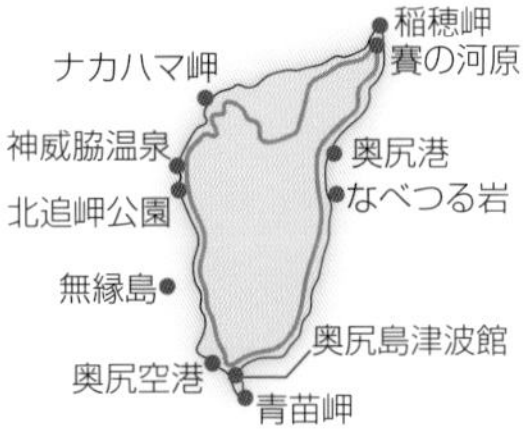

地震発生と大津波、火災、そして復興と、奥尻島に起きた災害の記録を展示する「奥尻島津波館」。

水産物の島で、特にイカやタラ、ホッケ、ウニなどが特産。島の宿に泊まると、早朝に帰港する漁船の水揚げの様子を見学することもでき、そのまま宿の料理になったりするので海鮮の味覚が楽しめる。見どころは北部の荒涼とした光景の稲穂岬と「賽の河原」、そして奥尻港からも見える「なべつる岩」など。温泉愛好家をとらえて放さないのが「神威脇《かむいわき》温泉」。63℃で泉質は食塩泉。西向きにあり日本海の落日をながめながら湯に浸かることができる。

西側の海岸「無縁島」の美しい落日。あたりの磯はウニとアワビの漁場。

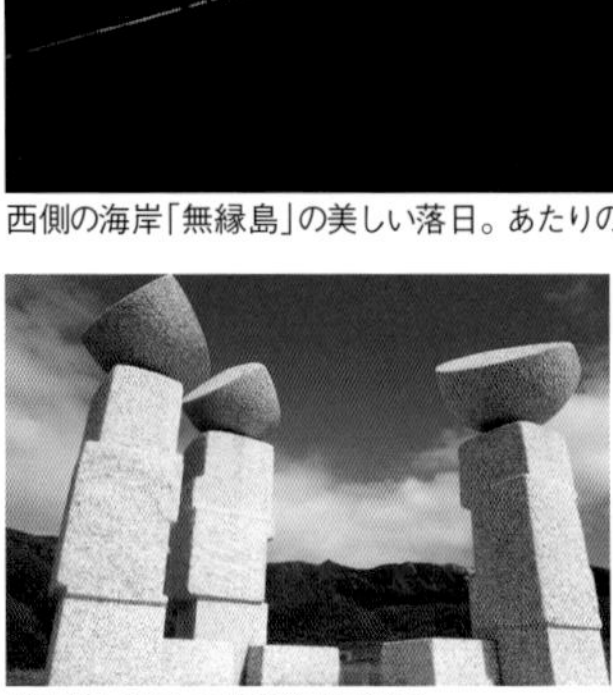
彫刻家・流政之氏の作品がある「北追岬公園」。

奥尻港の名物といえる景観はこの「なべつる岩」。

［奥尻島データ］●北海道奥尻郡奥尻町　●人口：2,268人　●面積：142.97㎢　●周囲：68.0㎞
●ホームページ：奥尻町 https://www.town.okushiri.lg.jp

こじま

小島（北海道）

〈厚岸小島〉あっけしこじま

コンブに明けてコンブに暮れる

厚岸町の床潭《とこたん》地区の南、約1kmにある。対岸の本道から小島をながめると小高い丘は見えるものの全体としては海面に隠れてしまいそうなほど平坦で、この島に人が住んでいるのかと不思議に思えるほどである。しかし、ちゃんと島には住人がいる。コンブ漁で生計を立てている漁師たちの島である。冬の期間は対岸の床潭の家で暮らし、春の海明けとともに小島に渡りさまざまな漁をして暮らしている漁師である。

真っ平らで石ころが敷き詰められた磯は、取ったコンブを広げて乾かす干《かん》場《ば》である。早朝、いっせいにスタートするコンブ漁船が白い航跡を立てて漁場に急ぎ、数時間で島に戻ると今度は家族総出で船からコンブを下ろして干す。夕方までには干し上げて、それを均一の長さに切り出荷する。この島の住人は、初夏から夏の終わりまでに1年分の仕事をしてしまうのである。

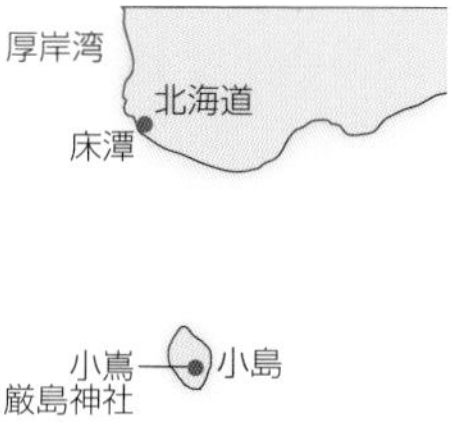

一家総出の作業となるが、1年間の収入を夏の数か月で稼ぎ上げるのだから大変といえば大変。

本道の厚岸町床潭《とこたん》から見た、小島（手前）と、後方の大きな島は無人島の大黒島。

▲▶水揚げしたコンブは一枚ずつ浜に広げて天日干しをおこない、基本的にはその日1日で乾燥させる。

［小島〈厚岸小島〉データ］ ●北海道厚岸郡厚岸町 ●人口：0人（季節定住の島） ●面積：0.05㎢ ●周囲：0.9㎞
●ホームページ：厚岸町 http://www.akkeshi-town.jp/

ユルリ島《ゆるりとう》（北海道）

絶滅危惧種の海鳥・エトピリカが飛来する海域

有人島だったころの遺物…、朽ちた車輪。

根室市・昆布盛《こんぶもり》の南、約2・6kmにある。本土側から見ると、険しい山などない真っ平らな島だが上陸する浜が見あたらない。かつて明治末期から昭和50年前後までコンブ漁業が営まれていて、その最盛期には6軒の番屋があった。また大正時代に10年間ほど「北日本養狐《ようこ》」という養狐場があり、外来種の

島の周囲は20～30mの断崖が続く。島の平地に上がるところは数か所あるだけである。

ギンギツネを飼育していた。現在は無人島である。番屋を置いて漁業を営んでいた当時、コンブを崖上の干場《かんば》に引き上げるための櫓と滑車を回す動力として馬を使ったが、昭和40年代には機械化されて馬が必要なくなり自然放牧として放たれ、無人島となった後は野生化していた。2017年、調査で3頭が確認された。

周囲約7㎞、東西2㎞、南北2㎞、標高約43mで面積は約168ヘクタール。北東部に大きな沢があり、島の周りは20〜40mの断崖になっている。

湿地に咲くハクサンチドリ。

島の中央部には東西約800m、南北約500mの中・高層湿原『ユルリ島湿原』が心形状に広がっている。ここは環境省の〝日本の重要湿地500〟の一つに指定されている。貴重なこの島固有の植物相を守るため、入島を学術調査のみに制限し、なおかつ島外から持ち込まれる可能性のある靴底に付いた菌、種子などを防ぐために靴の履き替えなどで対処する。また、海岸部や島の周囲はケイマフリ、ウミウ、美しいエトピリカなど希少、絶滅危惧種の鳥類が飛来する海である。隣のモユルリ島とともに国の鳥獣特別保護区で、一般者の入島は禁止されている。

昭和35年に初点灯した緩島（ゆるりとう）灯台。

[ユルリ島データ] ●北海道根室市 ●人口：0人 ●面積：1.97㎢ ●周囲：7.0㎞
●ホームページ：根室市 https://www.city.nemuro.hokkaido.jp/

鴎島《かもめじま》（北海道）

カモメが多いからか 島の形がカモメだからか

名は体を表す…の通り、羽を広げて飛び立つカモメの姿。

1750年代は年間3千隻もの北前船が入港し、蝦夷地の玄関・江差港は大いに賑わった。その港の正面にある鴎島は江差港の天然の風波除けといえる島で、船の係留に格好の場所だった。

航海安全を願って江差問屋商人が建てた鴎島灯台があり、島の西側には、小さな口に太い胴の形をした昔の酒器「瓶子《へいし》」になぞらえた瓶子岩がある。

[鴎島データ] ●北海道檜山郡江差町 ●人口：4人 ●面積：0.3㎢ ●周囲：3.0㎞
●ホームページ：江差町 https://www.hokkaido-esashi.jp/

出島《いずしま》（宮城県）

リアス式の海岸線を
横目に見ながら
島内歩きが楽しい

女川《おながわ》港から定期船で7㎞の海上を渡って出島港に到着するが、島自体は本土に寄り添うようにあって、その一番近いところはわずか３００ｍ。島の周りの海面にはカキの養殖イカダが並び壮観だ。出島地区から寺間地区までの新道が開通した。木々を愛で、鳥のさえずりを聞きながら散策すると楽しい。

女川町の本土と結ばれる出島架橋は、令和6年12月に開通。

深い入り江の天然の良港、寺間漁港。

[出島データ] ●宮城県牡鹿郡女川町　●人口：57人　●面積：2.63㎢　●周囲：14.0㎞
●ホームページ：女川町 http://www.town.onagawa.miyagi.jp

江島《えのしま》（宮城県）

人の手によって作られた
みごとな石階段があった

女川港から13㎞の洋上にあるこの島は、昭和50年代頃までは『石階段の島』という異名をとっていた。急傾斜地に家々を建てて集落を作り、家から家へとつなぐ堅牢な道を作り、高低差が及ぶ場所には苦心の末にみごとな自然石の階段をつけたのだった。東日本大震災で島内は大きく壊れ、その面影を見られる場所はなくなった。

洋上から見る江島全景。

斜面に建つ家々、その先に船着場が見える。

[江島データ] ●宮城県牡鹿郡女川町　●人口：46人　●面積：0.36㎢　●周囲：3.7㎞
●ホームページ：女川町 https://www.town.onagawa.miyagi.jp

おおしま

大島（宮城県）

〈陸前大島〉りくぜんおおしま

東北の絶景
亀山からのリアス式海岸

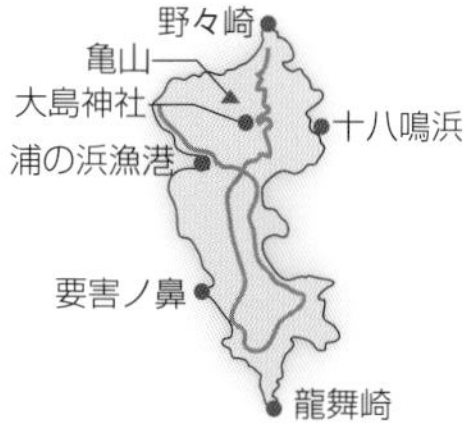

気仙沼湾内にあり、もっとも至近の本土は大島瀬戸をはさむ約250mと近い。面積は大きいが人口の少ない金華山を考慮すれば、この島が東北地方では最大といってよい。全体が陸中海岸国立公園の中にあり、リアス式の深い入江である気仙沼の風景の中に美しい島山を見せている。島の最高所である亀山（234m）からの展望は素晴らしく、本州は東北の山々から唐桑《からくわ》半島までが一望に捉えられる。眼下には気仙沼湾に浮かぶワカメやカキ養殖の様子が見える。また亀山の展望台から散歩がてらに下りてくると、中腹には創建から1千年を経るといわれる重厚な大島神社がありこれもみごとである。

十八《くぐ》鳴浜《なりはま》は、歩くとキュッキュッと音がでる「鳴き砂」の現象が起きる砂浜として知られる。宿泊の旅館も充実していて、どこも魚料理を自慢にしているところが多い。

234mの亀山山頂にある展望台。ここからは気仙沼湾や港、唐桑半島まで一望できる。

亀山の中腹から見た本土の唐桑半島の景観。入り組む内湾の景色が美しい。

歩くとキュッ、キュッと音がする鳴き砂の浜辺「十八鳴浜」は国指定天然記念物。

南東端の「龍舞崎遊歩道」から見る日の出。

［大島〈陸前大島〉データ］ ●宮城県気仙沼市 ●人口：2,176人 ●面積：8.50㎢ ●周囲：24.3㎞
●ホームページ：気仙沼市 https://www.kesennuma.miyagi.jp

金華山《きんかさん》（宮城県）

恐山、出羽三山と並び東北の三大霊場

牡鹿半島の先端から1kmの海上を経てある信仰の島。奈良時代、聖武天皇が東大寺の大仏を建立の際、陸奥守がこの島から採れた黄金900両を献上したという伝説がある。船から下りて鹿の遊ぶ参詣道を歩いてお参りするのは、天平21年（749年）に創建された黄金山《こがねやま》神社。金運・開運の神様で3年続けてお参りすると一生涯裕福に。

人なつこく寄ってくるシカ。

網地島から見た金華山全景。

［金華山データ］●宮城県石巻市　●人口：5人　●面積：10.28㎢　●周囲：17.3㎞
●ホームページ：石巻市 https://www.city.ishinomaki.lg.jp/

宮戸島《みやとじま》（宮城県）

異国船を見張る場所があっただから外海も松島湾もよく見える

松島海岸からはもっとも離れた奥松島にあり、本土と橋でつながる松島湾最大の島。「宮戸島人」と呼ばれる縄文時代の人骨がこの島の里浜貝塚から出土し、周辺の古代のようすが明らかにされた（奥松島縄文村歴史資料館）。全体に平坦な島だが、松島の奇岩・景勝の場所ともなっていて、美しい木立の島々景観を見せている。

景勝の小島として名高い「花魁島」。

縄文時代が学べる奥松島縄文村歴史資料館。

［宮戸島データ］●宮城県東松島市　●人口：438人　●面積：7.39㎢　●周囲：不明
●ホームページ：東松島市 https://www.city.higashimatsushima.miyagi.jp

田代島《たしろじま》（宮城県）

なぜか毛並みのよい
ネコちゃんがいる島
「猫神様」の神社が――

対岸には牡鹿半島が見渡せ、石巻と鮎川からの定期船で渡る。ネコ好きにはたまらないネコの楽園となっている島で、船を下りてから集落までずっとネコたちの歓迎を受ける。古来、大型定置網の「大謀網漁」がおこなわれている島で、昔の番屋跡なども今に残る。島内くまなく歩いても3時間ほどで、起伏も少なく楽しい散策ができる。

ネコは島の宝物。それをお祀りする「猫神社」。

漁船が入るとこのとおり、ネコは餌をおねだり。

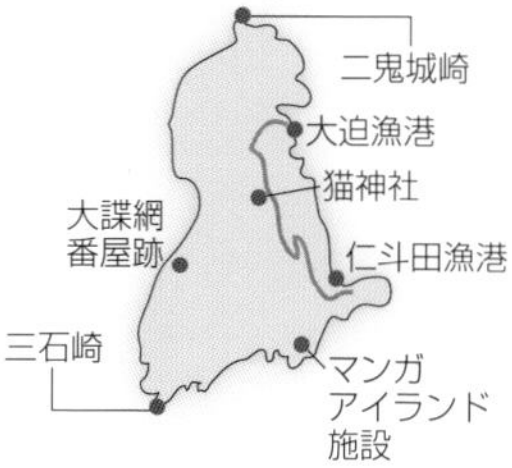

［田代島データ］●宮城県石巻市　●人口：47人　●面積：2.92㎢　●周囲：11.5㎞
●ホームページ：石巻市 https://www.city.ishinomaki.lg.jp/

網地島《あじしま》（宮城県）

ドワメキ崎に立てば
牡鹿の入り江集落のその先に
金華山の秀景

牡鹿半島の鮎川港のほぼ正面4㎞にある。戦後はカツオなどの遠洋漁業の基地となり、3千人という島の人口を数えたこともあったが、今は沿岸漁業のみ。島には網地《あじ》と長渡《ふたわたし》の二つの漁港があり、この間4㎞を散策すると楽しい。長渡の外れにはドワメキ崎という眺望のよい岬があり、灯台の白色がまぶしい。

波の荒い日に網地漁港に入港する定期船。

自家栽培の畑がいたるところにある。

［網地島データ］●宮城県石巻市　●人口：268人　●面積：6.49㎢　●周囲：20.7㎞
●ホームページ：石巻市 https://www.city.ishinomaki.lg.jp/

桂島《かつらしま》（宮城県）

なだらかな丘陵とのどかな浜が
いかにものんびりと
旅人を迎えてくれる

松島湾の中央部に位置し、塩釜からの巡航船が最初に寄港する島。5月の連休の潮干狩りや海水浴のシーズンには仙台からの観光客で多少混雑するが、通常は空いていて静かな島。島内ののどかな風景や漁港をのぞいて散策するのに好適。海運業で一代事業を興して大成功を収めた白石廣造氏の屋敷跡が石浜港から5分の場所にある。

海運事業を興した実業家・白石廣造の邸宅跡。

春に獲れたアサリの酒蒸し料理。

[桂島データ] ●宮城県塩竈市　●人口：89人　●面積：0.67㎢　●周囲：6.8㎞
●ホームページ：塩竈市 https://www.city.shiogama.miyagi.jp

野々島《ののしま》（宮城県）

鎌倉時代の密貿易の舞台か
気軽にタイムトラベル

周辺の島で唯一の中学校があり、近隣の島から生徒が通う。島の南端に長者屋敷と今も伝えられる場所があり、そこを舞台に密貿易がおこなわれていたといわれる。たしかにそれを裏づけるような怪しい小路、裏山へ抜ける小道、巨万の富を隠したといわれる手掘りの「ボラ」と呼ぶ洞窟などがそこかしこにあり、探検すると楽しい。

「ボラ」と呼ばれる岩にあけた手掘りの穴。

船でやって来て、港に広げて開店。名物の「船の商店」だったが、今はもうない。

[野々島データ] ●宮城県塩竈市　●人口：57人　●面積：0.44㎢　●周囲：8.9㎞
●ホームページ：塩竈市 https://www.city.shiogama.miyagi.jp

寒風沢島《さぶさわじま》（宮城県）

東北の小島の野辺の小径
歩けば幕末の時代がしのばれる

その昔、遊郭があり栄えていたころの名残。遊女たちが荒縄を地蔵に巻きつけて、逆風祈願をしたと伝えられる「しばり地蔵」。

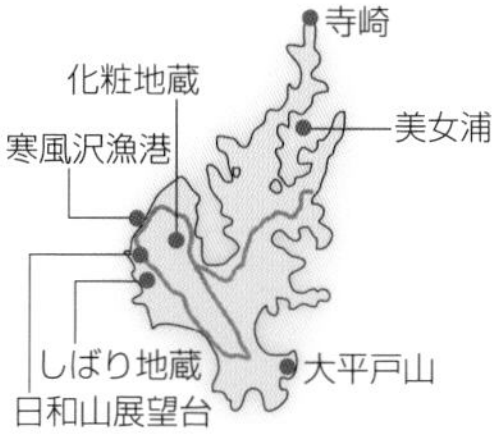

桂島、野々島とわずか数百mという距離で隣接する、浦戸諸島の有人4島の中で一番大きい島。幕末の安政年間、造船技術者を江戸から寒風沢島に招き、この島で日本初の鋼鉄製軍艦「開成丸」が建造された。内海の静かな海域はなぜか瀬戸内海の穏やかさにも似て、どちらも造船に好適な場所だったといえる。

江戸時代中ごろは千石船が航海し、幕府の米に関わる中継地として栄えた。小さな集落の中に連子格子《れんじごうし》がはめられた家が残っていて（震災前）、この島の気風や当時の面影をしのぶにはじゅうぶんだった。当時の繁栄の様子は、港横にある日和山《ひよりやま》展望台に上がるとよくわかる。天保年間（1830〜1844年）の「十二支方角石」、遊女が船出をさせなくするため荒天の願かけをしたという「しばり地蔵」などのほか、「化粧地蔵」や野仏、道祖神などが野辺の小径に点在している。歴史に裏づけられた史跡や碑文を読み解きながら散策するのに絶好の場所。

島のまわりのカキ養殖イカダを縫って巡航船は走る。

▲寒風沢漁港の漁師たち。

▶南部に広がる平地は畑と田んぼ。

[寒風沢島データ]●宮城県塩竈市　●人口：83人　●面積：1.21㎢　●周囲：13.5㎞
●ホームページ：塩竈市 https://www.city.shiogama.miyagi.jp

ほおじま
朴島（宮城県）

朴と名のつく島はここだけ 財宝の隠し島だという説も——

朴島のある浦戸諸島周辺には、江戸時代の仙台藩が米からはじまり莫大な軍用金、さまざまな財宝を周辺の島々に分けて隠したという伝説が残る。この朴島もその例外ではなく、島名の「朴」は財宝を隠した場所としての「宝」で、宝島と同じであるという説をとる人もいる。

ハクサイの種を作るために菜の花を植える。春の連休には島の斜面はみごとな菜の花畑に。

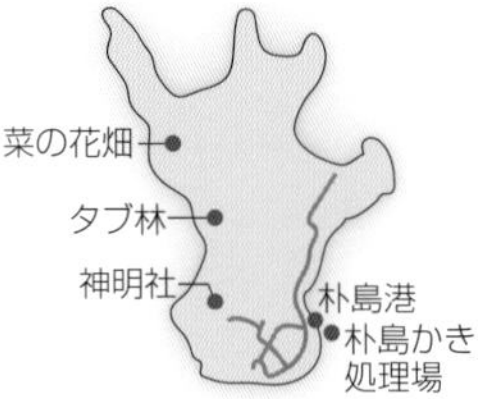

塩竈《しおがま》港を出港した巡航船は三つの浦戸諸島を経由し、最後の4島目に朴島に到着する。カキ養殖を営む漁業の島の玄関ともいえる船着き場周辺には養殖に使うホタテの貝殻が山積みされていて、太陽を照り返すその白さがまぶしい。春の連休のころ、この島は「丸ごと菜の花畑」になる。港で下りて家々を抜け、神明社の鳥居をすぎ、タブノキの木立を越えると、あたりは見晴るかす文字通りの「丸ごと菜の花畑」の景色になる。この菜の花から採れるのが特産「松島白菜」の種になる。

巡航船が着く岸壁には、カキ養殖に使うホタテの貝殻が山積み。

▲この海域の島々は浦戸諸島と呼ばれる。

▶キャベツ畑の島びと。

［朴島データ］●宮城県塩竈市　●人口：13人　●面積：0.34㎢　●周囲：2.2㎞
●ホームページ：塩竈市 https://www.city.shiogama.miyagi.jp

飛島《とびしま》（山形県）

かつては北前船も寄港した由緒ある地

酒田市の沖、約40kmの日本海にある。島の周囲は12kmで外敵が少なく暮らしやすいためかウミネコの繁殖地が多い。荒崎海岸にはこの島固有のトビシマカンゾウの花が6月上旬頃から咲き、海辺が美しい。勝浦地区を基点に法木地区まで自転車を使えば景色のよい場所を回れる。釣りと夏の海水浴シーズンは大いににぎわう。

土器や大昔の人骨が見つかっている「テキ穴」。

小松浜の海岸に咲くトビシマカンゾウ。

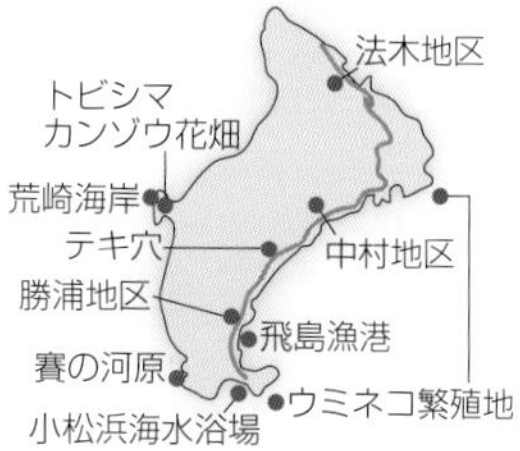

[飛島データ] ●山形県酒田市　●人口：157人　●面積：2.75㎢　●周囲：12.0km
●ホームページ：酒田市 https://www.city.sakata.lg.jp

粟島《あわしま》（新潟県）

なんと個性豊かなことわっぱ煮、タイの大謀網、温泉がある

村上市の沖、約35kmにある。もともと漁業の活気ある島で、タイの大謀網（定置網漁の一種）の島としてよく知られている。6月ごろがシーズンで、漁のある日は早朝に内浦漁港に行けばその活気を見ることができる。島の名物といえば「わっぱ煮」。島に泊まると朝食に出ることも。さらにこの島には、「おと姫の湯」という温泉まである。

冬場は荒海だが、春から秋までは穏やか。

焼いた石を放り込んで作る「わっぱ煮」。

[粟島データ] ●新潟県岩船郡粟島浦村　●人口：321人　●面積：9.78㎢　●周囲：23.1km
●ホームページ：粟島浦村 https://www.vill.awashimaura.lg.jp

さどがしま

佐渡島（新潟県）

西国と東国が出合う接点
佐渡の重厚感はその文化

新潟港の西、約45kmにある日本海最大の島で、北方領土の島々を除くと国内では沖縄本島に次いで2番目に大きな島である。１００か所を超える縄文式遺跡が見つかっており、佐渡島に人が住みついたのは相当古くからだったことがうかがえ、また日本最古の歴史書『古事記』と『日本書紀』の国生み神話では、佐渡は〝大八洲《おおやしま》〟の一つに数えられている。聖武天皇の神亀元年（７２４）には隠岐などと同じく、佐渡も遠流《おんる》（島流し）の地とされた。奈良時代の天平宝字元年（７５７）には播磨守兼内匠頭の安宿王が流され、その後、平安時代には主だった人物だけでもおよそ50人が流された。さらにそれ

間芝居の「のろま人形」。

からも鎌倉時代の承久３年（１２２１）には、倒幕に失敗した順徳上皇、文永８年（１２７１）に日蓮上人、正中２年（１３２５）には後醍醐天皇の下で倒幕行動をおこした日野資朝、室町時代の永享６年（１４３４）には世阿弥《ぜあみ》（観世元清）らが流された。都から流され

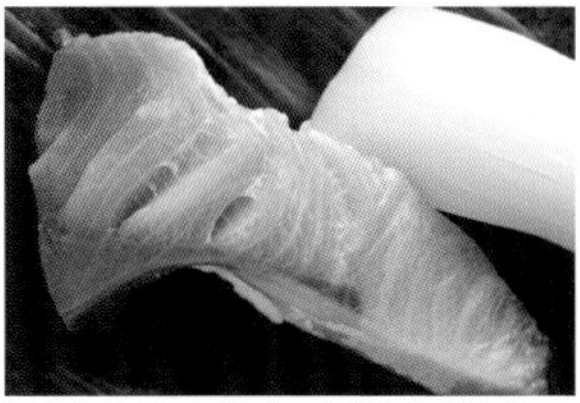

日本海の冬の味覚「寒ブリ」が揚がる年末、佐渡のすし屋では獲れたてを堪能できる。

加茂湖名産のカキ。しゃぶしゃぶが美味。

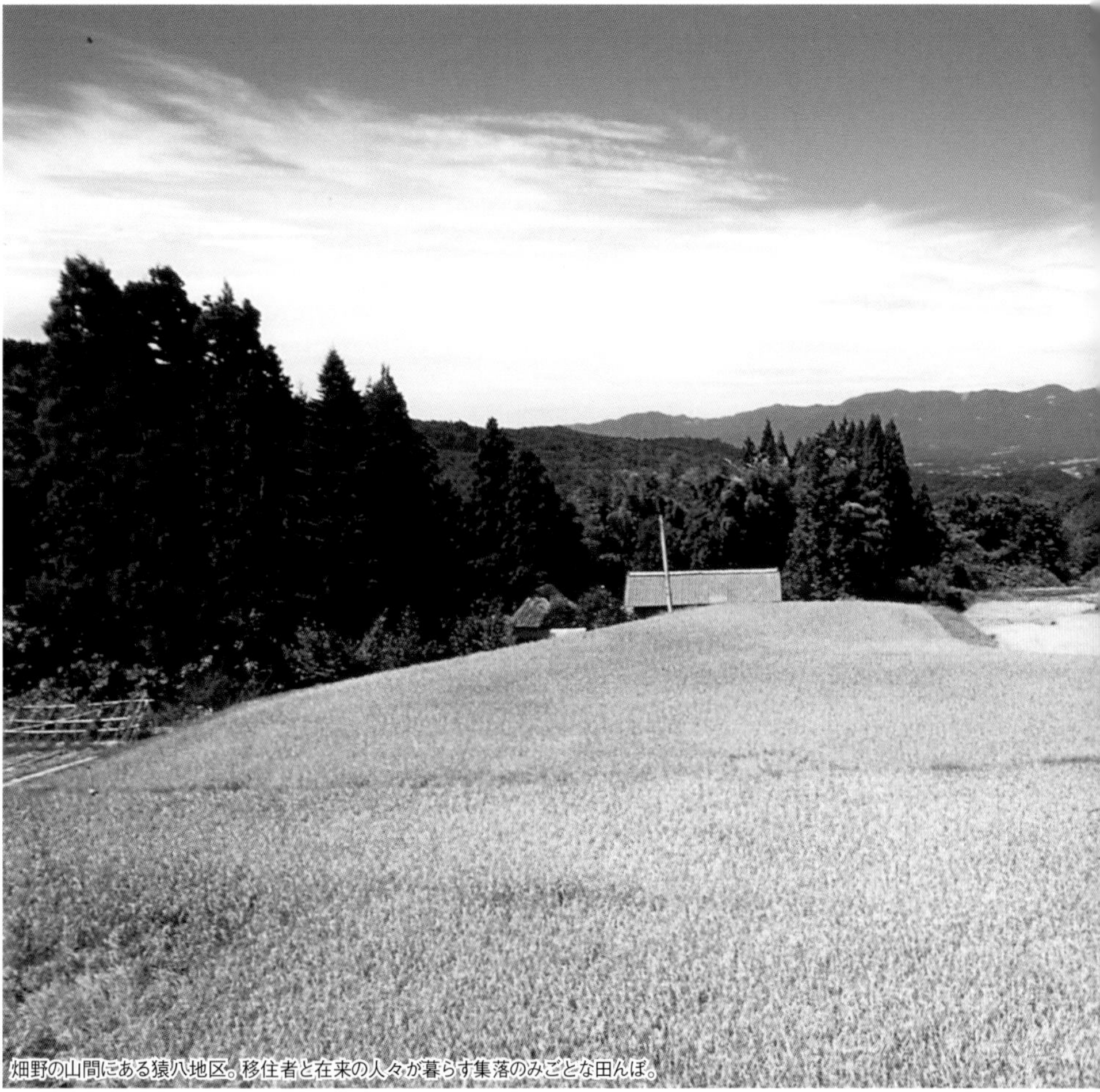

畑野の山間にある猿八地区。移住者と在来の人々が暮らす集落のみごとな田んぼ。

佐渡の祭りといえば「鬼太鼓」。各地区それぞれ違う鬼が舞う。(日吉神社)

相川地区、善知鳥神社の秋の祭礼。神輿が広い集落を練り歩く。

夏の加茂湖はレガッタやカヌーなど水上スポーツを楽しむ人々が多くやって来る。

てきた著名な人物や高貴な人々は、この後の佐渡の文化にさまざまな影響を与えていった。

佐渡といえば「金山」である。金は平安時代から掘られていたが、相川に大きな金鉱脈が発見されたその後の慶長６年（１６０１）で、佐渡はそのときから徳川家康の直轄地（所領）とされ、のちの幕府の経済を支え続けた。江戸時代に島流しで送られてくるのは政治犯ではなく窃盗犯や無宿人たちで、金鉱掘りでは過酷な仕事に充てられた。金山の町・相川は、当時の地方の町としては全国でもトップクラスの、金の生産地を支えるためのさまざまな機能を備えた〝都市〟へと成長を続けていったが、やがて徳川の時代とともに金山も衰退していった。

名産の「おけさ柿」のほかにも、近年はこの「あんぽ柿」もよく知られる。

島の中央部には水田の国仲平野がのびのびと広がり、両視界に大佐度と小佐渡の景色が美しい。両津の港のすぐ西側には大きな加茂湖があり、ここでは特産のカキが水揚げされる。島の一周が約２８０㎞。集落はいたるところにあり、どこへいってもあいさつとともに人なつこい会話が繰りひろげられ、ここは渡来の人たちをなにごともなく受け入れてきた島だったのだということを実感する。

北前船の西廻り航路の船が立ち寄る島。そこには流された都びとによる文化が根ざし、また徳川による江戸文化もこの島で根を下ろすこととなる。佐渡島はまさに日本文化の重層的な集積地の島であるといえる。

［佐渡島データ］●新潟県佐渡市　●人口：49,208人　●面積：855.61㎢　●周囲：280.9㎞
●ホームページ：佐渡市 https://www.city.sado.niigata.jp

仁右衛門島《にえもんじま》（千葉県）

櫓漕ぎの舟で２００ｍの船旅を楽しむ

島主、平野仁右衛門の名前にちなむ島として、観光の島になっている。現在の38代目仁右衛門さんは、上陸した入島者に島のレクチャーなどもする。宝永元年（１７０４）に建てられた島主の住居は、桑の木を使った天井板など古色をたたえて実にみごと。庭には樹齢６００年といわれる巨大なソテツがあり、草花が美しく咲く。

伝馬船に乗って対岸の島へ。

島の持ち主の屋敷。みごとなソテツがある。

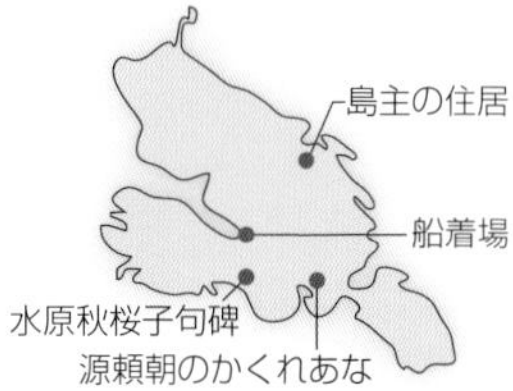

［仁右衛門島データ］ ●千葉県鴨川市 ●人口：個人所有の島で統計なし ●面積：約0.02㎢ ●周囲：不明
●ホームページ：鴨川市 https://www.city.kamogawa.lg.jp

佃島《つくだじま》（東京都）

狭い小路を歩いて江戸風情を探してみる

隅田川河口の砂洲にできた陸地で、昭和39年に中央区湊から約４８０ｍの佃大橋が架かるまでは明石町と佃島の間に「佃の渡し船」が行き来していた。江戸時代初期、摂《せっ》津《つ》国（現在の大阪府）佃村の漁師33人が徳川家康の計らいで移住し、漁業を興したのが島の始まり。雑魚を炊いて味付けした「佃煮」は江戸名物となり、現在に至る。

佃島の中心から見た大川端の高層住宅群。

ここが渡船が通っていたころの渡船場所。

なんといっても佃島は「佃煮」。

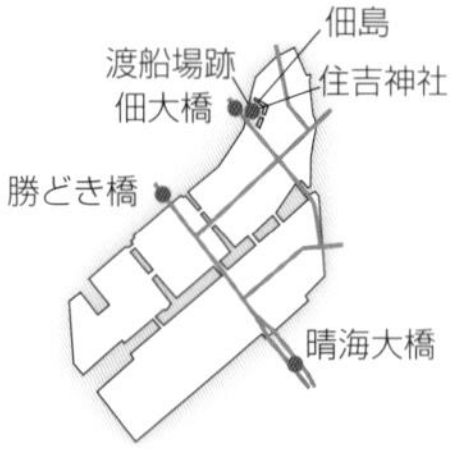

［佃島データ］ ●東京都中央区（佃１丁目エリア）
●ホームページ：中央区 https://www.city.chuo.lg.jp

大島《おおしま》（東京都）

〈伊豆大島〉《いずおおしま》

ツバキ咲く美しい島は まるごと火山の博物館

東京都心から南西方向、約100㎞にある。伊豆諸島の中では最大の面積をもつもっとも本土に近い北に位置する。中央に三原山がある火山の島で、昔から幾度となく噴火を繰り返しており、近年では1986年に大噴火を起こし全島民が島外に避難した。そんな島の長い火山の歴史を物語るように、島内一周道路の南東部には火山灰が層となって積み重なった「地層大切断面」が残り、洋菓子のバウムクーヘンのようで珍しい。

文学の舞台にもなった場所として南部の波浮港がある。ここは天然の良港で、川端康成の小説「伊豆の踊り子」のお話の展開にも出てくる舞台として知られる。古色をたたえる港屋旅館は往時の様子を再現した資料館として、波浮の港の風情をかもしだしている。

冬がツバキの見ごろで、都立大島公園の椿園にはさまざまなツバキがコレクションされている。

過去の三原山噴火を物語る「地層大切断面」。焼き菓子のバウムクーヘンのようだ。

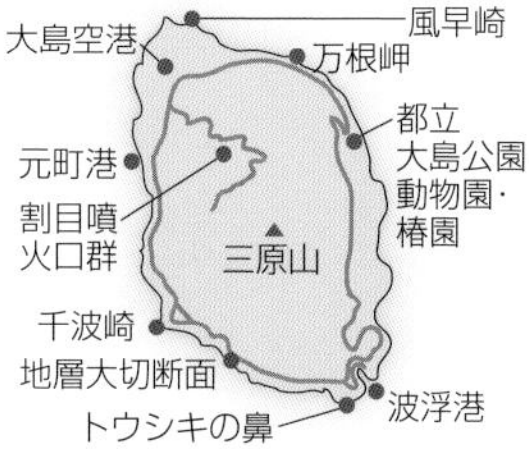

昭和61年にできた割目噴火口群。眼下には大島空港と元町、伊豆半島が見える。

▲▶大島の冬の名物はツバキの花。その時期に合わせて「椿まつり」がおこなわれる。

[大島〈伊豆大島〉データ] ●東京都大島町 ●人口：6,958人 ●面積：90.76㎢ ●周囲：52㎞
●ホームページ：大島町 https://www.town.oshima.tokyo.jp/

利島全景。砂浜がまったく無い島の周囲。

正月、新年を迎える行事「じっくわ火」。

利島《としま》（東京都）

ヤブツバキの林を抜け 508mの宮塚山まで 2時間歩こう

東京湾を出港して伊豆諸島を目指す船が大島に次いで2島目に見る島で、伊豆半島先端の東、約42kmにある。美しい円錐形の島は人を寄せつけない威厳を誇っていて神々しい。島の森の8割はヤブツバキで、ここで搾られるツバキ油の生産量は全国一。島の氏神を祀る阿豆佐和気《あずさわけの》命《みこと》神社では正月行事「じっくわ火」がおこなわれる。

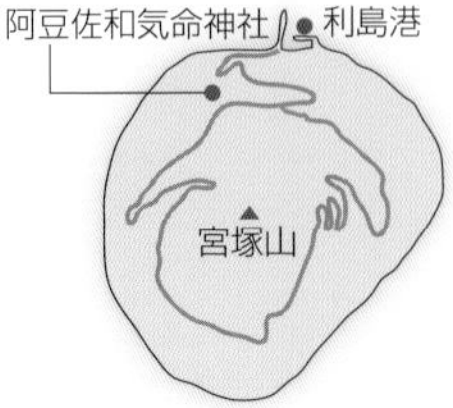

[利島データ] ●東京都利島村　●人口：314人　●面積：4.12㎢　●周囲：7.7㎞
●ホームページ：利島村 https://www.toshimamura.org

式根島《しきねじま》（東京都）

海を楽しむ温泉―― それとも温泉を楽しむ海か

伊豆半島南端の南東、約45kmにある。元禄16年（1703）、この海域を襲った大津波のため新島と分断された片方がこの島だと伝えられる。入り組んだリアス式海岸の美しい景色は他の伊豆諸島にはなく、この島固有のもの。地鉈《じなた》、足付《あしつき》の二つの温泉が海辺にあり、海中から湧出する野趣あふれる天然の湯を岩場の湯つぼで楽しめる。

神引展望台からの景観。遠く新島も見える。

海を見ながら入る地鉈温泉。

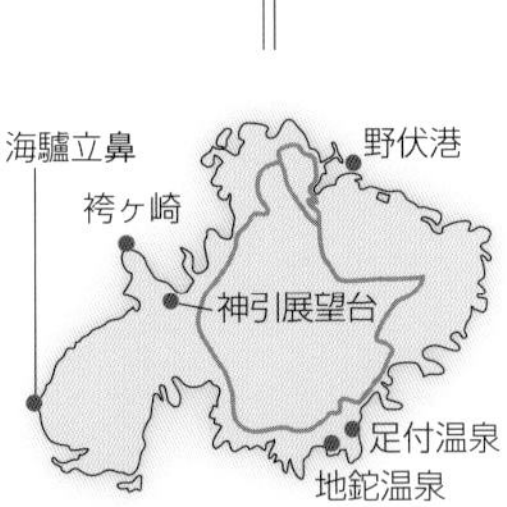

[式根島データ] ●東京都新島村　●人口：479人　●面積：3.67㎢　●周囲：12.2㎞
●ホームページ：新島村 https://www.niijima.com

にいじま
新島（東京都）

マリンスポーツと歴史とガラスアートを楽しむ

東京都心から南西、約150kmの伊豆諸島にある。南北に長い島で中心地の本村《ほんむら》地区と北部には若郷《わかごう》地区がある。ブルーの海と真っ白い砂浜が延々と続く羽伏浦《はぶしうら》は雄大で美しく、サーファーや海で遊ぶ旅人たちのメッカとなっている。その景色の極みは羽伏浦の海岸線の最南部で、「白ママ層断崖」と呼ばれる地層がむき出しになっている場所。ここを見れば新島のビーチが真っ白の砂であることがわかる。

1987年から始まり現在も続いている「新島国際ガラスアートフェスティバル」は新島特産のコーガ石というガラス原料にもなる石などを使い製作がおこなわれるガラス芸術の祭典。現代ガラスアート作品を展示するミュージアムもある。本村の集落内にある長栄寺の「流人墓地」を見学し、本村港そばの天然温泉の「湯の浜露天温泉」は入りたい。

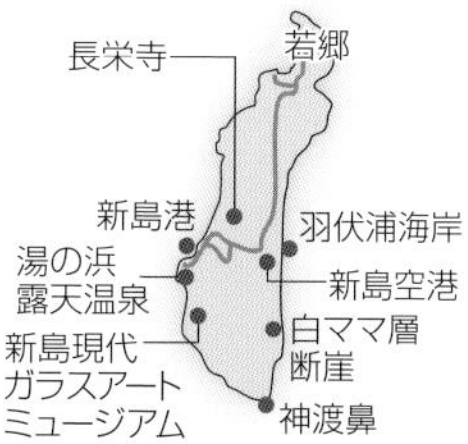

特産のコーガ石を使って作るガラス工芸「新島ガラス」。

サーフィンやボードセイリングのメッカで、海外からもこの波を求めてやってくる。

「師走八日」の女神楽はお婆さんたちだけによる神楽奉納でとても珍しい。

口承伝説「海難法師」の島。古老に聞いてみよう。

[新島データ]　●東京都新島村　●人口：1,971人　●面積：22.97㎢　●周囲：41.6㎞
●ホームページ：新島村 https://www.niijima.com

こうづしま

神津島（東京都）

多幸湾のまばゆい白砂の浜 天上山の白き山肌

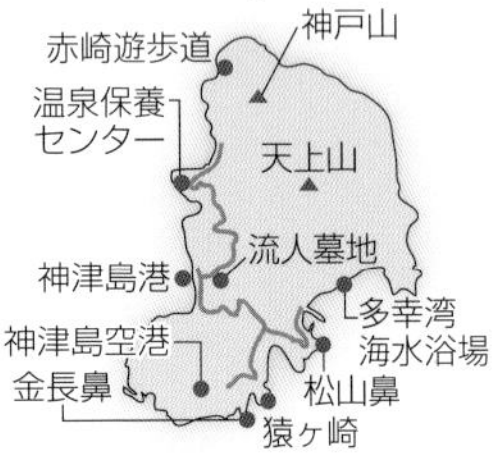

伊豆半島南端から南東、約50㎞にある。新島から神津島を遠望すると手前に平坦な式根島があり、その向こうに姿形の美しい天上山（５７２ｍ）がそびえる神津島がとらえられる。関東百名山の一つと誉れ高いこの山を目指す人も多い。頂上からの島々の展望は素晴らしく、はるか伊豆半島も望むことができる。神津島温泉も魅力だ。

まぶしい白さの天上山がそびえる。

ウッドデッキから海に入り遊べる赤崎遊歩道。

[神津島データ] ●東京都神津島村　●人口：1,769人　●面積：18.24㎢　●周囲：33.3㎞
●ホームページ：神津村 https://www.vill.kouzushima.tokyo.jp

みやけじま

三宅島（東京都）

自然の脅威との闘い 幾多の火山災害を乗り越えて

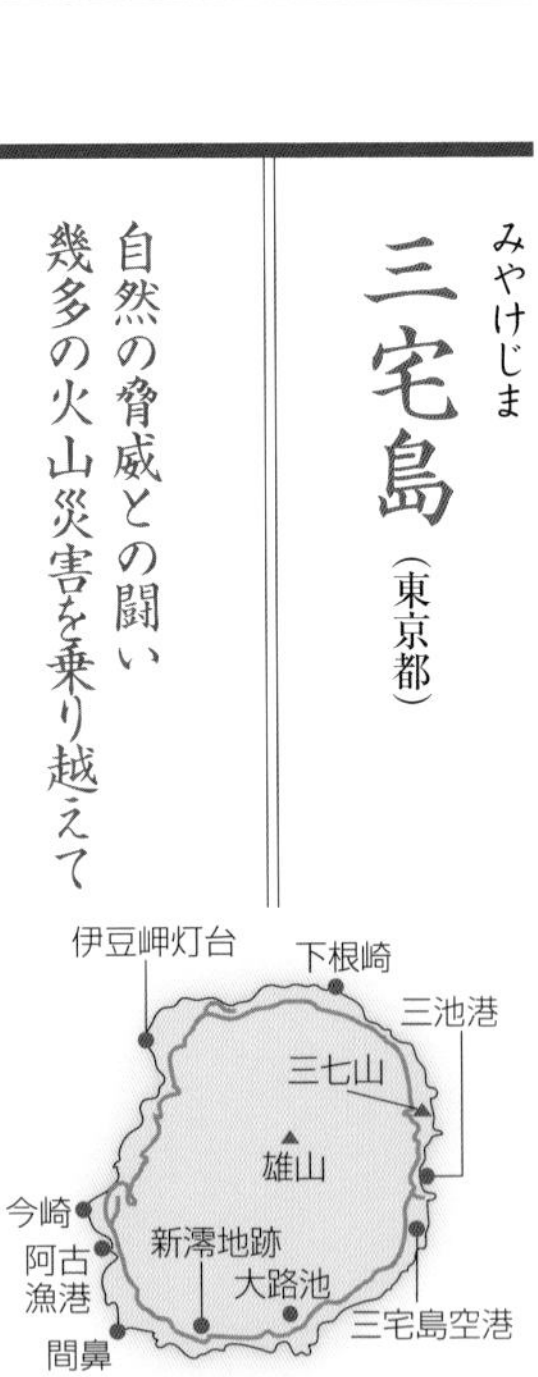

東京中心部から南へ約１７０㎞にある。１千５００年前の噴火口跡といわれた大路《たいろ》池、昭和37年の噴火によってできた三七山、宝暦13年（１７６３）の噴火でできた火口池の新澪《しんみょう》池などは昭和58年の雄山の噴火で姿を変えた。さらに平成12年の雄山の噴火では全島避難で無人となったが現在は帰島がかなった。野鳥も戻りはじめた。

角ばった白亜の灯台「伊豆岬灯台」。

のどかに煙を上げる炭焼き小屋。

[三宅島データ] ●東京都三宅村　●人口：2,252人　●面積：55.20㎢　●周囲：38.4㎞
●ホームページ：三宅村 https://www.vill.miyake.tokyo.jp

御蔵島《みくらしま》（東京都）

ここに来れば太古からの自然を感じる

東京の都心南に約180㎞の伊豆諸島にある。海にお椀を伏せたような形の島で、海岸線が切り立ち砂浜の海辺がない。このため港の条件が悪く、季節によっては風向きや波で船が着けられないことが多い。

スダジイの巨木。

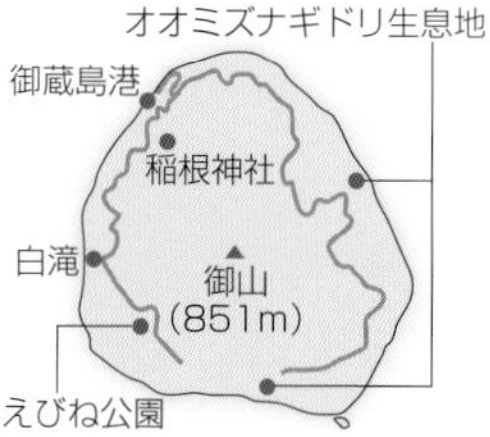

ツゲをはじめシイ、クワなど島全体を原生林が覆い、その森林密度には圧倒される。地元の森の案内人を頼めば山の木々を探勝することができるが、勝手に山に入るとほとんどの人は道に迷うので要注意。

イルカが見られる島として知られているほか、数百万羽にもおよぶオオミズナギドリの生息地としても知られる。また、芳香のランとして名高いニオイエビネはこの島の原産としても知られ、高さ24mで根回りが13・8mという巨樹のスダジイなど、原生のまま生き続けてきた自然に触れることができる。

北の緩斜面に開ける集落。緑多き中の民家群。

稲根神社の鳥居横にはアメリカのバイキング号の錨がある。

三宅島からの小型船が港に着いた。

［御蔵島データ］●東京都御蔵島村　●人口：290人　●面積：20.51㎢　●周囲：16.4㎞
●ホームページ：御蔵島村 https://www.vill.mikurasima.tokyo.jp

八丈島《はちじょうしま》（東京都）

歴史と伝統に裏打ちされた
黄八丈織は秀逸

「島寿司」はづけのネタでにぎるすし。

東京都心部の南、約２８０kmにある。戦国時代の15世紀末に神奈川の奥山氏、三浦半島の三浦氏、小田原の北条氏によってこの島の争奪が繰り広げられたが、離れ島を奪い合う理由というのは「黄《き》八丈《はちじょう》」を代表とする特産の絹にあったといわれる。当時は貢絹の時代であった。江戸時代の慶長９年

風光の美しいナズマドの海。向かいの島は無人島の八丈小島。

（１６０４）から明治まで江戸幕府が支配した島である。

二つの山からなる八丈島の姿は伊豆諸島の中でもはっきりとしていてわかりやすい。八丈富士（８５４ｍ）と三原山（７５８ｍ）の二つで、八丈富士のほうは複式火山の島である。トレッキングしておもしろいのはこの八丈富士のほうで、「お鉢《はち》めぐり」といって、外輪山からの景色を楽しみながら歩くことができる。また外輪山の中には浅間神社がある。

磯の石をみごとに積み上げた大里地区にある「玉石垣」。

黒潮暖流の流れの中にあり、冬は季節風が吹くものの比較的暖かい島である。島の周辺にやって来るトビウオは春を連れてくる魚としてこの島では昔からよく取って食べる。その取り方というのも伝統漁法の「流し刺し網漁」で、沖に刺し網を流しておいてトビウオが刺さった網をあとで引き揚げるというもの。３月～４月に島を訪れるととれたてが食べられる。休日をねらって豪快な海釣りを楽しんだり、ダイビングをする人たちは金曜深夜発の東海汽船に多く乗船するが、温泉や島内観光をゆっくりと楽しむには平日のほうが空いていてよい。「島寿司」「アシタバ料理」「トビウオのくさや」など、この島独特の料理もある。

春を告げる3月。フリージア畑が満開になる。

伝統漁法の“流し刺し網漁”で獲るトビウオ。

［八丈島データ］●東京都八丈町　●人口：6,952人　●面積：69.11㎢　●周囲：51.3㎞
●ホームページ：八丈町 https://www.town.hachijo.tokyo.jp

八丈小島《はちじょうこじま》（東京都）

火山島の威容
厳しい自然に暮らした

東京から南へ約２８７㎞にある八丈島。その西、約４㎞離れてある無人島。標高６１６mの急峻な太平山がそびえ、見るからに人を寄せつけないような険しい表情を見せる。その昔には宇津木島と呼ばれていたこともあるといわれ、１７７０年代の天保年間にはこの島に60戸の家屋があり５００人を超す人口があった。江戸時代から北西部には鳥打地区、南東部に宇津木地区があり、人口が減って全員が島を離れなければならなくなった１９６９年まで、それぞれ鳥打には15戸、宇津木に９戸が存在した。

人が住んだ跡は現在もはっきりと残っている。島の神々を祀った祠。

火山島であるため地下水はなく、すべての水は雨水を貯めて使うという厳しい生活を続けていた。また、島内発電の電気は1戸当たり電灯一つに限られていた。戦後１９４７年まで、江戸時代の地方役人の三役の一つ「名主《なぬし》」制が存在していた。

火山島の威容を見せる島の断崖。

▲桟橋は現在も使える。

▶花咲く中に残る建物の跡。

［八丈小島データ］●東京都八丈町　●人口：０人　●面積：3.07㎢　●周囲：不明
●ホームページ：八丈町 https://www.town.hachijo.tokyo.jp

あおがしま

青ヶ島
（東京都）

地面をさわると温かい、東京都の亜熱帯天然植物楽園

海上の要塞のようにコンクリートで固められた三宝港。

東京湾を伊豆諸島伝いに南下して360㎞。黒潮の流れのまっただ中に位置するのがこの島だ。周囲9㎞あまりの洋上にある島としてはめずらしい〝二重式カルデラ火山〟で、その峻険な断崖と絶壁は人を寄せつけぬ厳しさがある。

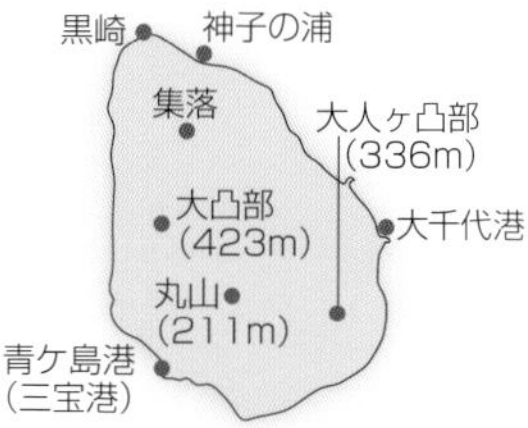

天明5年（1785）に丸山が大噴火を起こし、334人のうち3分の2の住民が八丈島に難を逃れ、あとの住人は島に取り残されて命を落とした。そして半世紀後の天保5年（1834）、かつての住人を交え青ヶ島に帰還した（島の住人はよく「還住《かんじゅう》」という）特異な経緯をもつ。島全体の約半分以上が外輪山とその中の内輪山で、今も地面の噴気孔から蒸気を立ち上らせている。牛の飼育や、パッションフルーツなどの栽培が盛んで、特産の芋焼酎「青《あお》酎《ちゅう》」はなかなか手に入らない幻の焼酎といわれる。1年1度の「牛まつり」には、島外から観光客もやって来る。

二重カルデラ火山の地形がよくわかる。火口跡の中が“丸山”。

港から漁船を降ろして漁に出る。漁獲は仲良くみんなで分配。

牛はこの島の重要な産業。牛まつりには共撰会がおこなわれる。

［青ヶ島データ］ ●東京都青ヶ島村 ●人口：158人 ●面積：5.96㎢ ●周囲：9.4㎞
●ホームページ：青ヶ島村 https://www.vill.aogashima.tokyo.jp

父島《ちちじま》（東京都）

南下すること１０００km　ここは大海原の東京都

二見港に入港した"おがさわら丸"。

東京都心部の南南東、約１０００kmにある約30島からなる小笠原諸島の主島。太平洋上にあるこの島々の発見は、確定的なものはないが、スペインが１５４０年代に、またオランダ船は１６３９年に、また日本としては小笠原定頼により寛文10年（１６７０）に発見されたなど諸説がある。その後も

南西部の「南島」は、貴重な動植物が多く上陸に制限がある島。

島の固有種「オガサワラオオコウモリ」。

さまざまな探検船が立ち寄っていることが歴史に残る。

本格的な開拓民としては江戸時代の天保1年（1830）、欧米の5人とハワイからの20人が入植したことに始まるといわれる。その欧米人がナサニエル・セボレー氏で、現在その子孫たちがこの島で暮らしている。

亜熱帯の植物、特にオガサワラビロウやタコノキ、ヤシ、シダ類が生い茂り、南国の島であることが実感としてわかる。沖縄の年間平均気温などとほぼ同じで約23℃。

小笠原諸島近海はザトウクジラの繁殖地で、12月から5月ごろまで海面上で見られるチャンスが多い場所である。13mもの巨体が海上に現れると観察船から歓声が上がる。

島内随所に展望景勝地があるが、とりわけ美しいのは「中山峠」。古典的な名前で日本的な風景を想像するが、景観は白砂のビーチに亜熱帯植物と、南国そのものである。アオウミガメの保護・研究をおこなう「小笠原海洋センター」も見学できる。二見港のある中心部は道幅が広く垣根のない芝生や家々があるためか、ミクロネシアの島々の印象に近い。

二見港からの大通りと町並み。後ろは標高204m三日月山。

アメリカに渡った咸臨丸で、航海途中で亡くなった乗組員を葬った墓が墓地にひっそりとある。

［父島データ］●東京都小笠原村　●人口：2,146人　●面積：23.45㎢　●周囲：52.0㎞
●ホームページ：小笠原村 https://www.vill.ogasawara.tokyo.jp

母島《ははじま》（東京都）

濃密な湿性高木林と固有の動物が生息する

定期船“ははじま丸”の入港。

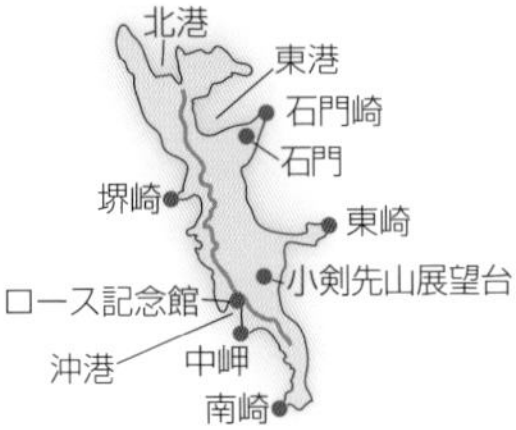

小笠原諸島父島の南、約50㎞にある。ナサニエル・セボレーの父島入植の翌年、父島にやって来たジョーキン・ゴンザレスというポルトガル人一家が、その4年後の天保6年（1835）に母島に移住し、開拓を始めた。その後は幕末まで何度か外国人が入植のためにやって来た記録が残る。

小剣先山は沖港と沖村、そしてはるか沖の向島を見渡す絶好のビューポイント。

戦前は80戸の沖村集落と270戸の北村集落の2か所があり、約1千人が暮らしていた。獲れた魚を加工するためにかつおぶしとクサヤの工場があった。戦後を経て現在の集落は沖村の1か所だけである。

父島・二見港に定期船が入港すると、接続して母島行きの499トンの船「ははじま丸」が出港する。さらに南下する2時間の船旅は群青色の大海原を航行する。母島北部はザトウクジラの回遊する海だ。やがて船は静かな内湾の沖港に入港する。

人々が暮らした痕跡が残る北部の北港周辺。

港の西側は「静沢地区」ですぐ北側には集落の中心部となる「元地地区」がある。港と集落全体を見わたせる絶好の展望場所は15分ほど高台に上ったところにある「小剣先山《しょうけんさきやま》」。ここから見る雄大な集落景観は素晴らしい。母島の人はここから見る集落を「沖村」と呼ぶ。その沖村の中にある「ロース記念館」はドイツ人開拓者ロルフス氏発見した〝ロース石〟で作られた建物でなかなか味わい深い造りである。かつて人々が暮らした「北村」。ここには朽ちかけた北港の桟橋があり、あたりはジャングルと静寂に包まれている。

シックで重厚感のある「ロース記念館」。

[母島データ] ●東京都小笠原村 ●人口：454人 ●面積：19.88㎢ ●周囲：58.0㎞
●ホームページ：小笠原村 https://www.vill.ogasawara.tokyo.jp

西之島《にしのしま》（東京都）

洋上に顔を出してから大きく成長した火山島

旧島を次々に飲み込むかたちで島を大きくし、火山活動は続いている。2023年6月14日 撮影（写真／海上保安庁）

父島の北西、約130㎞にある活火山の島。18世紀にスペイン船が発見したとされる。昭和49年この島の横に西之島新島が誕生。その後の火山活動で西之島と西之島新島は一体化。さらに平成25年、西之島新島の横から新たな火山活動で新島が誕生。これが拡大化し旧島を飲み込みながら大きくなった。

[西之島データ] ●東京都小笠原村 ●人口：0人 ●面積：不明 ●周囲：不明
●ホームページ：小笠原村 https://www.vill.ogasawara.tokyo.jp

硫黄島《いおうとう》（東京都）

慰霊の島から恒久平和への祈り

島の発見は古いが、開拓され始めたのは明治時代になってからで、22年に硫黄の採掘で入植が始まる。その後サトウキビ栽培などもおこなわれた。太平洋戦争の開戦とともに旧日本軍の防衛最前線となり、その激戦の結果、日本軍の兵士2万人以上の戦死者を出した激戦の島である。今は航空、海上自衛隊員とその関係者が駐在しているが島民はいない。

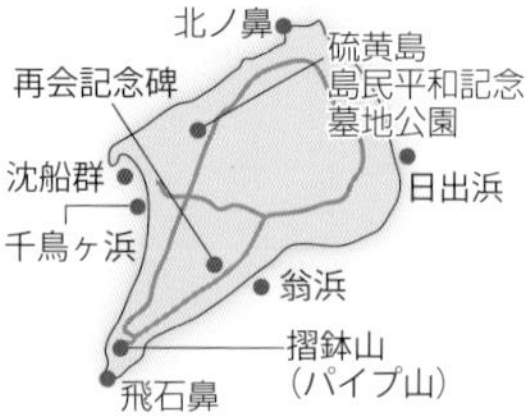

昭和60年に戦争当時の日米の両兵士が再会した「再会記念碑」。

ほぼ平坦な島内だが北の端に標高170mの「摺鉢山」がある。見るからに荒々しい威容を誇る姿である。

「硫黄島島民平和祈念墓地公園」。

南海岸から見た擂鉢《すりばち》山。

［硫黄島データ］●東京都小笠原村　●人口：統計なし　●面積：23.73㎢　●周囲：22.0㎞
●ホームページ：小笠原村 https://www.vill.ogasawara.tokyo.jp

南鳥島《みなみとりしま》（東京都）

小笠原諸島のもっともっと東
ここはもう太平洋のど真ん中

東京の中心部から南東、約2000㎞にある日本最東端の地。明治29年小笠原諸島の母島からの開拓移民が入り、漁業とアホウドリの羽毛採取で生活を始める。島民は最大70人を数えたが基幹産業も先細りとなり、昭和8年に無人となった。戦後を経て、現在は海上自衛隊、気象庁、国土交通省の関係者が駐在する。別名をマーカス島という。

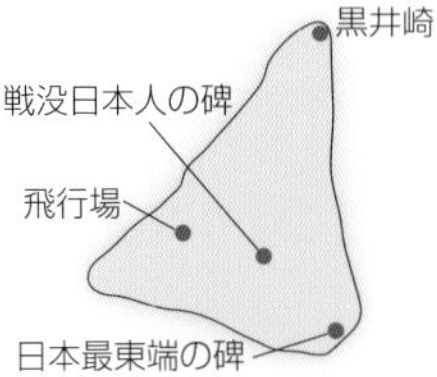

文字通りここが日本の最東端。

海辺に立ち、南国特有の夕景に染まるヤシ。

島全体が標高10mに満たない平坦な島。上空から見ても白砂の海岸線がないと立体感がなく、島としての見分けがつかないほど真っ平らだ。

［南鳥島データ］●東京都小笠原村　●人口：統計なし　●面積：1.52㎢　●周囲：7.6㎞
●ホームページ：小笠原村 https://www.vill.ogasawara.tokyo.jp

城ケ島《じょうがしま》(神奈川県)

親しんだ光景も
島として歩いてみると
また楽しい

三浦半島の先端にあり、全長575ｍの橋で本土と陸続きになっている。首都圏から訪ねる観光景勝地ともいうべき場所で、島へ渡るという特別な意識は少ないが、歴史を紐解けば幕末のころの江戸湾を見張る要となった島だったことがわかる。南部の海岸線には「馬の背洞門」など奇岩や洞門が点在し、独特な景観を誇っている。

三浦半島上空から見た城ケ島全景。

約７ｍの穴が開いた「馬の背洞門」。

［城ケ島データ］ ●神奈川県三浦市　●人口：393人　●面積：0.99㎢　●周囲：9.4㎞
●ホームページ：三浦市 https://www.city.miura.kanagawa.jp

江の島《えのしま》(神奈川県)

湘南海岸といえば
この島を語らないわけには
いかない

湘南海岸に欠かせない風景になっている島で、陸繋《けい》島となっている部分を完全に道路化しているため見る角度によっては岬のようにも見える。本土側の海辺は江の島海岸で夏の海水浴のメッカ。島内は古くからの観光地で、裸の弁財天として知られる「妙音弁財天《みょうおんべんざいてん》」が江島神社に奉られている。南部の海岸線は変化に富んだ岩場。

車でも歩いても渡って行ける「江の島大橋」。

海侵食によってできた洞窟「江の島岩屋」。

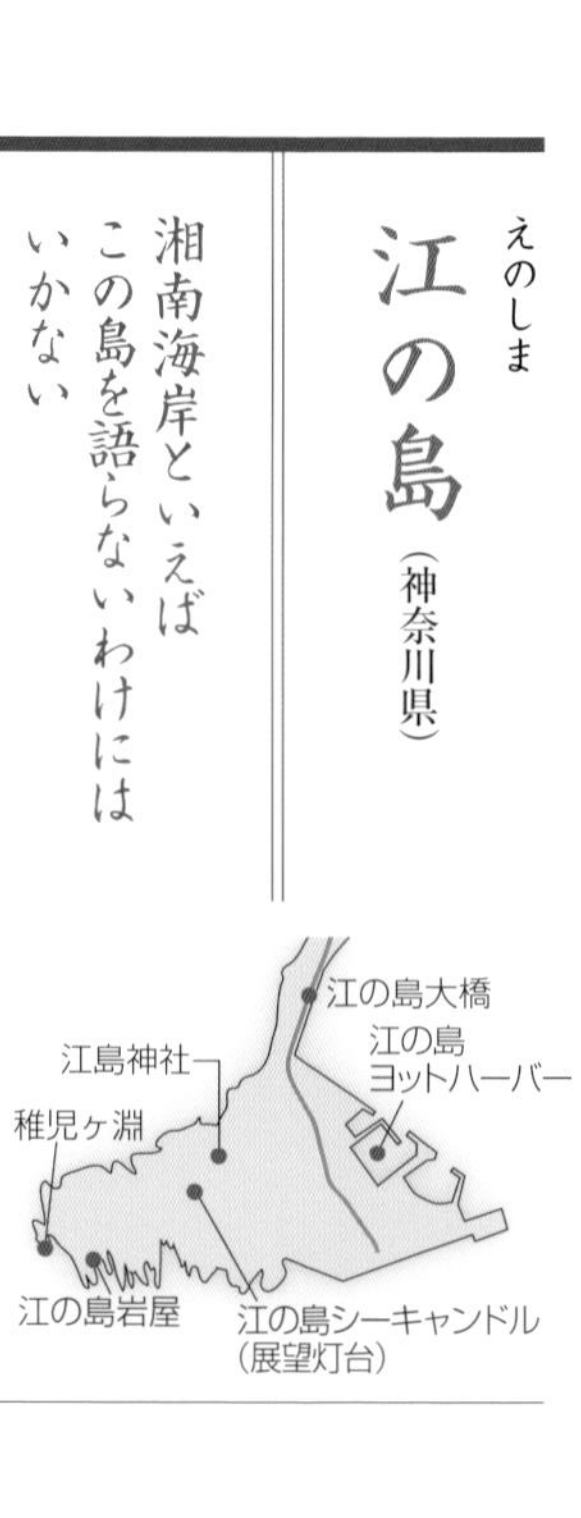

［江の島データ］ ●神奈川県藤沢市　●人口：285人　●面積：0.38㎢　●周囲：5.0㎞
●ホームページ：藤沢市 https://www.city.fujisawa.kanagawa.jp

初島《はつしま》（静岡県）

熱海の浜に来たならば
ちょっと洋上散歩はいかが

上空から見た初島全景。

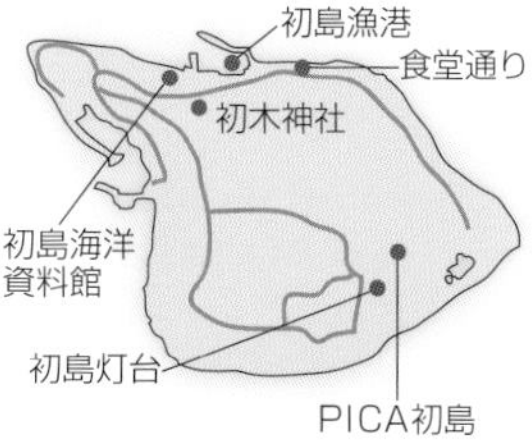

温泉地の熱海付近から伊東にかけての沖合に島影が美しく見える。熱海港の南東、約10kmにある。1泊の温泉旅行を楽しみに来た人が、翌日20分ほどの船旅で楽しめる島として足を伸ばすことが多い。船便も7便以上とけっこう多く、島の船着場の堤防では釣りなどが楽しめるほか、通称「食堂通り」では、獲れたての海鮮丼などが食べられる。

島の周囲には美しい松林がめぐり、海岸線は昔のままの磯が続く。集落外れにはこの島の鎮守様・初木《はつき》神社があり、毎年7月17日、18日の2日間は盛大に祭礼が執りおこなわれる。17日の宵宮には白装束の男たちによる「鹿島踊り」が奉納されるが、宵闇迫る中、火が焚かれてのその踊りは幽玄で素晴らしいもの。

周囲4kmぐらいの島なので、のんびり一周ぐるりと歩いて見ることをお勧めしたい。

初木神社の祭礼「鹿島踊り」の奉納。男たちの白装束姿がまぶしい。

海鮮丼が名物の食堂通り。

1か所に寄りそうように建つ民家。ほとんどの家は漁業である。

[初島データ] ●静岡県熱海市　●人口：194人　●面積：0.44㎢　●周囲：4.0㎞
●ホームページ：熱海市 https://www.city.atami.lg.jp

能登島《のとじま》（石川県）

陸伝いに行けるカルチャーアイランド

約30メートルの大柱松明が夜空を焦がす「向田の火祭」。

　日本海に鎌のように突き出た能登半島。この半島のほぼ真ん中、東に湾口を開いた七尾湾の中に能登島は抱えこまれたようにある。小さな地図では能登半島と一体に見えてしまうほど本土と島は接近していて、三ヶ口瀬戸は５００ｍという距離である。そんなわけで、昭和57年には能登島大橋、平成11年には二つ目の橋「ツインブリッジのと」が開通し、生活するにも訪ねるのにもとても便利になった。

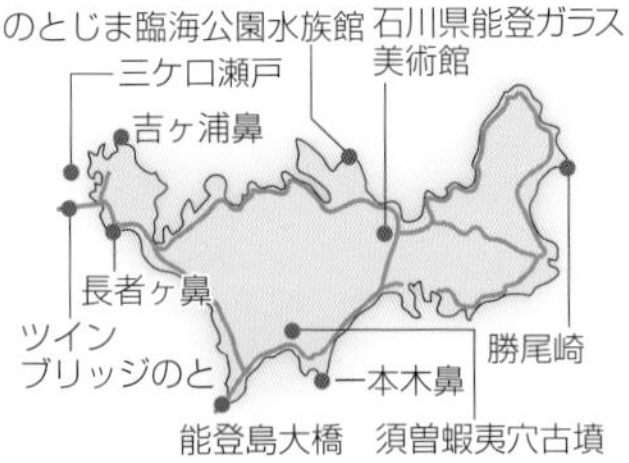

　縄文、弥生時代の土器などが出土し、古代にはこの付近では製塩がおこなわれていたことを示す遺跡が見つかったほか、須曽蝦夷穴古墳（国指定史跡）なども発掘されている。

　ゆるい起伏の島で景色もよく、魚介はもちろん豊富で宿も多くて便利だ。ガラス工芸の殿堂ともいえる「石川県能登島ガラス美術館」と「のとじま臨海公園水族館」は一見の価値がある。

南部の海岸近くにある国指定の史跡「須曽蝦夷穴古墳」。

意匠的な「石川県能登島ガラス美術館」。

この辺りがかつての製塩場所だったのだろうか。

［能登島データ］●石川県七尾市　●人口：2,345人　●面積：46.58㎢　●周囲：72.0㎞
●ホームページ：七尾市 https://www.city.nanao.lg.jp

舳倉島《へぐらじま》（石川県）

海抜はわずか12mで
波間に隠れてしまいそう

　能登半島の輪島市から北へ約48㎞にある。途中、無人島の七ツ島の島々を眺めながら、小船に揺られながら渡る船旅もまた楽しい。本土からぽつんと離れた日本海の孤島なだけに、水産資源は豊かだ。

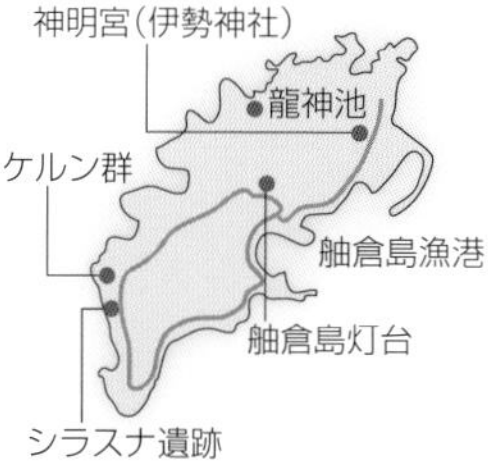

海女さんたちによるアワビ漁を終えて。

アワビやサザエなどは磯辺にたくさんいて、年配の海女さんは近場の浅いところで漁をおこない、若い海女さんはご主人が操船する漁船に乗り少し離れた沖合いで素潜り漁をおこなう。この島は日本の島の中でも数少ない海女さんが専門に漁をおこなう島なのだ。

　そのルーツというのは、北九州の鐘ヶ崎の海女たちが漂流した末に能登へ漂着し、輪島に移された後、天正年間のころ加賀藩の前田利家にその海女たちが「のしアワビ」を献上したことにより、舳倉島の漁業権が認められたと伝えられる。

　平坦な島で、海岸部から大海原の光景はダイナミックで素晴らしい。

夏場の島のまわりは潜水漁の場所となる。獲物はアワビとサザエである。

▲龍の伝説を残す「龍神池」。
▶かつての島の分校の水上運動会（2001年）。

［舳倉島データ］●石川県輪島市　●人口：0人（季節定住の島）　●面積：0.55㎢　●周囲：5.2㎞
●ホームページ：輪島市 https://www.city.wajima.ishikawa.jp

佐久島《さくしま》（愛知県）

民家探訪、自然散策
アートと味覚を楽しむ

知多半島と渥美半島がのびてカニの口元のようにみえる三河湾。その湾内のちょうど真ん中あたりに三つの島がある。その中で一番大きな島がこの島。一色町の南、約5㎞にある。西と東にそれぞれに定期船が入る港があり、黒壁の古い家並みが見られる。大正時代から約100年ほどを経た民家などが残る中、西港前にある「弁天サロン」は明治11年に建てられた民家を修復して交流施設にしたもの。また、そこから歩いて2、3分ほどの場所には、同じく築100年以上を経た古民家を現代の芸術作品に再現した「大葉邸」がある。

島の北側には生活環境保全林という山林があり、ここには植林されたヤブツバキやサザンカが多く、島の北部を探索しながら歩くと楽しい。2月から5月には江戸時代から続く「島アサリ」採りが始まる。2009年には『にほんの里100選』の一つに選ばれた。

春の大浦海岸沖はアサリ漁の出漁場所。

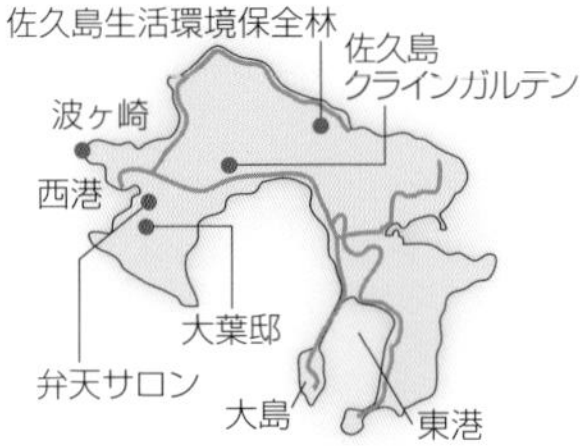

宿泊滞在型の農業体験＆市民農園施設・佐久島クラインガルテンの入口。

▲黒塗りの民家が建つ集落の小道。

▶目の前の浜辺で近いのはよいけれど、中腰のアサリ取りはきつい作業だ

[佐久島データ] ●愛知県西尾市　●人口：193人　●面積：1.73㎢　●周囲：11.8㎞
●ホームページ：西尾市 https://www.city.nishio.aichi.jp

篠島《しのじま》（愛知県）

その昔は伊勢と三河の海上交通の要衝

　三河湾の出入り口、知多半島の師崎と渥美半島の立馬崎灯台を結ぶちょうど中間点ほどにある。師崎《もろざき》港からの距離は約3・8km。三河湾国定公園の中にあり、周囲の海上には松島のように松の木をのせた無人島がいくつも点在していてみごとな景観である。穏やかな内湾と外海のどちらも近いため漁業はもちろん盛んだが、大都市・名古屋をはじめとする愛知県各地からの観光客が多く、島のにぎわいがあって活気がある。

　漁業ではシラスやイカナゴ漁が盛んで、特にイカナゴ季節の3月から5月ごろの浜の干し場には、取れたてのものが天日の下に広げられる。（シラスは4～12月）

　急階段の上り下りを繰り返しながら島内をくまなく歩いてみるとおもしろい。伊勢神宮の御遷宮と深いかかわりのある「神明神社」、加藤清正にまつわる「清正の枕石」など見どころも多い。

漁船がひしめく、活気ある篠島漁港。

この山すそに加藤清正が名古屋城築城の際切り出した「清正の枕石」がある。

南部の遊歩道を歩くとある「万葉の丘・歌碑公園」。

伊勢湾の夕景はなぜか美しい。特に秋と冬は真っ赤な夕日が印象的。

［篠島データ］●愛知県知多郡南知多町　●人口：1,479人　●面積：0.94㎢　●周囲：8.2㎞
●ホームページ：南知多町 https://www.town.minamichita.lg.jp

ひまかじま

日間賀島（愛知県）

うまい海産物を食べに街の人はここへやって来る

知多半島の先端、師崎《もろざき》の東、約2㎞にある。大都会の奥座敷というべき場所の島で、三河湾めぐりをしたり伊勢観光の後の宿泊地として、名古屋をはじめとした愛知県内の観光客が多くやって来る。信仰に厚い知多半島といわれるだけあって、この島にも「知多四国八十八ヶ所」の霊場の一つ大光院があり、弘法大師所縁の地を訪ねる「お大師めぐり」でやって来るお年寄りも多い。

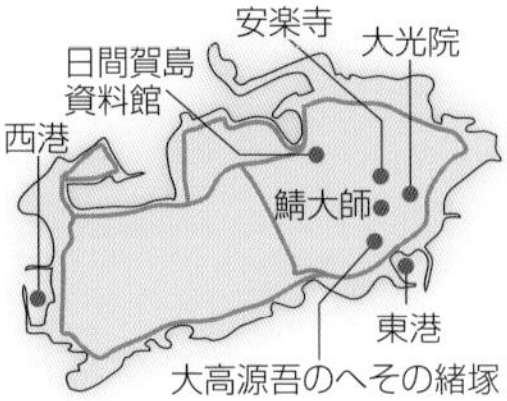

島のことが学べる「日間賀島資料館」。伝統漁法や暮らしについての展示が楽しい。

定期船が港に着くとまず驚くのが目の前に立ち並ぶ大きなホテルをはじめとした宿だ。素朴で小さな島をイメージしてやって来ると度肝を抜かれるかもしれない。

しかし、裏道に入り集落の中を歩くと、いにしえの民家などもありホッとするだろう。赤穂四十七士の一人、大高源吾はこの島の出身で、呑海院にはその「へその緒塚」がある。

名物はタコ料理とアサリ。

タコ阿弥陀如来像を安置する「安楽寺」。

▲豊漁を願う「ぎおん祭」の“ほうろく流し”。
▶マンホールのフタの絵は名物の“タコ”。

［日間賀島データ］●愛知県知多郡南知多町　●人口：1,687人　●面積：0.77㎢　●周囲：6.6㎞
●ホームページ：南知多町 https://www.town. minamichita.lg.jp

渡鹿野島《わたかのじま》（三重県）

観光要素の強い場所だが史跡を訪ね歩くとおもしろい

鳥羽市の南に位置する磯部町は、海岸線が深く入り組んだリアス式の海辺で、そこには真珠やカキ養殖のイカダが浮かぶ的矢《まとや》湾がある。この波静かな的矢湾は、かつては太平洋を航行する船の一時避難場所としてよく知られていた。入江は静かでその湾内にこの島がある。

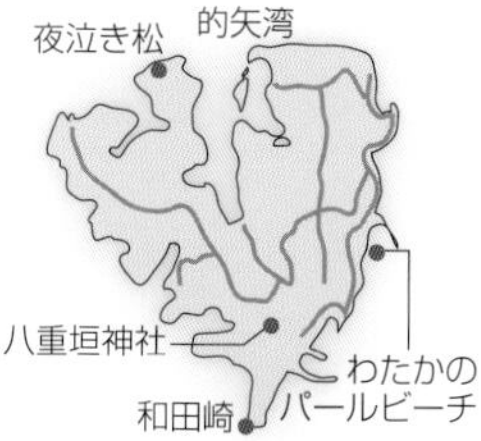

夏の「天王祭」で、集落を走りまわる練り込みの男たち。

本土の的矢桟橋から渡鹿野島まで近いところでは約200mという距離で、遠いほうの和部桟橋から島まででも500mと近い。

夏には海遊びや家族旅行でにぎわうが、時期を外すと島内は静かで、食事を楽しんだりする観光客などが訪れる。

毎年7月、2日間にわたりおこなわれる氏神様を奉る八重垣神社の「天王祭」は一見の価値がある。男たちによる勇壮な「みこし練り神事」は夜遅くまで続き、島じゅう大騒ぎの中で夜もふけていく。最後に男たちは全員海に飛び込み、みそぎ清めて終わる。

天王祭の日、「八重垣神社」で夕方からおこなわれる神事。

的矢湾の特産はカキ。養殖イカダの横をぬって定期船は島へ。

町の真ん中に置かれた祭礼の屋台。

［渡鹿野島データ］●三重県志摩市　●人口：155人　●面積：0.69㎢　●周囲：6.0㎞
●ホームページ：志摩市 https://www.city.shima.mie.jp

さかてじま

坂手島（三重県）

『パノラマ島奇譚』を読んでから行くと興味深い

鳥羽市・鳥羽マリンターミナルの東、約700mにある。島の南側に集落が一か所開け、あとの全体は山林に覆われている。定期船でこの島の横を航行するときに見えるのが、西の外れに建つ観光ホテル。宿泊施設はほかにもあり、鳥羽から渡って宿泊をとる人たちも多い。

作家・江戸川乱歩を紹介するときによく紹介される島がこの坂手島だ。というのも、三重県生まれの乱歩はそれまで大阪で勤めていた会社を辞め、大正6年に鳥羽造船所にやって来て就職する。そこで伴侶となる坂手島出身で島の小学校教員だった村山隆《りゅう》さんと知り合い結婚した。作家にとって重要な出発点となった場所といえるだろう。「パノラマ島奇譚」はこの時代のことが元になっているといわれる。

島の北東部にある「アヤメ池」は6月が見ごろ。鳥羽から渡り1日ゆっくりと散策するとくつろげる島である。

斜面に立つ家々の間を階段がつなぐ。上にあがれば集落が一望に。

初夏を彩るのは「アヤメ池」のきれいなアヤメ。

坂手漁港の船だまり。漁船と対岸の鳥羽へ行くボートが混在している港。

昔、疫病退散祈願の行事として始まったと伝えられる「棒練り」。

[坂手島データ] ●三重県鳥羽市　●人口：252人　●面積：0.51㎢　●周囲：3.8㎞
●ホームページ：鳥羽市 https://www.city.toba.mie.jp

答志島《とうしじま》（三重県）

うまい魚を食べたあとは路地裏探検

鳥羽マリンターミナルの北東、約2・2㎞にある。横長な島でおもな集落は答志町答志、答志町和具、桃取町の3か所にあり、本土の鳥羽にも近いことから人口は多い島である。歴史上にはかなり昔

九鬼嘉隆の胴を葬ったと伝えられる「胴塚」。

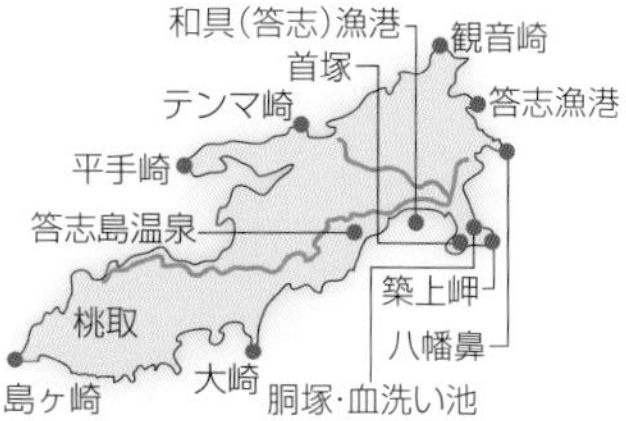

から登場し、古くは万葉集にも詠まれた。中世においては九鬼水軍を率いた鳥羽城主、九鬼嘉隆が関ヶ原の戦いの後、この島で自刃したと伝えられる。その胴体を葬った「胴塚」と首を葬った「首塚」が今も残る。

答志と和具地区はもちろん漁村だが、家々の立ち並びや入り組んだ集落が迷路のように複雑で、最近ではその路地裏を楽しみながら探検するという楽しい観光取り組みなどがおこなわれている。

特産の「塩ワカメ」が干してある港周辺の風情が、「日本・かおり風景100選」の一つに選定されている。塩化物冷鉱泉の「答志島温泉」もある。

自刃した洞仙庵の前庭にあった「血洗い池」は、血で染まった刀を洗った池。

美しい入り江と和具漁港の景観。▲
八幡神社の“八”は魔よけの印。▶

［答志島データ］ ●三重県鳥羽市　●人口：1,741人　●面積：6.96㎢　●周囲：26.3㎞
●ホームページ：鳥羽市 https://www.city.toba.mie.jp

神島《かみしま》（三重県）

潮騒――清々しい純愛小説の舞台

正月化粧の大漁旗を掲げて。

鳥羽マリンターミナルの北東、約15kmの伊良湖水道の中央部にある。隣の愛知県渥美半島の先端、伊良湖岬からは海上約5kmの距離にある。

伊勢湾の出入り口にあたり、また伊勢神宮に近いということもあって島名に冠されたように「神」が強く影響していた島であるといわれる。氏神様で

小説『潮騒』で描かれた海女漁は今も盛んだ。ワカメ漁は5月の風物詩。

ある八代神社には、兜や太刀、和鏡、唐式鏡、陶磁器など、古墳時代から室町時代に至るまでのもの数百点が所蔵されている。奈良、平安時代より海上交通の要衝として栄えた島である。

神島が日本全国に知られるようになったのは、なんといっても昭和29年に若きころの作家・三島由紀夫が書いた小説『潮騒』が発表され、その後映画化されてからである。小説の中では「歌島」として登場するが、三島はこの小説を書くにあたり1か月間ほどこの島の漁師の家に滞在し、この神島を舞台として綿密に取材した。

産業は昔から漁業で、カタクチイワシやイセエビ、ワカメ漁を中心にタイ、イカなど水揚げは多い。獲れたての海産物が豊富に楽しめるので、この島をよく知る観光客はほとんどの人が宿泊する。

大晦日の年越し行事『ゲーター祭』は数多い島の祭りの中でも〝奇祭〟といわれ、島の全住人はもちろんのこと多くの人々が見学に訪れていたが、高齢化などの理由で2018年から休止している。

小説『潮騒』の中に出てくる「神島灯台」「監的哨《かんてきしょう》跡」「八代神社」など、見学地めぐりは約3時間。

集落を抜けてかなりきつい勾配を上りつめていくと「神島灯台」の入り口が見えてくる。

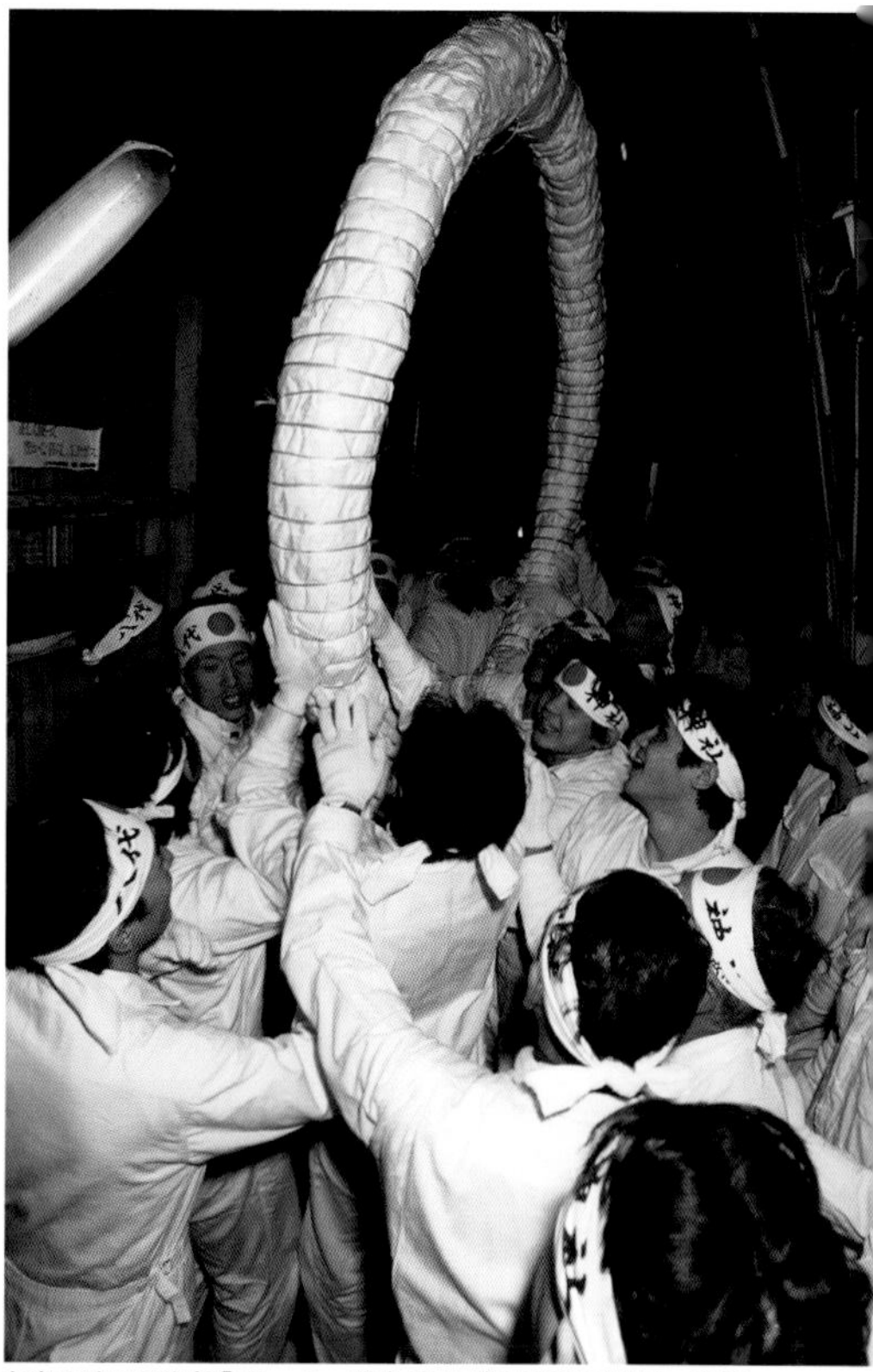

新年を迎える奇祭「ゲーター祭」。“アワ”と呼ぶ輪を持ち、集落を練り歩く。

平地が少なく、急斜面に建てられた家々。

[神島データ] ●三重県鳥羽市 ●人口：290人 ●面積：0.76㎢ ●周囲：3.9㎞
●ホームページ：鳥羽市 https://www.city.toba.mie.jp

菅島《すがしま》（三重県）

白い磯着の海女たちがいっせいに海に潜る

鳥羽マリンターミナルの東、約2・7kmにある。海に潜りアワビやサザエを取る海女の多くいる島として知られる。そのような土地柄の中、この島では毎年7月11日、その海女たちによって豊漁・海上安全祈願祭「しろんご祭」が執りおこなわれる。ホラ貝を合図にいっせいに海女たちが海へ入り、初獲りの競い合いをおこなう。そしていち早く、つがいのアワビを取って白鬚神社に奉納するというものだ。島には漁業の活気がみなぎり、それを求めての観光客も多くやって来る。

レンガ造りの白亜の洋式灯台として明治6年に建造された菅島灯台は、日本では最古のレンガ造り灯台である。島の一周道路はないが、島内のほとんどの場所へ行くことができる遊歩道が整備されているので、木立の中や海を見渡しながら散策するとよい。

"初獲り"を競う「しろんご祭」に結集した海女さん。

菅島漁港の船だまり。

雌雄一対のアワビを獲った海女さんが神社に奉納する。

若い海女さんたちもこの日は参加する。

[菅島データ] ●三重県鳥羽市　●人口：464人　●面積：4.41㎢　●周囲：13.0㎞
●ホームページ：鳥羽市 https://www.city.toba.mie.jp

賢島《かしこじま》（三重県）

真珠貝の養殖といえば ここが出発点だろう

ブルーの海に船の航跡が模様を描く。賢島の前庭の内湾はながめ飽きることがない。

　三重県の最南部、大王崎から御座岬にかけてのリアス式の半島が抱え込むようにして英虞湾がある。その深い浦々の一つ一つにはイカダが浮かび、ここが波静かで養殖には最適な海であるということをうかがわせている。その英虞湾のもっとも北側に、本土とは一体化しているといってもよいほど密着して賢島はある。

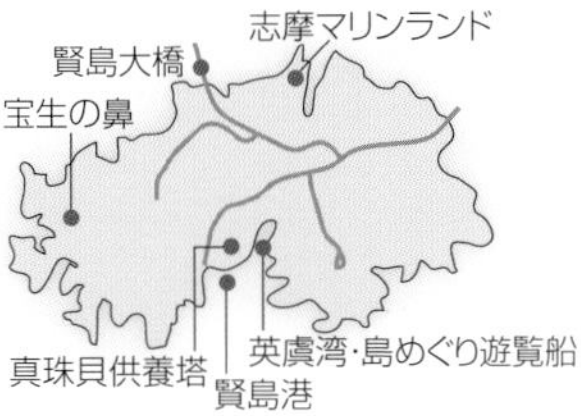

　賢島の呼び名がよく知られるようになったのは昭和45年に名古屋、京都、大阪から近鉄特急が乗り入れられるようになってからだ。現在は英虞湾のクルーズ船の発着港であり、さまざまな観光ホテルが群立する場所で、この方面の観光エリアの拠点となっている。

　この島の西の端にある「宝生《ほうじょう》の鼻」は木立が美しく、野鳥が数多くやって来る場所として知られ、昭和天皇がこの地にご滞在された折にはここに好んで来られたといわれる。

関西方面からはもっともポピュラーな海辺の観光地、賢島。

賢島大橋から英虞湾のリアス式海岸線景観を見る。

［賢島データ］●三重県志摩市　●人口：統計なし　●面積：0.66㎢　●周囲：7.3㎞
●ホームページ：志摩市 https://www.city.shima.mie.jp

まさきじま

間崎島（三重県）

英虞湾の奥座敷…
それともダイニングキッチンか

伊勢志摩国立公園の英虞《あご》湾の美しい島影の中の一つで、近鉄電車の終点・賢島の沖、約２kmにある。島の周囲は深いリアス式海岸で、海面のところどころには真珠貝の養殖イカダが設置されている。島の産業はこの真珠養殖と観光。小さな島だが、宿泊して海鮮料理をゆっくり楽しみたいという人たちには好評の静かな島。

島の全景。最高地点でも標高40mと平坦。

定期船が着く港。人も少なく、なんとも素朴。

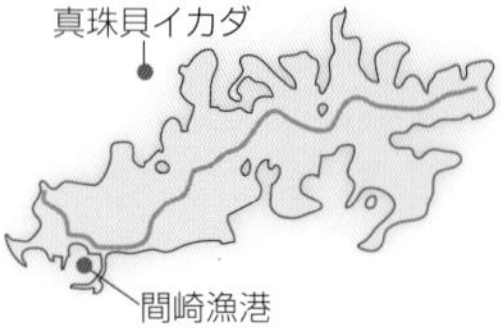

［間崎島データ］●三重県志摩市　●人口：50人　●面積：0.36㎢　●周囲：7.4㎞
●ホームページ：志摩市 https://www.city.shima.mie.jp

よこやまじま

横山島（三重県）

泊まるとおいしい
料理と景色の時間

1軒宿に泊まってながめる夕景。贅沢な時間——。

賢島港から海を臨めば真正面に見える。海上距離は約４００mで、この島には1世帯だけが暮らしている。というのも、この島が売り物にしているのが「一島に一軒だけの宿」というわけで、海の夕陽や朝日を愛でつつおいしい海鮮料理を楽しむことができる。本土から至近距離であっても、島らしい雰囲気をじゅうぶんに味わえる。

［横山島データ］●三重県志摩市　●人口：統計なし　●面積：0.06㎢　●周囲：不明
●ホームページ：志摩市 https://www.city.shima.mie.jp

原色
日本島図鑑

西日本・瀬戸内・四国

Nishinihon
Setouchi
Shikoku

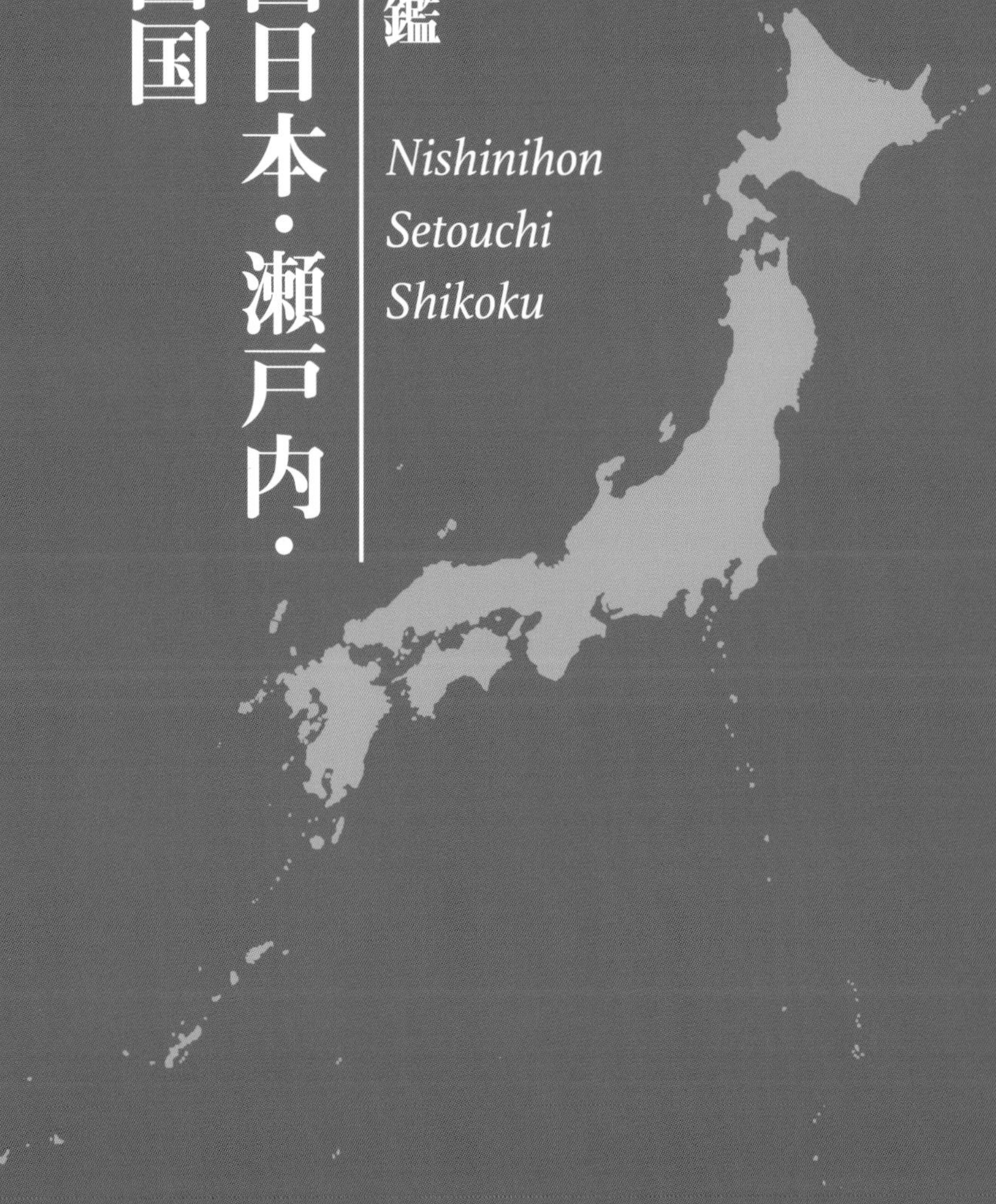

大島《おおしま》（和歌山県）

〈紀伊大島〉《きいおおしま》

熊野灘の沖合には暖流の黒潮が流れる

紀伊半島最南部の潮岬、その東約2kmにある。平成11年に「くしもと大橋」が開通し本土から陸路で行けるようになった。本州の最南部のこの島は冬も温暖で、年末にスイセンの花が咲く。黒潮がすぐ近くを流れる熊野灘があり、島の沿岸にはその流れに乗ってやって来た南洋系の魚たちが見受けられる。その熊野灘は古来より海の難所として知られるが、明治23年9月、トルコの軍艦エルトゥールル号が島の東部、樫野埼灯台下でシケの海で座礁・大破し587名の尊い命が失われた。住民は残る生存者を献身的に救助し、のちに慰霊碑が建てられた。

トルコ軍艦遭難慰霊碑が建つ樫野崎。

樫野崎にある島内随一の景勝地「海金剛」。

[大島〈紀伊大島〉データ] ●和歌山県東牟婁郡串本町　●人口：981人　●面積：9.47㎢　●周囲：28.0㎞
●ホームページ：串本町 https://www.town.kushimoto.wakayama.jp

中ノ島《なかのしま》（和歌山県）

雄大な海の景色を見ながら豊富な湯量の湯に浸かる

中ノ島全景。

那智勝浦港の観光桟橋から700mの距離を、宿泊客専用船で渡る温泉施設の島。開湯から約90年と歴史もあり、平成31年には和風の高級リゾートホテルとしてリブランド（ブランド再生して）開業した。島内では散策ができ、風光明媚な森浦湾の景色、とりわけ紀ノ松島の秀景は山上展望台からが素晴らしい。

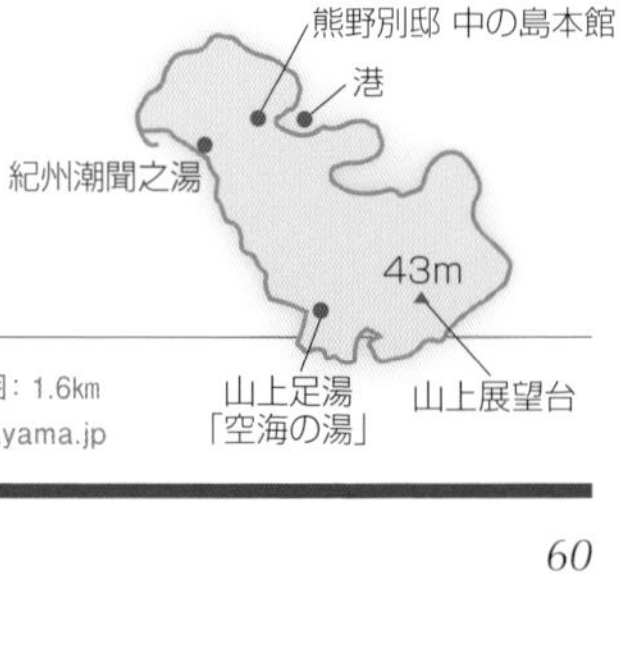

[中ノ島データ] ●和歌山県東牟婁郡那智勝浦町　●人口：0人　●面積：0.07㎢　●周囲：1.6㎞
●ホームページ：郡那智勝浦町 https://www.town.nachikatsuura.wakayama.jp

おきしま
沖島
（滋賀県）

淡水湖の島には潮の香りも潮の満ち干もなく…

日本最大の淡水湖である琵琶湖の中にある島で、その南部東岸にある。湖岸の近江八幡市宮ヶ浜のもっとも至近のところから約1・8㎞の距離にある。

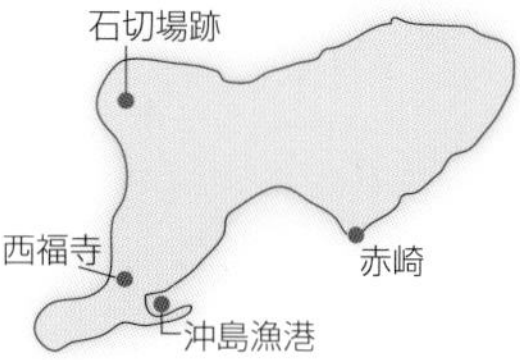

小魚が水揚げされる漁港。

この島に人が住むようになったのは、保元・平治の乱で敗走する近江源氏の落武者たちがここに留まったことが始まりと伝えられる。

定期船が発着する場所は漁協の前。たまたま水揚げされた魚などを目にしていると、どの魚も細かい魚ばかりである。不思議に思い見入っていると、漁師のおじさんが近づいてきて「淡水魚や。海とちゃうがな」とかならず声が掛かる。

集落は一か所で狭い小路に軒が連なる。その集落外れの浄土真宗西福寺には、蓮如上人直筆と伝えられる「虎斑《とらふ》の御名号《おみょうごう》」と呼ばれるトラ模様の斑《まだら》の6文字の書き物が今も残されている。島の特産は「鮒ずし」。

日本で唯一、淡水湖の中の有人島。海の香りがしない。

▲湖岸ぎりぎりにまで作られた畑。
▶フナを1年がかりで発酵させて作る「鮒ずし」はこの島の特産。

[沖島データ]●滋賀県近江八幡市　●人口：134人　●面積：1.51㎢　●周囲：6.8㎞
●ホームページ：近江八幡市 https://www.city.omihachiman.lg.jp

多景島《たけしま》（滋賀県）

断崖の岩肌もあれば島を覆うほどの原生林もある

琵琶湖の中にある。彦根港から約5・5㎞の距離を観光船やチャーター船が結んでいる。島全体は日蓮宗・見塔寺の境内になっていて、急峻で足場はきついが島内見学ができる。うっそうと茂る樹木の中には幹が赤いバクチノキが多く見られる。島の景観が見る角度でいろいろ変化するところから島名が名付けられたといわれる。

上陸して見学できる見塔寺。

島全体は木々に覆われて深山の雰囲気。

［多景島データ］●滋賀県彦根市　●人口：0人　●面積：不明　●周囲：0.6㎞
●ホームページ：彦根市 https://www.city.hikone.lg.jp

竹生島《ちくぶしま》（滋賀県）

琵琶湖の中で歴史をじっと見てきた島

琵琶湖の中の島。一番近い定期船の発着場・海津大崎の南東、約5㎞にある。江の島、宮島にある弁財天と、ここ竹生島・宝厳寺《ほうごんじ》本堂に安置される弁財天の3体が日本三弁財天。また、宝厳寺の唐門《からもん》が国宝、ほかに重要文化財の舟廊下と五重石塔（鎌倉時代）などがある。タブなどの原生林に包まれた湖上の特異な空間をもつ島である。

湖上から山肌に切り開かれた宝厳寺がよく見える。

観光の島で人は多いが、住人はおらず無人の島。

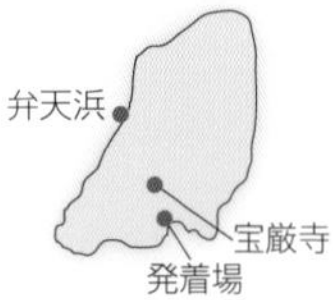

［竹生島データ］●滋賀県長浜市　●人口：0人　●面積：0.14㎢　●周囲：2.0㎞
●ホームページ：近江長浜市 https://www.city.nagahama.lg.jp

あわじしま
淡路島
（兵庫県）

部分的には昔の瀬戸内の風物が残る

淡路人形浄瑠璃の人形。

瀬戸内海エリアの東側のもっとも端にあり、本州とは明石海峡を隔てて3・8kmにある。北方領土の島々を除くと日本の島では5番目に面積の大きな島だが、人口では沖縄本島に次いで2番目の約15万人。大都市に近く、明石大橋で本州、鳴門大橋で四国と結ばれていることで不便さはほとんどなく、島という実感はない。

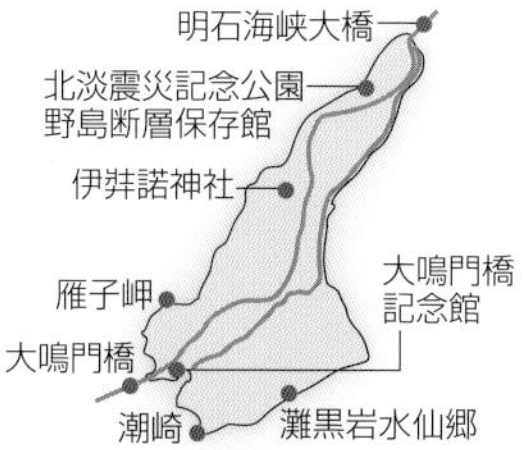

漁業はあまり盛んではなく、むしろサービス業に就く人や農業のほうが盛んである。南部の農家では昔から大規模なタマネギ栽培をおこなっている。その特産タマネギの料理は淡路島の名物になりつつある。

淡路島南部の冬の風物詩といわれる500万本の野生スイセンが美しい南あわじ市の「黒岩水仙郷」と、淡路人形浄瑠璃が上演される「大鳴門橋記念館」、淡路市の「伊弉諾《いざなぎ》神宮」、「野島断層保存館」は見学したい。

明石海峡の夕景。明石海峡大橋が架かるあたりが淡路島の岩屋港。

南部の広大なタマネギ畑。

売店に並ぶとたちまち売り切れの特産の「淡路のタマネギ」。

［淡路島データ］ ●兵庫県淡路市／洲本市／南あわじ市　●人口：126,920人　●面積：592.51㎢　●周囲：約215㎞
●ホームページ：淡路市 https://www.city.awaji.lg.jp　洲本市 https://www.city.sumoto.lg.jp　南あわじ市 https://www.city.minamiawaji.hyogo.jp

沼島《ぬしま》（兵庫県）

国生み神話と興味津々でハモ料理

淡路島の南部、土生《はぶ》港の南、約4㎞にある。日本書紀、古事記などの国生み伝説は伊弉諾尊《いざなぎのみこと》と伊弉冊尊《いざなみのみこと》が、天浮橋に立って「天《あめ》の沼矛《ぬぼこ》」で海原をかき回して地を求め、その矛を引き上げたとき、矛先から落ちた潮のしずくが固まって「おのころ島」になったといわれている。こうして初めに創られたのは淡路島とも沼島ともいわる。そんな国生みの神話を紐解きながら沼島を散策してみるとおもしろい。島の港から南東に丘を越えて700m歩くと海岸部が突き当たる。そこから海上に見えるのは高さ30mの上立《かみたて》神岩《がみいわ》で、おそらく子孫繁栄などを祈願し崇めるためのものである。

関西料理には欠かせない「ハモ」。

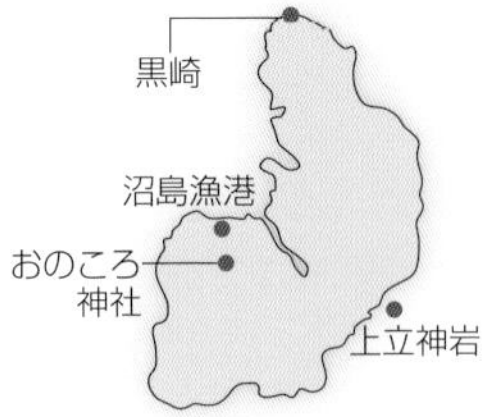

おのころ伝説の伝わる「おのころ神社」。

美しく造りこまれた“沼島庭園”。

「上立神岩」は高さ約30m。東海岸にある。

京阪神でこの島がよく知られているのは、なんといってもハモがよく獲れる島だからだ。ハモ料理は関西では昔からなじみ深い郷土料理で、この島の「ハモすき鍋」などは絶品。

［沼島データ］ ●兵庫県南あわじ市　●人口：377人　●面積：2.73㎢　●周囲：10.3㎞
●ホームページ：南あわじ市 https://www.city.minamiawji.hyogo.jp

家島《いえしま》（兵庫県）

家島小学校の生徒があいさつをする港沿いの道

姫路港の南西、約15㎞にある。明治時代後期から家島諸島の男鹿島と西島で石材の産出が始まると、その運搬のために家島では500トン以下のガット船と呼ぶ石材運搬船を稼動させて島の産業としてきた。その後、昭和の高度成長期を経て石材産業は衰退していくが、ガット船は石材だけではなくさまざまな荷を運ぶ船として姿を替えていった。その船は今も島の宮港付近に多数停泊している。

家島港は深い入江の天然の良港で、港に沿って東に歩くとやがてその先端の天神鼻から石段を上り詰めたところに、ムクロジやシイなどの原生林に覆われた家島神社が現れる。見晴らしのきく絶景のポイントだ。急傾斜に立ち並ぶ路地裏を迷いながら見学していると、「家島十景」と呼ぶ由緒ある場所が点在していることに気づく。宿泊するとうまい魚が食べられる。

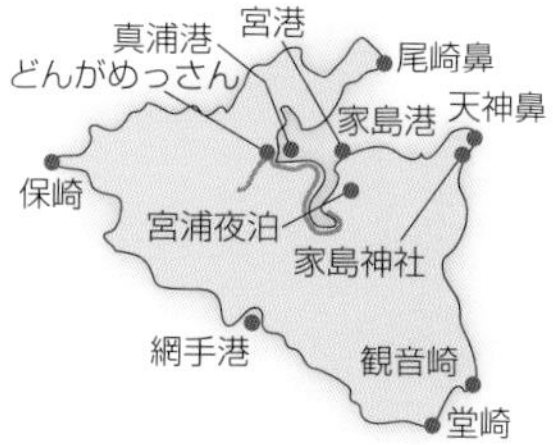

家島十景の一つ、カメの形をした奇岩「どんがめっさん」。

船に商品を積んでやって来て、港に係留して販売する「船の商店」。

家島には"家島十景"がある。その一つ「宮浦夜泊」から見た家島港の全景。

石材運搬船で"ガット船"と呼ぶ500トンの船がこの島には多い。

［家島データ］ ●兵庫県姫路市 ●人口：2,137人 ●面積：5.40㎢ ●周囲：15.4㎞
●ホームページ：姫路市 https://www.city.himeji.lg.jp

坊勢島《ぼうぜじま》（兵庫県）

水産の若き漁師たちが秋祭りの美酒に酔う

小さなヒイカで作る伝統食「ヒイカの塩辛」。

姫路港の南西、約20kmにある。姫路市沖の約40島（内、4島が有人島）ある家島諸島の中の一つで、漁業がとても盛んな島である。

「ぼうぜ」という難しい読み方をする島名の由来は、平安時代の元慶7年（883）に比叡山の高僧、覚円が家島に島流しとなった際、その弟子たちが

大漁旗を飾り、祭りの準備を終えた坊勢漁港の船だまり。

覚円を慕って大勢島にやって来たことにちなんだ名称という説もある。

港周辺にある平地を除いて島の大部分は急斜面の裏山になっていて、そこに駆け上がらんばかりに民家が密集している。道路もそれに沿ってあり、バイクや軽四輪車が海岸部から山頂までを走り回るというやや騒々しいが活気のみなぎる島である。

後継者となる若い漁師たちが多く、港の漁船群を見るにつけても一家に2隻以上の船の数となり、正真正銘の漁業の島であることがここからもうかがえる。

しかし、なんといっても一年一度の秋祭りである「恵美酒《えびす》神社の大祭」のときに漁師たちの豪気が爆発して、太鼓と人が乗りこんだ神輿のようにかつぐ〝屋台〟を揺らしに揺らして練り歩く「屋台練り」や、10m以上もある真竹をぶつけ合わせて割りながら神社へと奉納に向かう「竹割り」、恵美酒神社の天井にぶら下がるタイのお飾りを争奪する「練りこみ」など、男たちの勇壮な祭り行事が繰り広げられる。

島の特産として「干しエビ」があるほか、なかなか希少で手に入りにくいが発酵食品の「ヒイカの塩辛」がある。11月の秋祭りのころがヒイカの季節で塩辛を作るころである。

若い漁師たちが島の活気を作る。

宵宮にもおこなわれる青竹をぶつけて割る「竹割り」。

恵美酒神社石階段の玉垣には古い寄進のものが多くある。

[坊勢島データ] ●兵庫県姫路市　●人口：1,991人　●面積：1.90㎢　●周囲：12.3㎞
●ホームページ：姫路市 https://www.city.himeji.lg.jp

西島《にしじま》（兵庫県）

身を削り産業を興した後の勇姿なのか

姫路港の南西、約18㎞にある。家島諸島は関西地方に至近という場所柄もあって、昔から特産の石材を多く産出して送り出してきた。そのため、一所懸命に産業として取り組んできた島ほど、今は山肌を削り取られてさらされ無残な姿をしている。西島もまさにそういう島の一つである。

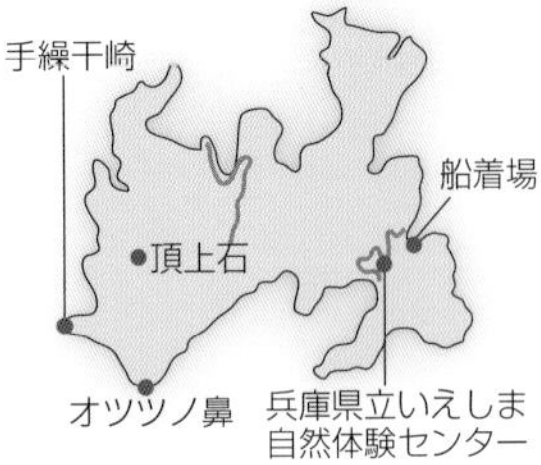

野外活動施設の兵庫県立いえしま自然体験センター。

　4島ある家島諸島の中で最大の面積を誇るが、それぞれ石切り場の近くに少数の家々がまばらに点在している程度で、大きな集落をなしているところはなく、個々それぞれの住人があまり接することなく暮らしているようである。

　明治時代末期に旧陸軍による火薬貯蔵庫が造られたといわれるが、現在その場所を特定することは難しい。島内歩きも採石場で行き止まりになるところが多く、島をぐるりと回ることはできない。

採石場でないところは山林に覆われた自然の島という印象。

▲採石場側から見た島の全景。
▶兵庫県立いえしま自然体験センターの前庭に広がる浜辺。

［西島データ］●兵庫県姫路市　●人口：４人　●面積：6.52㎢　●周囲：21.0㎞
●ホームページ：姫路市 https://www.city.himeji.lg.jp

男鹿島《たんがしま》（兵庫県）

瀬戸内の採石博物館といったところ

姫路港の南西、約13kmにある。伝説によると、神功皇后が家島諸島の海を船で航行した際、雌雄つがいの鹿が舳先を泳ぎ、雌のほうが姫路市の妻鹿《めが》へと泳ぎ、雄のほうは男鹿に泳ぎ上陸したところから、この島の名前を男鹿島にしたといわれる。

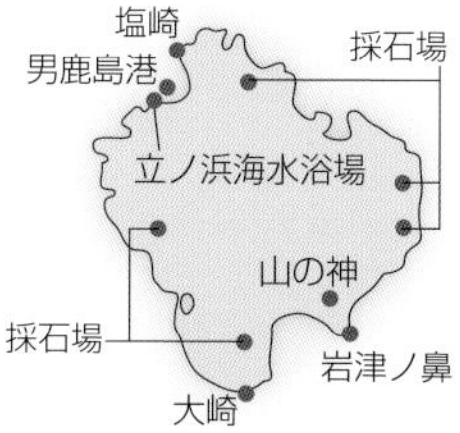

主産業は花崗岩の採石で、歴史をたどれば江戸時代の末期、この島の石本藤兵衛という男が切り出した石材を大阪まで運び売ったのが始まり。日本が近代化されていく時代までは圧倒的にもてはやされたこれらの石も、時代とともに安い海外のものに押されているが、今日では輸入石材の加工などで島の経済は動いている。

石材の景気がよい時代から漁業者はほとんどおらず、島の漁業は発展しなかった。採石の現場を見学するときには、現場の許諾をとってから指示のとおり歩いて見るとよい。

産業の島だったこともあり、人家の建ち方はややばらばらである。

長大なベルトコンベアによって運ばれる石材の様子を見学することができる。

▲男鹿島港から見た集落。

▶田ノ浜地区の「山の神」。

［男鹿島データ］●兵庫県姫路市　●人口：27人　●面積：4.53㎢　●周囲：10.0㎞
●ホームページ：姫路市 https://www.city.himeji.lg.jp

島後《どうご》（島根県）

荒波砕ける遠流《おんる》の地
この島はすべてが美しい風光

島根半島七類《しちるい》港の北、約75kmにある。
隠岐諸島は本土寄りの知夫里島、西ノ島、中ノ島の3島をまとめた呼び名で「島前《どうぜん》」と、おきのしま町の1島の呼び名で「島後《どうご》」という大きく二つのエリアに分けられる。〝隠岐〟という島はないのだが、これらの島全体を指して〝隠岐〟と呼び、その後ろに知夫里、あるいは島後と付けて呼んだり、〝海士町《あまちょう》〟と自治体名でだけ呼ぶことも多い。

隠岐諸島最大の島がこの島後である。『古事記』にも登場し、古くから日本海側にある海路の要衝であったことがうかがえる。そして隠岐はまた遠流《おんる》の地として、聖武天皇の神亀元年（724）によって決められた島であ

玉若酢命神社境内にある八百杉は推定樹齢1千数百年といわれる。

最北部の国指定名勝地「白島海岸」。

る。その後、隠岐へ流された都人《みやこびと》は数多い。承和5年（８３８）遣唐副使としての乗船を、いさかいから拒否した小野篁（たかむら）は官位を剥奪され島へ流された。その後はるか鎌倉時代の承久3年（１２２１）には、討幕の謀議を企てた後鳥羽上皇は海士郡（現在の中ノ島）に流され、19年にわたり島に滞在し都に戻ることなく終生を遂げた。さらにその後の元弘2年（１３３２）には、島後に後醍醐天皇が流されるが、ほぼ1年後には島を脱出し都へ戻った。

当時も島は豊かであったといわれる。山岳部が島内の多くを占めるが全体的には平野部も田畑を拓くのにじゅうぶんにあり、その平野と山の間に〝里

西海岸の夕陽を眺めるポイントにある「ローソク島」。

みごとな牛を育て上げて戦う「牛突き」。

山”と呼ぶ農村地帯が広がる。米や野菜がとれ、海では海藻からサザエや貝類、磯魚などがたくさん獲れた。流された高貴な人々は中央の文化からは距離をおかれたが、生活の面ではそういう豊かな中で暮らしたといわれる。そしてこの高貴な人々とその周辺からはさまざまな文化が島に伝えられ隠岐の文化として醸成されたのである。

「牛《うし》突《つ》き」は流されて島で暮らす高貴な人々を楽しませるところから始まった行事と伝えられる。古式にのっとりおこなわれる「一夜嶽牛突大会」などを観ると、島の根源的な娯楽が今に受け継がれているのがわかり興味深い。古社の「水若酢《みずわかす》神社」「玉若酢《たまわかす》命《みこと》神社」はいずれも格式の高いもの。また隠岐で最古といわれる釜地区にある「佐々木家」は、素晴らしい古色をたたえた民家で、寛政4年（1792）から約230年間の年月を経ている。

平成19年に隠岐国分寺の火災で面や衣装一式を焼失してしまった国指定重要無形民俗文化財「蓮華《れんげ》会《え》舞《まい》」は現在

「蓮華《れんげ》会《え》舞《まい》」の舞の中でももっとも勇壮な“龍王の舞”。

“山神貴徳の舞”は二人掛け合いの舞。

巨大な岩盤から伝い落ちる壇鏡の滝。新年行事としてこの滝の水を汲むというならわしがある。

では復活している。東アジアから大陸を伝わり渡来したとみられる舞楽が1年1回、4月21日に奉納されていて見学することができる。

国指定の重要文化財の「水若酢神社」。隠岐造りの社殿がみごと。

［島後データ］●島根県隠岐郡隠岐の島町　●人口：13,321人　●面積：242.83㎢　●周囲：209.9㎞
●ホームページ：隠岐の島町 https://www.town.okinoshima.shimane.jp

竹島《たけしま》（島根県）

日本海にある荒々しい岩山は日韓で領土問題を抱える島

竹島全景。右が女島（東島）、左は男島（西島）。時事通信社

隠岐諸島の島後《どうご》、隠岐の島町五箇《ごか》地区の沖157㎞にあり、男島（西島）、女島（東島）と周辺30余の小島からなる日本の無人島である。明治38年（1905）、日本政府は他国の支配下にないことを確認後、閣議決定で「竹島」として領土編入した。戦前アシカ漁で漁師が隠岐から季節移住した。昭和27年、韓国は一方的に海洋権の境界線を引き竹島の領有を主張し、その後今日まで不法占拠が続いている。

［竹島データ］●島根県隠岐郡隠岐の島町　●西島（男島）、東島（女島）を中心とする数十の小島からなる総称。●全島の面積：約0.20㎢

西ノ島《にしのしま》（島根県）

摩天崖《まてんがい》の景観に心打たれ 焼火《たくひ》山で身を清める

島根半島の七類港の北、約60kmにある。島の景観は起伏に富んでいて火山島の痕跡がいたるところで見られる。島のほぼ真ん中はちぎれんばかりに細くなっており、その西側部分の北西海岸線には、摩天崖と呼ぶ250mから垂直に海へと落ちる切り立った崖が続く。それはまさに自然景観として圧巻である。

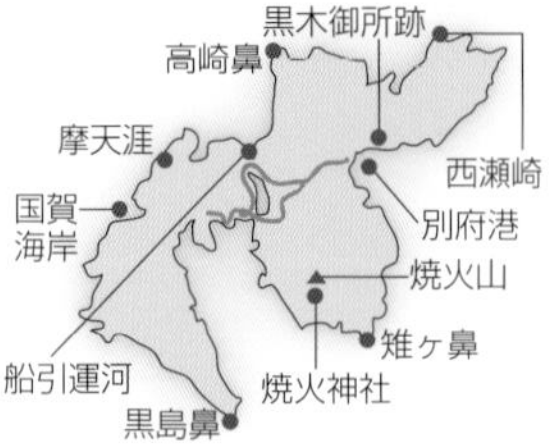

300mあまりを幅15mで水路を通し、島の南北の行き来をラクにした「船引《ふなびき》運河」。

一方、島の東側の別府港そばには後醍醐天皇が1年あまり滞在・執務された行在所跡と黒木御所跡が残されている。また、南部には島の最高所である焼《たく》火《ひ》山（452m）があり、そこには平安時代中期に創建された国指定重要文化財の焼火神社がある。この神社は、正月には付近の船舶が汽笛を鳴らして航行するというならわしが今も息づく海上航行安全の守護神。参拝するには、車で入れる終点から約30分の参詣の山道を歩くのだが、ここは清々しく気持ちがよい。

摩天崖から眺めた断崖地形の変化が素晴らしい国賀海岸。

国賀海岸の岩礁景観のハイライトはこの「通天橋」。

平安中期に創建されたの焼火《たくひ》神社。岩盤に食い込むように神社は建つ。

［西ノ島データ］●島根県隠岐郡西ノ島町　●人口：2,544人　●面積：55.96㎢　●周囲：116.1㎞
●ホームページ：西ノ島町 https://www.town.nishinoshima.shimane.jp

中ノ島《なかのしま》（島根県）

海士町といえば全国的に知られるところ

島興しの先駆的な島。港の売店に並ぶ地場産品。

島根半島の七類港の北、約55kmにある。隣に位置する西ノ島とは、最短の場所で約700mの距離と近い。

しかし歴史を紐解けば、本土から遠く離れた日本海にある島であったため、多くの人がここに島流しとなった場所である。とりわけよく知られるのは、北条氏追討を企てた承久の乱（1221）で敗れた後鳥羽上皇はこの島に配流され、その後、都に戻されることもなくこの地で没し、火葬されて埋葬された。

菱浦港とフェリーターミナルを兼ねた建物“キンニャモニャセンター”。

中ノ島というより、今、海士町という一つの島おこしのトレンドを創りだす町として、全国的によく知られているところである。新しい島の未来創りの思いをアピールする町長の元に全国から優秀な若い人材が集まり、島の産品開発やユニークなイベントなど新しい島の活性を創りだしている。隠岐牛とサザエカレーは全国的に定番となった島の味覚である。

木立の奥にある「後鳥羽上皇御火葬塚」。

港近くのレストランで名産の隠岐牛を食べることができる。

［中ノ島データ］●島根県隠岐郡海士町　●人口：2,207人　●面積：33.46㎢　●周囲：89.1㎞
●ホームページ：海士町 https://www.town.ama.shimane.jp

知夫里島《ちぶりじま》（島根県）

なにもない——というのがこの島の売り

野ダイコンの群落が広がる赤ハゲ山。

島根半島・七類港の北、約50㎞にある。「ちぶり」という呼び名はあまり聞きなれない響きの言葉だが、一般的に「道触《ちふり》神」に由来するものだといわれる。知夫里島は隠岐諸島では一番本土に近くその入り口でもあることから、道筋の安全を護る神を奉り、その名をつけたという。

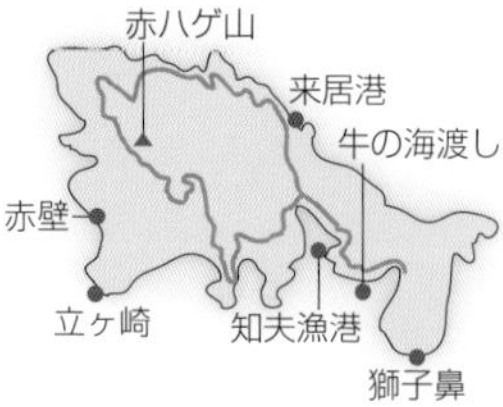

この島を象徴する風景は「赤ハゲ山」という325ｍの緩やかな丘陵を思わせるような山だ。ここまで行く途中には牛や馬などが草を食む草原を横切るのだが、そこから海が見える島の斜面には季節によって野ダイコンの美しい花が咲き誇り、その絶景に心打たれることだろう。島内はとにかくのどかでさしたるものもない。宿に泊まれば知夫里発祥の隠岐民謡「どっさり節」が聞けるかもしれない。なにもしないで保養を楽しむには絶好の島だろう。

200mの大断崖に赤や茶の岩盤層が鮮やかに見える景勝地「赤壁《せきへき》」。

イカ釣り漁船の明かりが海上に煌々と輝く。

無人島の島津島との間を放牧の牛を泳いで渡らせる。

［知夫里島データ］●島根県隠岐郡知夫村　●人口：603人　●面積：13.70㎢　●周囲：49.6㎞
●ホームページ：知夫村 https://www.vill.chibu.lg.jp

だいこんしま

大根島（島根県）

ボタンの歴史３００年を見て歩く

幽鬼洞「第１溶岩隧道」は立ち入り禁止。

　島根県松江市と鳥取県米子市、北を島根半島に囲まれた塩水湖である「中《なか》海《うみ》」の中にある。

　緩やかな丘陵はあるが全体に平坦な島で、中央にある標高42mの大塚山がこの島の最高所である。しかもここが火山であったというから驚く。日本でも稀有なわずか標高42mの火山島なのだ。その海底から噴き出た溶岩が流れ出てできたといわれる国指定天然記念物の「溶岩トンネル」が島内にあり、見学（事前申し込み）できる。

　古くは人が住むことなく牧場として使われていた場所だったが、平安時代を過ぎたころから定住が始まったといわれる。

　現在は松江市側と境港市側の両方向に堤防道路がつながり、車で出入りできる便利な島である。特産はボタンと薬用ニンジンで、毎年5月の連休の季節は、色とりどりのボタンの花を楽しみに来る人々が大勢いる。

平坦な大地の大根島。島内の大部分がボタン畑と薬用ニンジン畑である。

山林がなく、海ぎわに集落が広がる。

囲いを使い数年かけて育てる薬用ニンジン。

［大根島データ］ ●島根県松江市　●人口：3,028人　●面積：6.74㎢（江島を含む）　●周囲：不明
●ホームページ：松江市 https://www.city.matsue.lg.jp

かくいじま

鹿久居島（岡山県）

山林に漂う煮炊きの香りに古代人の生活を思ふ

日生《ひなせ》町・日生港の南、約600mの至近にあり、「備前♡日生大橋」が完成し、本土と陸路でつながった。江戸時代は岡山藩の狩場であったこともあり、山林深く覆われた島内には多くの鹿が今も生息しているが、船上からなどでは野生のものはそうそう目にできるものではない。そこで、この島に宿泊しながら自然とふれあうことができればよりよいことだろう。そんな思いをかなえるように、この島には「古代体験の郷・まほろば」という宿泊施設がある。高床式住居と竪穴式住居があってそこで寝起きし、自分たちで煮炊きをして古代生活の体験をするのである。鳥のさえずりや海や風の音で目覚めるのもここならでは体験である。

島内の山林はほとんどが国の鳥獣保護区になっており、その中にミカン狩りなどできる畑もある。

かつては漁業者がいたが今はいない。

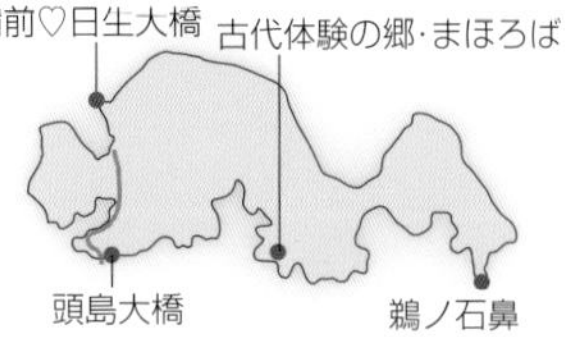

古代の生活体験ができる宿泊施設「古代体験の郷・まほろば」。

砂地の近海では特産のシャコがよく獲れる。

［鹿久居島データ］●岡山県備前市　●人口：18人　●面積：10.13㎢　●周囲：28.0㎞
●ホームページ：備前市 https://www.city.bizen.okayama.jp

鶴島《つるじま》（岡山県）

瀬戸内の海はるか——キリシタン殉教の地

日生港から南東へ直線で約6km、鹿久居島の南側、約500mにある。江戸時代までは無人の島だったが、江戸幕府以来キリシタン禁制を受けた明治の新政府は明治2年、捕らえた長崎浦上のキリシタン3400人を日本全国に配流した。その宗教弾圧を受けたキリシタンのうち117人がこの島に流された。劣悪な環境下での開墾労働で多くの信者は疲弊して倒れ亡くなる人も出た。これは禁教令の廃止まで2年半続いた。

現在は無人島に戻っていて、島に渡るには船をチャーターする方法以外にないが、桟橋は風化をたどり、上陸するには多少危険がともなう。しかし、敬虔なキリスト教信者たちが毎年この島を訪れ、殉教した18人の墓地の手入れをし、そこまでたどる藪になった道をきれいに草刈するなどこまやかな奉仕活動が続いている。

殉教者の墓地にある自然石一つだけのキリシタンの墓。

桟橋から旧集落へ向かう道。無人となった現在、その道は荒れ果てている。

▲▶かつて民宿が1軒あったが現在はない。2時間ほどで島内見学はできる。

［鶴島データ］●岡山県備前市　●人口：0人　●面積：0.10㎢　●周囲：2.1㎞
●ホームページ：備前市 https://www.city.bizen.okayama.jp

かしらじま

頭島

（岡山県）

島に渡って食べたほうがうまくて安い

日生《ひなせ》港の南、約3・5㎞にある。元禄年間の1698年ごろに本土の日生から人が渡り住んだのが始まりと伝えられ、本格的な定住はその後1801年以後の享和年間であった。明治後期には90戸を数え、漁業の活況は大きかったといわれる。

灯台のような展望塔が建つ「たぬき山展望台」。

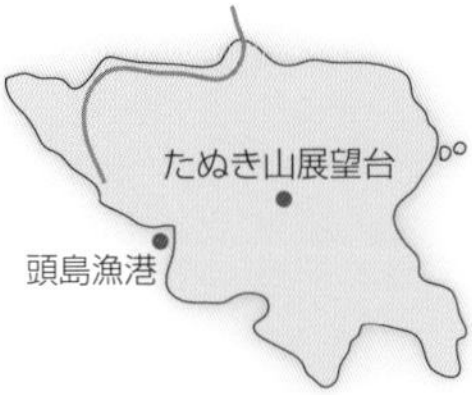

なだらかな丘陵台地で、港から徒歩で島の高いほうへ向かっていくと成り行きで島の最高所に立てる。その中央部高台には「たぬき山展望台」があり、ここからは一望に日生諸島を眺めることができる。旅館やペンションなど宿泊施設がしっかりしていて、日生をはじめ関西近郊からのリピーター観光客も多い。なぜなら…、風光明媚なことはさておき、本土から20分足らずと近いこと、そしてなにより活魚などの島料理がおいしいからだろう。

春の「日生サワラ」、鍋ひとつで出される「ゆでシャコ」などに圧倒される。

島々に囲まれた日生諸島の中、小さな島、頭島の漁港全景。

▲▶小さな島なので「たぬき山展望台」を目印に歩けば島内で迷うことはない。

[頭島データ] ●岡山県備前市 ●人口：373人 ●面積：0.60㎢ ●周囲：4.0㎞
●ホームページ：備前市 https://www.city.bizen.okayama.jp

おおたぶじま
大多府島（岡山県）

それは昔の燈台——
瀬戸内が帆船だったころ

昔の燈台ともいえる「灯籠堂」。

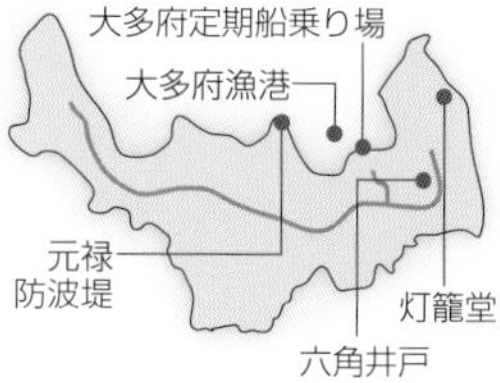

日生《ひなせ》港の南、約6㎞にある。西国大名が参勤交代時などで風待ち港として使うため、元禄11年（1698）、岡山藩がこの島に駐在するための在番所を内湾である北側に造り、町人の長屋など6棟あまりを建てて移住を奨励した。それが功を奏し、この島は海路の要衝としてその後も発展した。

島の北東部の高台には元禄11年に建てられ、明治元年まで灯火され続けていた「灯籠堂」が、昭和61年に復元されて建つ。ここに立ち、見晴るかす瀬戸内の大海原に目をやると、帆船時代の往時がしのばれる。

島内に18か所もあったという「六角井戸」で今日現存するものは少ないが、かつて御用船の水の積み込みをこの井戸水でまかなっていたという由緒正しき井戸である。その時代を思いながら訪ね歩くとなかなか意義深い。

空き地も目立つ
島内の集落。

頭島から見た大多府島の全景。島の左端の高台に灯籠堂がある。

［大多府島データ］●岡山県備前市　●人口：63人　●面積：0.40㎢　●周囲：5.0㎞
●ホームページ：備前市 https://www.city.bizen.okayama.jp

鴻島《こうじま》（岡山県）

古く、ここにはツルやコウノトリが飛来したのだとか

日生《ひなせ》港の南西、約3㎞にある。延宝年間には岡山藩の牧場として馬が飼育されていたが、元禄11年に藩の流刑地になり牧場は廃止された。昭和5年には無人島になっていたこの島に頭島からの開拓者が入り、島の開墾が始まった。

関西方面からも近く、秋にはミカン狩りを楽しむ人々が多く訪れる。

147mの急峻な鴻の鳥山が島の中央部にあり、山林の多い変化に富んだ地形は目を楽しませてくれるのだが、生活するのにはなかなか大変である。平坦な土地が少なく、集落部分のわずかな場所以外はほとんどが傾斜地に家屋を構えている。

バブル景気にわいたころの別荘地ブームで、海を見渡せる場所には多くの家々が建ち、休日ともなると関西方面各地や近郊からここにやって来る人が多くいた。現在はそのブームも収まり静かな島となり、華やかしきころのかつての島の面影は見つけることができない。

穏やかな日生諸島の島々が見える、東斜面に建ち並ぶ別荘。

日生の美しい海。島々と輝く海面、養殖のイカダのコントラストが美しい。

［鴻島データ］●岡山県備前市　●人口：53人　●面積：2.07㎢　●周囲：12.0㎞
●ホームページ：備前市 https://www.city.bizen.okayama.jp

まえじま

前島

（岡山県）

エーゲ海の白のイメージ 瀬戸内海の陽光うららか

〝日本のエーゲ海〟などと評される瀬戸内海に面した町、瀬戸内市牛窓《うしまど》。たしかに海に向かう斜面に建つ家々や建物が白く輝き、潮風のそよぎかたや海を見渡す風光などがギリシャのその風景によく似て美しい。そんな地中海的な穏やかさと美しさの牛窓瀬戸をはさんで、牛窓港の東側に横たわる細長い島が前島である。元和6年（1620）に始まった大坂城の修築では、この島からの石材が多く運び出され、そのときの残石群が今も残されている。

キャベツやカボチャなどの野菜を中心とする農産物作りが盛んで、瀬戸内海を望む日当たりのよい緩斜面の畑ではいつも季節の野菜が実る。また春から夏休みころにはキャンパーをはじめ多くの観光客が訪れ、美しい砂浜で野外活動や海水浴などを楽しむ。温暖でリゾート地としての人気が高い牛窓ブランドの影響で、島の別荘も人気がある。

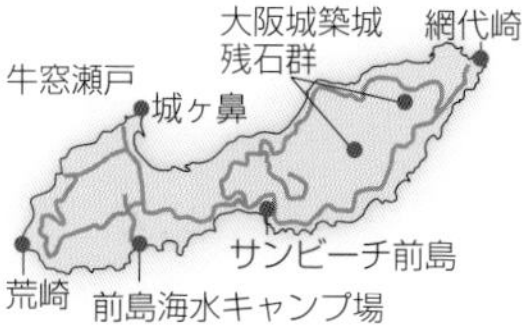

「大阪城築城残石群」。

牛窓瀬戸をはさみ、牛窓と前島港を結ぶフェリー。

本土側の瀬戸内市牛窓から見た前島全景。比較的起伏の少ない横に長い島である。その後方に見える島は小豆島。

［前島データ］●岡山県瀬戸内市　●人口：126人　●面積：2.42㎢　●周囲：16.51㎞
●ホームページ：瀬戸内市 https://www.city.setouchi.lg.jp

長島《ながしま》（岡山県）

瀬戸内海風景のエッセンスがある

長島大橋の向こうに上る朝日を見る、美しい瀬戸内風景。

日生《ひなせ》諸島・鴻島の南に位置する。昭和63年、岡山県東部の邑久《おく》町虫明《むしあげ》から橋が架かり陸伝いになった。昭和5年、日本初の国立ハンセン病療養施設である『長島愛生園』と、昭和13年には国立療養所『邑久光明園』が創設され現在に至る。古くから牛、馬の牧場として使われてきた島で備前藩の時代もこの島は牧場だった。虫明湾や瀬戸内海の朝夕景は美しく、輝く海面に描かれる航跡などは感動的。

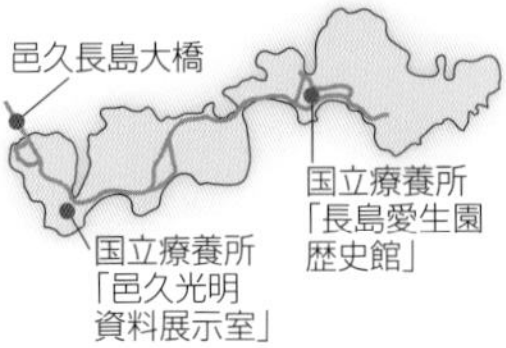

[長島データ] ●岡山県瀬戸内市　●人口：189人　●面積：3.52㎢　●周囲：16.0㎞
●ホームページ：瀬戸内市 https://www.city.setouchi.lg.jp

黄島《きじま》（岡山県）

瀬戸内の悠久の時間を感じる縄文の遺跡

牛窓沖の前島の南東、約５００ｍの海を隔ててある。８０００年前の縄文初期の貝塚が昭和18年に発掘され、ヤマトシジミなどの貝のほかに石器なども出土した。島の北西部に突き出た場所は「琵琶の首」と呼ばれ、この島の聖地となっていて竪穴式古墳がある。宗教団体の施設があり、その関係者以外の一般渡島者はほとんどいない。

本土側から見た黄島全景。

約8千年前の縄文時代の貝塚「黄島貝塚」。その時代は海がここまであったのだろう。

[黄島データ] ●岡山県瀬戸内市　●人口：0人　●面積：0.41㎢　●周囲：4.5㎞
●ホームページ：瀬戸内市 https://www.city.setouchi.lg.jp

犬島《いぬじま》（岡山県）

絵心がなくても この島は何かをかきたてる

岡山市宝伝《ほうでん》地区の南、約4㎞にある。人が住みはじめたのは1688年以降の元禄年間といわれる。もともとこの島は良質な花崗岩の採れる場所として知られ、大阪城や江戸城、鎌倉の鶴岡八幡宮大鳥居などに切り出されて使われた。現在は巨大な石切り場の跡地に雨水などが溜まり池のようになっている。

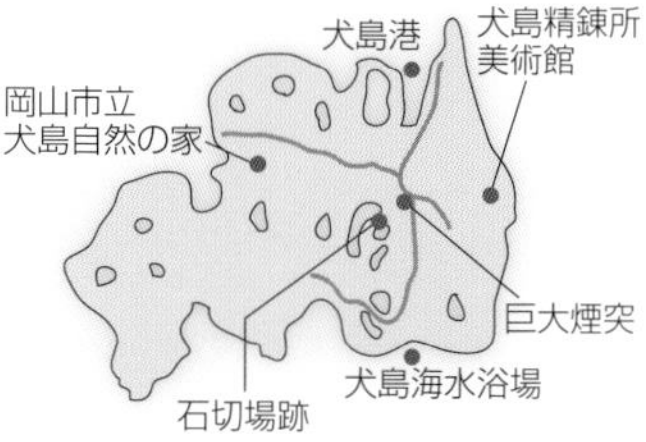

レンガ造りの巨大煙突。

明治末期から始まった銅の精錬では、この島の中に発電所やさまざまな精錬施設が建てられて操業し、大正8年まで続いた。煙突や施設の多くがレンガ造りで、今も残るそれらの風景がこの島の独特なイメージとなって伝えられる。稼動していた最盛期には6000人もの人々が暮らしていたというから驚く。

集落のいたるところに、ちょっとした犬島石の垣根などがあり、栄華の時代をしのびながら散策してみると楽しいが、私有地もあるので要注意。

精錬所の発電所跡。廃墟の美しさがある。

石材の島だった。今も石を切り出した時代にふんだんに使った石柵や石塀が残る。

［犬島データ］●岡山県岡山市　●人口：38人　●面積：0.54㎢　●周囲：3.6㎞
●ホームページ：岡山市 https://www.city.okayama.jp

犬ノ島《いぬのしま》（岡山県）

犬をかたどった神様
犬石さまを見に行く

犬島の西北、まるで犬島の一部が欠けて外れてしまったように、わずか50ｍほどの海をはさんである。香料を作る企業の工場の島で自由に出入りするはできないが、渡島を申し込めば仕事に差し支えない範囲で許可を出してくれる。そのときは、犬島の釜の瀬戸からその香料会社の小船で渡してもらう（無料）。

もともとは全体が小山のような島だったのだが採石のために切り崩され、現在は香料会社の工場地部分をはじめほとんどが荒涼とした平地になっている。

犬ノ島の入口は工場の桟橋。

島の中央部には高さ30ｍほどの丘がり、その頂に上ると島名の由来ともなった「犬石宮」がある。鳥居の中には大きな犬の頭の形をした巨石が鎮座していてちょっと驚く。この巨大な石は犬石さまと呼ばれ、一年に一度5月3日の例大祭のときには一般参詣者は詣でる（要・問合せ）ことができる。

犬石宮の御本体は犬の顔をした大きな石。

高台には犬石宮だけが残り、あとはすべて採石されて島は平地に。そこに工場がある。

［犬ノ島データ］●岡山県岡山市　●人口：統計なし（犬島に含む）　●面積：0.09㎢　●周囲：不明
●ホームページ：岡山市 https://www.city.okayama.jp

黒島《くろしま》（岡山県）

小さな島
古墳と中身が濃い

牛窓港に立つと真正面に見える。定期船はなく、洋上2kmをチャーター船で渡る以外渡島の方法はない。観光すべきところもないが、トンボロ地形のヴィーナスロードが知られる。キャンプはあらかじめ予約をすれば管理者が在島して、設営は可能。島のほぼ中央に5世紀後半ごろのものとみられる前方後円墳がある。

海遊びには好適のキャンプ場（予約制）。

トンボロ（陸繋島）地形の黒島ヴィーナスロード。

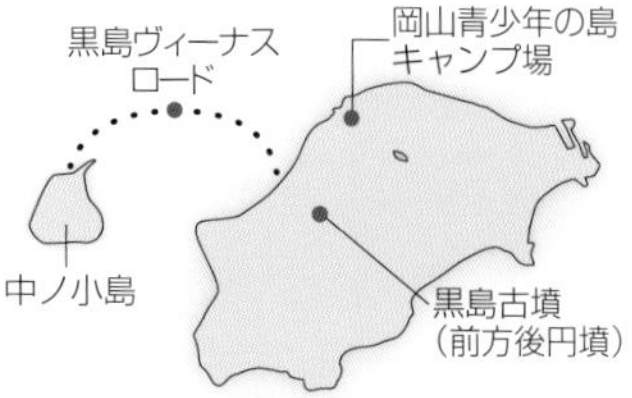

［黒島データ］●岡山県瀬戸内市　●人口：0人（住民登録なし）　●面積：0.10㎢　●周囲：1.6km
●ホームページ：瀬戸内市 https://www.city.setouchi.lg.jp

石島《いしま》（井島）（岡山県／香川県）

熾烈な陣地争いで
島に二つの名前がついた

玉野市宇野港の東、約5kmにある。島の北側半分が岡山県玉野市の「石島」で、南半分は香川県直島町の「井島」という、一つの島に二つの名前が同居するという珍しい島。その原因は江戸時代にさかのぼり、直島と岡山藩胸上村との間の漁業権と領有権の争いごとがあったための名残。ノリ養殖の漁業の島。井島に住人はいない。

岩の上に乗る伝馬船の形をした「テンマ石」。

ノリの養殖など漁業を主産業とする島。

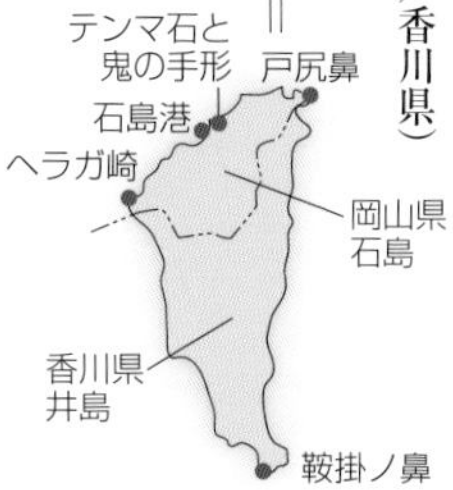

［石島データ］●岡山県玉野市／香川県香川郡直島町　●人口：63人　●面積：0.82㎢　●周囲：2.3km
●ホームページ：玉野市 https://www.city.tamano.lg.jp ／直島町 https://www.town.naoshima.lg.jp

小豆島《しょうどしま》（香川県）

いにしえの瀬戸内の姿を今も残して——

近年の新観光名所になっている「エンジェルロード」。1日2回の干潮時に陸地となる砂浜。ここを歩いて渡るとしあわせになるという。

温暖な小豆島で栽培され始めて100年以上が経つオリーブ。海が見える南側斜面にはその畑が広がる。

友好姉妹島のミロス島（ギリシャ）から贈られたギリシャ風車が小豆島オリーブ公園にある

高松港の北、約18㎞の瀬戸内海にある。岡山県の日生《ひなせ》町からも約20㎞とほぼ同じぐらいの距離である。『古事記』の国生みの話の中では10番目に生まれたのがこの島となっている。歴史に登場する時期も古く、この島が古来から瀬戸内海の要衝の島であったことがうかがえる。

平安時代の初期から南北朝時代まで皇室御領だったこともあった。秀吉の時代を経て徳川の世になったとき、「池田」（現在の池田地区）は初め天領地だったがのちに津山藩の領地となり、「内海《うちのうみ》」は幕府天領地として倉敷代官所に支配された。江戸時代になってか

坂手の丘にある「壺井栄文学碑」。

山間部の中山にある美しい千枚田。
この田んぼの上には「湯舟」という湧水地がある。

四季それぞれに美しい「寒霞渓」。渓谷がある島は日本では珍しい。

らも藩領や天領が島を分け、また明治維新となったのちも県の合併などで所管がたびたび変わった。

小豆島の知名度は高い。それは、この島出身の壺井栄が書いた小説『二十四の瞳』の舞台となった島で、2度にわたる映画化などにより広く全国に知られることになったからである。素朴な島の風土の中で描かれる〝純真な子供たちと大石先生〟のお話を通して、主題である〝平和〟ということを今も静かに島から発信し続けている。内海湾の向こうにある「岬の分教場」には現在も多くの人々が訪れる。

「二十四の瞳映画村」の“岬の分教場”。

小豆島はとても大きな島。海岸線の長さは一周１２０㎞を超える。陽光うららかな瀬戸内海の穏やかな海のイメージがあるのは、その大部分が島の南側であるといってもよいだろう。小豆島町の竹生あたりからは緩斜面いっぱいにオリーブ畑の木々が涼しげに葉をなびかせ、苗羽《のうま》では醤油蔵や佃煮工場のある町並み、池田あたりでは手延べそうめんの干し場風景が歩く先々で見られる。これがいかにも小豆島――というのどかな情景が展開する。

島の中央部から分けているのは山岳地帯である。標高８１７ｍの「星ケ城山」がそびえ、その山を頂点に4～５００ｍ級の山々が島の真ん中に連なっている。その星ケ城山の西側は渓谷となっていて、そこには天下の景勝「寒霞渓《かんかけい》」がある。瀬戸内海の島にこのような深い渓谷の秀景があることに驚く。

そして島の北側に行くと風景が一変する。南側のような穏やかな瀬戸内海風景はなく、山並みが海にまで迫る険しい景観が続く。大坂城築城のために切り出されたが送り出すことができなかったといわれる「残石」をはじめとして、この付近一帯は採石場となっていて削り取られた山肌が痛々しい。

農村歌舞伎が今もおこなわれ、施餓鬼供養の行事「川飯《かわめし》」、「安田踊り」、「虫送り」など多くの民俗・伝統行事が残されている島である。

施餓鬼行事の「川飯」。川辺でまぜご飯を炊き、供えた後に家族で食べる。

［小豆島データ］●香川県小豆郡小豆島町／土庄町　●人口：25,881人　●面積：153.25㎢　●周囲：不明
●ホームページ：小豆島町 https://www.town.shodoshima.lg.jp／土庄町 https://www.town.tonosho.kagawa.jp

おきのしま

沖之島（香川県）

瀬戸の生活風景が集約されて歌謡曲に

小豆島の北東部にある小江《おえ》地区沖、約100mにある。大きな小豆島の端にくっついている周囲わずか2㎞ほどの小島。小江の漁師が江戸時代にこの島に移り住み定住したと伝えられ、明治24年ごろにはこの小さな島に30軒近くの家々があったという。

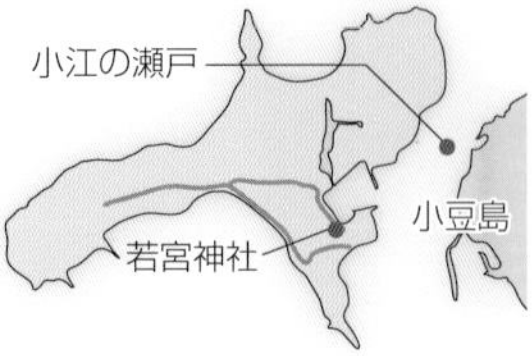

小豆島から見た沖之島。人の歩く姿まで見えるほど近い。まさにのどかな瀬戸内の風景。

水路のように狭くなっている「小江の瀬戸」は、その昔動力船を使わなかったころには潮流の速い瀬戸として漕ぎ手にとって手ごわいところだった。また昭和に入り、瀬戸内海では嫁ぐ花嫁さんが渡し舟に乗り海を渡って島々へ向かうことがよくあったことから、昭和50年代にはその独特な光景を歌った歌謡曲「瀬戸の花嫁」などができた。その背景となった舞台がこの島の花嫁が嫁ぐ姿だったといわれる。

漁業の島で、カレイ、舌ビラメなどを多く獲るほか、底引き網漁などが盛ん。島内散策ならば1時間あればすみからすみまで見て歩ける。

近海で獲れるゲタ（舌ビラメ）の生干しは島の特産。

小豆島の小江地区の高台から見た沖之島。

[沖之島データ] ●香川県小豆郡土庄町　●人口：58人　●面積：0.18㎢　●周囲：2.0㎞
●ホームページ：土庄町 https://www.town.tonosho.kagawa.jp

てしま
豊島（香川県）

産廃にゆれた島も 今はゆっくりと昔をとり戻す

高松市の北、約15㎞、小豆島の西、約4㎞の瀬戸内海にある。古来より米がとれる豊かな島というところから、島名が付いたといわれる。島の中央部にある檀《だん》山《ざん》（340m）は展望台になっていて、ここに上ると周囲の瀬戸内海の素晴らしい島々や天気がよければ本州、四国までもが一望できる。

平安末期ごろから約1千年間にわたり、島の特産でもある「豊島石」が檀山の麓で切り出された。柔らかい石で加工しやすいため、庭に置く灯ろうなどがこの石を使い多く作られた。

このように風光明媚で名石を産出する島だったが、その島が1990年に大量の産業廃棄物の不法投棄場所として摘発される。それから20余年をかけて産廃処理がおこなわれ、令和5年3月、いちおう原状回復が終了した。

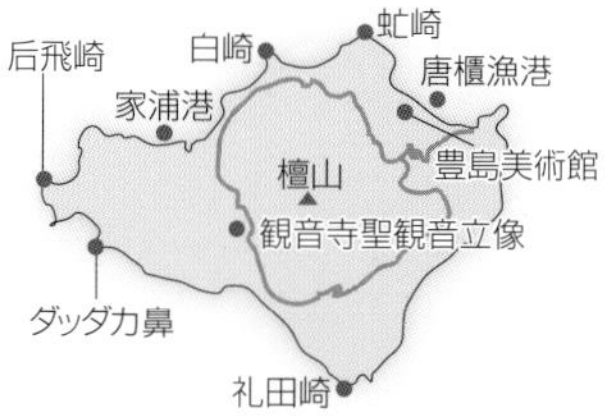

香川県保存樹木のシンパク。

家浦港と集落全景。

▲かつては良質な石材を産出した豊島の全景。
▶「観音寺聖観音立像」。11世紀後半の作。

［豊島データ］ ●香川県小豆郡土庄町 ●人口：768人 ●面積：14.50㎢ ●周囲：17.9㎞
●ホームページ：土庄町 https://www.town.tonosho.kagawa.jp

小豊島《おでしま》（香川県）

よい牛が育つ瀬戸内海の風土

小豆島の西側、約２㎞にあって、小豆島と豊島にはさまれた格好のように位置する。

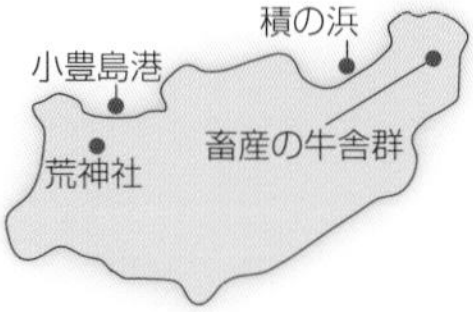

２００９年４月、北東の浜辺にある「積《つみ》遺跡」から縄文土器３点とサヌカイトの剥片が発見され、それまで明らかにされていた縄文前期末というこの島の歴史が５００年ほどさかのぼり、縄文中期初頭に縄文人の存在があったことがうかがうことができる。瀬戸内海に東西に並ぶ豊島、小豊島、小豆島にそれぞれ横一列に、神子ヶ浜（豊島）、積（小豊島）、伊《い》喜末《ぎすえ》（小豆島）に３遺跡があるというのも興味深い。

特産の「オリーブ」。

かつては石材を多く産出した島で、４００年ほど前に石の切り出しのために人が住み始めたのが定住の始まりと伝えられる。現在は肉牛の飼育が主産業となり、農業と漁業をしのいで島内はのどかな牧場のような生活時間の中で畜産業が営まれている。

小豆島から見た小豊島の落日。

肉牛肥育の島。漁業より畜産に力が注がれる。

[小豊島データ] ●香川県小豆郡土庄町 ●人口：９人 ●面積：1.10㎢ ●周囲：4.3㎞
●ホームページ：土庄町 https://www.town.tonosho.kagawa.jp

向島《むかえじま》（香川県）

鳥の鳴く声
風の音にあらためて気づく

直島中央部、本村地区の東側に約１５０ｍの海上を隔てて隣接する。住人の多くは直島に通勤している。終戦後の昭和20年代は１千人もの人口があったといわれるが、現在は20人。集落としての限界ぎりぎりとなっている。

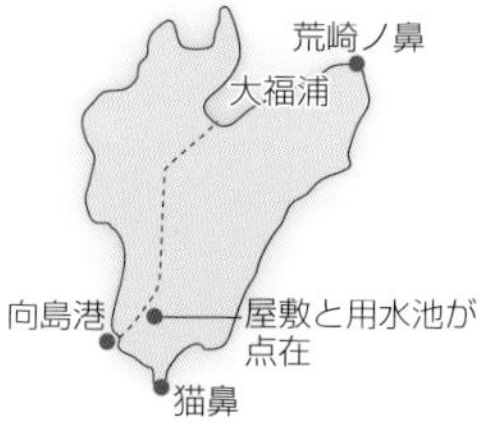

島内にはかつて製塩に使われた遺跡や弥生時代などの遺物が発見されているが、その場所をたどるには島の人に案内してもらわないとわからない。最南部の猫鼻付近のビーチは美しい砂浜で、夏にはビーチ遊びもできそうだ。かつて畑だった名残で、ところどころに用水池（ため池）があり、その付近では野草が咲いていたりして静かな島内に彩を添えている。

特に見どころという場所はないが、直島の本村から小船をチャーターして１、２時間散歩してみるのにちょうどよい。喧騒を忘れたほんとうに静かな島である。

桟橋。向かいは直島。

水草が繁茂した用水地。のどかな島時間が流れる。

［向島データ］●香川県香川郡直島町　●人口：12人　●面積：0.74㎢　●周囲：4.5㎞
●ホームページ：直島町 https://www.town.naoshima.lg.jp

直島《なおしま》（香川県）

散歩スタイルで1日アート鑑賞する

宮浦港横の公園にあるモニュメント。

高松港の北、約12kmにある。密集する備讃諸島の中の一つで香川県の島だが、位置的には岡山県玉野市と目と鼻の先の約2kmという距離にあり、このため電気と水道などは岡山県側から送られてきている。

戦国時代末期に小規模ではあったが水軍の根拠地となり、直島城が築かれ

白壁に黒い腰板の塀をめぐらせた古民家の町並み。

城下町の形態が作られた。江戸時代には徳川直轄の天領の下で廻船業や製塩などが盛んになり瀬戸内の島々の中で重要な位置を占めた。

大正6年（1917）、島の北側に三菱合資会社の銅精錬所ができて工業の島へと大きく転換した。しかし、精錬所から出る亜硫酸ガスなどで島の木々はすべて枯れ落ちてしまい、現在も禿山となっている。この工業エリアは基本的に関係者以外立ち入り禁止地域。

島の中央部集落から南部にかけてがこの島の最大の魅力〝現代アート〟のエリアである。施設の大部分を地中に造り、巧みに取り込んだ自然光で作品鑑賞する――という『地中美術館』は建築家・安藤忠雄氏の設計によるもので、その造形物自体も意匠的で素晴らしい。

また、別な文化施設として、古民家を独自の現代美術で表現する「家プロジェクト」が島内各所に点在するほか、野外展示作品、そして安藤忠雄氏設計のホテルを備えた美術館「ベネッセハウス」など包括的なアート文化エリアとしてベネッセが創りだす「ベネッセアートサイト直島」を歩いてみるのも楽しい。海と島とアートのハーモニーが魅力の島である。

かつて数軒の鯛網元があった島。屋敷もどことなく豪壮。

地中美術館へのアプローチにある水辺とお花畑。

現代美術家が制作した、だれでも入れる銭湯（有料）。

［直島データ］ ●香川県香川郡直島町　●人口：2,896人　●面積：7.82㎢　●周囲：21.7㎞
●ホームページ：直島町 https://www.town.naoshima.lg.jp

家島《えじま》（香川県）

真っ平らで広大な塩田跡に立つと昔日の塩田風景が想い浮かぶ

直島・本村港の北、約１㎞にある。古代にこの島で塩が作られていたと伝えられる。明治４年に塩田が作られ、人々が入植した。戦後から人口も増えて30人を超えたが、塩田による塩作りが衰退しやがて廃止となった。その後、本土に移り住む人が増えて家島は一挙に人口を減らし、最後の住人が島を離れて10年以上が経つ。

家島港（1995年）。後ろは直島。

人が暮らしていたころの島内（1995年）。

［家島データ］ ●香川県香川郡直島町　●人口：０人　●面積：0.33㎢　●周囲：3.1㎞
●ホームページ：直島町 https://www.town.naoshima.lg.jp

屏風島《びょうぶじま》（香川県）

小さな島に子どもの声ここには漁業の活気がある

直島の北、約５㎞にある。向かいにある喜兵衛島との間を簡易な防波堤で結び、小さな橋を渡して行き来できるようにし、その間に大きなイケスを並べ、養殖漁業をおこなっている。チャーター船などで島に上陸するときには、島の住人にかならずひと声掛けて見学の旨を伝えるのがエチケット。仲良くなって話し込む人もいる。

前庭の海面には大きなイケスを浮かべている。

港のいちばんよい場所に大漁祈願のえびす様。

［屏風島データ］ ●香川県香川郡直島町　●人口：15人　●面積：0.12㎢　●周囲：2.6㎞
●ホームページ：直島町 https://www.town.naoshima.lg.jp

牛ケ首島《うしがくびじま》（香川県）

地理的に見ても
チャーター船も
岡山側が近い

玉野市の日の出港から1㎞の距離にある。平成5年ごろに最後の住人が向島《むかえじま》（直島諸島の一つ）に移り住み、明治9年の塩田開拓から続いた有人島としての歴史に幕を下ろした。この島の海域で備前と直島が争ったとき、牛頭大王神の幟を舳先に立てた直島側の船が勇壮に戦ったところから、この島を「牛が首」と呼ぶようになった。

無人島となった海岸部に咲く美しい花。

屋敷は今も残り、持ち主がたまに訪れる。

[牛ケ首島データ] ●香川県香川郡直島町 ●人口：0人 ●面積：0.34㎢ ●周囲：3.4㎞
●ホームページ：直島町 https://www.town.naoshima.lg.jp

大島《おおしま》（香川県）

屋島の合戦
平家方の墓標の松

庵治《あじ》港の北西、約2・5㎞にある。ハンセン病疾患の療養所は温暖といわれる瀬戸内海に作られたが、その一つがこの島の国立療養所大島青松園。平成8年、らい予防法は廃止された後も多くの入所者はこの島に留まって生活を続けている。療養所職員をはじめ青松園の関係者、家族だけが暮らす。800年を経た墓標の松が素晴らしい。

大島全景。後ろは四国本土の屋島。

墓の横に植えられてから800年「墓標の松」。

[大島データ] ●香川県高松市 ●人口：34人 ●面積：0.73㎢ ●周囲：4.2㎞
●ホームページ：高松市 https://www.city.takamatsu.kagawa.jp

おぎじま

男木島（香川県）

俺《おい》ら岬の、灯台守は……♪古きよき時代

男木島灯台は映画ロケ地。

　高松市の北、約7・5㎞にある。島全体が山のように小高く、集落が開けている場所は男木港周辺だけで、港前の急斜面に家々が駆け上がるように立ち並ぶ光景は圧巻。その家々を結ぶ路地が迷路のようにくまなく先々をつなぎ、集落探検をしながら歩き回るとすぐ2、3時間が経ってしまうほど楽しい。絵になる集落の美しさがここにはある。

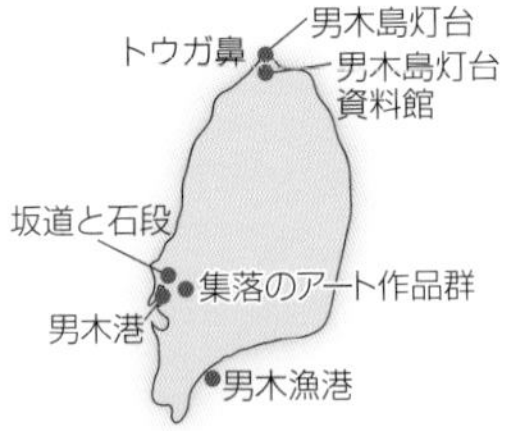

　島を半周ほど歩くと北端の男木島灯台にたどり着く。このあたりは景色がよく、国内では角島とここにしかないという御影石造りの洋式灯台と洋上を行く船の光景が絶妙に溶け込む素晴しい瀬戸内の光景が見られる。

　1957年の木下恵介監督作品『喜びも悲しみも幾歳月』のロケ地になった場所で、現在は無人化されてはいるが、灯台職員住宅が灯台資料館になっていて、灯台のことをいろいろと学ぶことができる。

民家の壁面は瀬戸内国際芸術祭の作品。島内には他にも作品が多数ある。

港のアート作品と斜面の集落景観。

［男木島データ］●香川県高松市　●人口：141人　●面積：1.34㎢　●周囲：5.9㎞
●ホームページ：高松市 https://www.city.takamatsu.kagawa.jp

女木島《めぎじま》（香川県）

鬼が棲んでいたのか 伝説に包まれる大洞窟

高松市の北、約3・5㎞にある。宇野・高松フェリーの航路上にあり、この船に乗っていると女木島、男木島の外観がよく見られる。南北に細長く、中央の鷲ヶ峰（187m）から南西へ山が続く、いわゆる全体に山がちな島山である。港に船が入るとまず目につくのは頑丈で巨大な石垣に囲まれた集落の家々で、それがまるで城壁や要塞のように見えてしまうことだ。4mの高さにもなる「オオテ」と呼ばれるこの石垣塀は、昔からこの島に吹き荒れる季節から家屋を守るために造られた防風用石垣といわれる。

大正3年に発見された奥行400mもある大洞窟が鷲ヶ峰の山頂付近にあり、その洞窟の中は4000㎡の広さがあり、ここが桃太郎伝説の鬼ヶ島ではないかともいわれる。しかし、実際はかつての石切り場ではないかという説も…。いずれにしても伝説に彩られた島である。

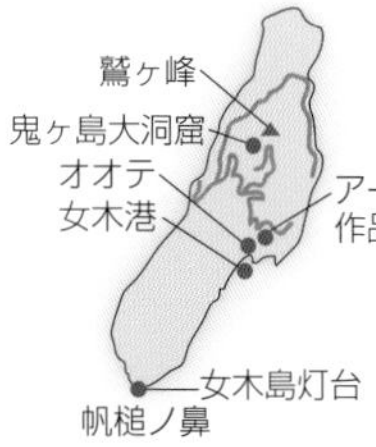

本物のウミネコのような作品。

女木港の建物と広場の奥、赤い柱付近に石垣塀「オオテ」が残る。

桃太郎伝説の島。
鬼ヶ島大洞窟のそばにある
巨大モニュメント。

［女木島データ］●香川県高松市　●人口：123人　●面積：2.62㎢　●周囲：7.9㎞
●ホームページ：高松市 https://www.city.takamatsu.kagawa.jp

櫃石島《ひついしじま》（香川県）

船の時代のほうがずっと近くて便利だった

井戸と高札場。

香川県の坂出港から北西方向約16kmにあるが、岡山県下津井とは約900mという近い距離にある。瀬戸大橋の橋げたがいかにも重たそうに島の上に載っていて風景的には以前と激変してしまったが、島内の生活は架橋以前とさほど変わらず実にのどか。

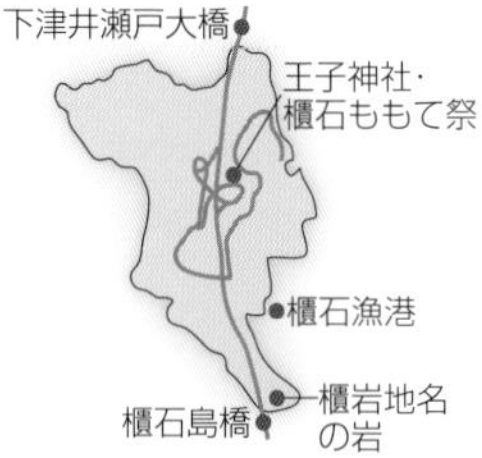

南部には島の名の由来ともなる「櫃岩」があり、ここには藤原純友が宝物を隠したという伝説が今も伝わる。それとは別に、島内からは奈良時代の祭祀遺跡が見つかり、古くからこの島が瀬戸内海の要衝であったことがうかがえる。島の中央部には櫃石島の氏神様である「王子神社」があり、ここで香川県の無形文化財「ももて祭」がおこなわれる。島の周囲は潮流の速い瀬戸だが、島の漁師はこの海で貝取り漁やタコ漁などをおこなう。それを食べることができる島の宿もあるのでぜひ泊まってみるとよいだろう。

松林もある「櫃石ビーチ」は500mもある広い海岸線。

島の頂上にある王子神社の「きいきい石」。

［櫃石島データ］●香川県坂出市　●人口：136人　●面積：0.93㎢　●周囲：5.4㎞
●ホームページ：坂出市 https://www.city.sakaide.lg.jp

岩黒島《いわくろじま》（香川県）

島の緩斜面に立ち 瀬戸内海と塩飽の島々を見る

本州の児島と四国・坂出を結ぶ瀬戸大橋がこの島を渡っていく。寛政年間まで無人島だったが、寛政９年（１７９７）に近くの佐柳島からの開拓移民によって開かれた。昭和63年の橋の開通以前には近隣の島々の石材を運ぶ〝石船《いしぶね》〟が島には多くあったが、今はその面影はない。瀬戸内の昔日を探して古民家などを見学するのも楽しい。

家の前に小船、裏庭には畑、瀬戸内の島の風景。

岩黒島から塩飽の海を見る。

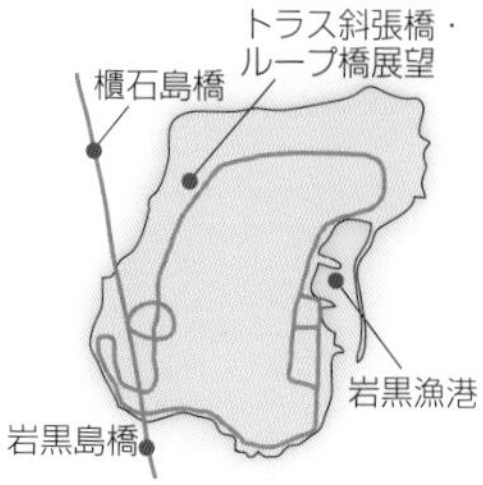

[岩黒島データ] ●香川県坂出市 ●人口：48人 ●面積：0.17㎢ ●周囲：1.4㎞
●ホームページ：坂出市 https://www.city.sakaide.lg.jp

沙弥島《しゃみじま》（香川県）

この島を歩けば 弥生や万葉の時代に 出会えるかもしれない

瀬戸大橋の四国側の工業地帯、坂出港の北４㎞にあるが、昭和42年（１９６７）に付近の番の州と共に埋め立てられ、四国本土と陸続きになる。ナカンダ浜の弥生時代の遺跡から発掘された製塩土器により、古代のこの島で製塩造りの人々が暮らしていたことがわかった。また、柿本人麻呂が万葉集の中でこの島で詠んでいる。

「ナカンダ浜」。かつて万葉びとがここを歩いた。

沙弥漁港。埋め立てで陸続きになってしまった。

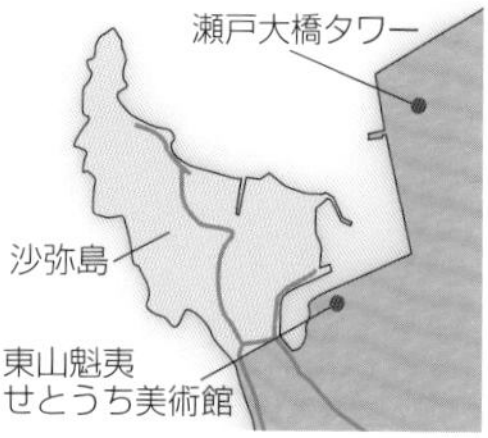

[沙弥島データ] ●香川県坂出市 ●人口：81人 ●面積：0.28㎢ ●周囲：不明
●ホームページ：坂出市 https://www.city.sakaide.lg.jp

与島《よしま》（香川県）

かつては石材産出
現代は観光の島として発展

瀬戸大橋の坂出から10㎞の地点にある島で、国内初の海を渡る高速道路にあるパーキングエリアとして話題を呼ぶ。観光・物販施設があり、周辺の塩飽諸島の島々の風光明媚な景色を楽しめる。南東端にある鍋島灯台はイギリス人のＨ・ブライトンが手掛けた灯台。映画『喜びも悲しみも幾年月』の舞台にもなった。

1990年代には多くの石材船が停泊していた。

石材が採れた時代に造られた石階段が残る。

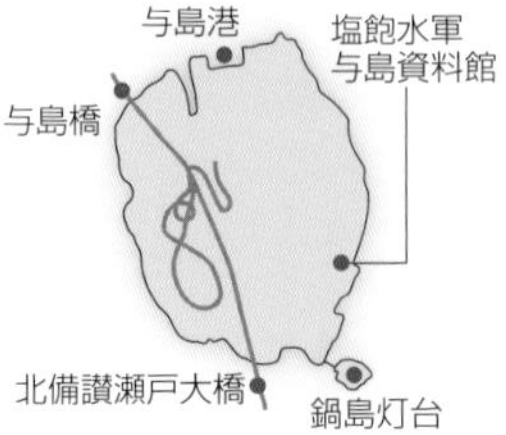

[与島データ] ●香川県坂出市　●人口：52人（小与島を含む）　●面積：1.13㎢　●周囲：6.6㎞
●ホームページ：坂出市 https://www.city.sakaide.lg.jp

小与島《こよしま》（香川県）

今はむかし
瀬戸内に石船がたくさん
往来していたところ

与島の東、わずか４００ｍに位置する石材の島。石の切り出しが主産業だったこの島も資源の枯渇などで、輸入石材の加工などに転換している。瀬戸大橋の壮観な架橋風景をパノラマで見たいならばこの島がベスト。かつては石材を運ぶ独特な造りの石船が港にたくさん泊まっていて、１日中石の積み出しで忙しい光景が見られた。

石材の積み出し港（1996年）。

かつての石の島。長大な瀬戸大橋が島の背景に。

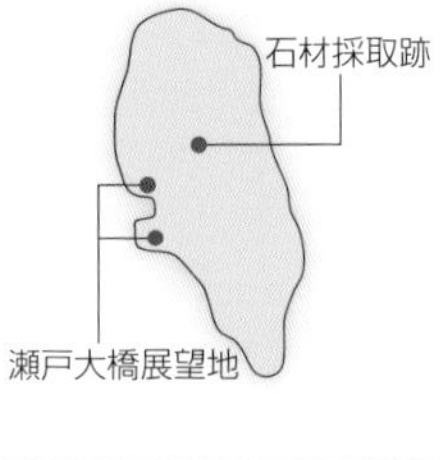

[小与島データ] ●香川県坂出市　●人口：与島に含まれる　●面積：0.26㎢　●周囲：1.5㎞
●ホームページ：坂出市 https://www.city.sakaide.lg.jp

牛島《うしじま》（香川県）

塩飽諸島の中では大きな力をもっていた

丸亀市の北、約8㎞にあるの塩飽諸島の一つ。江戸時代に廻船業として瀬戸内海を席巻していた丸尾五左衛門の本拠地がこの島で、現在は当時の屋敷跡と石垣だけが残っている。廃屋となって取り壊された敷地があちらこちらに残るが、その広さや屋敷のあった場所、港の大きさや造りから想像するにつけ、この島が豪商・丸尾家とともに島全体が経済的にもうるおい、瀬戸内海の島々の中でも大きな力を持っていたことがうかがえる。

近年、この島出身の女性がアメリカ人のご主人とともに島に戻り、築150年の古民家を改築した宿泊施設をコミュニティスペースとして開き好評を得ている。島内の自然探索や歴史遺構の見学などのときは、そのご夫妻の施設にお願いすることも可能。（ゲストハウス・アイランドガール　電話 0877-27-3818　カート氏ご夫妻）。

丸尾家の菩提寺である極楽寺。延宝5年（1677）の「無間の鐘」がある。

豪商・丸尾五左衛門の屋敷だった「丸尾家屋敷跡」。

牛島港。塩飽諸島の中でも力を誇った牛島。今は小船が浮かぶのどかな島。

島の北の端にあるシンボル的な真っ赤な灯台。よく目立つその名は「赤灯台」。

［牛島データ］ ●香川県丸亀市　●人口：7人　●面積：0.84㎢　●周囲：3.7㎞
●ホームページ：丸亀市 https://www.city.marugame.lg.jp

本島《ほんじま》（香川県）

〈塩飽本島〉しわくほんじま

島の宿に泊まって いにしえの塩飽に浸る

長徳寺所蔵の絵瓦。

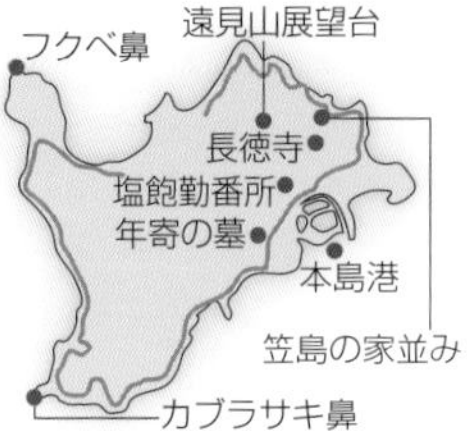

丸亀市の北、約10kmにある。塩飽《しわく》――〝潮〟が〝湧く〟という意味を表すといわれる。この海域は海が湧き立つような潮流の激しい場所で、船を動かすときにはいやでも高い操船技術が要求された。戦国時代の天正14年（1588）、豊臣秀吉の九州攻めの際、兵を運ぶ御用船を塩飽の島々から調達し、操船に長

江戸末期から明治にかけての家並みが残る笠島集落。1階には千本格子の窓、2階に虫籠窓《むしこまど》などを付けた家々が続く。

けた船方650人を出させた。その功績も大きく秀吉は天正18年（1590）に塩飽諸島の本島、牛島、広島、与島、櫃石島、手島、高見島の7島に1250石を与えた。その後、徳川家康の世となってからも同様の扱いで安堵《あんど》を受け、船方650人がいる塩飽7島に対して自治権が認められた。船方の650人は「人名《にんみょう》」と呼ばれ、人名株で世襲された。またその中心となったのはこの本島で、勤番所が置かれ4人の「年寄」が執務にあたった。維新の明治3年（1870）に人名制は廃止された。戦国時代を中心にしてまさに〝歴史に彩られた舞台〟の島である。

人名の長だった「年寄の墓」。

「塩飽勤番所」は復元したものだが文久2年（1862）の改築当時の面影を残すもの。御朱印を入れておいた朱印蔵や実際の御朱印状などがあり興味深い。「笠島の家並み」は江戸末期から明治時代の家々が建ち並ぶ集落で、虫《むし》籠《ご》窓をつけた重厚な家や格子窓の家などいにしえの町へ来た感がする。塩飽の海を一望するのには本島港の北にある「遠見山」（101m）からが素晴らしい。眼下に牛島、そして間近に巨大構造物の瀬戸大橋が見える。

明治維新まで使われた塩飽の政務所で、国の史跡「塩飽勤番所」。

御朱印状を保管した「朱印蔵」。

[本島データ] ●香川県丸亀市　●人口：255人　●面積：6.75㎢　●周囲：17.4㎞
●ホームページ：丸亀市 https://www.city.marugame.lg.jp

ひろしま

広島（香川県）

花崗岩の石の肌はなかなか美しいもの

多度津港の北、約9kmにある。茂浦、青木、江ノ浦、市井、甲路など5か所の集落があり、塩飽諸島の中では最大の面積を有する島。戦国の時代、長宗我部《ちょうそかべ》氏に打ち破られた香川と長尾一族が落ち延びて暮らし始めたのが、この島の始まりと伝えられる。

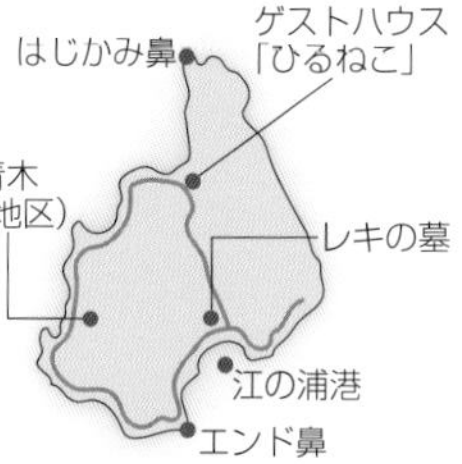

花崗岩と海のコントラスト。

良質の花崗岩がとれる島で石材の切り出しが主産業。青木地区がその中心地だが、島内いたるところに出荷前や加工後の石材が積み置かれていて、石の島ということを実感する。

山林が海ぎわまで迫る。石の島の小さな浜辺が美しい。

慶応2年、近海の船上で病死した英国士官“レキ”の墓。

万延元年（1860）、日米修好通商条約の批准のため中浜（ジョン）万次郎を乗せて太平洋を横断する随行艦の咸臨丸にはこの島の水夫10人が乗り組んだ。海での航海に高い技術を持っていたといわれる塩飽水軍。その伝統を受け継ぐこの島の水夫たちが多く起用され、その技術が生かされたのだった。

［広島データ］●香川県丸亀市　●人口：146人　●面積：11.72㎢　●周囲：18.4㎞
●ホームページ：丸亀市 https://www.city.marugame.lg.jp

小手島《おてしま》（香川県）

古き時代の面影
塩飽諸島の風情を残す

丸亀市の北東、約16㎞にある。集落は手島を望む東斜面にあり、後方には60mあまりの山林を背負うかたちで広がる。江戸時代には天領だった島で、その後の明治時代には真鍋島や北木島から開拓の移民が入り、農業と漁業の基礎が作られた。住民と美大生たちの交流があり、作られた作品が島内に設置されている。

瀬戸内海の夕凪。夕景の小手島。

島内には美大生と住民の交流作品を設置。

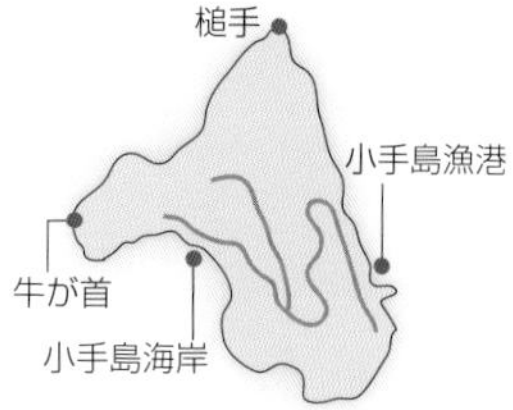

[小手島データ] ●香川県丸亀市 ●人口：14人 ●面積：0.53㎢ ●周囲：3.7㎞
●ホームページ：丸亀市 https://www.city.marugame.lg.jp

手島《てしま》（香川県）

残したい瀬戸内文化
踊り、祭りの郷土芸能

丸亀市の北西、約15㎞にある。かつては塩飽水軍の島の一つで、自治制度の一種、人名《にんみょう》制の島だった。島全体は山林で、山と山の中央部に集落がある。昭和初期にはタイ網漁などを中心に漁業の活気にあふれたが、現在は沿岸漁業と農業の島。伝統的な島の郷土芸能などもあるが、急速に衰退しているので保存が急がれる。

塩飽諸島の一つ、山林に覆われた手島の全景。

昔、塩飽勤番所からの“お触れ書き”などを掲示した「制札場」。瓦屋根の付いた昔ながらのかたちを残す。

[手島データ] ●香川県丸亀市 ●人口：29人 ●面積：3.41㎢ ●周囲：7.1㎞
●ホームページ：丸亀市 https://www.city.marugame.lg.jp

高見島《たかみじま》（香川県）

30度の傾斜地にびっしりの家並み

多度津港の北西、約7kmにある。瀬戸内海にあって典型的な多島海の風景が広がる備讃瀬戸の島々の中でも、ひときわ島影が大きく見えるのがこの島である。

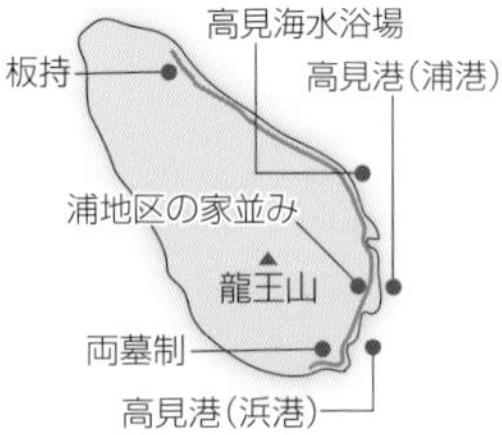

お年寄たちの花作りが盛ん。

島の全体が山になっているいわゆる島山で、特に南側にあたる龍王山は標高297mもあり、その島山の景観は遠く本土からも見分けられて特徴的。

浜地区と浦地区にはみごとな石垣の連なりとともに木造建ての日本家屋があり、その屋根には真っ黒で重厚な瓦が載っていて素晴らしい。

急傾斜にその家並みがたたずむ様子はまさに昔の日本映画に出てくるような風景で素晴らしい。

冬の期間は瀬戸内海でも珍しいタチ貝の潜水漁がおこなわれる。漁獲量が少なくこの時期には宿も休むのでなかなかこの貝を島で口にすることができない。島に渡り、漁師さんの家で聞くと食べさせてくれるかもしれない。

日本映画では高見島のこの家並みと小路がよく使われた。

◀ひなたぼっこする島のネコたち。

▲近海で取った"タチ貝"。冬から春先までが漁期。

［高見島データ］●香川県仲多度郡多度津町　●人口：27人　●面積：2.33㎢　●周囲：6.7㎞
●ホームページ：多度津町 https://www.town.tadotsu.kagawa.jp

佐柳島《さなぎじま》（香川県）

古きよき瀬戸内の原風景

多度津港の北西、約14kmにある。島の東側に集落が2か所あって、北部に長崎地区、南部に本浦地区があるが、その中心は本浦である。かつては本浦の集落を見おろす丘に立つと、活け込まれた草花の畑に花が咲きこぼれ、集落の黒々とした屋根瓦の向こうには瀬戸内の陽光うららかな海面が輝き、無人の小島が添景となって素晴らしい瀬戸の島の風景を作り出していた。現在は畑に植えられる草花だけは昔のように多くは活けられなくなってしまったが、風景自体はさほど変わっていない。ここは、瀬戸内の原風景がほどよく残されている場所といってもよいだろう。

一人の墓が「埋め墓」と「拝み墓」に分かれて葬られる「両墓制」という形態が残る島として知られる。わずかながらだがタコ漁をはじめ沿岸漁業がおこなわれている。

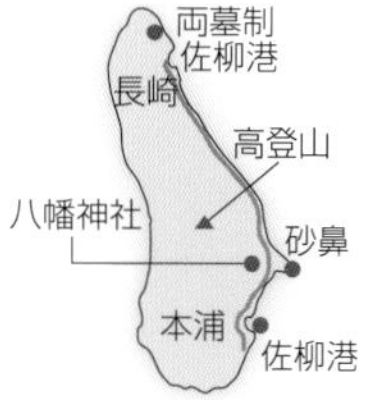

畑と集落風景が絵になる本浦。

坂出付近から見る夕景の塩飽の島々。左から高見島、佐柳島、右端は牛島。

手島からながめた佐柳島の景観。中央部の高登山は250m近くもある。左は無人島の小島。

［佐柳島データ］●香川県仲多度郡多度津町　●人口：51人　●面積：1.83㎢　●周囲：7.2㎞
●ホームページ：多度津町 https://www.town.tadotsu.kagawa.jp

粟島《あわしま》（香川県）

今昔
海運事情を知るなら――

詫《たく》間《ま》港の北西、約5kmにあるが、至近の詫間町・積からは海上1kmの距離。明治30年、村立として日本で最初に「国立粟島海員学校」が設立された島として知られる。その後、海員学校は昭和62年で惜しくも廃校となり90年間の歴史に幕を下ろしたが、それまで多くの船乗りさんたちを輩出した。現在その跡地は粟島海洋記念公園となり旧会員学校の施設は国指定登録有形文化財となっている。

蔵のある民家。

古くは北前船の寄港地として栄え、廻船業でうるおった島らしく伊勢神社には北前船が描かれた天保年間の奉納絵馬がある。夏は西浜海岸に海遊びで訪れる人が多いが、季節を少し外して海運の歴史や北前船時代の名残を探してこの島を旅してみるのもよいだろう。

城山（222m）には粟島城が築かれていたが、土佐の長《ちょう》宗《そ》我《か》部《べ》元親軍の攻勢に落城した。

潟地区の立派な甍のながめ。

伊勢神社にある北前船の奉納絵馬。

"国立粟島海員学校跡"が「粟島海洋記念公園」になっている。

［粟島データ］●香川県三豊市　●人口：150人　●面積：3.67㎢　●周囲：17.4㎞
●ホームページ：三豊市 https://www.city.mitoyo.lg.jp

志々島《ししじま》（香川県）

クスノキの大木と急傾斜の民家群

詫間《たくま》港の北西、約5kmにある。終戦直後は1千人の人口を数えたこともあったが、現在は大きく減って20人ほどになってしまった。昭和20年代当時の瀬戸内海といえば漁場に恵まれ、じゅうぶんな漁獲があって漁業の島として栄えていた。現在は本村、宮ノ浦、横尾、北浦の4か所の集落があり自家栽培の花や野菜などが段々畑で作られたりしているが、いずれも自給自足程度。

本浦の桟橋から小高い山を越えた北側に香川県天然記念物に指定されている樹齢1200年以上といわれるクスノキが今も健在。高さ40m、根回り12・3mというみごとな大木で、現在もその幹周りを太くし続ける木である。港の南の石段を上りつめたところに日本武尊《やまとたけるのみこと》を奉った十握《とつか》神社がある。安産の神様として江戸時代から信仰を集めている。「拝み墓」と「埋め墓」の両墓制の島として知られる。

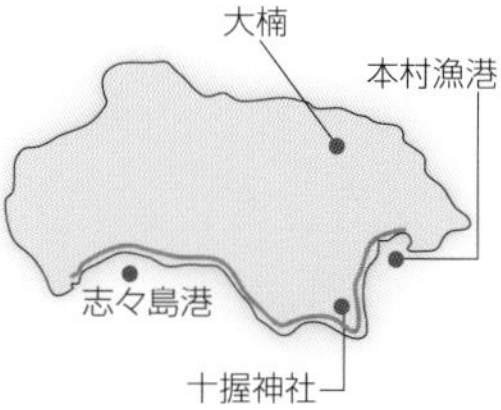

珍しい埋葬形態「両墓制」。

島にとって御神木ともいえる高さ40m、1200年の樹齢を誇る大クスノキ。

花摘みのイベントに参加した人々。いっぱい花を抱えて船を待つ。

美しい花の段々畑の向こうに集落が見える。

［志々島データ］●香川県三豊市　●人口：21人　●面積：0.74㎢　●周囲：3.8㎞
●ホームページ：三豊市 https://www.city.mitoyo.lg.jp

伊吹島《いぶきじま》（香川県）

イリコ作りの工場
バタバタと三輪車が往き交った

観音寺港の西、約10kmにある。定期船が着く真浦港には多くのオートバイや自転車が置いてあり、夕方に定期船が入港すると下船した住人たちがいっせいにそのオートバイにまたがり自宅に急ぐ光景は壮観。25分の通勤時間で対岸の四国本土に勤めている人も多い。

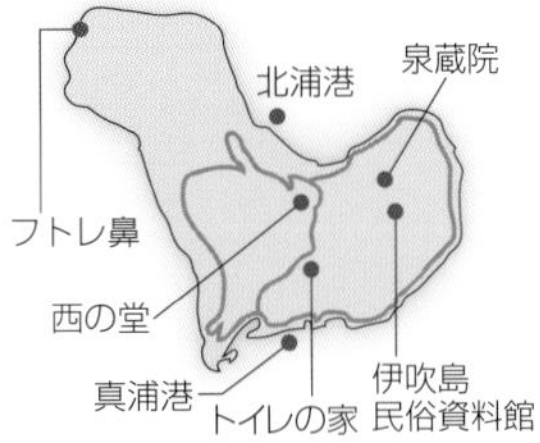

漁港の漁船群。

島内全体の印象は漁業の島。近海でおこなうカタクチイワシ漁が盛んで、瀬戸内海沿いの町でイリコ（カタクチイワシの煮干）の島は…と聞けば伊吹島と答えが返ってくるほどこの島のカタクチイワシ漁は知られている。

この「バタバタ」と呼ぶ荷物運搬用のオート三輪車は、かつて島の名物だった。

島内は坂道だらけで、かつてはエンジン音を轟かせて「バタバタ」と呼ぶ荷台付きオート三輪車が活躍していた。これは生活物資を運搬する島の重要な車。島の中央部の「西の堂」から「泉蔵院」にかけて道沿いには四国八十八か寺の仏像が安置されていて、春には巡礼者がやって来る。

港の前に並んで置かれたバイク。四国本土に通う人はここから定期船に乗り換え。

［伊吹島データ］●香川県観音寺市　●人口：418人　●面積：1.01㎢　●周囲：6.2㎞
●ホームページ：観音寺市 https://www.city.kanonji.kagawa.jp

松島《まつしま》（岡山県）

港の石造りの井戸と重厚な丸瓦の屋根

下津井半島の先端・久須見鼻の沖、約４００ｍにある。藤原純友ゆかりの純友神社がある。近年まで重厚な瓦屋根になまこ壁の昔ながらの伝統的な家屋が何棟もあったが、現在は荒れてしまった。静かな港前の家並みに瀬戸内海の多島美風景は、まさに昔からの瀬戸内の典型的な景観だ。釣り人に混じってスケッチなどを楽しむ人も来る。

櫃石島から見た松島全景。この周辺の海域は急潮だが船の往来は多い。

昔から使われていた井戸。石を多用した重厚な造り。

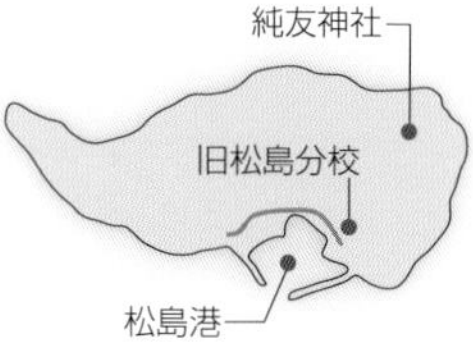

［松島データ］●岡山県倉敷市　●人口：５人　●面積：0.08㎢　●周囲：1.2㎞
●ホームページ：倉敷市 https://www.city.kurashiki.okayama.jp

六口島《むぐちじま》（岡山県）

海辺で水浴びする不思議な象を見に行く

水島港の南、約7㎞にある。慶長年間の１６０２年ごろから大阪城修築のための石を切り出した島で、当時を探る遺構も残されている。島全体は平地が少なく険しい山の姿を見せているが、海岸部には国指定天然記念物「象岩」の景色などが広がり、夏には泳ぐことができる海辺もある。かつて50人いた人口も現在は６人と少ない。

海浸食でできた奇岩の「象岩」。

遠くから見ると、ゾウが水辺で遊ぶ姿に。

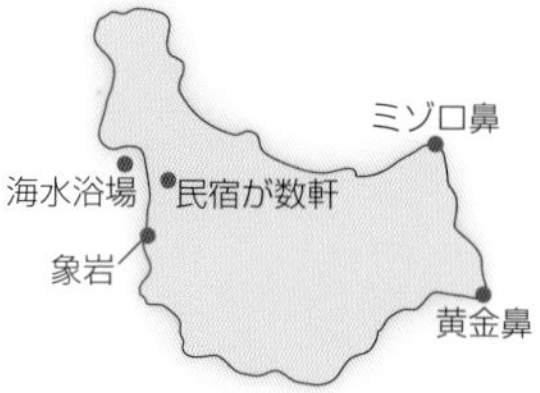

［六口島データ］●岡山県倉敷市　●人口：６人　●面積：1.09㎢　●周囲：5.9㎞
●ホームページ：倉敷市 https://www.city.kurashiki.okayama.jp

たかしま

高島（岡山県）

なんといっても瀬戸内のながめがよい

笠岡港の南、約８kmにある。で本州寄りから四国方向に点在する笠岡諸島のもっとも本州側にあり、笠岡から定期船に乗ると最初に寄港する島。古事記に記された神武天皇が東征の際に置いた「高島行宮《あんぐう》」というのはこの島ではないかともいわれる。島の東部には神卜山《かみうら》があり、そこをたどる道沿いには神武天皇が天つ神に供える水を汲んだという「真名井」がある。神武天皇はここで吉凶の占いをしたと伝えられる。神卜山の頂上には高島行宮遺趾の石碑が建つ。ここからながめる瀬戸内海の風景は素晴らしい。

神卜山と並び島の西部には古くから「子はらみ石」があって、子授けや安産祈願の場所として住人に信仰され続けている。

民宿をはじめとして宿泊施設が多いので、笠岡諸島の他の島をまわった後にこの島に泊まるとよい。

神武天皇が高島に滞在したといわれる「行宮遺趾碑」。

岡山本土から見た笠岡諸島全景。手前から３つ目の細長い島が高島。

安産、子授けの神として崇められている「子はらみ石」。小高い山頂にある。

［高島データ］ ●岡山県笠岡市　●人口：72人　●面積：1.05㎢　●周囲：5.9㎞
●ホームページ：笠岡市 https://www.city.kasaoka.okayama.jp

しらいしじま

白石島（岡山県）

海で遊んだあとは古式な盆踊りを観る

笠岡港の南、約10kmにある。花崗岩の岩肌を貫いて噴出したアップライトの岩脈が作り出した「鎧《よろい》岩」は、その名のとおり鎧のような模様が不思議な岩で国の天然記念物に指定されている。

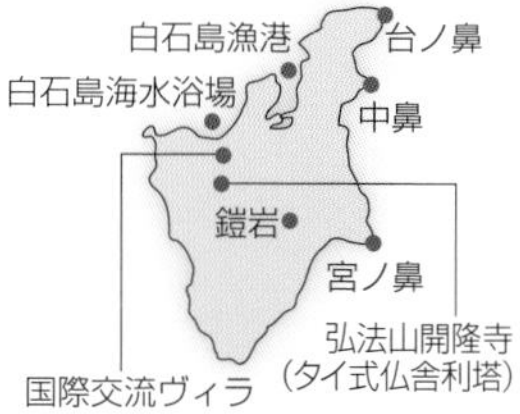

タイ式仏舎利塔が建つ。

西ノ浦の白石島ビーチは夏を中心に島外から多くの人々が訪れる。なぜそんなに人気があるのかというと、やはり砂浜がきれい。海の家やビーチバーなどが整っていて楽しめるからということだろう。また、この島には外国人が安く泊まれる国際交流ヴィラがあり、夏の島内は国際色豊かだ。

1183年の源平水島の合戦では、戦いに敗れた武者たちが笠岡の島々に多く流れ着いたといわれる。その死者たちの霊をなぐさめるために始まったと伝えられる「白石踊」は国指定の重要無形民俗文化財に指定され、盆行事として哀愁のある口説きの音律にのせて夜遅くまで踊られる。

800年以上の歴史をもつ「白石踊」。哀愁漂う音律、ときに優美な踊りがみごと。

ビーチバーの客も外国人が多く国際的。

夏のビーチは瀬戸内海でいちばん活気があるかもしれない。

［白石島データ］●岡山県笠岡市　●人口：357人　●面積：2.95㎢　●周囲：10.0㎞
●ホームページ：笠岡市 https://www.city.kasaoka.okayama.jp

北木島《きたぎしま》（岡山県）

この島の石で造られたそうそうたる建造物

笠岡港の南、約13kmにある。大阪城築城のときにはこの島から切り出された石が送り出され、城壁の石垣に使われた。明治時代に入り石材の産出が主産業となり、全国に良質な花崗岩が送られた。東京の旧日本銀行本店の建物や靖国神社の大鳥居にも北木島の石が使われている。昭和10年ごろの最盛期には島内に700人以上の石切り職人がいたというから驚く。現在は安い輸入石材に押されて島内での石切りはほとんどおこなわれず、輸入石材を加工して出荷している。

白砂美しい下浦ビーチ。

最盛期には120か所ほどあった石切り場（丁場）も現在はほんの数か所だけとなり、場所によっては遠巻きに見学できるところもある。こわごわのぞき込むとはるか50m以上もある深い地中で石材運び出しのクレーンがおもちゃのように動いていたりする光景を目にすることがある。

北部の石切り場。地中深くおこなわれる切り出し作業。

フェリーの入港風景。

獲れたての芝エビなど地物食材を生かした宿（兼レストラン）がある。

［北木島データ］●岡山県笠岡市　●人口：582人　●面積：7.48㎢　●周囲：19.1㎞
●ホームページ：笠岡市 https://www.city.kasaoka.okayama.jp

まなべしま

真鍋島

（岡山県）

真鍋島は軽装でとにかく歩きまわる

岩坪地区にある五輪石塔群は真鍋氏一門の墓とも。

笠岡港の南東、約18㎞にある。平安末期のころ、藤原氏の一族が真鍋氏を名乗ってこの島に水軍の拠点を置いたといわれる。島内には真鍋四郎祐久が築いた水軍城の址が2か所残る。石垣を残す西の城山《じょうやま》に対して東の城山《しろやま》には形のあるものはなにも残っていない。

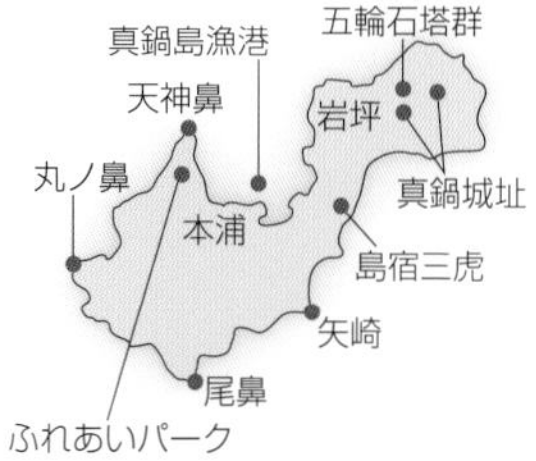

　昭和50年ごろには冬でも温暖な気候であることを生かして、島の南東斜面を中心に花卉栽培が盛んだった。寒菊、マーガレットなどが11月から2月ごろまで咲き誇り次々と切花として出荷されていった。現在は旅人に楽しんでもらおうと、緩斜面の畑で往時にはとてもかなわない規模だがきれいな草花が栽培されている。そのお花畑の中に建つのはこの島の老舗である島宿三虎。海鮮料理の宿で島の昔話などを聞くのにはとてもよい。廃校となった学校建物を生かした懐かしい館内も落ち着いてなかなかよい。

島内の小径を歩く。木立を抜けると視界が開け、畑と海が広がった。

近海で獲れたヒラメ。

旧暦8月におこなわれる「走りみこし」は勇壮。

［真鍋島データ］ ●岡山県笠岡市　●人口：149人　●面積：1.49㎢　●周囲：7.5㎞
●ホームページ：笠岡市 https://www.city.kasaoka.okayama.jp

小飛島《こびしま》（岡山県）

自然の中で音を探してみる

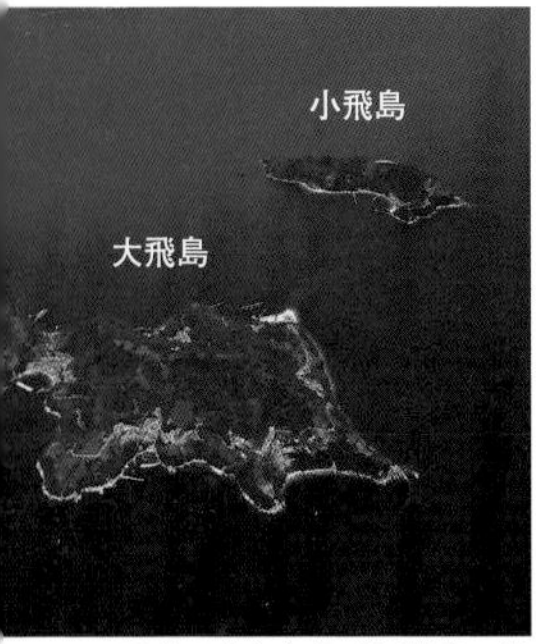

手前の大きな島が大飛島。後方が小飛島。

　笠岡港の南、約17kmにある。住人が少なくこれといった見どころがないため、この島に足を運ぶ旅人は少ない。しかし、だからこそ静かな島のよさを味わえるといってもよい。風が集落の電線でたてる音や沖を行く運搬船や近くを走る漁船の音、島の古老が路地裏を歩く足音など、耳を澄ませば瀬戸内海や島の人々のさまざまな音が聞こえてくる。

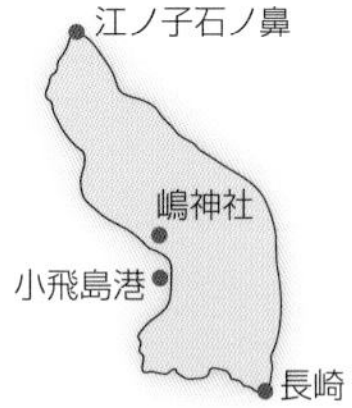

　大きく弓なりを描く小飛島港のある浜辺は余分な防波堤に囲まれていないためか、潮通しがよく美しい砂浜を保っている。南の島の海を思わせるような海の透明感には驚くだろう。集落は港の前にあるだけで、軒と軒をつなぐ路地が迷路のように展開していて歩いて民家を見るだけでも楽しい。港の浜辺を端まで歩くと、この島と大飛島に共通の氏神様である「嶋神社」があり、夏には大勢の家族が嶋神社に集まり祭りを楽しむ。

300年もの昔からおこなわれ続ける「嶋神社」の夏祭り。

小飛島港全景。

［小飛島データ］●岡山県笠岡市　●人口：（大飛島に含まれる）　●面積：0.33㎢　●周囲：3.7㎞
●ホームページ：笠岡市 https://www.city.kasaoka.okayama.jp

大飛島《おおびしま》（岡山県）

遺跡探訪のあとは徒歩で４㎞の島一周を

笠岡港の南、約16㎞にある。岡山県の島々としてはもっとも広島県よりにあり、備後灘の瀬戸の広い海原風景が広がる。

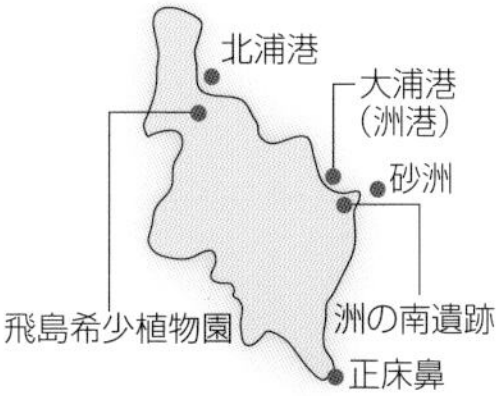

昭和37年、当時の飛島中学校の児童が学校の近くで土器のような破片を数個発見し、それをよく調べたところ奈良から平安時代のものであるということが判明した。その後の発掘で銅鏡や祭祀の遺物とみられるものが多く見つかり、この遺跡を「洲の南遺跡」と名づけた。ここは海の安全にかかわる祭祀場所だったと見られていて、出土したいろいろな遺物は現在、国指定の重要文化財になっている。

６か所ある集落の中心となる洲地区から散策しながら大浦地区を通り、北浦港まで行くと、一軒家の敷地の横にさまざまな植物が植えられた庭園がある。個人の植物愛好者が開いた「飛島希少植物園」で、チョウジソウ、シロヤマブキなど希少種が見られる。

「洲の南遺跡」。

島の東端から砂洲が小飛島の方向に伸びる。その先端から大飛島を見る。

葉の先が金魚のしっぽのようになった珍しい「金魚ツバキ」がある。

北浦港前にある「飛島希少植物園」。

[大飛島データ] ●岡山県笠岡市 ●人口：75人（小飛島含む） ●面積：0.96㎢ ●周囲：6.4㎞
●ホームページ：笠岡市 https://www.city.kasaoka.okayama.jp

六島《むしま》（岡山県）

港、そして集落に 瀬戸内の古きよき面影

笠岡港の南約40㎞にあり、笠岡から行く場合には真鍋島で一度下船し、六島行きの定期船に乗り換えて渡る。昔の瀬戸内ののどかな漁村集落の姿を今に残す風情のある港で、かつて横溝正史原作の『獄門島』のロケ地になった。のんびりと釣りなどを楽しむのにもよいが、1周4㎞あまりの島内を歩いて回ってみるのもよいだろう。

南東部の緩斜面にはスイセンの群落がある。ここのスイセンはすべて自生。

大正11年にできた「六島灯台」。

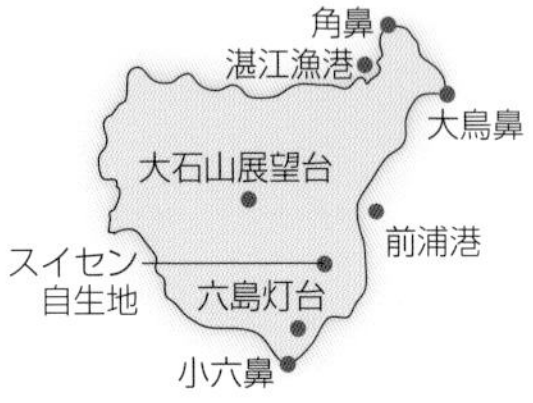

［六島データ］●岡山県笠岡市　●人口：45人　●面積：1.02㎢　●周囲：4.6㎞
●ホームページ：笠岡市 https://www.city.kasaoka.okayama.jp

大毛島《おおげしま》（徳島県）・高島《たかしま》（徳島県）

鳴門のうず潮は この島からの観潮船で

淡路島と四国をつなぐ大鳴門橋の四国側の最初の陸地がこの島。鳴門公園から鳴門海峡をまたぐ巨大な橋の景観は素晴らしい。広く知られる「鳴門のうず潮」はこの島の北東先端、鳴門海峡に現れる。島の西側にはウチノ海が広がり、静かな水面に描かれる漁船の航跡や落日の景色などが美しい。ラッキョウの特産地で知られる。

江戸時代の天保年間に建てられた塩田屋敷「福永家住宅」。国指定重要文化財。

島の北部、大鳴門橋の下で鳴門のうず潮が見られる。

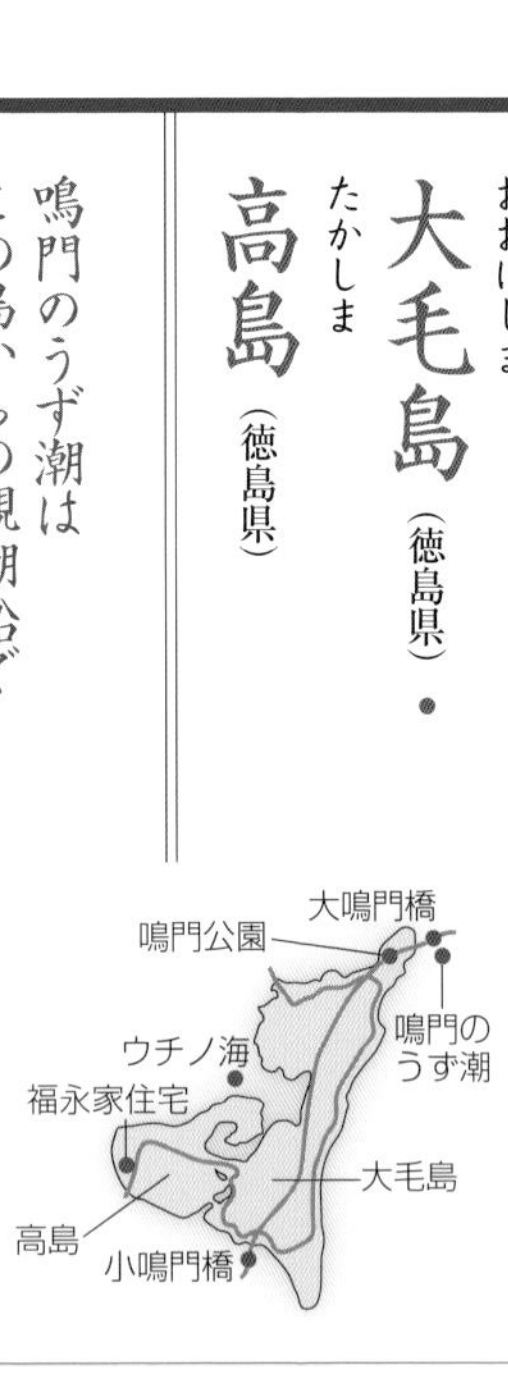

［大毛島データ］●徳島県鳴門市　●人口：大毛島2,350人／高島3,958人　●面積：大毛島 7.26㎢／高島 2.59㎢　●周囲：不明
●ホームページ：鳴門市 https://www.city.naruto.tokushima.jp

島田島《しまだじま》（徳島県）

潮風が鼻をくすぐる港へ行けば漁師の威勢が

大鳴門橋の架かる大毛島の北西に隣接し、内海で波穏やかな「ウチノ海」をかかえこむように位置する。四国本土とは小鳴門新橋で陸続きとなり、大毛島とは堀越橋でつながっているので、島田島と大毛島の2島をまわるのも容易だ。港景色も素晴らしく、山林越しに播磨灘の瀬戸内海を往来する漁船などの光景が見られる。

小鳴門新橋から島田島と瀬戸を見おろす。

「ウチノ海」の“釣り屋形”は名物的風景。夕日の中で風情がある。

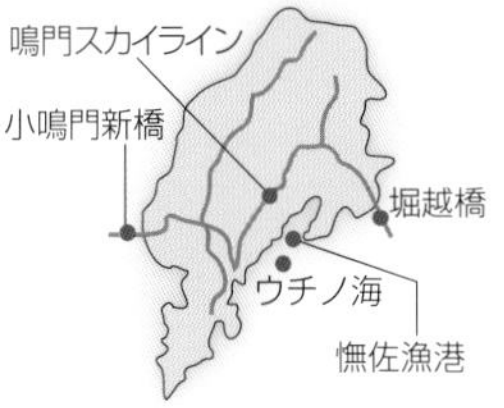

[島田島データ] ●徳島県鳴門市　●人口：246人（一部統計不明含む）　●面積：5.72㎢　●周囲：不明
●ホームページ：鳴門市 https://www.city.naruto.tokushima.jp

竹ケ島《たけがしま》（徳島県）

橋で陸続き本土との一体感

半潜水艇タイプの“海中観光船ブルーマリン”。

橋で陸続きになっている竹ケ島。

徳島県の海岸線の最南部にある高知県境と接する位置にある。本土からわずか100mほどしか離れていない島だったので、昭和35年に橋が架けられて陸続きになった。マグロ漁業を中心に漁業全般が盛んで、1軒ある民宿に泊まるとその日に水揚げされたものを食べることができる。味覚を楽しむたびには好適な島といえるだろう。

[竹ケ島データ] ●徳島県海部郡海陽町　●人口：128人　●面積：1.30㎢　●周囲：4.0㎞
●ホームページ：海陽町 https://www.town.kaiyo.lg.jp

伊島《いしま》（徳島県）

磯もの獲りと海への願い

四国最東端、紀伊水道に突き出た蒲生田《がもうだ》岬の東、約5・5㎞にある。漁業の島らしく、夏の盆のときには漁港に住人が総出で、盛大に魚供養をおこなう。それというのもこの島は男たちによる潜水漁が盛んで、アワビやサザエの水揚げが多く、潜水器を使う命にかかわる潜水漁がゆえの安全と縁起、大漁祈願が込められているのである。

盆におこなう“魚供養”。

　四国本土や関西方面からは大物狙いの磯釣り人たちがよくやって来るが、島歩きをする旅人はなかなかここまでは来ないのが実情。しかし、裏を返せばこれほどの水産物の豊かな島だから、泊まって出される食事の海鮮づくしは相当なものである。静かな島歩きを楽しみ、旨い海の幸を楽しむには絶好の島といえる。

　漁港近くの松林寺には空也上人が彫ったといわれる十一面観音像が安置されている。

うねりから港と船を守る「可動式防波水門」をもつ全国でも珍しい伊島漁港。

▲島の周りは険しい断崖が多い。

▶海士が潜水漁で取るのはアワビとサザエ。

［伊島データ］●徳島県阿南市　●人口：111人　●面積：1.44㎢　●周囲：9.5㎞
●ホームページ：阿南市 https://www.city.anan.tokushima.jp

出羽島《てばじま》（徳島県）

穏やかな島風景　こんな時間が島らしい

牟岐《むぎ》港の南、約4kmにある。この島やその周辺は室戸阿南国定公園に指定されていてとても風光のよい場所。1年を通して温暖な四国の自然を楽しむことができる。

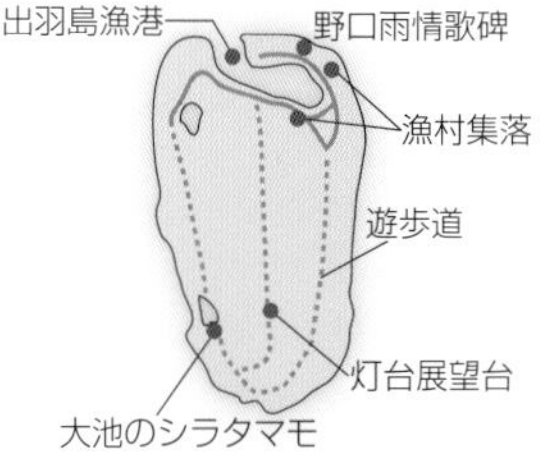

桟橋に広げたテングサ。

島の北部の一端が開き、大きく島内に入り込む形状の内湾になっていて、そこが天然の港となり、集落もその内湾を囲むように発展してきた。その集落を一本道の通りが貫いていて、その狭い小路の両側には「蔀帳《みせ》」と呼ぶ独特な造りをした家々が軒を連ねる。蔀帳というのは玄関横に付けられた〝仕掛けを施した板壁〟で、閉じた状態で雨戸の役目をし、開けると腰掛けたり物を並べる縁台になるというもの。

島内1周の散策ができる。南西の海岸部には「大池」があり、ここにはシラタマモという1億4千万年前に繁殖したという藻が生息する。出羽島灯台からは、太平洋の大海原が一望できる。

南国風情の船だまり。静かでのんびりできる島である。

上下に開くと縁台に、閉じて雨戸となる「蔀帳《みせ》」と呼ぶ独特な造りの家。

港の近くにある水源。

［出羽島データ］●徳島県海部郡牟岐町　●人口：56人　●面積：0.65㎢　●周囲：3.1㎞
●ホームページ：牟岐町 https://www.town.tokushima-mugi.lg.jp

せんすいじま

仙酔島（広島県）

港町、弁天様、島
穏やかな瀬戸内風景

瀬戸内の鞆《とも》の浦といえば、古くから潮待ち・風待ちの場所として栄えた港町である。その町の小路は今も昔のまま。狭く網の目のように張りめぐらされたその町かどは、かつてここに小店が軒を寄せ合うようにして連なり、活気みなぎる港町だったことをほうふつとさせる。

その鞆の浦の東、約３００ｍに仙酔島がある。中生代白亜紀末に起きた火山活動の一時休止期に堆積した地層の仙酔層と岩脈が島の南西部で見られるが、もともとこの島は１億２千万年前の火山活動によってできた島。大弥山（１５９ｍ）にはシイ、ウバメガシ、ヤマモモなどが茂りその太古の自然をたたえている。

なんといっても鞆の浦と仙酔島に絡む弁天島の入った風景が一服の絵といえる。漠然としてだが、多くの人が思い描く島の原風景のようなイメージがここにあるのだろう。

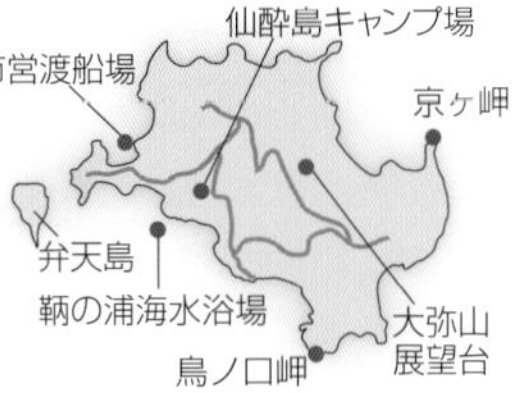

島内の休憩地「桜谷園地」。

仙酔島から見た弁天島と、後ろの町は鞆の浦。

▲鞆の浦から見た仙酔島の全景。
▶船から下り、この歩道を歩いて島内散策に。

［仙酔島データ］●広島県福山市　●人口：０人　●面積：0.92㎢　●周囲：不明
●ホームページ：福山市 https://www.city.fukuyama.hiroshima.jp

はしりじま

走島（広島県）

漁業の島で食べる瀬戸内魚料理

福山市鞆《とも》の浦の南東、約6㎞にある。江戸時代初期の元和6年（1620）に村上水軍の流れをくむ村上太郎兵衛義光《よしてる》が来島し、村上庄屋として支配する一方島の開拓にも尽力した。庄屋屋敷の母屋などが400年経つ現在も残る。

港に並ぶ漁船群。

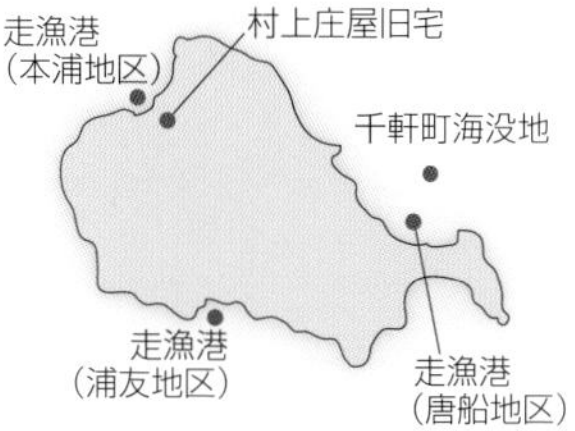

港には漁船が多く係留され、漁業の盛んな島であることがわかる。昔をたどればこの島は、寛永9年（1632）に鯛の縛り網（元網）を発明した鯛網発祥地である。現在はカタクチイワシ漁をはじめとしてノリ養殖などがおこなわれている。

福山市からは鞆の浦や仙酔島をまわった後、走島で1泊するとよいだろう。島で食べさせてくれる瀬戸内の魚料理は格別である。

定期船の発着する本浦港とは反対の唐船港の沖に「千軒町海没地」と呼ぶ津波で海底に消えた場所があると伝えられる。

のどかな漁港、取れたばかりのサヨリ干しの光景。

村上庄屋の母屋と門などが今も残っている。

［走島データ］●広島県福山市　●人口：415人　●面積：2.16㎢　●周囲：7.8㎞
●ホームページ：福山市 https://www.city.fukuyama.hiroshima.jp

ももしま
百島（広島県）

福山や尾道から別荘にやって来る

　尾道港の南東、約7㎞にある。嘉《か》吉《きつ》元年（1441）、嘉《か》吉《きつ》の変で6代将軍足利義教を暗殺した赤松満祐が幕府軍に追われ、落ち延びて住んだ島といわれる。毎年1月11日に八幡神社でおこなわれる「お弓神事」は無病息災や厄除けの行事といわれるが、追手の来襲に備えて弓の稽古をしたことが起源だという説もあり興味深い。

泊集落を見る。

　瀬戸内の島々が折り重なる多島海風景のまっただ中にあって、温暖で住みやすい環境が静かな人気となり、北西端にある海ぎわの別荘地には多くの家が建ち、菜園を作ったり海で釣りをしたりして島の週末を楽しむ住人が多くなっている。

　かつて中心地の本村には桃の木が多くあったといわれ、当時付けられていた桃島がその後、百島と変えられたといわれる。尾道からぶらりと散歩するのによい島。

別荘地がある島の北西海岸の浜辺。明るく美しい海。

住人が多かった時代にはにぎわった場所、かつての映画館。

イチジク栽培も盛ん。

［百島データ］●広島県尾道市　●人口：375人　●面積：3.08㎢　●周囲：11.9㎞
●ホームページ：尾道市 https://www.city.onomichi.hiroshima.jp

田島・横島《たしま・よこしま》（広島県）

瀬戸内海のサンセットは横島のシーパーク大浜で

福山市と尾道市というふたつの町の中ほどにある瀬戸内海に突き出た沼隈半島から、陸伝いに内海大橋で渡ることができる。また田島と横島は睦橋でつながっている。両島とも標高200～300mほどのウバメガシなどの山林が続く山がちの島だが、海浜部は瀬戸内海の島らしく明るく開けて、美しい砂浜と沖には行き交う船舶の風景が見られる。広島県東部の海浜レジャーの拠点として、シーパーク大浜（横島の大浜海岸）を中心にシーズンには多くの人が集まる。

古くから港町として栄えた島らしく、横島と田島を結ぶ横田港のそばには「町」と呼ぶ地区があり、明治時代末期の白壁瓦屋根の古民家が立ち並ぶ。石灯籠なども建ち、港町のなんともいえない風情が漂う。また、田島・内浦地区の「皇森《こうもり》神社」にはみごとなムクの大木がある。

“町”地区の風流な灯籠。

シーパーク大浜がある大浜海岸は島の西側で、絶好の夕陽ポイント。

田島と横島をつなぐ「睦橋」。

シーパーク大浜はイベントと夏の海遊びの場所。

［田島・横島データ］●広島県福山市　●人口：田島 1,327人／横島 921人　●面積：田島 8.62㎢／横島 4.06㎢　●周囲：田島 16.0㎞／横島 10.6㎞
●ホームページ：福山市 https://www.city.fukuyama.hiroshima.jp

加島《かしま》（広島県）

ここには瀬戸内を愛でる名庭園があったと伝えられる

多島海のまっただ中にある加島の全景。

尾道市の対岸にある向島の東、約1・5㎞にある。平成8年まで1世帯が住んでいたがその後無人島となってしまった。島々が近接した瀬戸内海風景の典型のような島であるところから、安土桃山時代に尾道の豪商として知られた松本重政が、この島に「麗々園」を造園した。多くの文人墨客がこの大庭園に遊んだといわれる。

［加島データ］●広島県尾道市　●人口：０人　●面積：0.42㎢　●周囲：不明
●ホームページ：尾道市 https://www.city.onomichi.hiroshima.jp

向島《むかいしま》（広島県）

「海が見える…」林芙美子が放浪記で詠んだ景色

後ろの町は尾道、ほんの3分間の船旅で向島へ。

村上氏が築いた余崎城跡から余崎漁港を見る。

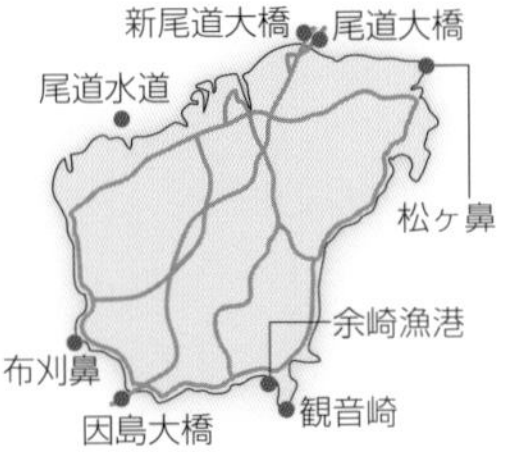

尾道水道をはさみ、寺と坂と映画と文学の町・尾道に隣接する島。「坂の町・尾道」の夜景などを見るのには絶好の場所といえる。尾道の町から見ればクレーンが何基も立つこの島の造船所の景観が印象的。昭和43年に尾道大橋、その後、新尾道大橋も架かり便利さという点では本土と一体になった感もある。

［向島データ］●広島県尾道市　●人口：21,243人　●面積：22.22㎢　●周囲：不明
●ホームページ：尾道市 https://www.city.onomichi.hiroshima.jp

岩子島《いわしじま》（広島県）

陽光うららか
尾道の夜景もきれいに見える

尾道水道をはさんで尾道市と向かい合う向島。その西側に位置し、向島大橋で陸続きになっている。波静かな瀬戸内の中でもとりわけ穏やかな海域で、美しいビーチにも恵まれてしばしば映画のロケに使われたりする場所。柑橘栽培も盛んだが、農業を中心とした意欲的な取り組みで、ワケギ生産日本一となった島として知られる。

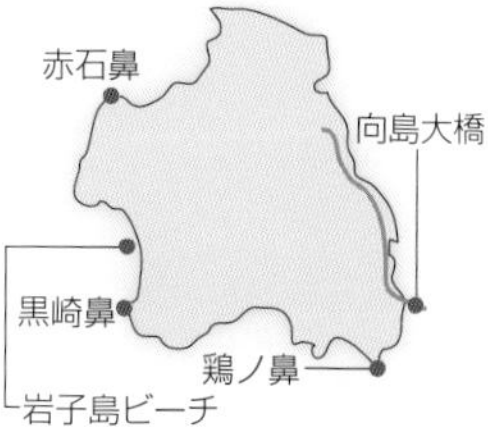

特産はミカン。秋の島の斜面はオレンジ色一色。

向島と岩子島をつなぐ向島大橋。

[岩子島データ] ●広島県尾道市 ●人口：472人 ●面積：2.45㎢ ●周囲：7.5㎞
●ホームページ：尾道市 https://www.city.onomichi.hiroshima.jp

細島《ほそじま》（広島県）

手に取るような大きさの島が
手に取るほどの至近に

大きな因島の北部の沖、約７００mにある。小さな島だがその全景を因島の白滝山（２２７m）からの眺望は美しい。かつては蚊取り線香を作るための除虫菊栽培で、島の緩斜面はみごとな畑だったが、現在は柑橘類の畑に姿を替えて島の主産業になっている。その昔「細部《ほそべ》」と呼ぶ水先案内人がいたのが島名の由来といわれる。

瀬戸内海の島がもっとも混み合った海域にある。

[細島データ] ●広島県尾道市 ●人口：27人 ●面積：0.76㎢ ●周囲：5.3㎞
●ホームページ：尾道市 https://www.city.onomichi.hiroshima.jp

生口島《いくちじま》（広島県）

国宝・向上寺三重塔
文化の薫る町で

国産レモン発祥の島。

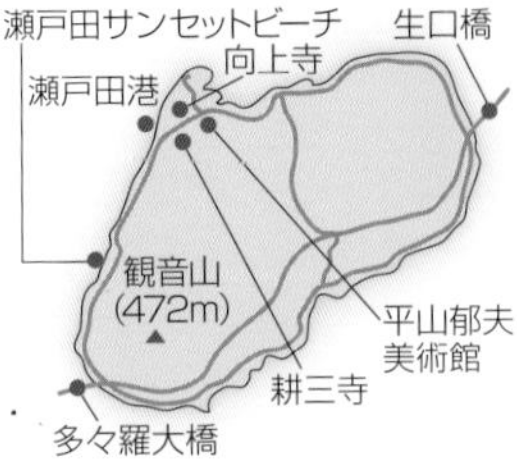

三原港の南、約10㎞にある。平成18年のしまなみ海道の全線開通で本州・尾道と四国・今治が一体化となり、生口島への出入りも便利になった。

かつて中世には畿内と西国を結ぶ重要な航路にあたる島として、のちに海運業で栄えた。しだいにこうした商業で力を蓄えた生口島では応永10年

野外アートを楽しむ「島ごと美術館」。

生口島出身の平山郁夫画伯も愛でた風景、潮音山公園から見る向上寺三重塔と瀬戸内海。

（１４０３）に向上寺を建立、永享４年（１４３２）には同寺に三重塔（国宝）を建立した。江戸期から幕末には入浜式塩田の塩作りで栄えた。

かんきつの島として全国的に知られ、とりわけレモン栽培の歴史としては古くから「レモン谷」と呼ぶ地名が残り、この島が国産レモンの発祥地として知られる。

島のさまざまな場所に野外設置された美術作品は「島ごと美術館」と呼ばれ、自然の中で楽しむアートとして人気がある。また「平山郁夫美術館」「母の寺・耕三寺」「サンセットビーチ」など、遠くからこの地へ足を運ぶテーマ施設もある。

国宝の向上寺三重塔。平安時代に建立されたみごとな塔。

生口島の全景。左は「多々羅大橋」で愛媛県の大三島につながっている。

［生口島データ］●広島県尾道市　●人口：8,777人　●面積：31.21㎢　●周囲：33.6㎞
●ホームページ：尾道市 https://www.city.onomichi.hiroshima.jp

高根島《こうねしま》（広島県）

高根大橋からながめる瀬戸田水道の風景

三原港の南約７㎞にあり、至近の本土対岸・須波町とは約１㎞ほどの距離。高根大橋で生口島とつながり、尾道や今治から陸路で行くこともできる。にぎやかな生口島の瀬戸田を望みながら、広大な柑橘類の畑が島の山肌をうめる光景は圧巻。近隣の島々もミカン作りが盛んだが、「高根ミカン」は品質の高いミカンとして特に知られる。

後ろの山が高根島。手前は生口島の造船所。

ブランドミカンとして人気の「高根ミカン」。

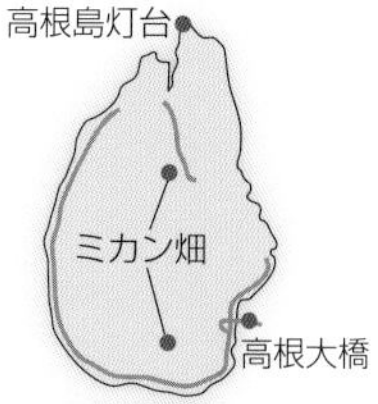

［高根島データ］●広島県尾道市　●人口：495人　●面積：5.60㎢　●周囲：10.8㎞
●ホームページ：尾道市 https://www.city.onomichi.hiroshima.jp

いんのしま

因島（広島県）

村上水軍ゆかりの地　水軍城に金蓮寺

　戦国時代、村上水軍の拠点だった島である。その村上家の菩提寺は島の中央部にある「金蓮寺《こんれんじ》」で、宝篋印塔をはじめとして墓石を残している。そのすぐ横の丘には、昭和58年に再現された「水軍城」の本丸が建ち、かつての様子をうかがわせている。水軍城の再現は全国でもこの因島だけ。古文書やさまざまな文化財も館内に展示されているので、菩提寺と併せて見学するとその時代の瀬戸内海の様子がよくわかる。

　長いこと因島といえば造船と除虫菊の島といわれてきた。しかし昭和が終わり平成から令和の世となり島も大きく変わった。除虫菊はすでになくなり、一時は灯の消えた造船産業も浮沈を繰り返しながら再び復活した。昭和58年の因島大橋開通で本土とつながり、便利な島へと変化した。「白滝山と五百羅漢」の風景探勝、「因島フラワーセンター」の四季の草花観賞も楽しい。

向島、本土へと結ぶ「因島大橋」。

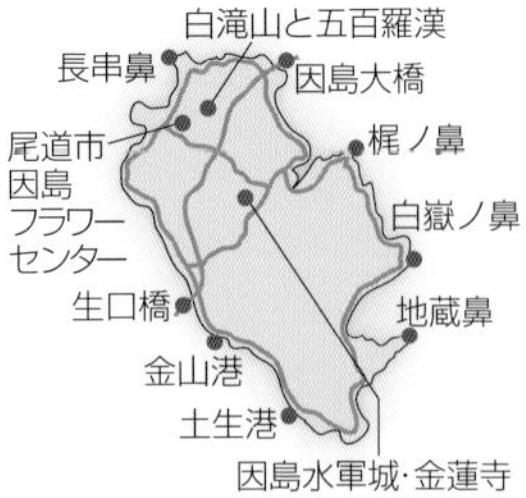

白滝山からの五百羅漢さんと瀬戸内の島々の風景は素晴らしい。

橋は架かっても、小島への足は船。近隣の島々を結ぶフェリー。これは弓削島行き。

再現された水軍城の本丸。

［因島データ］●広島県尾道市　●人口：19,710人　●面積：35.04㎢　●周囲：31.9㎞
●ホームページ：尾道市 https://www.city.onomichi.hiroshima.jp

佐木島《さぎじま》（広島県）

山から木が無くなった
――という過去をもつ

三原港の南、約4㎞にある。芸備諸島のもっとも島が混み合っている中の一つで、隣の島や本土と1㎞という至近にある。江戸時代には入浜式塩田で塩作りがおこなわれ、釜で煮つめるときに使う薪を島の山林から切り出したため、一挙に木がなくなったといわれる。現在の島の木立はそうした後に植林されたもの。ミカン畑も多い。

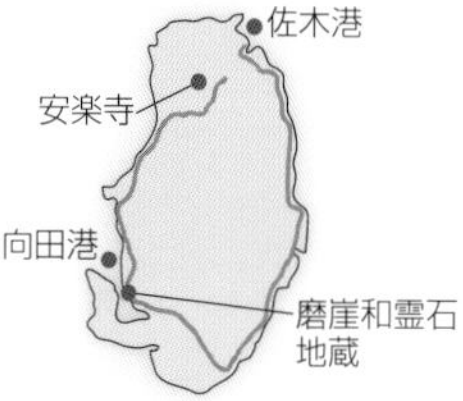

夏の港の活気。多くの人が船を降りる。

波打ち際の磨崖和《まがいわ》霊石地蔵《れいしじぞう》は、潮の干満で沈んだり現れたりする。

[佐木島データ] ●広島県三原市　●人口：586人　●面積：8.71㎢　●周囲：18.2㎞
●ホームページ：三原市 https://www.city.mihara.hiroshima.jp

小佐木島《こさぎじま》（広島県）

ちょっと船旅30分
瀬戸内海の潮風を頬に受けて

三原市の南、約3㎞にある。佐木島の北に位置し、島の緩斜面には柑橘類の畑が広がり美しい。昭和の初めには小型船の造船所があり〝船造りの島〟といわれた時代もあった。戦時中には陸軍兵器廠・燃料貯蔵庫が設置されていた島としても知られる。かつてこの島も含めた瀬戸内海の島々では広大な畑で除虫菊が栽培されていた。

瀬戸内の小島の小さな波止が美しい。

港から荒神社への道ばたにお大師さんの石碑。

[小佐木島データ] ●広島県三原市　●人口：佐木島に含む　●面積：0.50㎢　●周囲：3.2㎞
●ホームページ：三原市 https://www.city.mihara.hiroshima.jp

おおくのしま

大久野島（広島県）

野鳥のさえずりの中
戦争資料を見つめる

竹原市・忠海《ただのうみ》港の南、約2・5㎞にある。明治33年（1900）に旧陸軍による要塞の島となり砲台が設置された。その後、昭和4年には毒ガスの製造工場が設置され、イペリットガスなどの毒ガス兵器が作られていた。軍の統制下に置かれていたその時代の日本地図からは、最高機密という秘匿性により大久野島は抹消されていた。もちろん民間人の立ち入りは許されていなかった。昭和初期には4世帯の住人が住み、耕作と漁業のできる豊かな島だったといわれるが、戦争に向かう統制下で移住をしていったようだ。

現在はそういう時代があったということが「毒ガス資料館」の存在でわかるぐらいである。健康的で明るい島は休暇村になっていて、キャンプもでき温泉もある。そこにはかつてのイメージを一新する自然志向の島づくりの印象が強く打ち出されている。

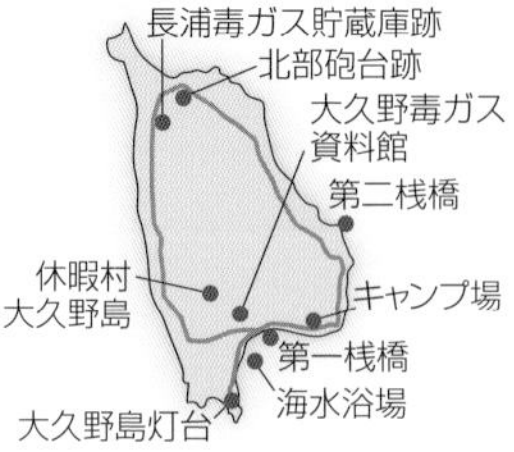

無料で見学ができる「毒ガス資料館」。

国民休暇村として、多くの人がこの島を訪れる。

整備された快適なキャンプ場。

[大久野島データ] ●広島県竹原市　●人口：0人　●面積：0.70㎢　●周囲：4.3㎞
●ホームページ：竹原市 https://www.city.takehara.lg.jp

生野島《いくのしま》（広島県）

静かで小さな島でも古代からの歴史がぎっしり

大崎上島の北、約４００ｍにある。横穴式の石室や土器、石斧など縄文・弥生時代の数々のものが出土した島として知られる。現在は自然休養村として、テニスなどが楽しめ、宿泊のコテージもある。昭和8年に福浦港を足利《あしかが》浄円《じょうえん》氏が開いた。放浪の俳人・種田山頭火が、昭和10年にこの島の陶工であった迦洞無坪《かとうむへい》を訪ねた足跡を残す。

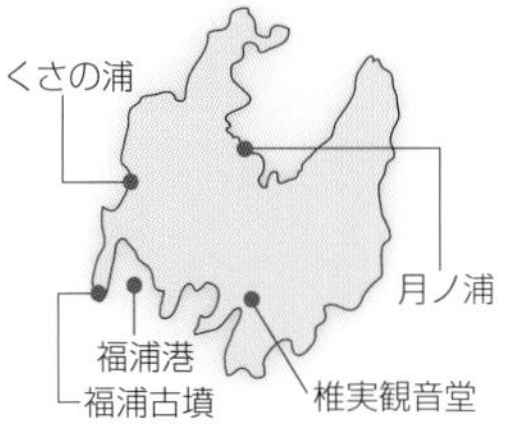

標高150mあまり、山林に覆われた島である。

足利浄円之碑。

[生野島データ] ●広島県豊田郡大崎上島町　●人口：13人　●面積：2.25㎢　●周囲：12.5㎞
●ホームページ：大崎上島町 https://www.town.osakikamijima.hiroshima.jp

契島《ちぎりじま》（広島県）

一島まるごと工場草木も見えない不思議な光景

竹原市の南、約４㎞にあり、本土の竹原港から島の全景がよく見える。丸ごと東邦亜鉛の工場で、朝に夕べに煙突から煙が立ち昇っていたり、こうこうと闇の中でも明かりをつけて工場の機械音が聞こえたりする。海面にいきなり工場施設があるようで、島としてはほんとうに奇異に見える。（関係者以外は上陸不可）。

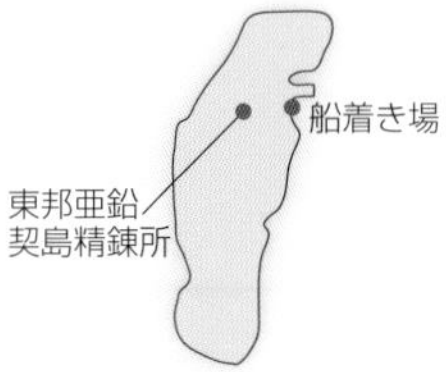

あたかも洋上の船のような景観の契島。

島内では稼動する機械音が止むことがない。

[契島データ] ●広島県豊田郡大崎上島町　●人口：26人　●面積：0.09㎢　●周囲：1.6㎞
●ホームページ：大崎上島町 https://www.town.osakikamijima.hiroshima.jp

大崎上島《おおさきかみじま》（広島県）

木造3階建の味わい深い建築物を見に島へ

竹原港の南、約6㎞にある。安芸津《あきつ》港からは南東に約10㎞の距離にある。面積の大きな島で、どちらの港からも定期船があり本土との交通は便利である。かつて瀬戸内航海の時代は寄港地として交通の要衝だった。潮待ち風待ちの船が島の港に停泊し、陸も海上も大いににぎわったといわれる。木江《きのえ》地区には当時をほうふつとさせるような木造3階建の旧旅館をはじめ、いにしえの建築物が町並みの中に点在している。

雨の少ない瀬戸内の気候特性を生かした塩作りも盛んで、古くから豊かな島だった。文禄年間になってからは船造りの島として栄えた。現在はかつてのような造船景気はないものの、中国電力の火力発電所とともに島の主産業となっている。ミカン畑が山のてっぺんまで広がっていたのはずいぶん昔のことだが、今も温州みかんやネーブルなどが栽培されている。

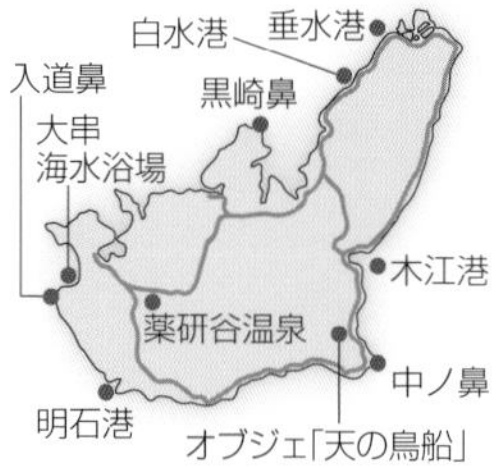

鉄製モニュメント「天の鳥船」。

船が運んだ文化は大きい。今もフェリーがひんぱんに行き交う。

▲掘りたてのタケノコ。

▶木江港にはかつて港が栄えた時代の名残といえる、木造3階建て旅館。

［大崎上島データ］●広島県豊田郡大崎上島町　●人口：：6,821人　●面積：38.27㎢　●周囲：60.9㎞
●ホームページ：大崎上島町 https://www.town.osakikamijima.hiroshima.jp

大崎下島《おおさきしもじま》

（広島県）

はたして昔のこの港町はどれほどのにぎわいが

竹原港の南西、約17kmにある。瀬戸内海が交通往来の中心だったころ、東の燧《ひうち》灘と西の斎《いつき》灘をつなぐ急潮の場所だったことから、この島の御手洗《みたらい》港はその潮待ちなどをする船で栄えた。江戸時代には参勤交代の諸大名がここで潮待ちするため寄港するのが通例になっていた。遊郭や茶屋まであった面影を残す町並みが今もあり、港から一本奥へと入った路地の家並みは伝統的建造物群保存地区に指定されている。

港の外れに建つ「金子邸」は慶応3年（1867）11月、広島藩と薩長連合軍が討幕の合意のために集合した場所。世にいう〝御手洗条約〟を交わしたところだ。この金子邸には坂本龍馬も立ち寄ったと伝えられる。

急斜面にミカン畑を耕して耕作地を増やし、「大長《おおちょう》みかん」のブランドを作り出した島として知られる。そのミカンはひと味違う。

御手洗にある満舟寺。

ミカン農家が収穫機械などを運ぶための独特な形をした“農船”が並ぶ大長港（1980年頃）。

千砂子波止の積み石に石職人が彫ったという「鶴亀」のうちの鶴。

島びとの遊郭の「若胡子屋《わかえびすや》」跡が残る。

［大崎下島データ］●広島県呉市　●人口：1,626人　●面積：17.37㎢　●周囲：26.0㎞
●ホームページ：呉市 https://www.city.kure.lg.jp

長島《ながしま》（広島県）

塩作りの島も今は電力生産の島へ

大崎上島の中央部・大西港の北、約７００ｍにあり、長島大橋で大崎上島と陸続きになっている。島の中央部には中国電力の火力発電所があり、巨大煙突がひときわ目を引く風景になっている。昔は塩田の島だったが、現在はミカンをはじめとした農業と電力関係の人たちの島となっている。海釣り公園で釣りを楽しめる。

石炭を使う最新技術の発電所がある長島全景。

海釣りの公園「マリンパークおおさき」。

400mほどの瀬戸に架かる「長島大橋」。

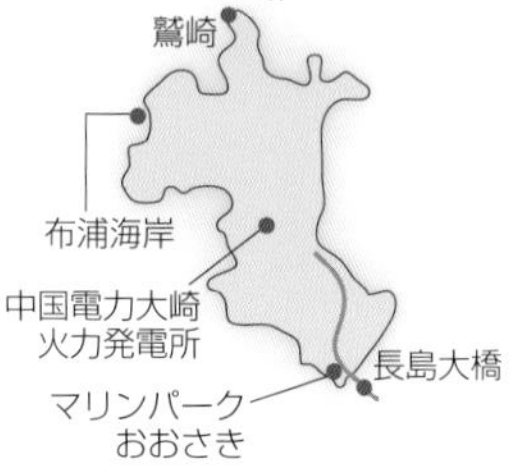

［長島データ］●広島県豊田郡大崎上島町　●人口：13人　●面積：1.04㎢　●周囲：7.3㎞
●ホームページ：大崎上島町 https://www.town.osakikamijima.hiroshima.jp

三角島《みかどじま》（広島県）

農業の島の人は自分たちが食べる魚だけを捕る

大崎下島・久比《くび》港の西、約１・２㎞にある。東南部の三角港に集落があり、島山の斜面にはよく手入れされたミカン畑が広がる農業の島。秋から冬場にかけて島の斜面はオレンジ色の輝きがあって美しい。港から小高い丘を越えて島の西側に７００ｍほど歩くと、白砂のきれいな浜辺がある。施設はなにもないが海遊びに好適。

三角港の前に広がる集落。裏山はミカン畑。

大崎下島から見た三角島の全景。

［三角島データ］●広島県呉市　●人口：16人　●面積：0.78㎢　●周囲：4.1㎞
●ホームページ：呉市 https://www.city.kure.lg.jp

斎島《いつきしま》（広島県）

水に窮したこの島には　かつて水船がかよっていた

広島県本土の安芸津町の南、約22㎞の斎灘にある。至近の豊浜町豊島からは約5㎞。古来から、神の宿る聖域として人々の住むことがなかった島といわれる。1661年から73年までの寛文年間のころに豊島から移り住んだ人の記録が残る。その後、瀬戸内航路の要衝として島は発展し、江戸時代末期には数十隻にものぼる中型の船を有していた。

周囲わずか4㎞という小さな島で、しかも山林に覆われて平地が狭いという条件ながら、終戦直後の昭和25年には385人が住んでいたという。現在は島に産業はなく、お年寄りがのどかに暮らす少人数の島となっている。「アビ」という海鳥を利用しておこなう伝統的な漁法『アビ漁』がかつて盛んだった。アビに追い込まれたイカナゴに群がる大型魚を獲るという漁法で国の天然記念物に指定されているが、今はアビ自体が見られなくなった。

古い歴史をもつ「蛭児《ひるこ》神社」。

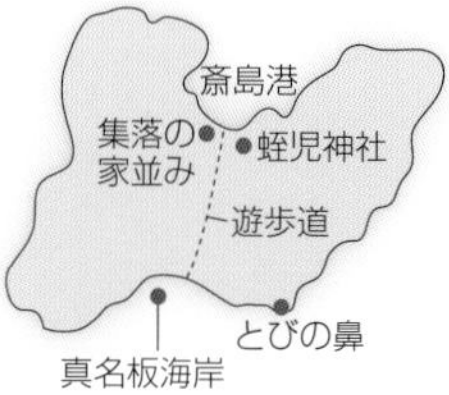

山林に覆われ、穏やかな稜線を見せる斎島全景。

お年寄が多く、清楚で美しい家々が建つ集落。

島びとの港での語らい。

[斎島データ] ●広島県呉市　●人口：8人　●面積：0.70㎢　●周囲：4.3㎞
●ホームページ：呉市 https://www.city.kure.lg.jp

豊島《とよしま》（広島県）

魚もミカンもうまければ
海の祭りも迫力満点

呉市の仁方《にがた》港の東、約12㎞にある。大崎上島・下島と上蒲刈島・下蒲刈島の2島ずつ並ぶ島々の中間にある。平成4年、約500mの海峡となっている大崎下島との間に豊浜大橋が架けられて島同士の行き来が便利になった。

温暖な瀬戸内海気候ということもあり近隣の島々はどこもミカン作りが盛ん。この島も山の斜面にはミカン畑がたくさん広がっていて、ここが一大産地だということをうかがわせる。

島興しに元気な島で、昔ながらの島の味や産品を再発見しながら開発し、地場産品の豊かな島として発信している。祭りをはじめとする年中行事も多く、毎年9月の第3日曜日に小野浦地区でおこなわれる「櫂伝馬《かいでんま》」は特に近隣に知られていて各地から見物に訪れる。20人ほどの男たちが伝馬船の櫂をかきながら海上を走るというもので、勇壮なその動きは圧巻。

洋上から見た豊島全景（右）。

［豊島データ］●広島県呉市　●人口：941人　●面積：5.64㎢　●周囲：9.8㎞
●ホームページ：呉市 https://www.city.kure.lg.jp

大芝島《おおしばじま》（広島県）

瀬戸内海では
珍しい
ビワのハウス栽培

温暖な瀬戸内海で果樹栽培に好適な緩斜面が広がる大芝島の全景。
写真／東広島市産業部

本土側の安芸津町小松原から470mの大芝大橋で結ばれている。広島特産のハウス栽培「安芸津《あきつ》ビワ」の一大産地として有名。大芝小学校は平成21年閉校。跡地は「海辺の里おおしば」。

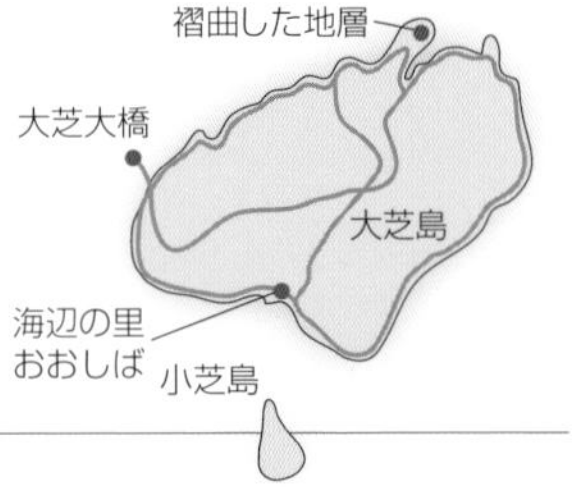

［大芝島データ］●広島県東広島市　●人口：135人　●面積：1.69㎢　●周囲：5.8㎞
●ホームページ：東広島市 https://www.city.higashihiroshima.lg.jp

しもかまがりじま

下蒲刈島（広島県）

広島藩が海駅として海本陣を置いた

長さ480mの「蒲刈大橋」で下蒲刈、上蒲刈の両島がつながる。

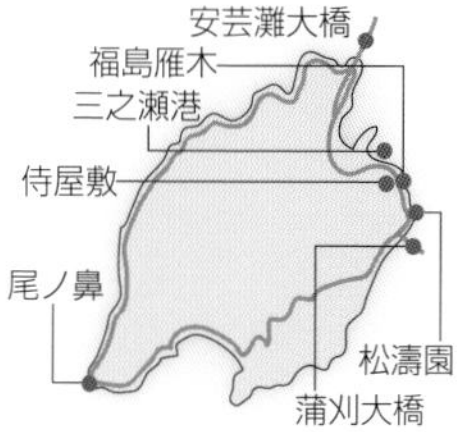

呉市・仁方《にがた》港の南、約2・5㎞にある。伊予水軍の多賀谷氏の居城、丸谷城があったが、その後広島藩が現在の港となった「三之瀬《さんのせ》」に海本陣などを置いたところから、参勤交代や多くの人々がここで休んだといわれる場所。江戸時代には海路の中継拠点港としての機能を高めていった。朝鮮通信使の往来時にはこの港がひと役買い、人々がその接待を受けたりもてなしたりした場所として活況があったと伝えられる。

平成12年には女猫《めねこ》の瀬戸に「安芸灘大橋」が架かり、本土と陸続きになった。朝鮮通信使資料館や陶磁器館、ランプコレクションなどを展示する「松濤《しょうとう》園」があるほか、広島藩の茶屋施設「侍屋敷」、広島藩主・福島正則が創りだしたといわれる潮の干満に関係なく船に乗降できる階段状の船着場「雁木《がんぎ》」など、歴史の見どころが多い。

朝鮮通信使資料館が入る松濤園。

潮の干満に対応する船着場「福島雁木《がんぎ》」。

松濤園の入り口門。

［下蒲刈島データ］●広島県呉市 ●人口：1,176人 ●面積：7.96㎢ ●周囲：16.8㎞
●ホームページ：呉市 https://www.city.kure.lg.jp

かみかまがりじま

上蒲刈島

（広島県）

いにしえびとになって古代の塩作りをやってみる

呉市・仁方《にがた》港の南東、約3・5kmにあり、西隣りにある下蒲刈島との間は蒲刈大橋で結ばれている。下蒲刈島の三之瀬港の対岸に当たる「向浦」は江戸時代には帆船の風待ち潮待ち港としてにぎわったといわれる。

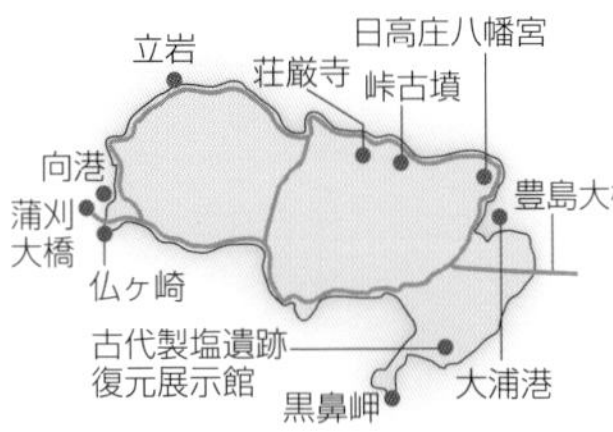

残照の中の上蒲刈島。

宮盛地区には5世紀前後の石棺が出土した「峠《たお》古墳」や15世紀末の文明年間に創建されたと伝えられる「荘厳《しょうごん》寺」がある。その荘厳寺の山門の彫りものは宮大工の芸術作品といえる素晴らしいもの。この2か所のほかにも大浦港の近くには、元和6年（1620）九州の宇佐神宮から分霊したものと伝えられる「日高庄八幡宮」があり、この島の歴史の古さを物語る。

宮大工の作品。みごとな彫り物を施した荘厳寺の山門。

かつて瀬戸内海のこの島でも作られていた、土器を使って作る古代の塩「藻塩」作りを体験する施設がある。

宮盛地区にある「亀山八幡宮」。樹齢数百年という大クスノキはみごとで、船上からも見えるほどの大木。

［上蒲刈島データ］●広島県呉市　●人口：1,393人　●面積：18.79㎢　●周囲：27.9㎞
●ホームページ：呉市 https://www.city.kure.lg.jp

生名島《いきなじま》（愛媛県）

どちらを向いても四方すべてを島に囲まれて

愛媛県の島ながら尾道市中心部の南、約15㎞という広島県寄りの位置にあり、四国本土の愛媛県今治市などの都市よりも近い。５００mの瀬戸をはさんで対岸には因島（広島県）があり、古くからさまざまな意味で深いつながりがあった。たとえば因島が造船の島と呼ばれた時代には、生名島から多くの造船就労者が通いながら仕事をしていた。しかし、造船全盛時代の終わりとともにこの関係も希薄になり、現在は生名島独自のさまざまなスポーツイベントによる「交流の島」として知られる。

「生名島秋祭礼」では屋台やだんじりが出て、大いににぎわう。

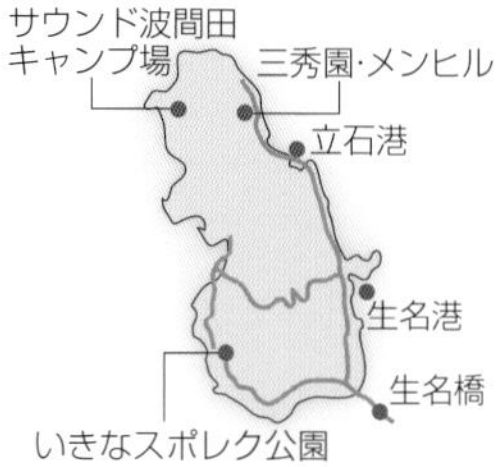

作家・今東光の小説「悪名」の主人公となった麻生イトという人が作った小さな公園の「三秀園」がある。ここには弥生時代の遺物とみられる「メンヒル」という巨石が鎮座している。この島の石でないことはわかっており、高さ５m近くあり数トンものこの巨石をどうやって運んできたかは謎。

高さが５mある「メンヒル」。弥生時代の巨石文化の一つといわれる。

「サウンド波間田キャンプ場」には、海ぎわを楽しむさまざまなステージ施設などか整っている。

［生名島データ］●愛媛県越智郡上島町　●人口：1,375人　●面積：3.67㎢　●周囲：14.0㎞
●ホームページ：上島町 https://www.town.kamijima.lg.jp

佐島《さしま》（愛媛県）

江戸時代にはなんと 製塩と水田もあった

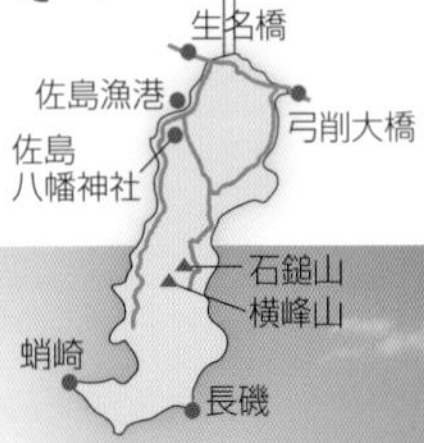

広島県尾道市中心部から南へ約18kmの瀬戸内海、愛媛県側にある。この周辺は両県が入り組んでもっとも島々が隣接している海域。瀬戸内では古くから開けた島で、平安時代の古文書にも島名が出てくる。古墳時代後期の福羅古墳、石棺などが出土しており、そのほかにも横峰山（120m）には中世の烽火台なども置かれていたといわれる。江戸時代は今治藩に属し、そのころから明治にかけては佐島村という一つの村を形成していた。

横峰山からの展望は瀬戸内海の多島美が見渡せて素晴らしく、この島のハイライトとなる景観地。平成8年には弓削島との間約400mに弓削大橋が架かり、この2つの島の往き来が便利になった。自分の自転車やレンタサイクルで走るのにちょうどよい広さの島。ミカン栽培が盛んで、5月はタチバナの香りが清々しい。

弓削大橋で結ばれた佐島（右）。

［佐島データ］ ●愛媛県越智郡上島町 ●人口：408人 ●面積：2.68㎢ ●周囲：9.8km
●ホームページ：上島町 https://www.town.kamijima.lg.jp

赤穂根島《あかほねじま》（愛媛県）

牛や鶏と共に 自然の中で暮らす

岩城島の南側に300mの瀬戸をはさんである島。終戦直後は人口も多かったが昭和20年代末には無人化し、しばらく出作地として使われていた。しかし平成13年に夫婦1世帯が暮らし始め、再び有人島に。電気もあり水も豊かなこの島で、住人による循環型自給農業の新たな試みが展開されている。

米作り、柑橘栽培、牛の飼育。住人はどんな場合でも食料に困らない"自給"を目指していた。写真／宮脇 馨

［赤穂根島データ］ ●愛媛県越智郡上島町 ●人口：２人 ●面積：2.09㎢ ●周囲：7.0km
●ホームページ：上島町 https://www.town.kamijima.lg.jp

ゆげじま

弓削島（愛媛県）

集落を突き抜けると白砂青松の瀬戸内がある

海ぎわにある「弓削神社」。

　広島県尾道市中心部の南、約14kmにあり、因島とは約1kmの弓削瀬戸をはさんである。白砂青松――の代表格といっても過言ではないほどのみごとな松と浜辺がある。その場所は法王ヶ原と松原の浜辺。真夏には南国の海と互角なほどの青と白砂にビーチがまぶしい。

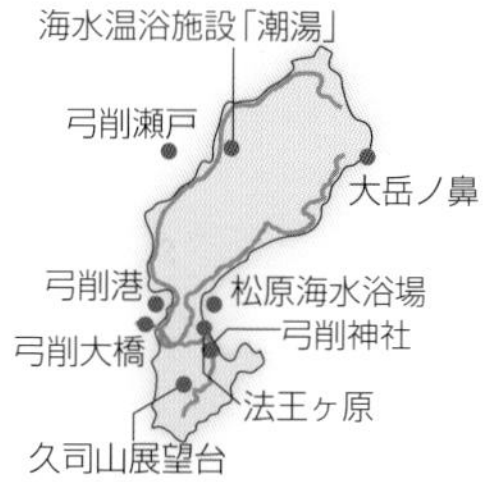

　この島は鎌倉時代には京都・東寺の荘園になり、規模の大きな塩田で作られた塩を納めていたといわれる。その後、江戸時代には参勤交代の風待ち潮待ちの港として栄えた。

　タラソテラピー（海洋療法）を取り入れた海水温浴施設「潮湯《しおのゆ》」が平成12年に作られ、交流施設としての役も担い島の拠点となっている。このほかにも弓削港北側にある「せとうち交流館」では体験型観光交流を迎えたり、摘み菜など島の素材を使い島独自の味覚を楽しませる個性ある島のレストランなど、新しい試みに取り組んでいる。

定期船が発着する弓削港と、後方の山は219mの石灰山。

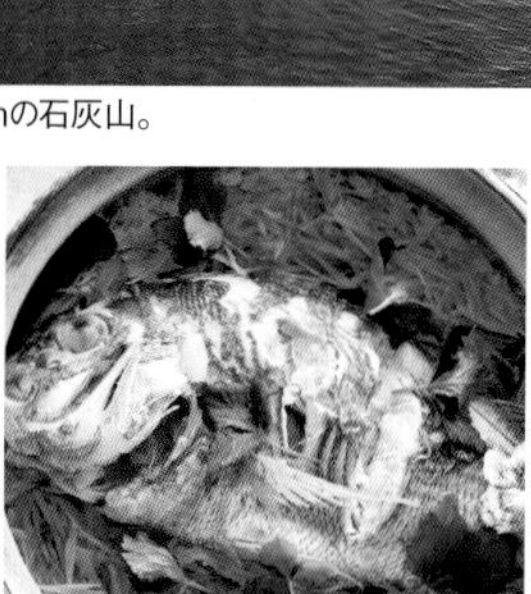
▲法王ヶ原の松林と白砂の浜辺が美しい。
▶タイ１匹を丸ごと使う「鯛ごはん」。

［弓削島データ］●愛媛県越智郡上島町　●人口：2,433人　●面積：8.68㎢　●周囲：18.0㎞
●ホームページ：上島町 https://www.town.kamijima.lg.jp

岩城島《いわぎじま》（愛媛県）

青いレモンそのもの
清浄でクリーンな島の
イメージ

広島県と愛媛県の島々が複雑に入り組んだ上島諸島の一つで、広島県の生口島の南東約1㎞にある。この島が全国的に知られるようになったのは国産の「青いレモン」の産地としてPRしたころからだ。島の斜面にはレモンやミカンなど柑橘類の畑が広がる。春のサクラの季節、積善山を明るくするほどの3千本のサクラはみごと。

岩城漁港と集落全景。左後方は積善山。

ミカンの花とよく似たレモンの花。

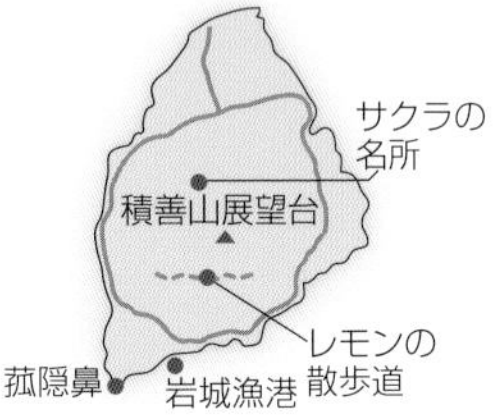

［岩城島データ］●愛媛県越智郡上島町　●人口：1,823人　●面積：8.95㎢　●周囲：17.4㎞
●ホームページ：上島町 https://www.town.kamijima.lg.jp

豊島《とよしま》（愛媛県）

静かな島で
なにもしないで海原をながめる

弓削島から南東方向の備後灘、約4㎞にある。この島は、かつて昔は弓削島の漁業範囲の島で無人島だった。戦後すぐに復員した人々たちで島の人口は増え、漁業と農業に就く人たちで180名を超えたが、現在は住民登録のない島となった。島内に見学すべきところは特にないが、潮風の小径遊歩道は景色を楽しむのに絶好。

備後灘にぽつんとある島。

魚島行きの定期船が立ち寄るので渡れる。

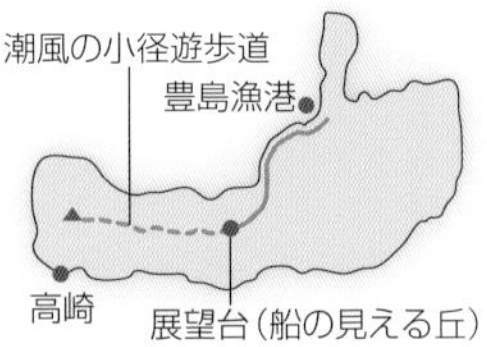

［豊島データ］●愛媛県越智郡上島町　●人口：0人　●面積：不明　●周囲：不明
●ホームページ：上島町 https://www.town.kamijima.lg.jp

高井神島《たかいかみしま》（愛媛県）

漫画好きの聖地となった

今治市の北東、約30㎞の燧灘にある。船が近づくにつれてその急峻な島の景観に圧倒される。江戸時代に塩飽諸島高見島からの入植者によって開かれたと伝えられる。港からは徒歩で島の北部を中心に探勝できる。集落の家屋の壁画は有名漫画家のイラストが巨大絵で描かれ、漫画好きの聖地となっている。

集落の家々の壁面を飾るアート作品群。

高井神漁港と家々が軒を寄せる浦集落。

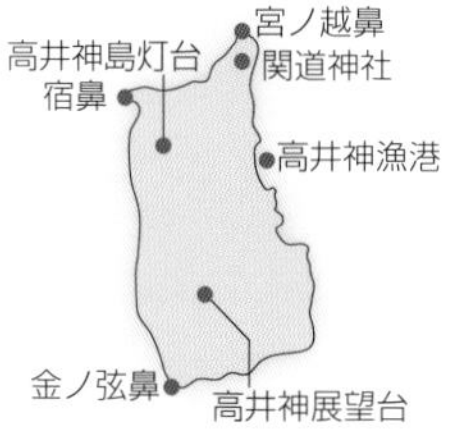

［高井神島データ］●愛媛県越智郡上島町　●人口：７人　●面積：1.34㎢　●周囲：5.3㎞
●ホームページ：上島町 https://www.town.kamijima.lg.jp

魚島《うおしま》（愛媛県）

後にも先にも「魚」の名が付く島はここだけ

今治市の北東、約30㎞にあり高井神島とは４㎞離れてある。島名のとおり魚が多く捕れ、昔から漁業者が多い島と伝えられる。島内の大木遺跡などから古代の朝鮮とのつながりを示す遺物などが出土しているのは興味深い。現在は広い瀬戸内海の真ん中という海洋条件のよさから、魚島のりを筆頭にタイ、エビなどの水揚げが多い。

魚島・篠塚漁港。漁船は港の奥に多くある。

新田義貞の旗将・篠塚伊賀守重広の墓。

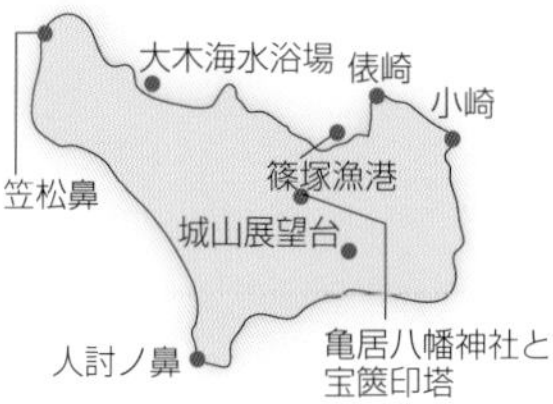

［魚島データ］●愛媛県越智郡上島町　●人口：117人　●面積：1.36㎢　●周囲：6.5㎞
●ホームページ：上島町 https://www.town.kamijima.lg.jp

しさかじま

四阪島（愛媛県）

瀬戸内海にあった産業文化の遺産

新居浜《にいはま》港の北西、約18kmにある。人の出入りは多く一日中操業中の機械音など活気のある島なのだが、ずっとここに住み着いている定住人口はゼロの島。愛媛県の別子《べっし》銅山の支配人だった伊庭貞剛氏が、四国本土への公害を避けて明治28年に瀬戸内海の島を一つ買収し移転したのがこの島だった。38年から操業を開始したが煙による公害は止まらず、昭和14年の排煙処理装置ができるまでそれは続いたという産業の島。

住友による私立尋常小学校が明治34年に島内に開校し、生徒数が1千人のときもあったといわれる。大正時代末期から昭和にかけて、島の人口は5千人を超えていたが、産業の衰退と合理化などにより昭和63年に定住人口はゼロとなってしまった。島内にあった住友家の四阪別邸（日暮別邸）は新居浜市王子町に移築され、住友グループ各社の記念館となっている。

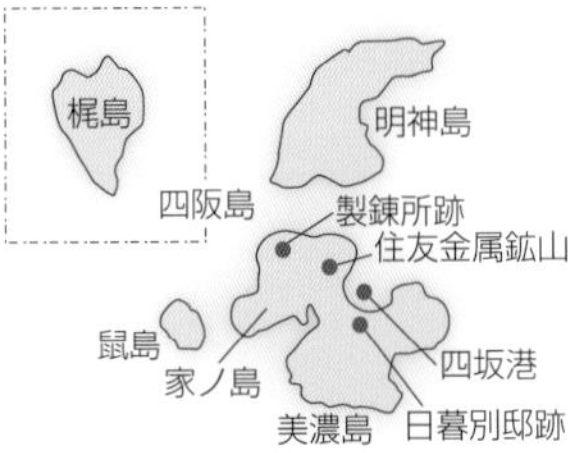

産業の島、四阪島の全景。

最盛期には5千人が働き、暮らした島。ここは工場のエリア。

▲小山の上まで工場施設になっている。
▶通勤船が新居浜港とを結ぶ。

［四阪島データ］●愛媛県今治市　●人口：0人　●面積：1.26㎢　●周囲：不明
●ホームページ：今治市 https://www.city.imabari.ehime.jp

鵜島《うしま》（愛媛県）

瀬戸内を跋扈《ばっこ》した海賊衆の夢のあと――

越智大島の北、約1・5㎞にあり伯方島との中間に位置する。南西部に隣接する能島とともに村上水軍の本拠地の島で、奉行所、代官所、造船所などの遺構がある。水軍の史跡をたどりながら散策すると意義深い島となる。室町の時代、足利義満が御下賜品の鵜を放鳥したところ、島の鵜が増えたところから島名が付いたといわれる。

伯方島から見た鵜島の景観。

鵜島の南部には村上水軍の能島城があった能島がある。後方が鵜島。

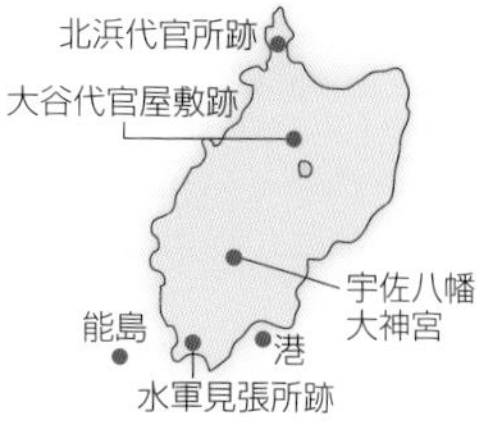

［鵜島データ］●愛媛県今治市　●人口：20人　●面積：0.76㎢　●周囲：6.1㎞
●ホームページ：今治市 https://www.city.imabari.ehime.jp

比岐島《ひきじま》（愛媛県）

島の生活に不便はあるが自分たちの生き方ができる

比岐島の港と集落。

今治市桜井港沖、約6㎞にある。桜井地区の漁業者が移住して開拓した島で、もっとも多いときには70人を超える人口があった。松や雑木に覆われた島内は自然そのままで、そこにミカンの畑が点在するのどかで平和そのものの島。ひと家族の個人の家におじゃまするようなものなので、チャーター船で島を訪ねたときには必ずあいさつをしたい。

［比岐島データ］●愛媛県今治市　●人口：1人　●面積：0.30㎢　●周囲：3.5㎞
●ホームページ：今治市 https://www.city.imabari.ehime.jp

伯方島《はかたじま》（愛媛県）

かつては塩田の島
今は養殖漁業や花き栽培

本州の広島県尾道と四国の愛媛県今治を結ぶ線上にある島々の、ちょうど真ん中に位置する。「しまなみ海道」を使えば陸路で島に入ることができる。「伯方の塩」などのブランド自然塩の産地として知られるほか、ミカン、養殖クルマエビなどの産地としても知名度が高い。天武2年（６７３）創建の喜多浦八幡神社は由緒ある神社。

北浦地区にある「喜多浦八幡神社」。

沖合の「鶏小島」は神功皇后伝説を残す島。

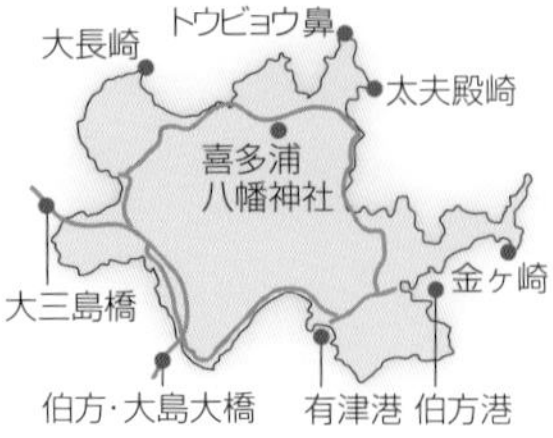

［伯方島データ］●愛媛県今治市　●人口：5,622人　●面積：20.93㎢　●周囲：53.5㎞
●ホームページ：今治市 https://www.city.imabari.ehime.jp

津島《つしま》（愛媛県）

静かでのどか
こんな島で過ごしてみたい

山林が迫る津島漁港と集落。

法念寺「潮音山」の鐘が島の時を打つ。

大島の南部の吉海町椋名沖、約1㎞にある。なまこ壁の蔵作りの建物や古民家があるが、その多くにはもう人が住んでいない。古くても清楚なたたずまいはかつての繁栄の島を物語る。お年寄りが多いのでなごやかな雰囲気。懐かしさを求めて訪ねると、すっかり話し込んだりして島びとに歓迎されるだろう。特産のイチジクで知られる。

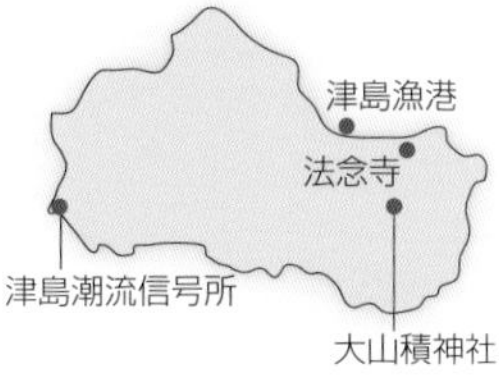

［津島データ］●愛媛県今治市　●人口：11人　●面積：1.49㎢　●周囲：6.5㎞
●ホームページ：今治市 https://www.city.imabari.ehime.jp

おおしま

大島《おおしま》（愛媛県）

村上水軍を知り 瀬戸内の景観を楽しむ

来島海峡をはさんで今治港の北、約5㎞にある。越智諸島にあるところから越智大島とも呼ばれる。島の北側には能島水軍、南には来島水軍と、戦国時代には水軍が跋扈した海域の真ん中にある島。

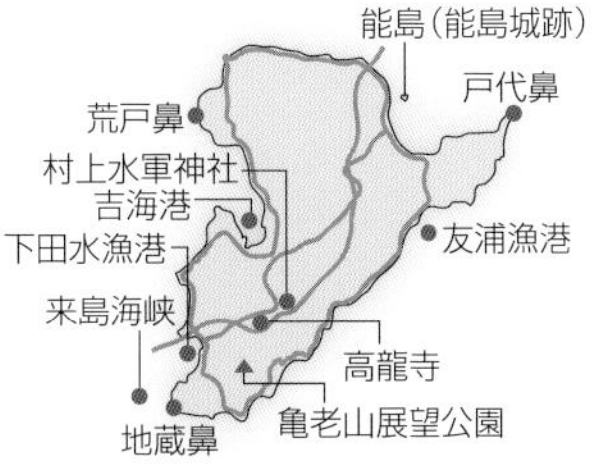

「バラ公園・ロース館」。

北東にある鵜島との急潮の中にある能島は能島村上水軍の本拠地で、能島城跡が今も残る。

南部の下田水《しただみ》漁港近くの「高龍寺」は村上水軍の統領であった村上義弘の菩提寺。奥の院にはその墓である宝篋印塔があり、そこから1㎞ほど北には村上義弘を祭る「村上水軍神社」がある。

亀老山展望台からのながめ。四国今治と来島海峡の島々の夕景。

瀬戸内海有数の眺望地としてよく知られているのが、下田水漁港の南東の位置にある亀《き》老《ろう》山（230m）である。島々をつなぎながら来島海峡を渡るしまなみ海道の景観と瀬戸内海を行き来する船の動き、そしてそれにからむ夕日など、いつまで見ていても飽きない景勝が楽しめる場所。

パン作りのため島で暮らし始めた若き移住者。

海鮮焼き料理は人気の島メニュー。

［大島データ］ ●愛媛県今治市　●人口：5,237人　●面積：41.87㎢　●周囲：49.9㎞
●ホームページ：今治市 https://www.city.imabari.ehime.jp

大三島《おおみしま》（愛媛県）

神社境内の大クスノキにまず一礼

今治市の北、約15㎞にある。県境を接して北側にわずか4㎞ほど離れたところに広島県の本土があり、四国側より本州のほうが近い。数多い愛媛県の島でももっとも面積の大きな島。

落差15mの「入日の滝」。

日本では1か所にこれほど多数の国宝と重要文化財が集まっている場所は少ないといわれる国宝の殿堂ともいうべき大山祇《おおやまづみ》神社がある。大山祇神社は養老3年（719）、伊予の豪族であった越智玉純氏の創建と伝えられる伊予一の宮。武人や海にかかわる神として広く武士、朝廷などから信仰を集め、その武勲として収めた数々の武具・甲冑はおびただしい数に上る。源義経、源頼朝が奉納したとされる鎧などが展示されている。

大山祇神社が一番の見どころだが、大きな島だけに山に入れば「入日の滝」などの自然景観も楽しめる。地下1千mから湧く「多々羅《たたら》温泉」もある。

大山祇神社境内。左の大木は御神木の「クスノキ」。

5月、早乙女たちも参加しておこなう「お田植え神事」。

大山祇神社の拝殿。

［大三島データ］●愛媛県今治市　●人口：4,830人　●面積：64.53㎢　●周囲：88.8㎞
●ホームページ：今治市 https://www.city.imabari.ehime.jp

おかむらじま

岡村島
（愛媛県）

砂浜の美しさと ミカン畑の瀬戸内風景

今治市の北西にある波方町の北、約10kmにある。江戸時代には潮待ち風待ちの港として、隣接する大崎下島の御手洗港とともに瀬戸内航路の要衝だった。燧灘と斎灘とを通行するときにもっとも狭く島々が混み合った海域が越智諸島と関前諸島周辺で、戦国時代などはこういう場所を水軍たちは拠点としていくつもが跋扈していた。この島の観音崎には村上水軍の城砦があったという。

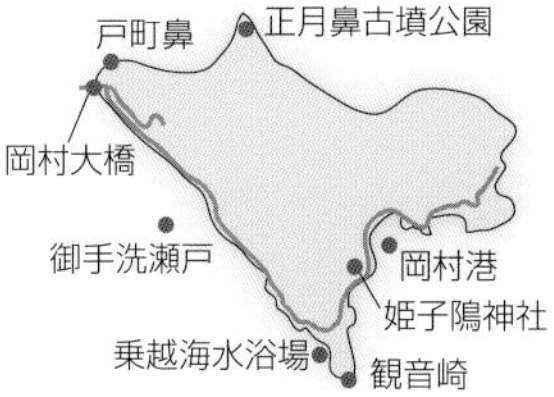

秋には全山がオレンジ色に輝く。

農業の島でとりわけミカン栽培が盛んである。岡村港は小船が係留された小さな港で、その港のすぐ前には民家が建ち並び、裏手には丘のような小山にミカン畑が広がる…という、典型的な瀬戸内の風景を見せている。集落外れに宝亀10年（779）に創建の「姫《ひめ》子隝《こじま》神社」では、毎年2月11日に五穀豊穣の弓祈祷がおこなわれる。

1200年以上の歴史をもつ「姫《ひめ》子《こ》隝《じま》神社」。

裏山にみごなミカン畑が広がる岡村港。

［岡村島データ］●愛媛県今治市　●人口：246人　●面積：3.17㎢　●周囲：11.1㎞
●ホームページ：今治市 https://www.city.imabari.ehime.jp

大下島《おおげしま》（愛媛県）

船上に流れ込む タチバナの香りの爽快さ

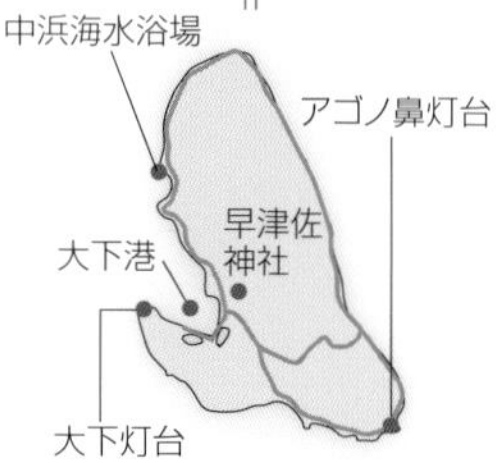

広島県の島々と接する関前諸島の東端にある。山がちな島の畑にはミカンが植えられ、秋には実ったミカンで山が華やいで見える。島の産業は農業で漁業者は皆無という不思議な島。その理由は、この島が浄土真宗の教えによって〝魚捕りの殺生〟を嫌う人が多いからだといわれる。5月のタチバナ（ミカン）の花の香りが全島を包む。

ミカンの積み出し用のクレーンまで備えた港。

緩斜面の多いミカン栽培に好適な地形の島影。

[大下島データ] ●愛媛県今治市 ●人口：49人 ●面積：1.75㎢ ●周囲：7.2㎞
●ホームページ：今治市 https://www.city.imabari.ehime.jp

小大下島《こおげしま》（愛媛県）

原料採掘に 大手セメント会社が林立した

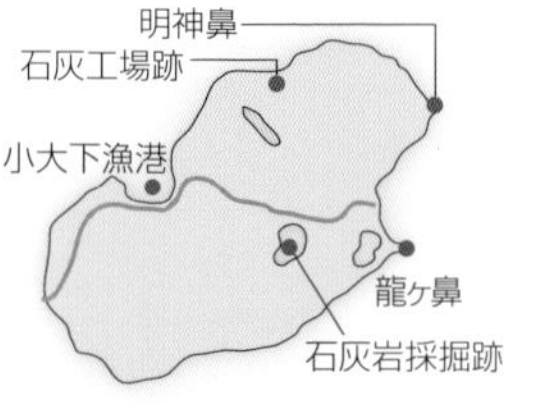

鉱山安全のために建てられた「山ノ神神社」。

わずかな平地にも畑を上手に作る。

無人島だったが、明治時代にセメントの原料である石灰岩が採れるようになると人々が住み始め、戦中を通して産業の活況をみせた。昭和30年ごろには600人を超えた人口も、資源枯渇で撤退を余儀なくされた採掘企業とともに減少を続け、当時の30分の1となってしまった。産業の証を見学しに行ってみる価値がある。

[小大下島データ] ●愛媛県今治市 ●人口：21人 ●面積：0.90㎢ ●周囲：3.7㎞
●ホームページ：今治市 https://www.city.imabari.ehime.jp

馬島《うましま》（愛媛県）

潮の音、船舶の音 島の宿で聞く音

来島海峡に「しまなみ海道」の大橋が架かる。

今治市の北、約2㎞にある。江戸時代初期に越智大島からの入植者によって開かれ、その後、中期には今治藩の馬の放牧場として使われた。それが島名の由来になったといわれる。

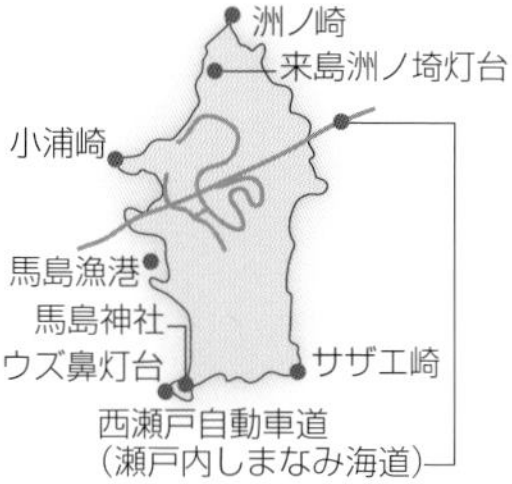

全体が60～80mの丘が連続したような島で、その上を巨大な瀬戸内しまなみ海道の橋が東西に貫いている光景は圧巻といえる。

来島海峡をはさんで四国本土を望む馬島の西側には素晴らしい白砂の浜辺があり、その浜辺を独占するかのように海を向いた大きな旅館が建つ。島で唯一の宿ということもあって、他所からはるばる時間をかけてやって来るという。海鮮料理を楽しむ料理旅館として人気が高い。ここに泊まり夜風にあたりながら架橋をながめ、来島海峡を行く大型船が目の前を通り過ぎていく光景はなんともいえない瀬戸内海の夜景旅情である。

島の南端にある「馬島神社」とその後ろが「ウズ鼻灯台」。

▲しまなみ海道が通り、その眼下には旅館が建つ。

▶海草のイギスと大豆粉で作る郷土料理の「イギス豆腐」。

［馬島データ］●愛媛県今治市　●人口：10人　●面積：0.50㎢　●周囲：3.7㎞
●ホームページ：今治市 https://www.city.imabari.ehime.jp

来島《くるしま》（愛媛県）

湧き上がる潮の流れに翻弄されて島の旅

今治市波止《はし》浜《はま》港の北、約240mという至近にある。海峡部にあるため〝潮止まり〟という海が静かな状態のときはよいが、干潮満潮時には島の周りに波が立つほど激しい海流が起きる。そのため

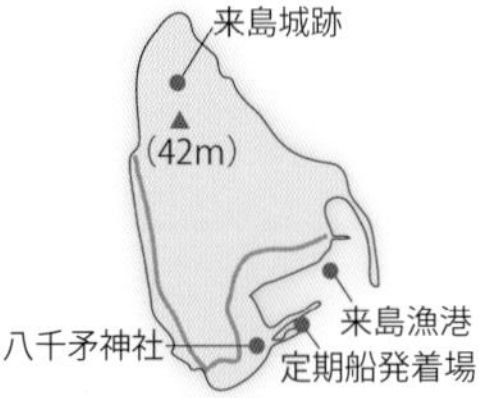

海ぎわに建つ「八千矛《やちほこ》神社」。

波止浜港を出た定期船ですら、ときおり大きく流されながら島へたどり着くといった印象を受ける。こうした船が急潮にのみ込まれて翻弄されるような海域に、戦国時代には水軍と呼ばれる海賊が生まれた。まさにこの島はそうして起こった伊予水軍の要塞の一つとなった島として知られる。

舵取りが難しい水路のような潮流の島の周り。水軍の要塞だった島。

島の中央に42mの小山があり、そこには水軍城の石垣の遺構や武家屋敷跡が残っており、この島全体が水軍の要塞だったことを示している。港の横にある「八千矛《やちほこ》神社」は文治2年（1186）の創建で、小さいながらも風格があり玉石垣には昔の名前などが見られて興味深い。

八千矛神社の社殿。

小さな祭神や大きな社殿もすべて海に向いて建っている。

［来島データ］●愛媛県今治市　●人口：20人　●面積：0.04㎢　●周囲：0.9㎞
●ホームページ：今治市 https://www.city.imabari.ehime.jp

小島《おしま》（愛媛県）

ツバキの並木を歩きつつ戦争遺産を見学する

今治市の北、約600mにある。江戸時代の中ごろに隣の来島から8戸の入植者たちによって開かれた。当時は半農半漁の生活で豊かな海の幸と温暖な気候で暮らしやすかったといわれる。

小島漁港の桟橋から見た今治の本土。

明治32年から3年の歳月をかけて瀬戸内海防衛のための芸予要塞として島内に3か所の砲台を構築した。これらの関連施設も含めてこの島の要塞は使用されることもなく大正11年に廃止された。発電所、煉瓦造りの兵舎、弾薬庫、司令塔、砲座などの戦争遺産とでもいうべき建造物が森の中で原形をとどめていて、その道筋に沿って島内を歩いてみるとよい。春には1千本を超えるサクラの木が咲き誇る名所となっている。

ビワ首と呼ぶ突き出た岬があり、干満の時間帯にここに立つと沖の急潮の様子がよく見える。その潮の流れの速さは、7～10ノット（時速約13～18㎞）近くになるというから驚く。

山道をたどっていくと木々が茂る中に現れる「弾薬庫跡」。

海上を隔てて、しまなみ海道が見える。

司令塔などが良好な状態で原形をとどめている。

［小島データ］ ●愛媛県今治市 ●人口：7人 ●面積：0.50㎢ ●周囲：3.0㎞
●ホームページ：今治市 https://www.city.imabari.ehime.jp

大島《おおしま》（愛媛県）〈新居大島《にいおおしま》〉

村上水軍の拠点となった中世　今はミカンと漁業の活況

新居浜市の東、黒島港沖、約２kmにある。伊予水軍の大将・村上義弘ゆかりの島で、大島城があった本丸跡や、船を係留したといわれる場所「船かくし」など、その時代の遺跡があちこちに見られる。漁港の西端には５００年代に創建の大元《おおもと》神社、８５９年の貞観元年に創建の八幡神社など格式の高い社寺があり、一見の価値がある。

成長すると皮が取れて赤い木の幹になるところからバクチノキと呼ぶ。この樹木が多い。

四国本土の黒島港から見た大島全景。

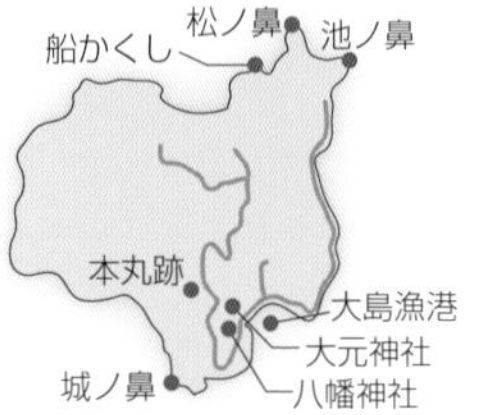

［大島〈新居大島〉データ］●愛媛県新居浜市　●人口：143人　●面積：2.14㎢　●周囲：9.1㎞
●ホームページ：新居浜市 https://www.city.niihama.lg.jp

安居島《あいじま》（愛媛県）

島の古老は　瀬戸内の栄華の語り部

瀬戸内海の斎灘中央にあるため海路の要衝となり、江戸時代から松山藩と広島藩とで所有争いが起きていたが、話し合いの交渉の結果松山藩の所領となった。大きく湾口が広がり、そこは帆船の時代に風待ち・潮待ちの船で大いににぎわいを見せていたといわる。現在はお年寄りが生活する静かな島。昔話を聞きに渡ってみるのもよい。

静かな船だまりの真ん中に定期船がとまる港。

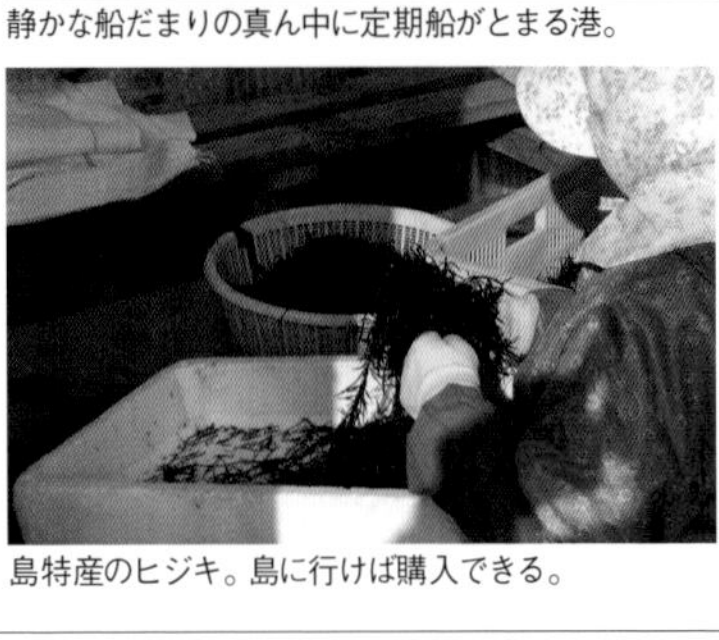
島特産のヒジキ。島に行けば購入できる。

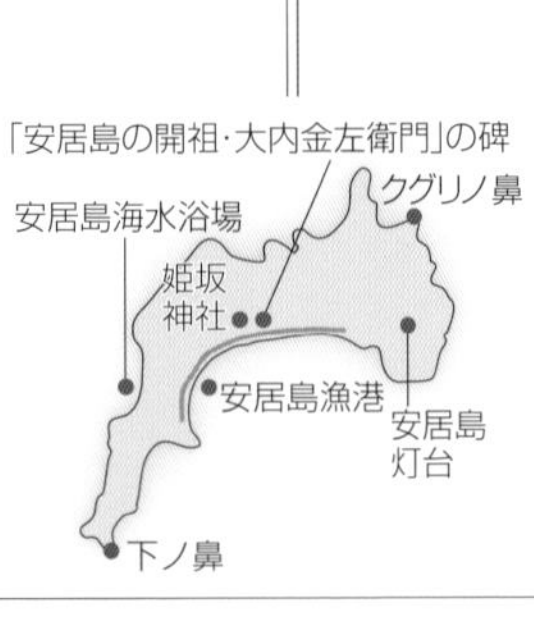

［安居島データ］●愛媛県松山市　●人口：12人　●面積：0.26㎢　●周囲：3.5㎞
●ホームページ：松山市 https://www.city.matsuyama.ehime.jp

興居島《ごごしま》（愛媛県）

船踊りの秋祭りにこの島の1年が集約

松山港の北西、約1kmという至近にある。島からは松山市街の夜の明かりがひときわよく見える。南北に細長い島で、浦々には船を出して釣りをする人たちが大勢やって来るが島の住人にあまり漁師はいないようだ。山がちの島内にはミカン畑が多く、5月ごろに島へ渡ると海の上からタチバナ（ミカンの花）の香りが漂ってくるほどである。この時期は島内どこへ行ってもこの香りで清々しい。

ミカン畑の丘からながめた四十瀬戸。

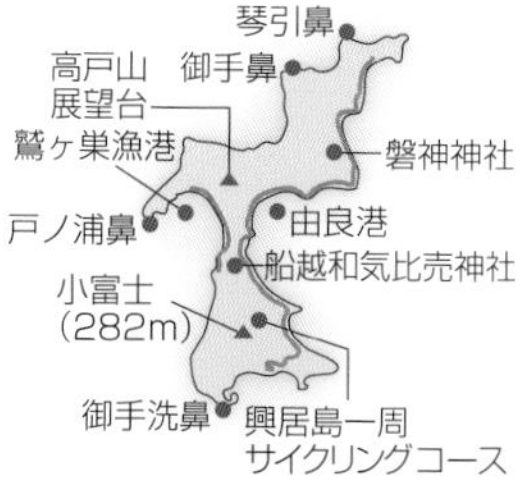

船越地区にあるこの島の守護神を祭る「和気《わけ》比売《ひめ》神社」では、秋の大祭（10月6、7日）で愛媛県指定無形文化財の「船踊り」が奉納される。2隻の船を並べた上に舞台を作り、その上で太鼓と拍子木のお囃子にのせた武者踊りが演じられる。多くの人々がやって来て見物し、島は秋祭りで大いに盛り上がる。島の南部にある小富士（２８２ｍ）の麓には1周サイクリングコースがある。

海ぎわに建つ、和気比売《わけひめ》神社。

鷲ヶ巣漁港の運搬船。

［興居島データ］●愛媛県松山市　●人口：836人（釣島含む）　●面積：8.40㎢　●周囲：25.4㎞
●ホームページ：松山市 https://www.city.matsuyama.ehime.jp

釣島《つるしま》（愛媛県）

静か。ミカン畑。灯台。
島の魅力に遊ぶ

　興《ご》居《ご》島の西、約2kmにある。周辺海域の潮の干満差が大きいためか、港の堤防がやや高く作られているのが島へ上陸したときの第一印象。人家は港のそばにあり、平地はこの周辺だけであとは全体に緩斜面の山がちとなる。そこには柑橘類が栽培されるみごとな畑である。

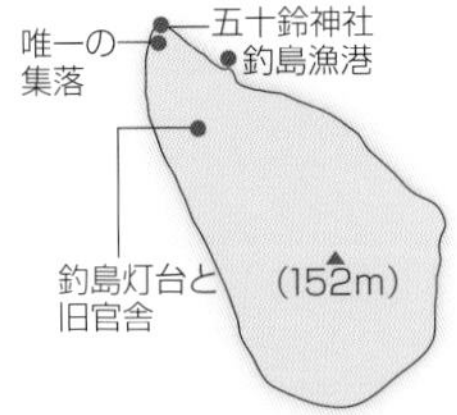

灯台付近から見る集落景観。

　集落から裏山に上がると「釣島灯台」がある。明治6年の建築でイギリス人技師のブラントン氏により設計された洋式の石造灯台。現在も使われている愛媛県最古の灯台として知られる白亜の美しい灯台だ。

　松山への行き来も普通にあるが、日常的には興居島の鷲ヶ巣漁港などへ行き来する人も多い。島内には商店もあるが、半日ほど島を散策するときには松山や興居島で調達していくほうが無難。島内は徒歩以外に乗り物はない。

深い緑の木立の中にひょっこりと建つ「釣島灯台」。

▲興居島から見た釣島の全景。

▶釣島漁港。堤防も桟橋も高さのある造りが特徴。

［釣島データ］●愛媛県松山市　●人口：統計なし　●面積：0.36㎢　●周囲：2.8㎞
●ホームページ：松山市 https://www.city.matsuyama.ehime.jp

野惣那島《のぐつなじま》

（愛媛県）

ミカン畑と真っ白な砂浜が印象的

71mの皿山登山道から見た野惣那漁港。

松山市の北にある堀江湾の北西沖、約8㎞にある。周辺の6島からなる忽那諸島の中で一番本土よりの島。江戸時代の安政（1854〜1860）のころ、四国本土の北条から数戸の人々が入植したのがこの島の始まりと伝えられる。緩やかな山という島の外観で、わずかな山すその平地部に集落がある。江戸から明治にかけては瀬戸内海を往来する潮待ち風待ちの船に、薪などの燃料から野菜などの食料にいたるまでを売って商売をしたといわれる。

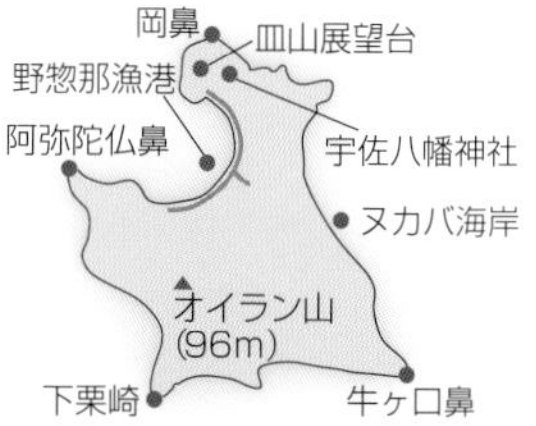

現在のこの島にはそういう活況の面影を見いだすことはできないが、いにしえの時代を思い描きながら島内を散策してみると路傍の石碑ひとつにも昔日の歴史が秘められていそうで興味尽きない島である。島の東側にある白砂の美しいビーチ「ヌカバ海岸」と「皿山展望台」からのパノラマ景観は、この島のベストポイント。

野惣那漁港と家並み。惜しいことだがこの島に宿泊施設はない。

野惣那島の全景。左の三角の山が「皿山」。

[野忽那島データ] ●愛媛県松山市　●人口：66人　●面積：0.92㎢　●周囲：5.2㎞
●ホームページ：松山市 https://www.city.matsuyama.ehime.jp

睦月島《むづきじま》（愛媛県）

ここから全国へ多くの行商人が雄飛した

漁業者は少なく、ほとんどの住人は農業を営んでいる。

松山港の北西、約12kmにある。野忽那島と中島のほぼ中間に位置しており、忽那諸島の中では3番目に面積の大きい島。睦月といえば陰暦でいうところの1月（正月）のことだが、この島名はそのことを指すのではなく、その昔は「無須喜」と表記していたものがたび重なる大火に遭ったため、災害から島を護るために現在の島名にしたという伝説が残る。

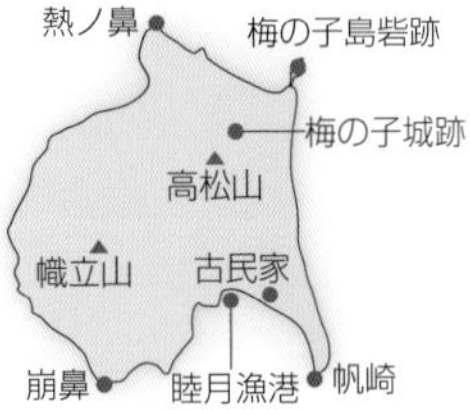

江戸時代後期から明治にかけて、日本じゅうで絣の着物が普通に着られていた時代に、伊予絣の反物を全国に運んで販売する行商人がいた。その行商人の多くがこの島の人々だった。最盛況のときには売り歩くための50隻の船を擁していたといわれる。

この島内に「島四国八十八ヶ所」の巡礼地がある。

睦月漁港と急斜面に建つ集落。

今はミカンの島。往時の面影を残しているのは集落内の立派な長屋門の家だろう。港の小船と黒板の浜辺の家々が瀬戸内風景に点景を添える。

［睦月島データ］●愛媛県松山市　●人口：156人　●面積：3.81㎢　●周囲：9.6㎞
●ホームページ：松山市 https://www.city.matsuyama.ehime.jp

怒和島《ぬわじま》（愛媛県）

歴史的新発見が楽しみな宮浦遺跡

松山港の北西、約20kmにある。現在は上怒和集落と元怒和集落の二つの集落からなる島だが、昔をたどると、天正13年（1585）の豊臣秀吉による四国攻めの際に小早川隆景軍に攻略されて、もともと暮らしていた島の北部の宮浦から逃げ出し、現在の二つの集落に定住するようになったと伝えられる。

天満神社に奉納されている絵馬。

平成12年にこの宮浦の発掘調査がおこなわれ、奈良、平安期の供献土器や中世の集石遺構が発見された。

中島と怒和島の間は好漁場だが、今は海面での養殖漁業が盛ん。

上怒和港に船が入るとまず印象的な小山が右手に見える。「丸山鼻」と呼ばれる岬で、そのこんもりとした緑の山が上怒和の湾内を北西の風から守っているように見える。ここはヒラメの養殖がおこなわれるなど静かな海面として知られる。

上怒和・天満神社では10月の秋の大祭で雌雄の獅子が太鼓に合わせて舞う「獅子舞い」が奉納される。この神社の絵馬は一見の価値がある。

上怒和地区の「天満神社」。

［怒和島データ］●愛媛県松山市　●人口：244人　●面積：4.75㎢　●周囲：14.7㎞
●ホームページ：松山市 https://www.city.matsuyama.ehime.jp

中島《なかじま》（愛媛県）

忽那《くつな》氏の歴史をうかがい知る島全体が資料館

松山港の北西、約15kmにある。古来、忽那諸島の中心となってきた島で、天平19年（747）の『法隆寺伽藍縁起』には、法隆寺領の荘園「骨奈嶋《こつなじま》」としてその名が残されている。平安末期には後白河法皇の荘園となり、その荘官が忽那氏だった。南北朝時代に興隆をきわめ忽那水軍として活躍したが、秀吉の天下統一でその役目も終えた。

トライアスロン中島大会は全国的に知名度が高い。

かつて忽那諸島全体の中心だった時代を思わせる集落の面影を残す。民家が密集していて、その裏にはミカン畑の小山が広がり、現在は柑橘を主とする農業の島であることを実感する。島の北東部、粟井地区には「桑名神社」があり、この境内には廻船問屋の氏子が奉納した絵馬がある。江戸時代のものが多く、色も褪色せず良好の状態で素晴らしい。400年にわたり忽那氏の城だった標高289mの「泰ノ山城跡」は足を運びたい場所。

粟井地区にある「桑名神社」。かつての氏子には廻船問屋が多かった。

▲▶帆船時代の江戸期の絵馬が数多く奉納されている。

［中島データ］●愛媛県松山市　●人口：2,055人　●面積：21.27㎢　●周囲：30.0㎞
●ホームページ：松山市 https://www.city.matsuyama.ehime.jp

津和地島《つわじしま》（愛媛県）

お殿様も、朝鮮通信使も
この島でほっとひと息

松山港の北西、約23kmにある。忽那諸島の一番西の端にあたり、広島県と山口県と瀬戸内海上で県境を接する島。江戸時代の海上航路の発展とともに、芸予、防予を行き交う帆船の風待ち潮待ちのための重要な港となり、小さな島ながら大いに栄えたといわれる。大名を乗せた参勤交代の船や朝鮮通信使などの外国船もここに立ち寄り、ひとときを過ごして島を離れていったという。その接待のために松山藩は「茶屋」を作って置いた。今はそこに石碑が建つが、現存するものは残念ながらない。

多島海域とあって急潮の瀬戸が多く、島の周辺は格好の漁場になっている。特にタイやスズキなどをはじめタコ漁なども盛ん。島に泊まると獲れたてを使って作る郷土料理の「鯛飯」を出してくれることもある。島じゅうにミカン畑があることは他の忽那諸島と同じ。その味もよい。

秋祭りには「だんじり」が出て、勇壮な男たちによる練りがおこなわれ、海岸通りは大いににぎわう。

漁業が盛ん。漁港に積まれたタコ壷や漁網の山がそれを物語る。

扇を広げたような、広い間口の港をもつ島の全景。

山を背負う格好の津和地港の景観。狭い平地に家々が密集する。

［津和地島データ］ ●愛媛県松山市　●人口：194人　●面積：2.85㎢　●周囲：10.4㎞
●ホームページ：松山市 https://www.city.matsuyama.ehime.jp

二神島《ふたがみじま》（愛媛県）

忽那一族
二神氏の所領だった

松山港の西、約16㎞にある。"二神文書"によると、室町時代に長門国から豊田氏という人物がこの島に住み始め、その後、二神氏を名乗ったといわれる。領主となった二神氏のその後は、帰農して代々庄屋を務めたという。

その二神家代々の墓は安養寺の裏手にあり、600年間の一族代々の墓石を並べている。これほどの長い年代を1か所の墓所にお祭りしてあるのはとても珍しい。

集落を見おろす裏山に上がると、瀬戸内の風景がまさに絵のようにとらえることができる。黒々とした美しい瓦屋根の民家の向こうにはこんもりとしたビャクシン（ヒノキ科の常緑高木）の森が見える。この島のビャクシンはもともとあった自生のもので、大きなものは根周りが約5ｍもあるという大木。愛媛県指定の天然記念物にもなっている。

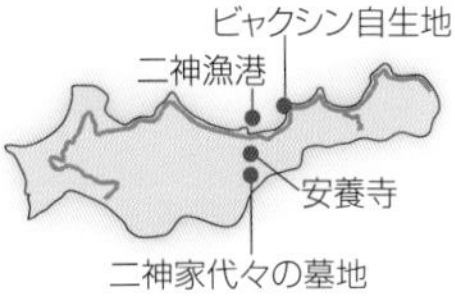

港の東端にある、自生のビャクシンの森。

出漁前の準備中。一本釣りや刺し網漁師たちの朝は早い。

二神島の全景。

［二神島データ］●愛媛県松山市　●人口：66人　●面積：2.13㎢　●周囲：8.9㎞
●ホームページ：松山市 https://www.city.matsuyama.ehime.jp

あおしま

青島（愛媛県）

昔日の昭和をさがしに
ふらりと渡ってみたい

長浜港の北、約13㎞にある。江戸時代初期の元和3年（1617）に大洲藩の馬の牧場となった島。そのためしばらくの間この島は馬島と呼ばれたという。その後、寛永13年（1636）にこの馬島付近に出漁していた播州坂越《さごし》の（現在の兵庫県赤穂市）漁師・与七郎はイワシの大群に出会い大漁をものにした。翌年も同じように好漁が続いたため与七郎は寛永16年、一族を含め16戸で馬島へ集団移住を決行した。こうしたことから大洲藩は馬島という島名を青島に改めた。

海難救助にあたって命を落とした13人の青年団の慰霊碑「青島青年の碑」。

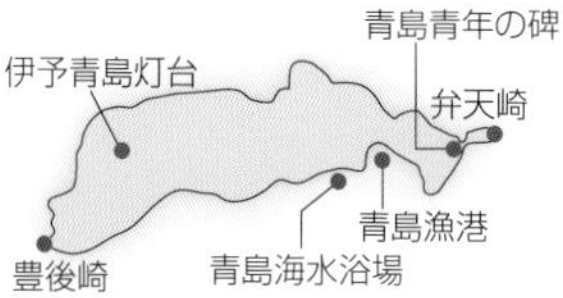

島の東端にあるキャンプ場。日の出とともに目ざめるのもよい。

終戦後から10年間ほどは人口800人にまで膨らんだが、近年の超過疎化の波の中で現在では5人までに減少した。コミュニティの維持にとってはぎりぎりの限界線を越え、きわめて厳しい状況が続いている。廃屋が多いが、昭和の名残などを探しながら集落を歩くといろいろなものがきっと見つかる。

▲定期船から見る青島の全景。

▶かつての網元の屋敷。

［青島データ］●愛媛県大洲市　●人口：5人　●面積：0.49㎢　●周囲：4.2㎞
●ホームページ：大洲市 https://www.city.ozu.ehime.jp

にのしま
似島
（広島県）

富士の姿を見上げつつ鎮魂の旅

広島（宇《う》品《じな》）港の南、約３㎞にある。港の真正面にミニ富士山のような形のよい山が見えるそこが似島。そういう第一印象からということもあるのか、似島という島名は「（富士山に）似ている島」というところが発祥らしい。

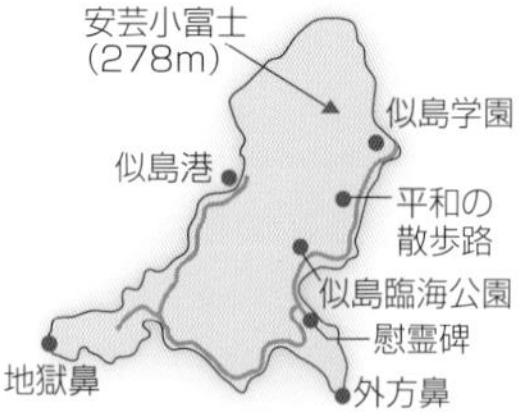

この森の中にもいくつかの遺構がある。

明治28年（１８９５）、この島に陸軍の似島検疫所が作られ、それは第二次世界大戦の終戦直前まで供用された。昭和20年（１９４５）の広島市原爆投下直後には、この検疫所が野戦病院となり被災者が１万人以上運び込まれたといわれる。「似島臨海公園」の中にはその検疫所の一部や火葬場の遺構なども保存されていて見学できるほか、南部には慰霊碑もある。

広島市街地から船でわずか20分足らずで渡ることができ、喧騒を離れて野鳥のさえずる静かな島に立つことができる。レンタサイクルを借りて島内をくまなく回ることができる。

宇品港からのフェリー。人も車もけっこう往来はひんぱん。

島外から見えにくくするため、陸軍によって設けられた土塁。

レンガ造りの火葬場跡が残る。

［似島データ］●広島県広島市　●人口：683人　●面積：3.84㎢　●周囲：16.0㎞
●ホームページ：広島市 https://www.city.hiroshima.lg.jp

かなわじま

金輪島

（広島県）

戦時下は厚いベールに包まれていた

広島（宇品《うじな》）港の東、約1kmにある。広島港からは島の鉄塔はよく見えるがその施設や集落の様子はうかがい知ることはできない。明治時代の中ごろから軍都の様相を深めていった広島にとって、その周辺の島々はことごとくそれらの関連施設や工場だったからである。

この島には明治27年（1894）、船舶修理と造船に関わる「陸軍運輸部金輪島工場」が置かれた。軍事機密に関わる島として終戦まで秘密のベールに包まれていた島である。

終戦とともに移住して農業をおこなう人も現れ、造船施設なども民間に払い下げられた。造船に活況があったころは500人もの従業員を擁して、島もにぎやかだったという。現在は造船所の外れに数戸の民家が残り、小さな畑を作って暮らしている人々がいる。荒れてしまっているが、氏神様の金輪神社も港の横の高台にある。

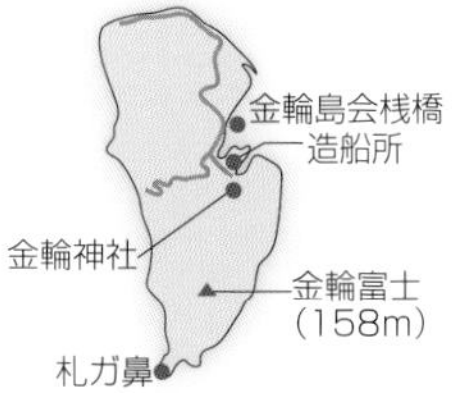

わずかな緩斜面に野菜畑が。

港から造船所を横切ると集落に入る。人気のない人家が立ち並ぶ。

金輪神社は小ぶりな社。

定期船到着とともに造船所従業員の弁当が届く。

［金輪島データ］●広島県広島市　●人口：50人　●面積：1.05㎢　●周囲：5.3㎞
●ホームページ：広島市 https://www.city.hiroshima.lg.jp

江田島・能美島《えたじま・のうみじま》（広島県）

瀬戸内海の海風 規律と修練の中で

広島湾の中央部にあり、南には安芸灘をひかえ東側には呉市がある。複雑な形をした江田島と能美島は地続きになっていて、実際的には一つの島。周辺の海にはカキ養殖イカダが並び、水産業の活気を見せている。江田島中郷地区には明治21年に東京から移転してきた旧海軍兵学校があって、ここでは多くの士官候補生が育成された。現在は海上自衛隊・第1術科学校になっている。赤煉瓦の旧生徒館や御影石の大講堂など見学することができるので必見（1日3、4回【所要時間は約1時間30分】の定時見学。問い合わせ0823・42・1211）。大きな島なのでできればレンタカーなどを使うとよい。呉市から陸路で倉橋島を経由して江田島・能美島まで入ることができる。「のとろ山林道展望台」からの眺望、樹齢500年といわれる「阿弥陀堂のクロガネモチ」には圧倒される。

倉橋島と結ぶ「早瀬大橋」。

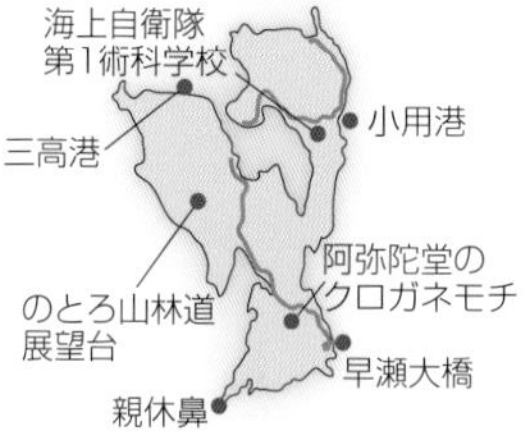

現在は海上自衛隊第1術科学校。左が学生館、右は幹部候補生学校。

明治26年当時は「旧海軍兵学校生徒館」だった。

屋外展示されている「特殊潜航艇・海龍」の試作艇。

［江田島・能美島データ］●広島県江田島市　●人口：江田島7,364人／能美島13,642人　●面積：91.52㎢　●周囲：不明
●ホームページ：江田島市 https://www.city.etajima.hiroshima.jp

沖野島《おきのしま》（広島県）

地形を巧みに利用した
原初の「生け簀」が残る

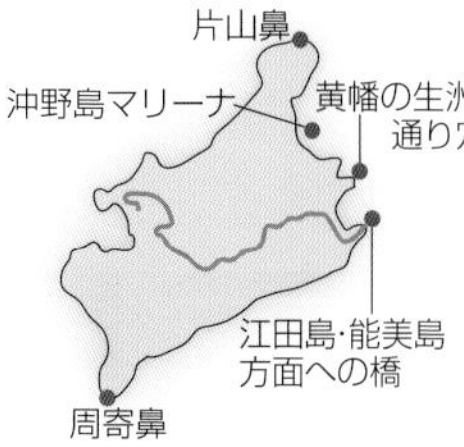

能美《のうみ》島の南西部、新開の西にあって、海上隔てた島と島の間はわずか24mたらずの橋でつながっている。江田島・能美島の一部といった感のする島である。うっそうと茂る木立の島山で海ぎわはきれいな砂浜という風光から、夏場を中心に海のレジャーと観光の人々が訪れる。かつてはミカン栽培などがおこなわれていたという。

江戸時代に山野井重吉という人が、波静かな天然の入江を利用して石を敷き、生《い》け簀《す》を作った。

[沖野島データ] ●広島県江田島市　●人口：能美島に含む　●面積：0・75㎢　●周囲：6.1㎞
●ホームページ：江田島市 https://www.city.etajima.hiroshima.jp

大黒神島《おおくろかみしま》（広島県）

威厳のあるその島の姿
ちょっと渡ってみたくなる

東能美島の深江から見る大黒神島。

厳島から見た大黒神島の全景。

能美《のうみ》島の南西、約2・5㎞にある神々しい姿をした島。全島が山林に覆われているが良質の花崗岩があるということで、古来、石材を産出してきた。昭和35年に人口22人を数えたが、産業が安定せず、人々もそれに伴い減っていった。昭和62年まで自給自足で生活する一人が住み続けていたが、その後無人となった。

[大黒神島データ] ●広島県江田島市　●人口：0人　●面積：7.31㎢　●周囲：約12㎞
●ホームページ：江田島市 https://www.city.etajima.hiroshima.jp

情島《なさけじま》（広島県）

軍港都市だった呉の海
今は平和で穏やかな海に

呉市・阿賀《あが》港の南、約７㎞にある。人口５人という、まるでひと家族のような島で、ほぼ全員が漁業を仕事としている。第２次世界大戦のときには、海軍の水陸両用戦車の格納庫がこの島に造られた。終戦まぎわにはこの島の沖合で軍艦日向が米軍機により空爆され、多くの将兵が犠牲になった。その戦没碑がある。

船着場と集落。情島の集落はここ１か所だけ。

船上から見た情島全景。

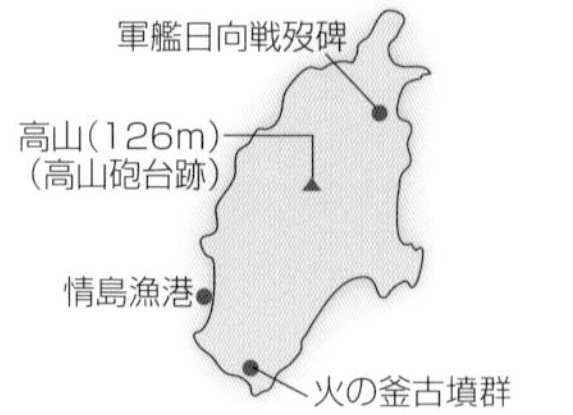

［情島データ］●広島県呉市　●人口：５人　●面積：0.69㎢　●周囲：4.4㎞
●ホームページ：呉市 https://www.city.kure.lg.jp

倉橋島《くらはしじま》（広島県）

ナウマン象の化石に
平清盛伝説
歴史探索も楽しい

呉市南端から音戸ノ瀬戸に架かる音戸大橋を経て、陸路で渡ることができる。斎灘の向こうは四国の愛媛県とその島々だ。明治期より御影石の産地として知られ、国会議事堂の石材としても使われている。さかのぼれば遣唐使の時代より、瀬戸内航路の海の要衝として重要な役割を果たし、江戸時代には造船の場所だった。

「清盛塚」。平清盛は“音戸の瀬戸”を人による工事で切り開き、海峡を作った。その偉業をたたえる塚。

日本最古の石造りの「洋式ドック」。

［倉橋島データ］●広島県呉市　●人口：14,884人（鹿島も含む）　●面積：69.56㎢　●周囲：不明
●ホームページ：呉市 https://www.city.kure.lg.jp

鹿島《かしま》（広島県）

呉の街から倉橋島の町を通り
陸路をたどっての島旅

倉橋島の南端部の鹿老渡《かろうと》地区から、約３００ｍの鹿老渡小瀬戸を渡る鹿島大橋で結ばれている。瀬戸内海ののどかな船の往来を楽しむにはもってこいの島。車でならば本土の呉市内から橋を渡りながら陸路で行くことができる。島の南端、宮ノ口には「美しい日本のむら景観コンテスト」でも選ばれたみごとな石積みの段々畑がある。

急斜面に切り開いた石積みの段々畑は圧巻。

古き瀬戸内の港町のおもむき。集落内は狭い小路がめぐっている。

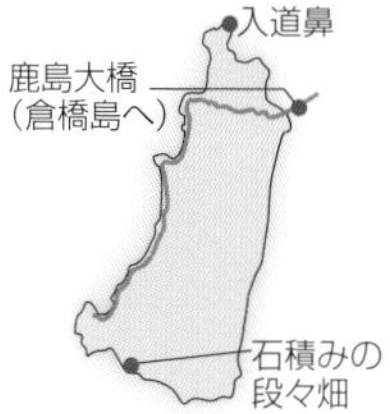

［鹿島データ］●広島県呉市　●人口：統計なし（倉橋島に含む）　●面積：2.62㎢　●周囲：9.3㎞
●ホームページ：呉市 https://www.city.kure.lg.jp

阿多田島《あたたじま》・猪子島《いのこじま》（広島県）

灯台資料館まで散歩
絶景かな瀬戸内の島々

大竹市の南東、約８㎞にある。猪子島まで防波堤でつないだ穏やかな海面には、タイやハマチのほかカキの養殖イカダなどが並び、養殖漁業が盛んな島だということを物語る。阿多田島沖３㎞の航路の難所〝白石礁〟にある明治36年に造られた灯台の職員官舎が、現在は国指定の有形文化財として保存され、資料館になっている。

阿多田漁港と集落。

活気ある漁港。

右側が阿多田島、左が猪子島。

［阿多田島・猪子島データ］●広島県大竹市　●人口：阿多田島 233 人 / 猪子島 統計なし　●面積：阿多田島 2.39㎢ ／猪子島 0.12㎢
●周囲：阿多田島 11.0㎞／猪子島 1.6㎞
●ホームページ：大竹市 https://www.city.otake.hiroshima.jp

厳島《いつくしま》（広島県）

大鳥居をながめれば平家物語がみえる

海上にある「大鳥居」。

広島市の南西部にある廿日市《はつかいち》市の宮島口桟橋から1・8㎞にある。日本三景の一つとしてよく知られ、平成8年には厳島神社が世界遺産登録された。593年、推古天皇の時代に創建されたとされる厳島神社は、後に平家一族も神のご加護を願う鎮守神として崇拝した。平安朝の建造物から江戸時代にかけての美術品など国宝や重要文化財などを含め、多くのものが収蔵されている。

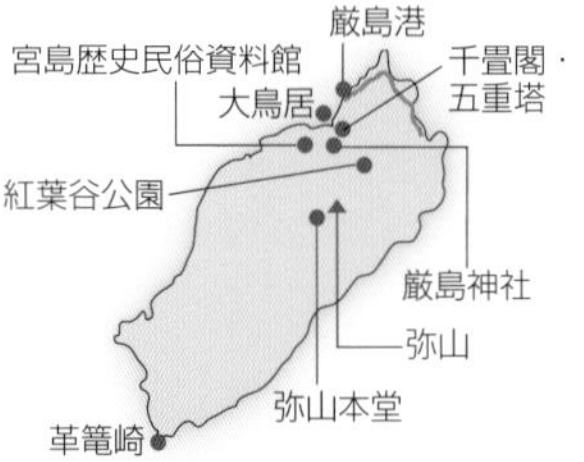

紅葉谷からロープウェイに乗り獅子岩で降りてしばらく山道を歩くと「弥山」（530m）の山頂への最後の登り口に、弘法大師が修行したといわれる所縁の「弥山本堂（求聞持堂）」があり、その中には806年の弘法大師の修行当時から焚き続けられている火が現在も燃え続けている。朱塗りのクスノキ原木でつくられた大鳥居は厳島のシンボル。高さ16mで固定はせずに自重だけで建っている鳥居である。

秀吉が造らせた「千畳閣」。完成を見ずに終わった大建造物である。

行く先々、どこにでも姿を現す名物のシカ。

［厳島データ］●広島県廿日市市　●人口：1,406人　●面積：30.33㎢　●周囲：28.9㎞
●ホームページ：廿日市市 https://www.city.hatsukaichi.hiroshima.jp

端島《はしま》（山口県）

小さな島で雄大な瀬戸内海の海をひとり占め

岩国港の南東、約23㎞にある。江戸時代初期に一旦は開拓されたが途中で中断され、その後再び開拓の手が入ってからは今日まで人が住み続けている。島の北部にある船瀬の浜は美しい浜辺で、夏などは海遊びなどが楽しめる。宿泊施設などはない島だが、キャンプ道具を持参すれば水などはじゅうぶんに調達できるので安心。

小高い丘の上にある「端島神社」。

端島漁港全景。遠景は柱島。

［端島データ］●山口県岩国市　●人口：16人　●面積：0.67㎢　●周囲：6.3㎞
●ホームページ：岩国市 https://www.city.iwakuni.lg.jp

黒島《くろしま》（山口県）

素朴な瀬戸内の原風景その風光をたずねる

干満差の大きい黒島漁港の岸壁は高い。

岩国市の南東、約23㎞にあり、浮島や屋代島が近くに見える。柱島と端島と共に柱島諸島の仲間では一番、面積と人口が少ない。集落は定期船が着く港のある場所一か所だけ。かつては、柱島の人たちの牛の放牧地として使われていた島で、江戸時代の天保11年（１８４０）に入植が始まった。今は漁業の島である。

斜面に建つ民家。

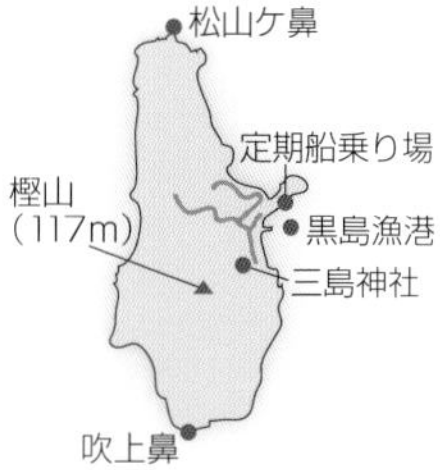

［黒島データ］●山口県岩国市　●人口：13人　●面積：0.54㎢　●周囲：4.0㎞
●ホームページ：岩国市 https://www.city.iwakuni.lg.jp

はしらじま
柱島（山口県）

なんと美しい浜辺
浦庄の浜

岩国港の南東、約26kmにある。平安時代末期にはこの島が京都賀茂神社領だった。この島の産土神《うぶすながみ》として今も賀茂神社がある。かつては忽那《くつな》諸島の一つに含まれ忽那水軍の根拠地になり、そのときの島の水軍を率いた将が藤原穂智《やすとも》といわれ、のちに柱島氏の始まりとなる人物だった。

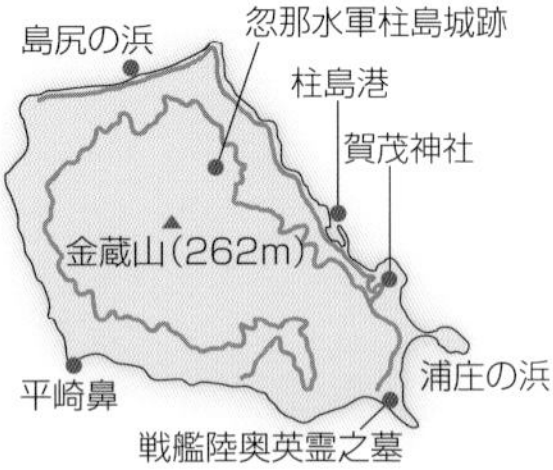

島内にはビワの木が多い。

柱島がある安芸灘は戦時中に連合艦隊の投錨地となった海域で、謎の爆沈を遂げた戦艦「陸奥《むつ》」はこの島の沖合いでその事故を起こした。軍事機密下にあった当時、その事故も柱島で引き上げられた遺体も伏せられて世に知られたのは後のことだった。

この近海の多島海の美しい風景は瀬戸内海の中でもトップクラスと評価が高い。石積みの桟橋が海へ延び、小船が港でたゆたう光景など、昔懐かしいのどかな日本の海辺の原風景に出会うことができる島である。

平和な静けさ。美しい「浦庄の浜」。

定期船の発着場。

優良な地場産品の“買い物ツアー”がたまにおこなわれる。

[柱島データ] ●山口県岩国市　●人口：108人　●面積：3.12㎢　●周囲：8.5㎞
●ホームページ：岩国市 https://www.city.iwakuni.lg.jp

情島《なさけじま》（山口県）

水軍が跋扈《ばっこ》した海は今は活きのよいマダイの宝庫

屋代島の東の端、瀬戸ヶ鼻から４００ｍ沖にある荒神社は村上水軍の村上武吉が慶長６年（１６０１）に創建したものと伝えられ、この島がかつて水軍の拠点だったことがうかがわれる。島の周囲の海は急潮で、今日においても高い操船技術が要求される。情の瀬戸をはじめと、近海はタイ釣りの好漁場となっている。

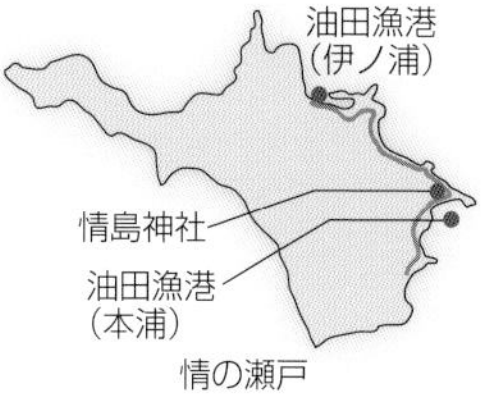

情島神社から見た本浦集落。

夏の港。里帰りしていた孫たちの見送り。

[情島データ] ●山口県大島郡周防大島町　●人口：31人　●面積：1.00㎢　●周囲：6.9㎞
●ホームページ：周防大島町 https://www.town.suo-oshima.lg.jp

浮島《うかしま》（山口県）

島散策 桜の春と瀬戸内魚料理

屋代島の北約5㎞の瀬戸内海にあり、広島県と愛媛県の3県境に位置する。島内を一周めぐることができる道があり、春には江ノ浦集落の磐尾《いわお》神社周辺の桜を見ながら歩き始め、洞門の景色が見られる立て石海岸から浮島大橋が架けられた頭島を散策するのもいいだろう。民宿に泊まり活きのよい魚料理を食べるのも楽しい。

▲丘の上の家に日用品や荷物などを運びあげる簡易リフト。

◀重厚な瓦屋根の屋敷が多い江ノ浦集落。

[浮島データ] ●山口県大島郡周防大島町　●人口：173人　●面積：2.27㎢　●周囲：6.8㎞
●ホームページ：周防大島町 https://www.town.suo-oshima.lg.jp

前島《まえじま》（山口県）

島から島に 瀬戸内海は楽しい

柳井市の東方にある屋代島の久賀港沖、約６kmにある。緑深き山と海岸線が美しい。江戸時代の元文２年（１７３７）に屋代島・久賀の住人３戸が移住して開拓が始まった。島内の歩けるところをゆっくり見学しても１時間ほどで回れる。集落外れにある黄幡《おうばん》神社は金運と海運の神様として知られ、近隣からの参拝客が訪れる。

「黄幡神社」のご神体はこの巨大な岩。

前島漁港と集落。漁業がこの島の産業。

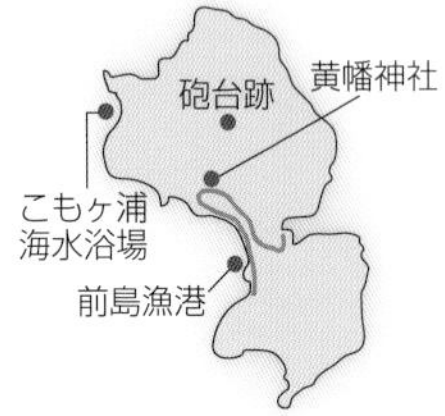

［前島データ］●山口県大島郡周防大島町　●人口：６人　●面積：1.09㎢　●周囲：2.2㎞
●ホームページ：周防大島町 https://www.town.suo-oshima.lg.jp

沖家室島《おきかむろじま》（山口県）

瀬戸内海往来の要衝 海の本陣

屋代島の佐連の南、約３００ｍにある。昭和58年に屋代島との間に沖家室大橋が架かり、本土と陸続きになった。江戸時代、瀬戸内の海の要衝だった島で、本浦にある泊清寺は航海の途中で身分の高い人々が宿泊に使った本陣。小さな島に多くの人々が暮らしていたため、伝統的に移住や出稼ぎなど外へ出る気風がある島だった。

州崎集落から見た沖家室大橋と海峡風景。

集落の小路で見かけた懐かしい街灯。

［沖家室島データ］●山口県大島郡周防大島町　●人口：87人　●面積：0.95㎢　●周囲：5.0㎞
●ホームページ：周防大島町 https://www.town.suo-oshima.lg.jp

やしろじま

屋代島（山口県）

大畠瀬戸を渡り東へ東へと見て歩く

柳井市の東、約7kmにあり、大畠との間1020mが大島大橋で結ばれている。水軍が跋扈した室町時代の天正9年（1581）には、この島は村上武吉の支配地となり、江戸時代になると毛利藩領地となった。

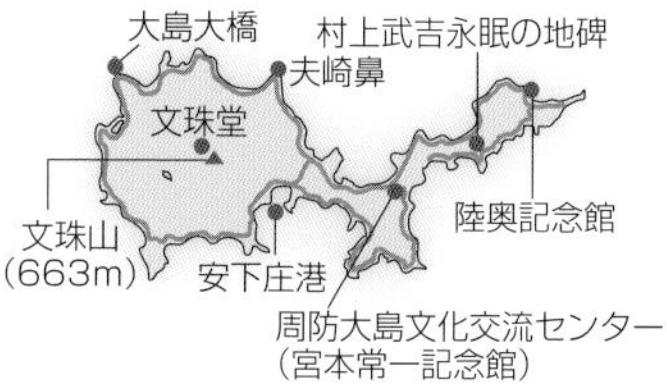

驚くほど澄んだ島の周囲の海。

屋代島は別の名を周防大島とも呼ばれているが、平成16年、それまで4町だった行政地区を合併し「周防大島町」とした。

海岸線が入り組んで美しく浜辺もきれいなことから、夏の海水浴シーズンには近隣から多くの観光客が海を求めてやって来る。また、島の農村景観や古き民俗を探し訪ねて歩く旅人も多くやって来る。ここは民俗学者・宮本常一氏の生誕の島である。全島くまなく訪ね歩くと、車を使ったとしても2日間はかかるが、里山に農村風景を訪ね、海辺にかつての海村風景を訪ねてみても裏切られることはなく素晴らしい。

東部の東和地区の朝市。野菜を中心にした地場産品がまたたく間に完売。

ビー玉海岸の美しいビーチ。

近海で戦艦陸奥は謎の爆沈を遂げた。殉難慰霊の「陸奥記念公園」がある。

［屋代島データ］ ●山口県大島郡周防大島町　●人口：13,561人　●面積：128.31㎢　●周囲：不明
●ホームページ：周防大島町 https://www.town.suo-oshima.lg.jp

笠佐島《かささじま》（山口県）

弁当を持って渡り 1日なにもしないで過ごす

屋代島の西端・小松港の西、約2㎞にある。屋代島や対岸本土の柳井市側からながめると、こんもりと山林のよく茂る島に見える。かつて江戸時代には35ヘクタールもの入浜式塩田が営まれていて、島内の松の木が大量に切り出され燃料として使われていた。その後、燃料が石炭になり木の伐採が必要なくなると、移住者を入れて島を開拓し島の基礎を築いた。天保年間（1830〜44）の最盛時に179人という人口を数えたが、昭和、平成と減少を続けて現在は6人と、コミュニティ維持の限界点を割り込んでしまっている。

釣りをすれば釣果抜群で、のんびり1日遊ぶのにだれの遠慮もいらない平和な島。

墓が無く、寺も無く、漁師はおらず、水が枯れず、忌み方位が無く、戸数が一定、蛇がいない、という〝笠佐島の七不思議〟が住民の間で語りつがれている。

船の接岸も慎重に。

高齢の住人がのどかに暮らす島。そしてたいへん静かな島。

笠佐島の全景。

屋代島と本土の間にある島の周りは船の往来も多い。

［笠佐島データ］●山口県大島郡周防大島町　●人口：6人　●面積：0.94㎢　●周囲：4.1㎞
●ホームページ：周防大島町 https://www.town.suo-oshima.lg.jp

平郡島《へいぐんとう》（山口県）

木曽義仲のおさなご平群丸がやって来た

柳井市の南東、約20kmにある。京都での戦に敗れた木曽義仲の遺児平《へ》群《ぐり》丸《まる》が、文治1年（1185）家来たちに守られて吉野、宇和島を経てこの島にたどり着き暮らし始めたといわれる。その子は後に亡くなり、その子の名を島名に冠したとも伝えられる。

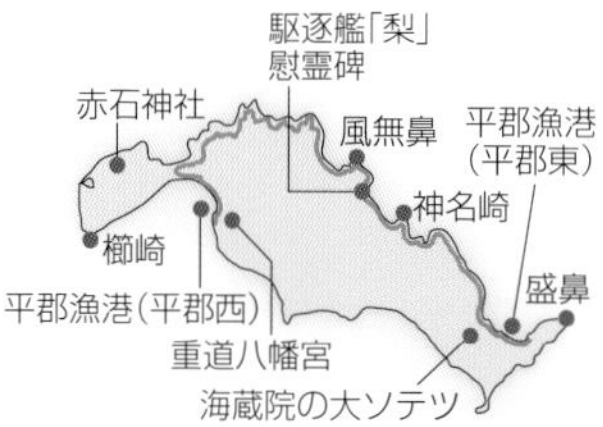

西地区の港と集落。

対岸の上関付近から島の姿を見ると、そんないにしえの伝説が外観の風格にも現れて島山の姿が重い印象を受けるが、上陸すると意外に明るい集落や山道なので楽しい島歩きができる。

集落は東と西に一つずつあり、農業と漁業で島の産業は成り立っている。畑は集落の裏山に段々畑で開かれており、中でもミカンが多く栽培されている。西地区の氏神様である「重道八幡宮」には弘安3年（1280）の棟札が掲げられておりその古さを物語る。1泊宿をとってゆっくり味覚も楽しみたい島である。

室津から見た朝焼けの中の平郡島全景。

平郡東港のもっとも端にあたる「浦集落」。

［平郡島データ］●山口県柳井市　●人口：232人　●面積：16.56㎢　●周囲：31.0㎞
●ホームページ：柳井市 https://www.city-yanai.jp

八島《やしま》（山口県）

格調のある集落 いにしえの 島の暮らしが見える

室津の南、約10㎞にある。南北に長く真ん中のくびれたあたりに平坦地があって、そこに集落が広がる。源平の合戦では平氏の船を隠したと伝えられる場所がある。お年寄りが多く、のどかなこの島を訪ねると集落全体が昭和の島の暮らしをそっくり残しているようで興味深い。斜面に建ち並ぶ木造家屋、手積みの石垣が素晴らしい。

空き地が増えても、すぐ花畑に代わる。

傾斜地に石囲いで平地を作り建てた家。

［八島データ］●山口県熊毛郡上関町　●人口：18人　●面積：4.16㎢　●周囲：16.7㎞
●ホームページ：上関町 https://www.town.kaminoseki.lg.jp

長島《ながしま》（山口県）

西瀬戸内海有数の 海上交通の要衝だった

柳井市の南に延びる室津半島の突端にあり、室津と海上約１００ｍの橋で結ばれている。中心地は上関港で、昔から日本海航路の北前船が下関を回り込んで瀬戸内海に入り、かならず寄港する場所で、帆船にとって潮待ち風待ちをする港だった。往時の面影は、上関を少し歩けばその家並み、番所などに見つけることができる。

400年の伝統を誇る「上関神明祭」。

かつて昔は、風待ちや潮待ちでにぎわった港町。

［長島データ］●山口県熊毛郡上関町　●人口：1,184人　●面積：13.69㎢　●周囲：35.0㎞
●ホームページ：上関町 https://www.town.kaminoseki.lg.jp

祝島《いわいしま》（山口県）

風情ある瀬戸内景観 石積みの練り塀

芸術的な"練り塀"の家屋。

上関港の南西、約16㎞にある。天保13年（1842）の『防長風土注進案』では、岩山がちであったのでこの島を「岩見嶋」と呼んだらしいとある一方、「岩矢島」と書かれているものもあるようだ。また古くには万葉集に「伊波比之麻」という島名で詠まれている。

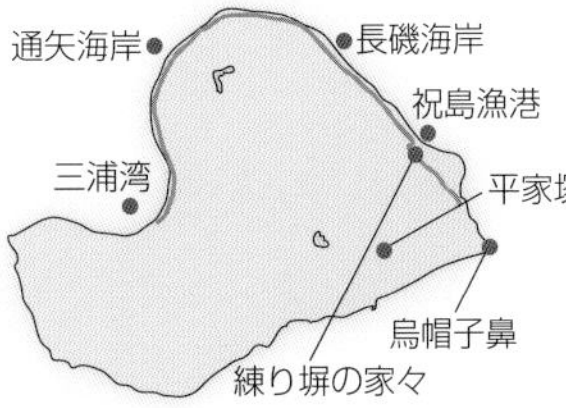

そうした古い歴史に裏付けられるように、この島には1千百年以上の歴史をもつといわれる4年に1度奉納される「神舞《かんまい》神事」がある。

かつて九州へ渡る航海ルートでは、祝島を発つと大分県の姫島、国東半島という航路を経たはずで、波高い周防灘を無事に航海するためにこの島で祈りを捧げたのだといわれる。

350mクラスの山の島。周防灘を目ざす船はこの島を越えると大分の姫島まで目印となる島がなかった。

冬の季節風が強く、たびたび家屋が壊れることもあったところから、祝島では伝統的に石を練り込んだ塀を作り家屋を守った。それは「練《ね》り塀《べい》」と呼ばれ、島の集落景観を独特なものにしている。

坂道に瓦屋根の"練り塀"の家。風情のある瀬戸内の景色。

［祝島データ］ ●山口県熊毛郡上関町 ●人口：280人 ●面積：7.68㎢ ●周囲：12.7㎞
●ホームページ：上関町 https://www.town.kaminoseki.lg.jp

佐合島《さごうじま》（山口県）

温暖な瀬戸内海
故郷に還ってくる人びと

平生町佐賀の南西、約2kmにある。白砂の美しい浜辺に奇岩が点景を添えるという景勝地。102mの島の頂上に狼煙場《のろしば》がある。古くは航行する船を上関（長島にある番所）のに狼煙で知らせるものだったといわれる。潮干狩りができる広大な砂浜もあり、のどかな島にはUターンした出身者たちが集う和みの輪が息づいている。

▲定期船の発着時はお年寄りも活躍する。

◀静かな集落内の民家。

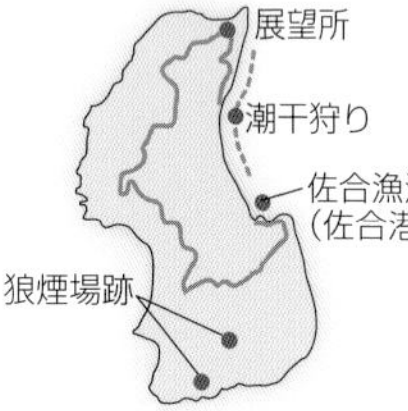

［佐合島データ］●山口県熊毛郡平生町　●人口：６人　●面積：1.32㎢　●周囲：5.5㎞
●ホームページ：平生町 https://www.town.hirao.lg.jp

馬島《うましま》（山口県）

江戸期は海運の港
昔日の栄華の跡を訪ねて

田布施《たぶせ》町の麻里府《まりふ》港の南、約3kmにある。平安時代にこの島を馬の放牧場にしていたことに由来する島名だといわれる。車エビなどの養殖漁業が盛んだったが、現在は沿岸漁業を小規模でおこなっている。のんびりとした時間を楽しむにはうってつけの島だが、これ以上人口が減り続けると集落の維持が難しくなる。

馬島の北部海岸線を行く定期船の船上光景。

白砂の浜辺が美しい「馬島海水浴場」。

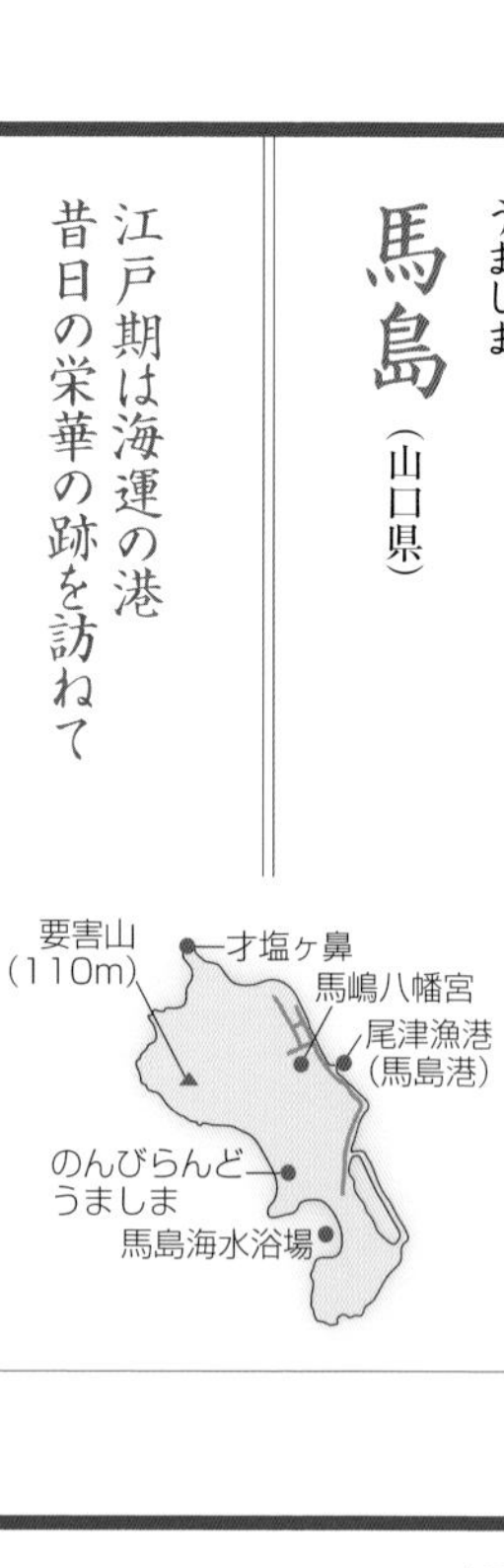

［馬島データ］●山口県熊毛郡田布施町　●人口：25人　●面積：0.70㎢　●周囲：5.8㎞
●ホームページ：田布施町 https://www.town.tabuse.lg.jp

牛島《うしま》（山口県）

伝説をたどりながらのんびりと島歩き

光市の室積港の南東、約8㎞にある。平安時代には牛の放牧場なっていたところから島名が付いたといわれる。本土側に向いた島の北側に開けた土地があり、そこに集落がある。南側は断崖が続く険しい地形になっていて、そこにはムクロジ科の落葉高木「モクゲンジ」が群生している。県指定の自然・天然記念物のモクゲンジは険しい断崖などにあり、海上から船で見学しないとなかなか見ることができない。

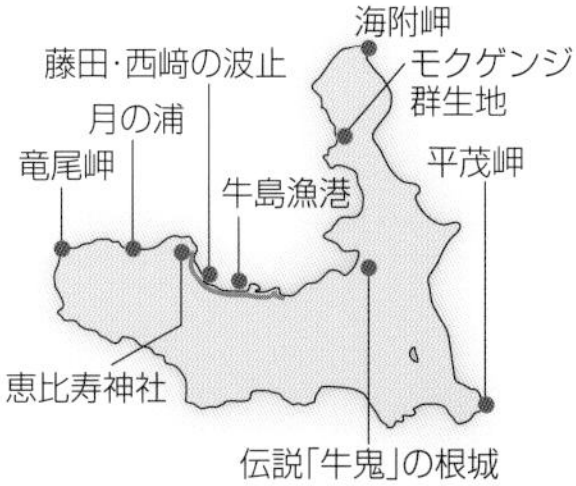

　瀬戸内海や西日本各地に残る伝説に『牛鬼（ぎゅうき）』というお話がある。400年ほど前、人を襲い毒を吐いたりする獰猛な怪物がいて、人々はそれを牛鬼と呼んで忌み恐れていた。その後、ある英傑により退治されて平和が戻るというお話だ。牛島にはその島名に残されているように、最後に退治された場所ではないかと伝えられる。島内には牛鬼の根城も残っている。

牛島港の定期船と漁船。

小山が連続し、両手を広げたように間口が広い島の全景。

浜辺だったころからある船を係留するための石柱「船繋ぎ」。

岸辺に押し寄せたクサフグの大群。

［牛島データ］●山口県光市　●人口：30人　●面積：1.90㎢　●周囲：11.0㎞
●ホームページ：光市 https://www.city.hikari.lg.jp

笠戸島《かさどしま》（山口県）

瀬戸内海を満喫できる七つの岬に七つの浦

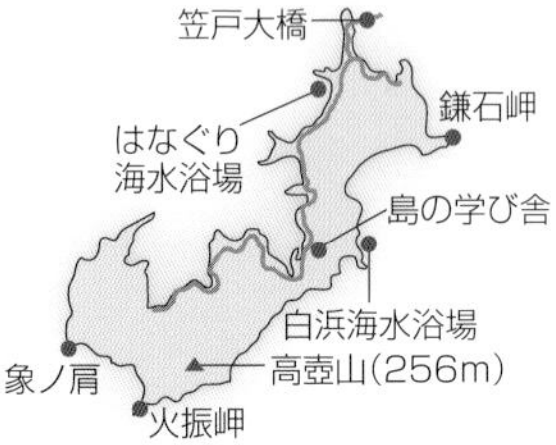

下松市の南、瀬戸内海の周防灘にあり、笠戸大橋で本土と結ばれている。島名の由来がおもしろい。神功皇后が西国九州に旅の途中でこの島に1泊し、翌朝の出発の際に頭に被る笠を戸口に掛けたまま忘れて行ったところから笠戸島と名付けられたと伝えられる。七浦七岬と呼ばれるほど深い入り江が多い変化のある島である。

「笠戸大橋」で本土とはつながっている。

「瀬戸」と「瀬川」の各遊歩道がある。

[笠戸島データ] ●山口県下松市　●人口：799人　●面積：11.67㎢　●周囲：36.0㎞
●ホームページ：下松市 https://www.city.kudamatsu.lg.jp

粭島《すくもじま》（山口県）

延縄《はえなわ》でフグ漁——日本で最初の場所

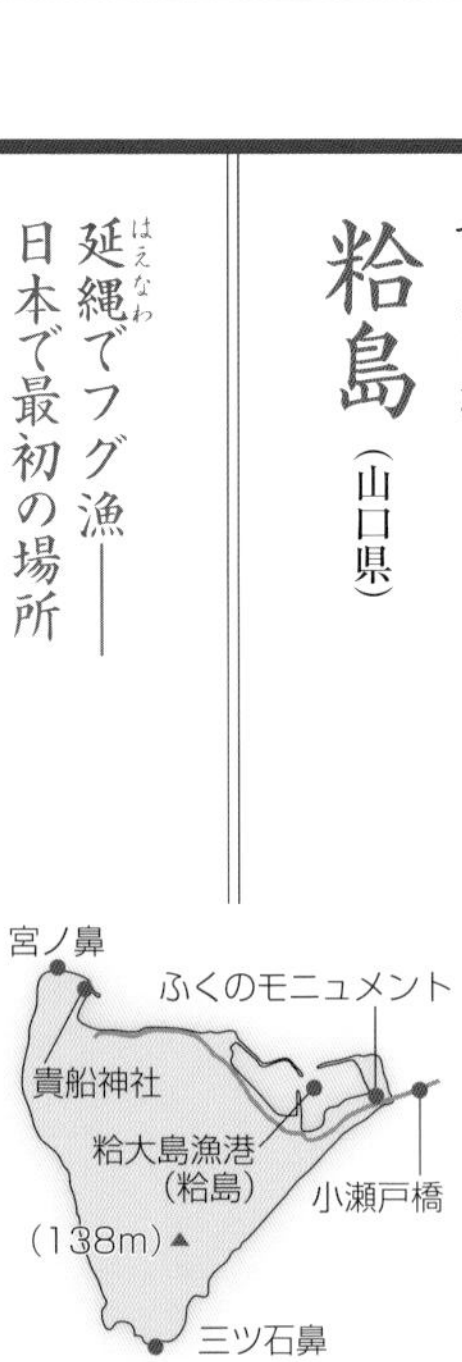

周南市の南に伸びる大島半島の先端西側、徳山湾を囲むようにある。架橋されていて、島の集落まで一本道で入っていくことができる。もともと漁業の盛んな場所で、サワラやフグなどの水揚げが多い。毎年7月におこなわれる「貴船まつり」は海上を神輿が渡って歩く。白装束の男たちが勇壮な祭を盛り上げる。

"延縄によるフグ漁"発祥地の記念碑。

「貴船まつり」の渡御。神輿が海を500m渡る。

[粭島データ] ●山口県周南市　●人口：232人　●面積：3.33㎢　●周囲：不明
●ホームページ：周南市 https://www.city.shunan.lg.jp

黒髪島・仙島《くろかみじま・せんじま》（山口県）

御影石は露天掘りで採石する

石の切り出し現場。

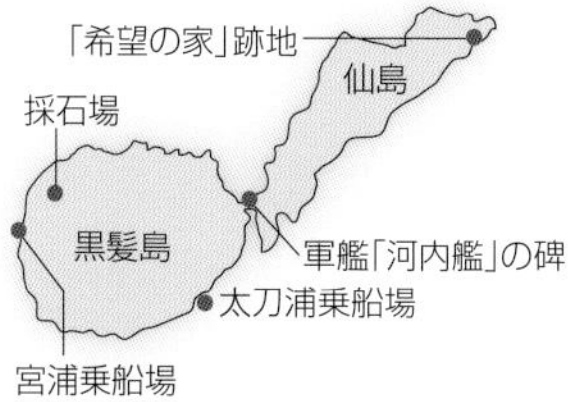

徳山港の南西、約12㎞の徳山湾内にある。江戸時代まで黒神島と呼ばれていた島で、神域として人が入ることがなかったといわれる。明治10年ごろからこの島で花崗岩の採石が始まり、島の主産業になった。

黒髪島と仙島の間は幅20ｍ、長さ１００ｍほどの砂州でつながっている。石が採れるのは黒髪島のほうだけでその島の形はほぼ丸く３００ｍを超す山が中央にそびえている。その一方、仙島には高さ１２０～１６０ｍの山が細長い島の上に屋根のようにのっている。この島の北東端には養護施設「希望の家」跡地が残されている。ここでは終戦後、戦災孤児たち１８０人あまりが収容されて養育され、ここから巣立っていった。

採石の島で勝手に立ち入り歩き回ることはできない。しかし徳山港から出る大津島行きの巡航船に乗り、寄港した黒髪島を船上から見学するという方法は残されている。

周南市の本土側からみた黒髪島・仙島。

石材産業だけの島であるため、観光資源的なものはほぼ無い。沖合に見える小島は無人島の「蛙島」。

［黒髪島・仙島データ］●山口県周南市　●人口：０人　●面積：5.37㎢　●周囲：不明
●ホームページ：周南市 https://www.city.shunan.lg.jp

大津島《おおづしま》（山口県）

瀬戸内海の戦争遺跡
今は平和な海

徳山港の南西、約10㎞にある。周防灘に港を広げたかたちの天然の良港・徳山湾を防御するかのように位置する島。太平洋戦争末期の昭和19年、島の南西海岸部にある訓練基地は、特攻兵器の人間魚雷「回天」の発射訓練が実際におこなわれた場所である。この島で訓練を受けて戦死した隊員は145人。その遺品や遺墨などが数多く展示され、特攻兵器開発のいまわしい歴史などを解説した「回天記念館」があり、ここには原寸の回天の模型が展示されている。

幅が500mほどで縦に約6㎞の細長い島。そこを150mほどの山が貫いていて、みごとな山林に覆われた島に見える。しかし、島内歩きをして角度をかえて見ると、石材を切り出す場所が露出したりしていてこの島が採石の島としてあることもわかる。その質のよい御影石は、かつて大阪城築城の際にも使われたといわれる。

特攻兵器「回天」。

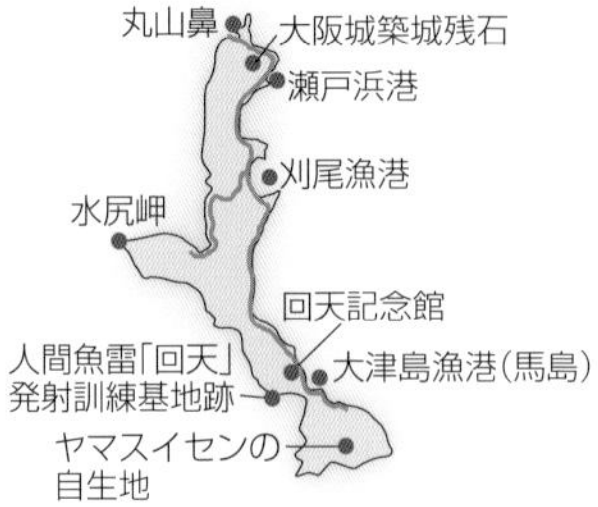

コンクリート造りで海に突き出した人間魚雷「回天」発射訓練地跡。

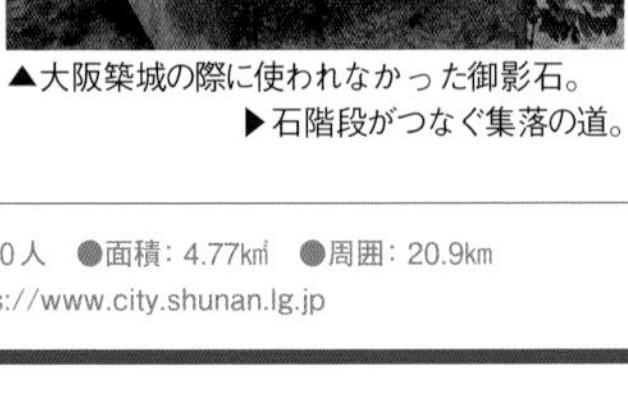

▲大阪築城の際に使われなかった御影石。
▶石階段がつなぐ集落の道。

［大津島データ］●山口県周南市　●人口：180人　●面積：4.77㎢　●周囲：20.9㎞
●ホームページ：周南市 https://www.city.shunan.lg.jp

のしま
野島（山口県）

念仏踊りの盆行事
夏の宵は波の音を聞きながら

防府市の南東、約15㎞にある。鎌倉時代末期に富海《とのみ》（現在の防府市）からの入植者があって島を切り開いたといわれる。江戸時代、島原の乱の際には幕府側の水軍として野島の人々が活躍したと伝えられる。

旧盆でにぎわう野島港桟橋。

防府市の三田尻港から出港した定期船は、左手に細長く山林に包まれた大津島を見ながら野島をめざす。やがてはっきりと見えてくる島の姿は、山がちでかなり洋上に広がる大きな島という印象。しかしこれは、島の北部が岬でその先には二つの無人島がひとつながりに見えるからだ。平成8年8月8日は「ハ、ハ、ハ」と笑い声になるところから、この日に建てられた高さ3mの「大笑い観音」がある。

夏の盆行事では、伝統的な念仏踊りによる古式の「盆踊り」がおこなわれる。海遊びも兼ねてこの時期に訪れるとにぎやかで楽しい。

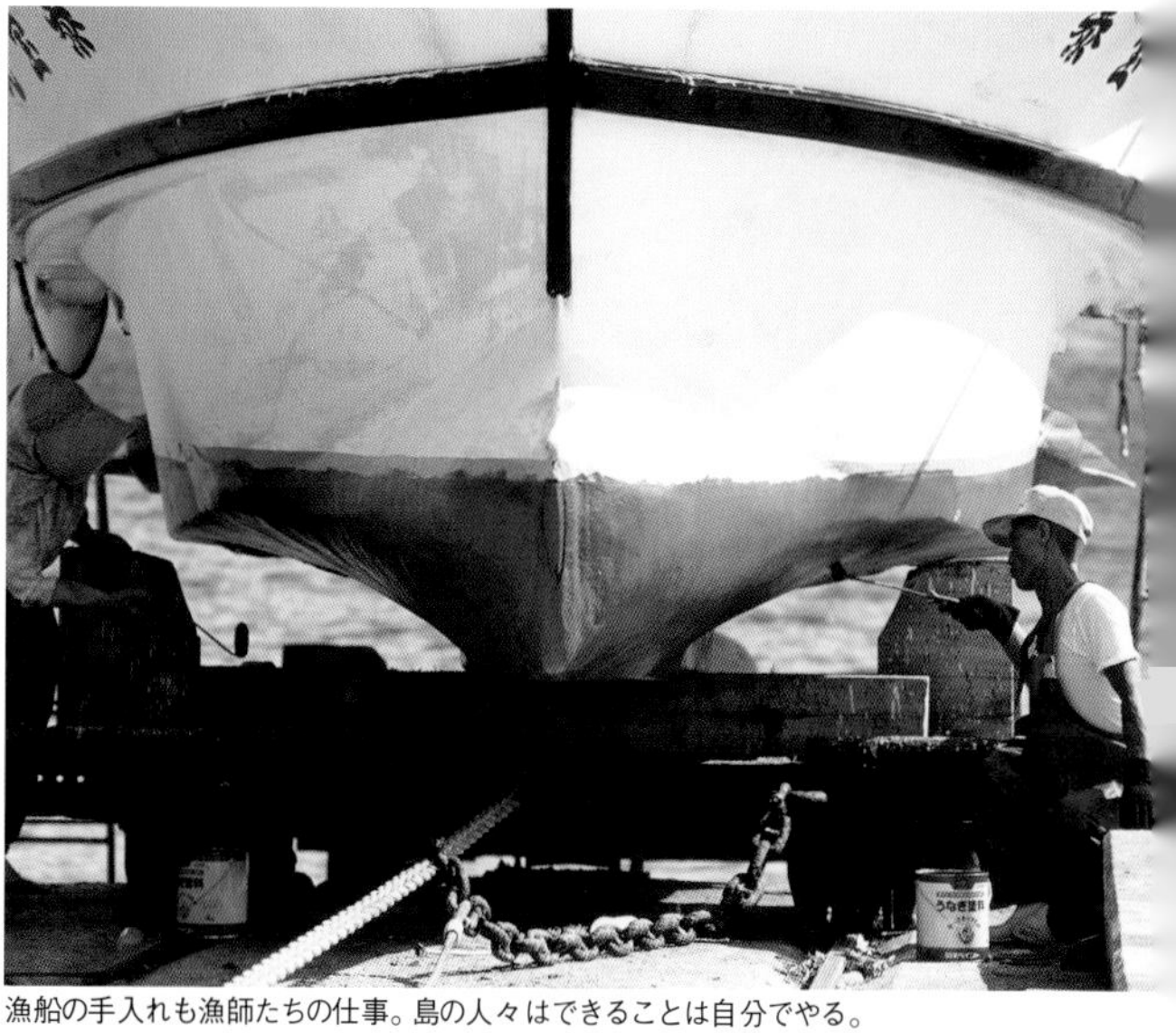
漁船の手入れも漁師たちの仕事。島の人々はできることは自分でやる。

瀬戸内海の青空の下、野島全景。

白砂の美しい「津久見浜海水浴場」。キャンプ場の施設も整っている。

［野島データ］●山口県防府市　●人口：66人　●面積：0.73㎢　●周囲：3.4㎞
●ホームページ：防府市 https://www.city.hofu.yamaguchi.jp

中ノ島《なかのしま》（高知県）

のどかな土佐の港で堤防釣りを楽しむ

須崎から野見湾をかかるえように突き出た半島の先端にある。昭和57年に中ノ島大橋が架かって陸続きになり、平成6年には上水道が引かれた。かつては定置網漁が盛んだったが、現在ではタイなどの養殖をおこなう漁業の島。休日には本土の釣り人たちが堤防にずらりと並ぶ。「移動スーパー」の食料販売車が橋を渡りやって来る。

四国本土とを結ぶ「中の島大橋」。

小さな島の船だまり。

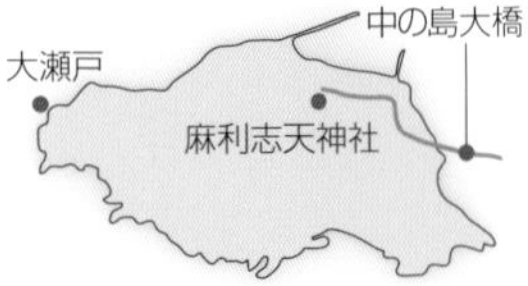

[中ノ島データ] ●高知県須崎市　●人口：16人　●面積：0.23㎢　●周囲：1.7㎞
●ホームページ：須崎市 https://www.city.susaki.lg.jp

戸島《へしま》（高知県）

土佐湾の中の島としてはたった一つの純粋な離島

野見岬の沖、約2㎞にあり、本土と架橋されている中ノ島とはわずか１５０ｍという距離だが大瀬戸の水路をはさんである。台風が近づくと大波に洗われるが、普段は静かな内湾でタイ、ハマチなどの養殖イカダ風景が見られる。定期船がないためもっぱら個人の漁船などで須崎へ出ている。春に潮干狩りができ、観光客でにぎわう。

手前が中ノ島で、水道の大瀬戸をはさんだ向かいが戸島。

戸島全景。中央の右手が戸島漁港と集落。

[戸島データ] ●高知県須崎市　●人口：６人　●面積：0.11㎢　●周囲：不明
●ホームページ：須崎市 https://www.city.susaki.lg.jp

柏島《かしわじま》（高知県）

美しい島のかたち 海中はさながら水族館

四国の西南端、大月町浅《あさ》碆《ば》崎《ざき》の西にある。昭和42年の柏島橋と平成5年に完成した新柏島大橋とで陸続きになっている。藩政時代に野中兼山によって築かれた石堤は、今日の柏島漁港の基礎になっている。島の周りの海は黒潮の影響を受けるため、かなり南の海の生態が手軽に観察できるダイビングスポットとして人気が高い。

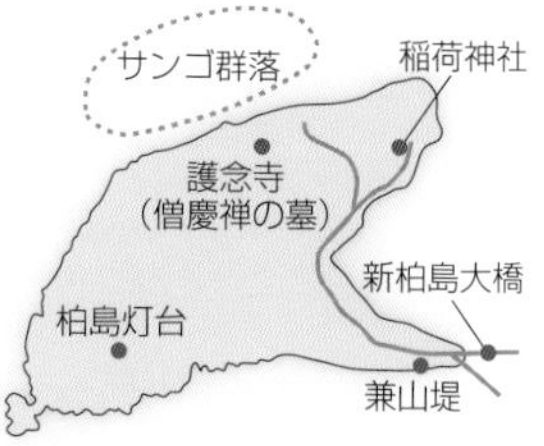

紺碧の宇和海に柏島の緑の山肌と集落がまぶしい。

土佐のよさこい節の「坊さんかんざし…♪」に歌われた僧慶禅の墓。

[柏島データ] ●高知県幡多郡大月町　●人口：308人　●面積：0.57㎢　●周囲：3.90㎞
●ホームページ：大月町 https://www.town.otsuki.kochi.jp

大島《おおしま》（高知県）

海岸線の風光 季節の魚に舌鼓をうつ

満開のサクラが美しい大島桜公園

豪快にタイをまぜこんだ名物の「鯛めし」。

高知県南西部の宿毛湾にある。沖の島や鵜来島への定期船が発着する片島地区と50mほどの橋でつながっている。元和3年、14戸が入植して島は拓かれた。島全体は木立に覆われていて、島の海岸線を一周道路が通っている。静かな内湾なのであたりの海面は養殖場の活気がある。見晴らしと夕景、料理を誇る国民宿舎がある。

[大島データ] ●高知県宿毛市　●人口：398人　●面積：1.01㎢　●周囲：4.2㎞
●ホームページ：宿毛市 https://www.city.sukumo.kochi.jp

沖の島《おきのしま》（高知県）

急傾斜を切り開き土地を確保する

弘瀬地区の「荒倉神社」。

宿毛市の南西、約25kmにあるが、四国本土の大月町先端・柏島からは約7kmと近い。母島《もしま》地区と弘瀬地区の二つの主な集落があり、それぞれ弘瀬が土佐、母島が伊予という国境で室町時代のころから分けられていた。しかし、江戸時代になってからもふたたび領地問題が再燃し、幕府の裁定によって島内に土佐と伊予の国境が引かれたという、一つの島を二つの藩が奪い合ったという稀有な島。今も二つの地区は文化の違いを残しているといわれる。

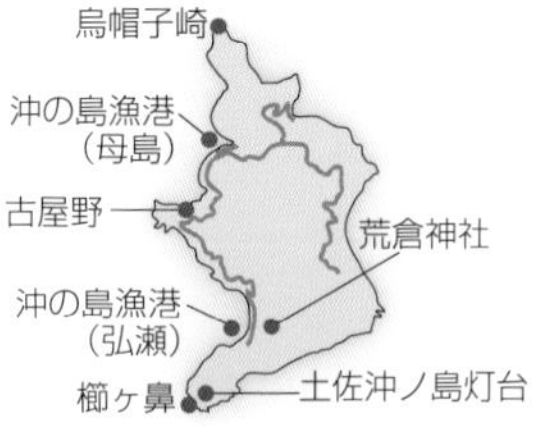

　黒潮の流れに近く、その流れで運ばれて来た海洋の生物が多い。サンゴや熱帯性の魚などが見られるダイビングポイントとして、四国本土はもとより関西方面からのダイバーも多くやって来る。海中は抜群に美しい。

　集落全体の家と家をつなぐ道である「石の階段」はこの島の名物だが自然石の石段は減り、今は階段に。

石垣と石階段がつなぐ家々。貼りつくように急斜面に暮らす人々。島の生活のエッセンスが詰まっているような風景。

弘瀬港から見た荒れる宇和海と沖合いにみえるのは無人島の姫島。

柏島の南西洋上にある沖の島の全景。島影はけっして平坦でないことはこの景観からもわかる。

［沖の島データ］●高知県宿毛市　●人口：131人　●面積：10.00㎢　●周囲：20.0㎞
●ホームページ：宿毛市 https://www.city.sukumo.kochi.jp

鵜来島《うぐるしま》（高知県）

鵜がたくさん飛んで来たので島の名前が付いたのだろうか

宿毛市の南西、約25kmにある。宿毛湾口の中ほどにあって豊後水道に洗われる断崖絶壁の島。江戸時代のころには伊予の領地だったこともあるが、明治7年には正式に高知県となった。深くカギ状に入りこんだ場所に港があり、集落はその港の後ろの急峻な山肌に開ける。島の住人たちが長い年月をかけて積み上げてきた段々畑が、昔ほど整然とした美しさはなくなってしまったが今も残る。この畑がイモや麦などの緑で埋め尽くされていたころを懐かしがる古老は多い。日がなゆっくりと散策してみたくなる裏山の畑風景だ。

軍事的には重要な位置にあったため、島の中央部の竜頭山（250m）には太平洋戦争時には砲台が造られ、その跡が現在も残っている。秋から春までは泊まることは難しいが、夏場は海も定期船も安定するので宿泊して楽しみたい島である。

勤勉さで切り開いた畑。

島の周囲は急峻な崖が多く、険しい印象がする。

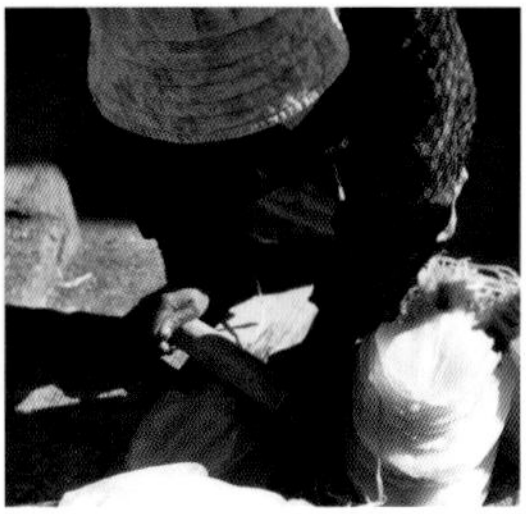
▲傾斜地にある集落と鵜来島港。
▶獲れた白イカを干してするめにしてから出荷。

［鵜来島データ］●高知県宿毛市　●人口：26人　●面積：1.31㎢　●周囲：6.7㎞
●ホームページ：宿毛市 https://www.city.sukumo.kochi.jp

竹ケ島《たけがしま》（愛媛県）

真珠貝の母貝の養殖が唯一の島の産業

津島町の西、約10㎞にある。数世帯が暮らす島の住人は一家族のように親密で、ほぼ全家庭が真珠母貝の養殖をおこなっている。北東側の無人の高島とは砂州でつながり、その海面にも養殖用のイカダが設置されている。渡船の人にあらかじめ予約して島に渡れるが、今は真珠産業が低迷している。

渡し船は養殖イカダに接舷して、上陸する。

島のほぼ全員が真珠の養殖業に従事している。

［竹ケ島データ］●愛媛県宇和島市　●人口：20人　●面積：0.51㎢　●周囲：3.6㎞
●ホームページ：宇和島市 https://www.city.uwajima.ehime.jp

九島《くしま》（愛媛県）

柑橘豊かな伊予の国 魚も豊富な宇和島湾

宇和島港の正面、約300mにある。巻き網漁とタイなどの養殖漁業のほか柑橘類の栽培が盛ん。島の中央に標高320mの鳥家ヶ森《とやがもり》があり見晴らしがよいが、一周島内をめぐる遊歩道を瀬戸内の島々を見ながら歩くと楽しい。よくぞこんな場所にと思うような急傾斜の山肌に、整然と柑橘が植えられている光景は圧巻。

崖のような斜面に柑橘畑や民家がある。

中央に鳥家ヶ森がそびえる九島全景。

［九島データ］●愛媛県宇和島市　●人口：733人　●面積：3.37㎢　●周囲：10.7㎞
●ホームページ：宇和島市 https://www.city.uwajima.ehime.jp

大島《おおしま》（愛媛県）〈八幡浜大島《やわたはまおおしま》〉

カワウソはいるか――大入池まで徒歩片道2時間

八幡浜市の西、約14㎞にある。四国本土からながめると、ちょうど真ん中あたりで分かれた二つの島に見えるのが不思議。それはこの島が大島と地大島と三王島の三つからなる島だからである。地大島の大入池には、国指定の特別天然記念物ニホンカワウソが生息していると伝えられるが、昭和38年（1963）10月の特別調査の際にも発見には至らなかった。地大島の東端には干潮時に歩いて渡れる砂州エンジェルロードがある。港のある大島から三王島、地大島までの東側海岸線は舗装された1本道で、ひたすら歩けば島を半周することができる（1周道路はない）。クヌギやハマユウ、アコウの大樹など温暖な地の植物が多く繁茂している。陸路でつながる三王島には山王神社があり、その裏山には樹齢500年というウバメガシの大木がある。

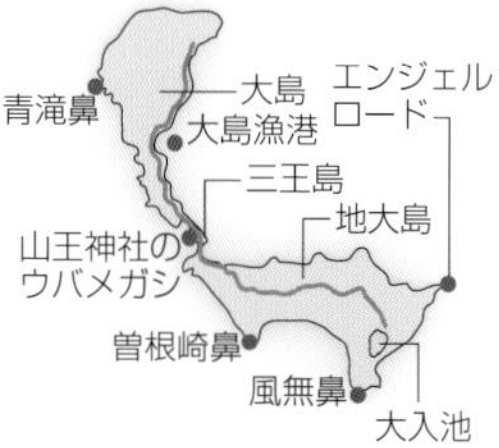

山王神社のウバメガシ。

大島漁港前に広がる家々。ミカン栽培もおこなうがもっぱら漁業が主。

八幡浜港から見た夕景の中の島全景。

し尿処理にこんな小さなバキューム車が活躍。

[大島〈八幡浜大島〉データ] ●愛媛県八幡浜市　●人口：143人　●面積：0.75㎢（大島）・1.04㎢（地大島）●周囲：6.4㎞
●ホームページ：八幡浜市 https://www.city.yawatahama.ehime.jp

とじま

戸島（愛媛県）

戦国大名 土佐一条氏、戸島に死す

宇和島港の西、約17㎞にある。天正2年（1574）、長宗我部元親と争ったキリシタン大名の一条兼定は土佐での四万十川の戦いに敗走し、のちにこの島に身を隠して43歳の生涯を終えた場所である。龍集寺には兼定の墓がある。

夏休みの島の少年。

急傾斜の山肌には段々畑の名残が石垣となって残るが、荒地となってしまった姿は残念である。かつてはイリコの生産と畑作が主産業だったが、最近では養殖漁業が盛んになっている。昭和47年ころには島の8割方の人が漁業者だった。

小内浦港。カラフルな網干しの風景。

静かで平和な瀬戸内海の島だが、昭和25年（1950）に起きた近海のネズミ大発生現象では、もっとも大きな被害を出した島として作家・吉村昭の小説『海の鼠』に描かれている。波状的に襲ってくるネズミの群れに抗うことのできない島の住人の苦闘が描かれている。

▲養殖魚のエサを青年団のみんなで作る作業。

▶桟橋の乗船風景。

［戸島データ］●愛媛県宇和島市　●人口：218人　●面積：2.75㎢　●周囲：18.4㎞
●ホームページ：宇和島市 https://www.city.uwajima.ehime.jp

嘉島《かしま》（愛媛県）

宇和海には こんなに穏やかなところがある

釣った魚の開き干し風景。

宇和島港の西、約19kmにある。『戸島村村誌』では、はじめ加島と書いていたが島の人口が増えた喜びを表して嘉島に改めたとある。島の周りが3kmあまりで122mの裏山があるため、島全体が山になっている〝島山〟といえる。集落はそのすそのにわずかに開けていて、あとは急斜面の山肌が畑などとして開墾されている。ふつう段々畑はある程度の幅をもつ面積で山の上のほうまで作っていくものだが、この島の山はあまりに急峻すぎて柑橘の木などを植えるには狭すぎ、しかたなく野菜類などを作る畑にしているという。

宇和島から巡航船に乗り、一つ二つ島歩きをしてみるのによいところだ。港で降りたら集落の家々の間をぬって歩いたり、港を散歩してみよう。魚を開いて干物を作る人、ヒジキ干しの漁師、島の子供たちと楽しい話ができるかもしれない。

嘉島集落の裏山から見た港と家並み全景。

▲小さな割には高い山のある“島山”。
▶定期船の着く港。

［嘉島データ］ ●愛媛県宇和島市　●人口：65人　●面積：0.30㎢　●周囲：3.3㎞
●ホームページ：宇和島市 https://www.city.uwajima.ehime.jp

ひぶりじま

日振島（愛媛県）

総勢1千隻の軍船が挙兵した海

宇和島港の西、約25㎞にあり、足摺宇和海国立公園の中にある風光明媚な島。細長く入り組んだ湾をもつ豊かな山林に覆われた島で、その湾内に能登、明海、喜路の三つの集落がある。

みなかわの井戸。

中央権力に反抗していた海賊大将の藤原純友《すみとも》は承平6年（936）ごろからこの島を拠点としておよそ1千隻の船を結集させ、天慶2年（939）には東国の平将門に呼応して兵を挙げた。昔日のその様子は、大きな入江をもつこの島に降り立って海をながめると、西日に輝く海面に今にも1千隻の軍船が並ぶさまが浮かぶようで、この島が宇和海の要衝であったことがわかる。

島の山頂で、灯台代りに火を振って知らせた〝火振〟というところから島名が付いたという説もある。

まき網漁と一本釣りが盛んな島で、島の宿はどこに泊まってもうまい魚料理を出してくれる味覚の島でもある。

藤原純友の砦城があった城ヶ森《じんがもり》から海を見る。

船降ろしされた生活物資。

変化に富んだ波静かな深い入り江には、養殖用のイカダが並ぶ。

［日振島データ］●愛媛県宇和島市　●人口：268人　●面積：3.74㎢　●周囲：30.3㎞
●ホームページ：宇和島市 https://www.city.uwajima.ehime.jp

相島《あいしま》（山口県）

台状の上に集落も畑もあった

萩港の北西、約15kmにある。元文年間（1736〜41）の古文書には総石高152石、戸数57軒、人口244人、牛110頭と記録されていて、離れ島としてはしっかりとした農業基盤の中で生活が営まれていたことがうかがえる。それより古く寛永年間（1624〜44）には萩藩の船の見張り所があった。幕末のころは船舶往来の監視など重要な海上防備の拠点となった島。

断崖にぐるりと囲まれて船上からながめるといかにも険しく厳しい島で集落が見えない。上陸して坂道を上がり島の中央部に進んでその大地の全体が見えると、農業の盛んな恵まれた島だということがよくわかる。特産のサツマイモは甘みが強くて評価が高く、相島スイカにいたっては西日本ではブランドとして定着しており、会費を納めて収穫の権利を買う「スイカのオーナー制度」があったが現在は休止となっている。

台状の上に広がる集落景観。

土質や水はけに恵まれて作られる特産はスイカとサツマイモ。

「ライオン岩」。そういえばたてがみ雄々しいライオンのように見える岩。

運搬車も集まって、定期船の出港前の港はちょっとしたにぎわい。

［相島データ］●山口県萩市　●人口：106人　●面積：2.48㎢　●周囲：10.5㎞
●ホームページ：萩市 https://www.city.hagi.lg.jp

見島《みしま》（山口県）

なにやらこの島には
ただものならぬルーツが潜む

春の岩場でヒジキ取り。

萩港の北、約44㎞にある。本土から離れて日本海にぽつんとある島であるため、石川県能登半島沖の舳倉《へぐら》島や島根県隠岐諸島などと同じく、日本海側の渡り鳥の中継地になっている。多くの鳥が観察できるため、バードウォッチャーにもよく知られる島。本村《ほんむら》と宇《う》津《づ》の二つの集落がありどちらにも定期

全国に3か所あるうちの一つ、正観音を奉る「宇津観音堂」。

船が寄港する。

　江戸時代に近海捕鯨で大いに繁栄したという記録が残り、また北前船の中継地にもなっていた。しかし、この島はそれよりはるか以前の奈良時代から、大陸との交易往来の中継地として文化の流入があったと思われる形跡が残る。本村地区横浦海岸にある石積みの墓所のような「ジーコンボ古墳群」は長崎県の対馬島や韓国の鬱陵島（ウルルンド）などによく似たものがある。２００基近いこの古墳群は7世紀から10世紀ごろのものらしく、副葬品の中には勾玉《まがたま》もある。

　まず、田んぼがたくさんあって農業が盛んな島であることが一見してわかる。この島でとれる〝見島コシヒカリ〟はよく知られる味のよい米である。では海は…というと、日本海の水産物は豊かである。イカはもちろん、サザエや海藻類から地魚類はないものを探したほうが早いほどほぼすべて獲れる。近年見島の北方20kmにある「八里ヶ瀬」で揚がる３００kg級のクロマグロはよくニュースになるが、この海域はタイなど魚類の宝庫である。

　全国３か所のうちの一つ、正観音《しょうかんのん》を祀る「宇津観音堂」と日本の牛の純血種である国指定天然記念物の「見島牛」は島内歩きでゆっくり見学できる。

「今日はよう揚がったぁ…」。

これは小さな鬼ようずという凧。長男が誕生すると6畳もある大凧を作り、親戚一同で正月の大空で凧揚げする。

浜辺にある「ジー コンボ古墳」。200基ほどあり、7 ～ 10世紀のころのものといわれる。

［見島データ］ ●山口県萩市　●人口：633人　●面積：7.73㎢　●周囲：17.5km
●ホームページ：萩市 https://www.city.hagi.lg.jp

櫃島《ひつしま》（山口県）

葉タバコ蔵の立派なこと

萩港の北、約10㎞にある。古文書によると江戸時代の元文5年（１７４０）には戸数17軒、人口１１８人、牛22頭がいたとあり、幕末のころには10世帯、人口56人とすでに人口を減らし始めている。萩市からも洋上に島影が見え、その形は他の萩諸島と同じく台状で、椀を伏せたような姿に見える。海岸線になだらかなところはなく断崖に囲まれている。その台状の島の上は比較的平坦で住民の住まいがあり、葉タバコの栽培やイモ、野菜などの畑作が数年前まではおこなわれていた。

土蔵と隣接して建つ家。

２００８年現在で10人の人口を割り込んでいたが、さらに高齢化が進み定期船もないことから本土の萩市で暮らす人が多くなり、住民登録はあるものの実際には定住している人は2名ともいわれる。葉タバコを収納する立派な蔵が何棟も建つ光景は素晴らしい。野鳥が多く飛来する島。

櫃島の産業だった葉タバコ。この土蔵は葉タバコの保管倉庫。

▲お椀を伏せたような特徴のある島の形。

▶民家と畑が混在する島内。

［櫃島データ］●山口県萩市　●人口：2人　●面積：0.83㎢　●周囲：4.0㎞
●ホームページ：萩市 https://www.city.hagi.lg.jp

大島《おおしま》（山口県）

島に立てば本州が視野いっぱいに

萩港の北、約8㎞にある。言い伝えによると、大島の始まりは壇ノ浦の戦いに敗れた平家の落人たちが流れ着き、ここに住み始めたのが最初といわれる。元文5年（1740）の古文書によると、戸数112軒、人口393人、石高470石、牛107頭、馬1頭、漁船24隻とあり、周囲8㎞あまりの島に多くの住人が生活していたことがわかる。

江戸末期の潜伏キリシタンの弾圧では、長崎の浦上で捕らえられたキリシタン114名が萩や津和野、福山に流された。そのうちの66名がこの島の「異教徒御預所」に収容された。

萩諸島の中ではいちばん漁業の活気があり、船団を組んでおこなうまき網漁なども盛ん。漁師になりたい若者を募った結果、島外からやって来て定着した若者たちもいる。1軒だけある旅館は網元で、毎日おいしい魚を出す宿として評判は高い。

「トノス」という背負いかご。

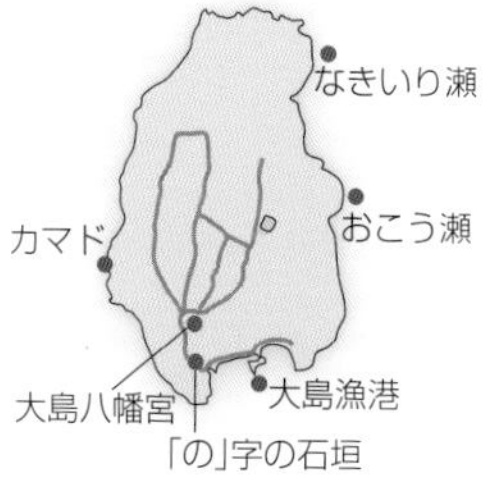

大島の港と定期船「はぎおおしま」。

以前には水害で石垣がよく流された。持ち主に返すときの目印をつけた石。

緩斜面にある集落。

［大島データ］●山口県萩市　●人口：570人　●面積：3.00㎢　●周囲：8.5㎞
●ホームページ：萩市 https://www.city.hagi.lg.jp

おおみじま

青海島

（山口県）

断崖の上から クジラがよく見えたのだろうか

長門市の本土側、仙崎と１００ｍほどの水道をはさんである。青海大橋が架けられていて、車で渡れば島内をくまなく回ることができる。本土側に向き合う青海島の南海岸線は細かい入り江が変化していて、タイをはじめとする養殖場や漁港がその浦々にある。一方島の北側は日本海の激しい波によって海侵食された断崖の海岸線が続く。その景観は雄大でみごと。特に船越にある「青海島自然研究路」を歩くと、さまざまな奇岩景勝が展開して楽しい。

島内の大部分は山がちだが、南西部には海と細長い砂州だけで仕切られた湖沼の「青海湖」があり、点景を添えている。安永元年（１７７２）に植えられた日本の夏ミカンの原木といわれる樹があるほか、通《かよい》地区の清月庵には元禄5年（１６８８）に建てられた「鯨墓」がある。72頭が葬られていて、いかにこの海域に鯨がいたのかがわかる。

「長浜群洞」の海岸線。

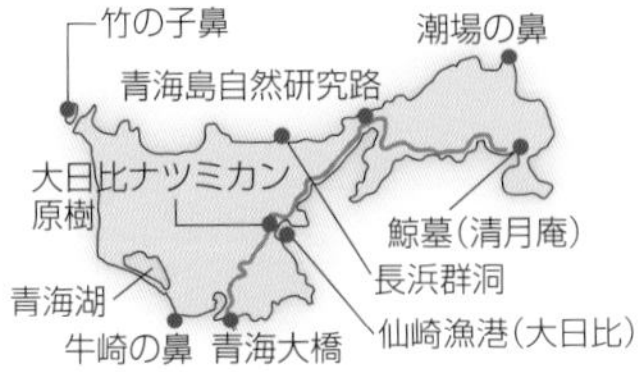

通《かよい》集落の清月庵にあるクジラを供養する「鯨墓」。

「青海島自然研究路」から見る夕景の中の奇岩「変装行列」。

［青海島データ］●山口県長門市　●人口：1,505人　●面積：14.6㎢　●周囲：不明
●ホームページ：長門市 https://www.city.nagato.yamaguchi.jp

角島《つのしま》（山口県）

清楚な灯台の下に咲く ハマユウの花の芳香

意匠的な美しさの角島灯台。

豊北町北西部の先端から西、約1・5kmにある。平成12年に1780mの角島大橋が架かり本土と陸続きになった。

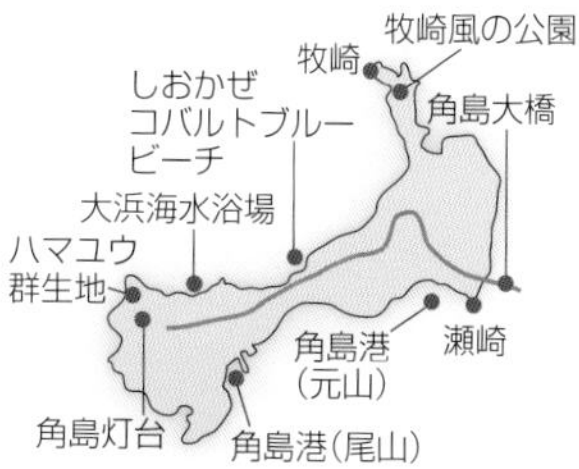

平城宮跡から出土した木簡に、天平18年（746）3月29日という日にちが書かれ「長門国豊浦郡都濃島出所穉海藻」と記されていたところから、この時代すでに奈良の都に都濃島（角島）からのワカメが献納されていた。

背の高い白亜の角島灯台がシンボルとなっており、灯台横には赤煉瓦で造られた旧吏員退息所を改装した「角島灯台記念館」がある。日本の多くの灯台を設計したイギリス人、ヘンリー・ブラントンによる設計の角島灯台とその関連建造物は、当時のハイカラな灯台設備の様子を伝えていて興味深い。夏にはビーチ遊びやキャンプを楽しみに多くの観光客が訪れる。草原のような見晴らしのよい場所が全島にあり、歩くだけでも楽しい。

ハワイの波と海をほうふつとさせる「しおかぜコバルトブルービーチ」。

▲本土とを結ぶ「角島大橋」。
▶夢ヶ崎付近の海辺。夏にはハマユウも咲く。

［角島データ］●山口県下関市　●人口：620人　●面積：3.96㎢　●周囲：17.1㎞
●ホームページ：下関市 https://www.city.shimonoseki.lg.jp

蓋井島《ふたおいじま》（山口県）

6年ごとにやって来る山の神様

神を迎える御供えを置いた神棚。

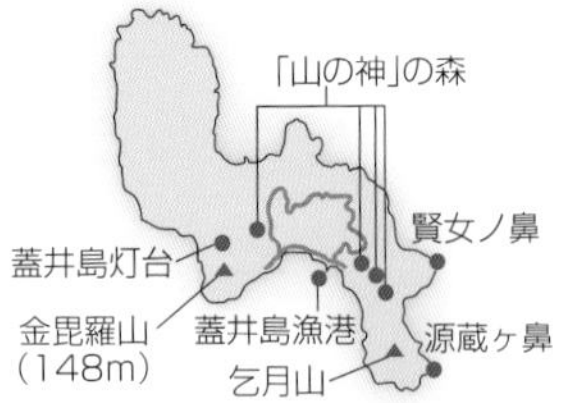

本州最西端の碑がある毘沙の鼻からほど近い下関市吉見港の西、約8㎞にある。付近の島にはない神事がこの島には伝わる。6年ごとにおこなわれる「山ノ神神事」というもので、4か所ある山の森から神をお迎えし、神と人々がいっしょに食事をしたあと山の森にふたたび送るというもので、3日間をかけておこなわれる。山の神信仰の原形を残す神事として全国の民俗学の研究者たちもこのときやって来る。

神功皇后にちなんだ地名が島内に多い。乞月《こいづき》山（149m）もその一つで、灯台に上りそこからこの山を見た景観はじつに素晴らしく、いにしえ人たちがこの風景を愛でながら冠した名前の奥深さがうかがわれる。アワビ、サザエなどの磯ものが多く水揚げされ、ブリやイサキ、アジなどとともに一本釣りや定置網の漁獲高も多い。

一の山から四の山までの「山の神」の森がある。

対岸の本州から見る蓋井島全景。

蓋井島漁港と乞月山の景観。

［蓋井島データ］●山口県下関市　●人口：83人　●面積：2.32㎢　●周囲：10.4㎞
●ホームページ：下関市 https://www.city.shimonoseki.lg.jp

六連島《むつれじま》（山口県）

緩斜面からながめる雄大な関門パノラマ景観

下関市・南風《はえ》泊《どまり》港の北西、約3㎞にあり、この島に渡れば、九州本土の工業地帯と本州の海岸線という雄大な二つの景観が視野に収まる。『日本書紀』の中では「没利《もつり》島」という名称で書き記されていて、古くから歴史に出てくる島。

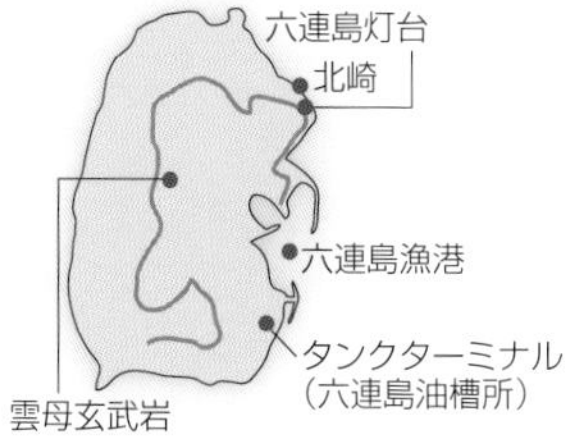

潮風の中で。六連島全景。

最高所が100m前後という緩い斜面の島で、溶岩台地の水はけのよいその土地には露地やハウスがあり、露地では季節の野菜が栽培され、ハウスでは花卉栽培がおこなわれ、これらを見学しながら関門海峡を通行する船舶などを見ていると、風景画そのものの世界のようである。

島のほぼ中央部の高台には国指定の天然記念物「雲母玄武岩」という大きな岩石が畑の横に一つごろりとある。説明版がなければ気づかない一見普通の岩だが、なんでもその生成過程が非常に珍しいものだという。格調高い洋式の「六連島灯台」も間近で見られる。

野菜と花の栽培農家が活躍する島。山口県や北九州に出荷される。

島の緩斜面はみごとな花畑と野菜畑。周りは海であるため温暖な気候。

釣り人にとっては近くて便利な上、釣果が狙える魅力的な島として知られる。

［六連島データ］●山口県下関市　●人口：79人　●面積：0.69㎢　●周囲：3.9㎞
●ホームページ：下関市 https://www.city.shimonoseki.lg.jp

たけのこじま

竹ノ子島（山口県）

関門海峡の要衝
フグの競りといえば

　北九州に接するようにある下関市の先端部には、ちょっと見ただけでは島らしきものはないのだが、フグの競《せ》りでよく知られる南風泊港付近をよく見ると、数十mの橋でつながるその先が島であることがわかる。この橋が竹ノ子島橋で、そこを渡ると竹ノ子島である。

南風泊港に面して
造船所がある。

　南風泊港がある彦島地区自体もかつては下関の本土とは300mほどの瀬戸で隔てられた島だったが、南風泊水産市場や漁港整備の埋め立てが進み、数本の橋が架けられて本土と実質的に一体となっている。

70mほどの「竹ノ子島橋」でつながっている。

　関門海峡出入り口にあたる島の南西部には「台場ヶ鼻通航潮流信号所」が設置されていて、関門海峡を通行する船舶に通航信号と潮流信号を出す場所になっている。また、竹ノ子島は最高所でもわずか15mしかないが、南風泊港の西側にあって風や波から港を守る自然の防波堤になっている。

彦島の南風泊側から見た竹ノ子島。

川をまたぐような実感の橋で島へ。

［竹ノ子島データ］●山口県下関市　●人口：149人　●面積：0.18㎢　●周囲：不明
●ホームページ：下関市 https://www.city.shimonoseki.lg.jp

原色
日本島図鑑

九州

Kyushu

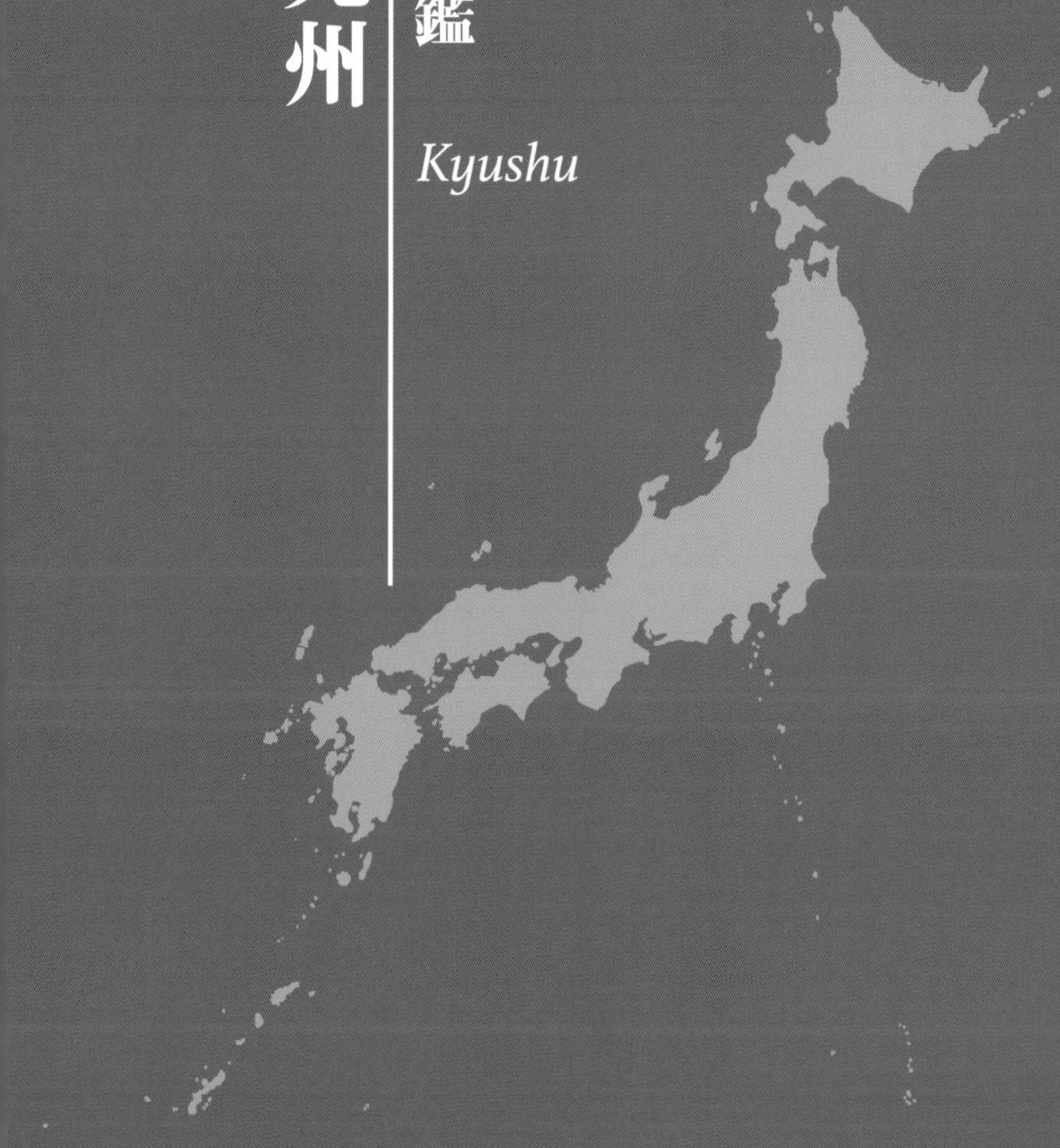

馬島《うましま》(福岡県)

かたちがウマ似か!?
昔、ウマの
放牧地だったからか

江戸時代には隣の六連島(山口県)と並び「小六連島」と呼ばれたこともあるほど、その距離は近いが馬島は福岡県。島の水は海底送水管で六連島まで来ているものを伸ばして給水。江戸時代に小倉の農民が移住して開拓したのが定住の始まりと伝えられる。漁業に従事する人たちの島で観光の宿などはなく、釣り客が訪れる。

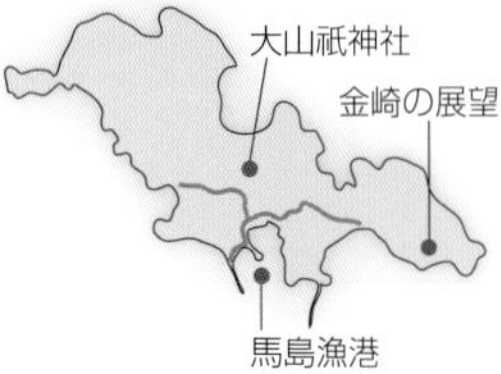

漁業の島だけあり、その漁船の多さには驚く。

標高30mたらずの平坦な島。

[馬島データ] ●福岡県北九州市　●人口：26人　●面積：0.26㎢　●周囲：5.4㎞
●ホームページ：北九州市 https://www.city.kitakyushu.lg.jp

藍島《あいのしま》(福岡県)

大都市の小倉からわずか30分
こんなのんびりと
できる場所があった

北九州市の沖、約4㎞にある。江戸時代には密貿易船を見張るための小倉藩の遠見番所が置かれた島。日本書紀にも登場し、古くは元和4年(1618)に長門の国からの移住漁民によって沿岸漁が始められたと伝えられる。純粋な漁業の島で観光的な要素はないが、おいしい魚介を食べに行く価値はじゅうぶんにある。釣りもよい。

北九州から近く、漁業の活気がみなぎっている。

珍しい小さな島のトンネル。本村と大泊をつなぐ道。

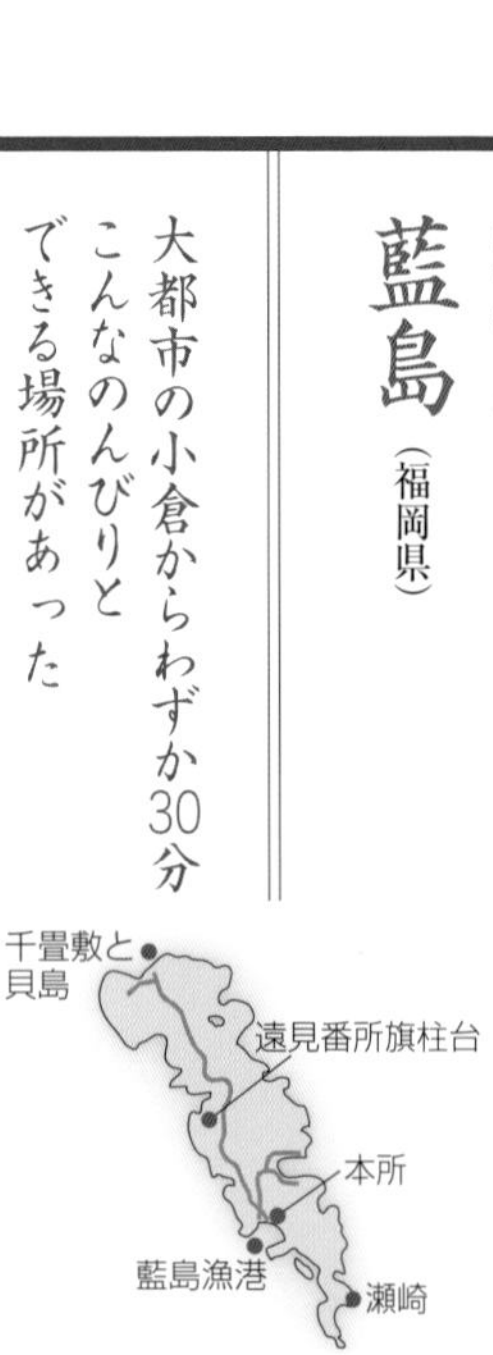

[藍島データ] ●福岡県北九州市　●人口：189人　●面積：0.68㎢　●周囲：13.5㎞
●ホームページ：北九州市 https://www.city.kitakyushu.lg.jp

じのしま
地島
（福岡県）

豊岡から泊まで歩くと島全体の魅力がわかる

宗像《むなかた》市鐘崎《かねざき》の北西、約1・5kmにある。島の東側は響灘、西側は玄界灘という位置にあり、集落はその西側に泊地区と豊岡地区の二つの地区がある。豊岡はかつて白浜と呼ばれていて、港ができる以前までは美しい白砂の浜辺があった。

島の全体は山林で、その中には6千本のヤブツバキが自生している。二つの集落の間は約2・5kmで舗装された道なので、この間を植物探索したり、野鳥観察をして楽しむ人たちがやって来る。平坦ではなくほどよい起伏で約1時間〜2時間かかる。もっと山の中の未舗装道を歩きたい健脚の人は、途中から「遠見山遊歩道」をまいて歩くコースもとれる。

慶長の時代、参勤交代の黒田長政が島に立ち寄り水を汲んで使ったという「殿様井戸」や、航行する船に石の寄付を募り造ったという波止場「殿様波止」が泊地区に残る。

豊岡地区の集落景観。

泊地区へ徒歩30分。豊岡港から歩き始めるとすぐこの豊岡の景観が眼下に。

舗道を歩き、ツバキや木々を探勝しながら散策。

地島全景。

［地島データ］ ●福岡県宗像市　●人口：130人　●面積：1.62㎢　●周囲：9.3㎞
●ホームページ：宗像市 https://www.city.munakata.lg.jp

おおしま

大島（福岡県）

〈宗像大島〉むなかたおおしま

九州本土からわずか25分で空気が変わる

宗像市神湊《こうのみなと》の北西、約6kmにある。集落の中心地は島の東側中部にあり、町地区には家々が密集している。宗像大社の中津宮があり、海ぎわの高台にはるか沖ノ島を望む沖津宮遥拝所がある。中世以降は水軍の根拠地になったり密貿易の中継地になったりしたといわれる。江戸時代には遠見番所が置かれて異国船の監視がおこなわれた。

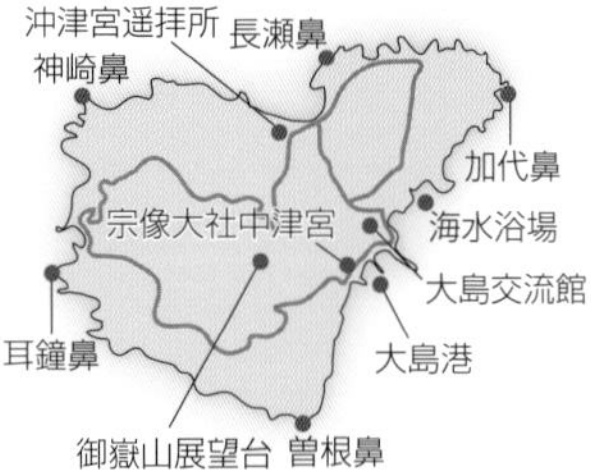

安倍宗任流刑の地。

見晴らしのよい最高所は御嶽（224m）で「御嶽山展望台」がある。島は全体が山林に覆われていて起伏が多く、その随所に牛の放牧場がありのどかに草を食んでいる光景を目にする。港から500mほど離れた宮之浦には美しい海浜ビーチがあり夏には楽しめる。

毎年10月におこなわれる海上安全・豊漁祈願のパレード「みあれ祭」はこの島が出発地で、おびただしい数の漁船が海上を走る光景は壮観。

「大島交流館」には大島の歴史・文化・生活のことはもとより、普段は渡ることができない沖ノ島についての資料などがあり見学の価値は高い。

港に船が多いこと。早朝から漁業の活気がみなぎる。

▲港の真ん前の“町”地区の家々。

▶狭い路地裏を迷いながら歩くのが楽しい。

［大島〈宗像大島〉データ］●福岡県宗像市　●人口：544人　●面積：7.22㎢　●周囲：16.5㎞

●ホームページ：宗像市 https://www.city.munakata.lg.jp

相島《あいのしま》（福岡県）

元寇、秀吉、朝鮮通信使 日本の歴史がそのまま島に

新宮町の北西、約8㎞にある。日本書紀や万葉集にもこの島らしき名が出ており、古来、海上往来の要所となっていた島と推察される。まさに歴史に彩られた島とでもいうべきで、13世紀に起きた文永の役・弘安の役の際には元寇の戦いがあった場所といわれる。

また豊臣秀吉の朝鮮出兵の際には、戦勝を祈願するため兵士に1人ずつ1個の積み石をさせたといわれる「潮井石」が残る。

江戸時代となり朝鮮通信使の往来が始まると、この島に大掛かりな接待所を黒田藩は作った。一度に500人も宿泊することができたといわれる「有待亭跡」が残っている。

現在は定期船の着く港と漁港は整備され、多くの漁船が入出港して活気がある。獲れたての魚を豪快にいただく人たちが遠く福岡市方面からもやって来るという、奥座敷的な島でもある。

漁港にはすきまがないほどの船。

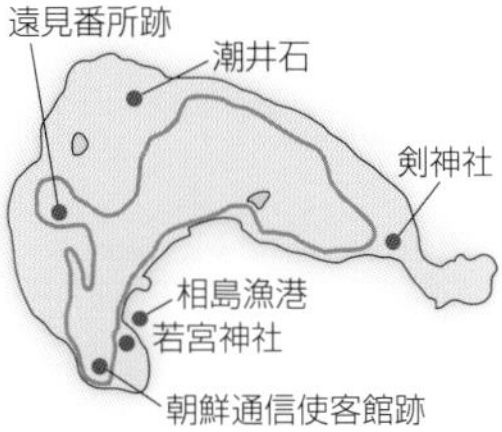

獲れたてのサバが目の前で開かれて文化干しに。

▲接待所の「有待亭跡」がこのあたり。

▶島の女性たちによる特産のカマボコ作り。

[相島データ] ●福岡県粕屋郡新宮町　●人口：221人　●面積：1.22㎢　●周囲：6.90㎞
●ホームページ：新宮町 https://www.town.shingu.fukuoka.jp

小呂島《おろのしま》（福岡県）

玄界灘にぽつんと一つ、漁の活気に島が沸く

博多港から45km離れた玄界灘にある。太平洋戦争のときには砲台が置かれていたという戦時中の要塞だった。博多港を出て1時間あまりの船の旅は、眺望もよく気分もよい。ただ、島へ行く船は基本的に1日1往復便で、到着するとしばらくしてすぐ折り返してしまうので、宿泊施設のないこの島をゆっくりと歩きたいときには2往復便の日をねらって行くしか方法はない。

まき網漁が盛んでサバやアジが揚がるほか、ヒラメなどの高級魚を刺網漁で取る。また、真夏には海女たちによるアワビ漁も盛んで、七社神社の横の東海岸からタライをかついで海に集まり、ゴロタの磯から泳ぎ出る海女の姿は夏の風物詩といってもよい。小呂小中学校までの道のりは畑や花畑などがあり、散歩すると楽しい。途中、めずらしい「クロバナイヨカズラ」という植物の自生地がある。

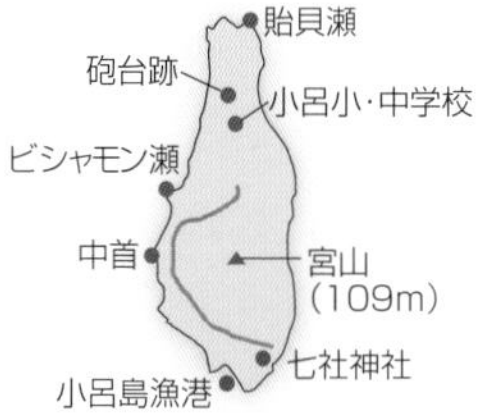

港の中まで紺碧な海の色。

北九州の"鐘崎海女"の素潜り漁の本場。アワビの水揚げ。

定期船から見た小呂島全景。

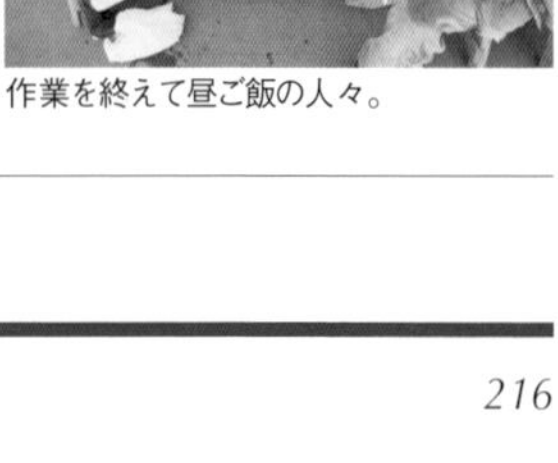

作業を終えて昼ご飯の人々。

［小呂島データ］●福岡県福岡市　●人口：160人　●面積：0.43㎢　●周囲：3.3km
●ホームページ：福岡市 https://www.city.fukuoka.lg.jp

沖ノ島《おきのしま》（福岡県）

古代祭祀の遺跡か ここが海の正倉院——

宗像市神湊《こうのみなと》の北西、約54㎞にある。宗像神社沖津宮があり、全島が神域となっている。昭和29年からの調査で4～8世紀のころのものと思われる12万点にもおよぶ装身具、工芸品など国宝ともいうべき文化財が数多く見つかり、この島は『海の正倉院』とも呼ばれるようになった。

正式参拝前におこなう“禊”。

沖津宮の裏手の巨岩下からは4～5世紀の漢、魏の青銅鏡や、5～7世紀のペルシャのカットグラス、7～8世紀の勾玉などが出土した。古代祭祀がおこなわれた場所と考えられる。

宗像大島から向かう船が沖ノ島に近づくにつれ、島の姿は神々しく見えてくる。山肌は木々に覆われところどころ岩盤や巨石が露出して見え、そのひときわ高いところに白い灯台が見える。島に上陸できるのは男子の正式参拝者のみで、昔から女人禁制である。上陸者は参拝を前に裸となり、海中に浸かって禊《みそぎ》をおこなう。一般者は立ち入り禁止の神域の島である。

全島が神域。荒々しい岩肌はまさに太古からの神々の領域をうかがわせる。

あたりには今も祭祀のものだろうか、そのかけらなどが残る。

港の横に鳥居があり、険しい坂道の参道を上り詰めると沖津宮がある。

［沖ノ島データ］●福岡県宗像市　●人口：0人　●面積：0.69㎢　●周囲：不明
●ホームページ：宗像市 https://www.city.munakata.lg.jp

志賀島《しかのしま》（福岡県）

古代にさかのぼる旅は博多からこんなに近い場所に

博多湾を囲むように東側から延びる〝海の中道〟があり、その先端に砂州でつながるかたちで島がある。島の一周道路を走ってみると全体は山林に覆われているのがよくわかる。

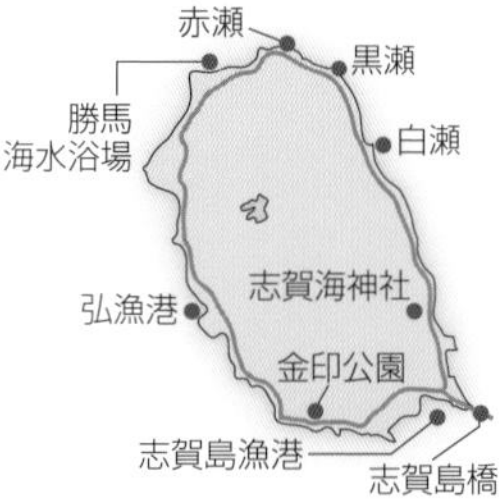

「志賀海神社」の太鼓橋。

ある日、田んぼを起こしていた地元の甚兵衛が石を除こうと転がすと、その下から金印が…。江戸時代の天明4年（1784）、偶然に発見されたこの金印は西暦57年のもので『漢倭奴国王《かんのわのなのこくおう》』という印面で、後漢の光武帝が日本の使者に授けたものといわれる。なんとも古代のロマンが薫る金印である。

島内はどこも景色がよいが、とりわけ福岡湾の西浦崎や玄界島方向に沈む夕陽を見るときには、北部の休暇村がある勝馬海水浴場付近が好適。南西部には、わたつみ三神を祀る「志賀海神社」があり、境内にある鹿角堂には1万本の鹿の角が奉納されている。万葉集にも数多く詠われた島でもある。

島の北西端、勝馬ビーチから見る海に落ちる夕日。

海の守り神としてよく知られる「志賀海神社」の境内。

「鹿角堂」には1万本のシカの角が奉納されている。

［志賀島データ］●福岡県福岡市　●人口：1,379人　●面積：5.82㎢　●周囲：11.0㎞
●ホームページ：福岡市 https://www.city.fukuoka.lg.jp

のこのしま

能古島（福岡県）

花を愛でに
1日歩いて遊ぶ

姪浜《めいのはま》の北、約2㎞の博多湾の中にある。かつては牛の放牧場になっていた島と伝えられる。博多湾の出入り口という要衝にあるため、江戸時代には廻船問屋が存在したといわれる。

「アイランドパーク」の庭園。

台状の島で起伏に富んだ島内道路や散策道がめぐっている。北部には「アイランドパーク」があり、ここでは春のサクラやツツジ、秋のコスモスなど季節の草花や花木などを探勝できるほか、昭和前期のレトロな展示物なども見学できる。

作家の檀一雄が晩年を過ごした場所として知られる。当時住んだ旧宅はもう取り壊されて無いが、その跡地には歌碑が建っている。

「思索の森」は檀が好んで歩いた道といわれる。木立の中を散策すれば野鳥のさえずりとともに、眼下には美しい博多湾の海と漁船が絵のような景色を描く。

作家・檀一雄の旧宅跡地に建つ歌碑。

旧宅付近から見える博多の街。

毎年、檀一雄をしのぶ「花逢忌《かおうき》」がおこなわれる。

［能古島データ］●福岡県福岡市　●人口：621人　●面積：3.95㎢　●周囲：9.0㎞
●ホームページ：福岡市 https://www.city.fukuoka.lg.jp

玄界島《げんかいじま》（福岡県）

博多湾でこの島を見つけたら
かならず行ってみたくなる

大都会・博多の沖、約18㎞、船で30分という都会近接の素朴な漁業の島。平成17年3月、福岡西方沖地震の震源地となり集落は壊滅的な被害を受けた。現在は元の生活を取り戻して復興宣言が出された。かつて、斜面に立つ家並みと風情のある石造りの階段が島のシンボルだったが、今は残念ながら新しい景観になってしまった。

復興した集落景観。

博多湾を出たあたりにある素敵な形の島。

［玄界島データ］●福岡県福岡市　●人口：348人　●面積：1.16㎢　●周囲：4.6㎞
●ホームページ：福岡市 https://www.city.fukuoka.lg.jp

姫島《ひめしま》（福岡県）

幕末を思い描きつつ
潮の香りいっぱいの1日散策

糸島半島の西4㎞にある。江戸時代、この島は福岡藩の所領で流刑地だった。そういうこともあり、幕末に勤皇の女性志士と謳われた野村望東尼《もとに》は「乙丑《いっちゅう》の獄《ごく》」によってこの島に配流された。その獄舎跡にお堂が立ち今に残る。島の南部の港にある綿積神社の先には、ゴーラーと呼ぶ浅瀬の磯が海に延びており風変わりな景色だ。

これが野村望東尼獄舎跡に立つお堂。

狭い路地にじょうずに建てられた民家。

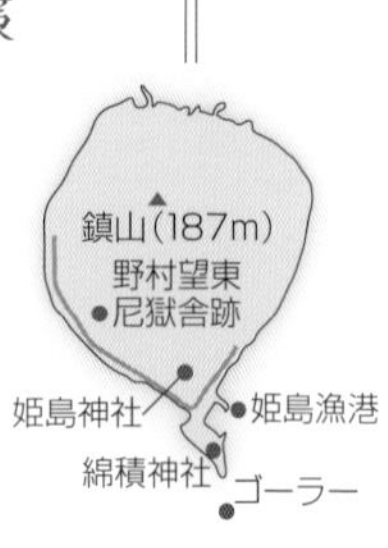

［姫島データ］●福岡県糸島市　●人口：145人　●面積：0.75㎢　●周囲：3.8㎞
●ホームページ：糸島市 https://www.city.itoshima.lg.jp

高島《たかしま》（佐賀県）

山頂展望台までの
散歩道を歩き
港に下りて神社にお参り

唐津湾の真ん中にあり、鉄かぶとのような特異な形をした島。対岸からは約３㎞。標高１７０ｍの山は南斜面に裾野を大きく広げ、その大地にはマテバシイの群生がみられる。港のすぐ近くに「宝当神社」があり、この神社で宝くじの当選祈願をした人たちがことごとく当選したところから、宝くじ当選の神社という異名をもつ。

女性の帽子が海に浮かんでいるような島の形。

山と緩斜面と平地と港がわかりやすい地形。

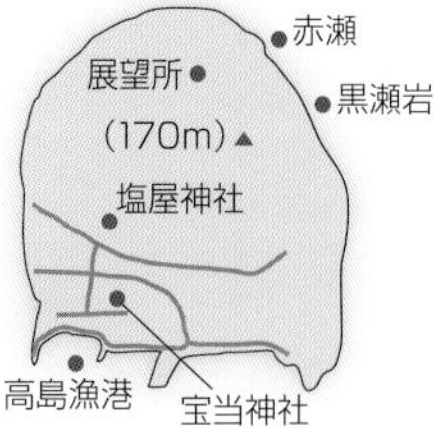

[高島データ] ●佐賀県唐津市　●人口：196人　●面積：0.62㎢　●周囲：3.0㎞
●ホームページ：唐津市 https://www.city.karatsu.lg.jp

神集島《かしわじま》（佐賀県）

島内7か所に万葉の碑
散歩日和に
ぶらりとめぐってみては

住吉神社横にある「蒙古碇石」。

港のそばの集落景観。瓦屋根が美しい。

唐津市の北、湊から島の一番近いところまでわずか６００ｍの距離にある。神功皇后が朝鮮出兵のとき神々を集めて航海安全の祈願をした島と伝えられる。旧石器時代から古墳時代にかけての遺跡が発掘され、その代表格は鬼塚古墳群。漁港を鉤状に囲む半島の先端に鳥居と住吉神社がある。香りのよいハマユウも群生する。

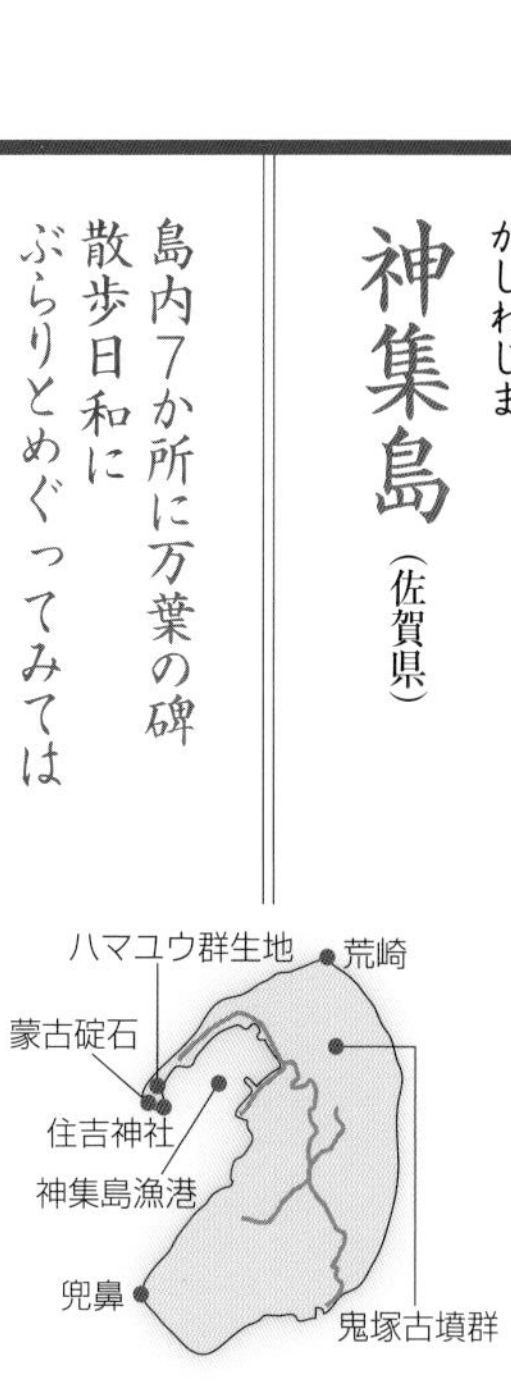

[神集島データ] ●佐賀県唐津市　●人口：269人　●面積：1.39㎢　●周囲：6.5㎞
●ホームページ：唐津市 https://www.city.karatsu.lg.jp

加部島《かべしま》（佐賀県）

大陸や半島との歴史を感じる雄大な光景が広がる

朝市と活きのよいイカで知られる呼子《よぶこ》港の沖５００ｍにある。平成元年に本土との間に架橋された。北端の加部島灯台付近は玄海諸島が一望できる最高のビューポイントで、近くのキャンプ場で過ごすのもよい。航海安全の神、古色を帯びて荘厳な田島神社は県下で最古の宮として知られる。古くは中国、朝鮮半島に渡る拠点だった。

対岸の本土から見た「田島神社」。

手前の呼子大橋が架かる加部島の景観。

[加部島データ]　●佐賀県唐津市　●人口：372人　●面積：2.72㎢　●周囲：8.0㎞
●ホームページ：唐津市 https://www.city.karatsu.lg.jp

小川島《おがわしま》（佐賀県）

動力船ではなく手漕ぎ船でクジラを獲っていた時代

呼子港の沖、約6㎞にある。江戸時代から近海捕鯨の島として栄えた。島内をくまなく1周しても3時間ほど。島の南西の外れに「鯨見張所」が今も保存されて残る。天保9年（１８３８）には42隻の捕鯨船がこの島の港に連なっていたというから、さぞや圧巻だったにちがいない。おいしい海の幸を泊りがけで食べに行くのもよい。

比較的平坦な島で最高所でも60mほど。

「鯨見張所」は海がよく見える高台に建ち、沖に現れるクジラをいち早く見つけ出す人たちが昼夜を問わずに張り込んだ小屋。

[小川島データ]　●佐賀県唐津市　●人口：274人　●面積：0.92㎢　●周囲：4.0㎞
●ホームページ：唐津市 https://www.city.karatsu.lg.jp

加唐島《かからしま》（佐賀県）

古代朝鮮半島との歴史を探りに行こう

東松浦半島の先端、呼子港の北、約6㎞にある。〝各羅島〟という名前で日本書紀にも出てくる島である。この島にまつわる歴史は古く、神功皇后の新羅出兵の折、身ごもっていた皇后はこの島の海岸に立ち寄り「帯祝い」を挙げたと伝えられる。その海岸は「オビヤ浦」といわれて現在も残り、その一角に小さな湧き水の場所も保存されている。このオビヤ浦は三国時代の百済の第25代王様・武寧王（ムリョンワン）の生誕地と伝えられる。日韓の歴史学者がその検証のためここにやって来ることが多くなり、またその話題性もあって近年この島を訪れる人々が多くなっている。

港から緩い坂を上って集落へと歩く途上に家々が点在する。緩斜面に立つその家には農作業用のトラクターなどがあり、それに乗って畑に出かける。静かでのどかな農村と感じられる島である。

島の住人を乗せて定期船が到着。

表示板から浜へ下りると、木立の向こうに「オビヤ浦」が見えた。

オーシャンブルーの海に在る加唐島全景。

[加唐島データ] ●佐賀県唐津市 ●人口：99人 ●面積：2.83㎢ ●周囲：14.6㎞
●ホームページ：唐津市 https://www.city.karatsu.lg.jp

松島《まつしま》（佐賀県）

漁港の横には松島カトリック教会の尖塔が

東松浦半島の先端、呼子港の北、約7kmにある。約600m離れて隣には加唐島がある。こんもりとした島の形でその全体は山林に覆われている。江戸時代後期まで加唐島に住む一族が領有する無人島だったが、安政年間（1854〜60）のころにその加唐島からの入植者が島を拓いた。その後、長崎県の黒島の移住者がこの島に移り住んで生活を始めたが、その人々がみな〝潜伏キリシタン〟（カトリック信者）だったため、現在に至るまでこの島の住人はみなカトリック信者である。その結束は固く、進学や就職のために1度島を出た若者たちも数年後にはUターンし、人口を減らさずにがんばっている島。

日曜日は漁師も漁を休み、礼拝のためにアンジェラスの鐘の音が響き渡る港の教会へと集まる。宿泊施設も商店もないが、1日ゆっくりと散策・見学ができる島である。

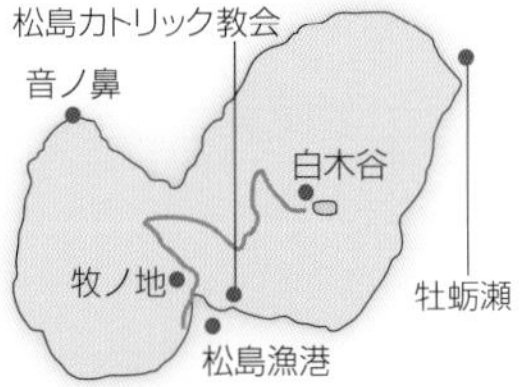

「松島カトリック教会」。

松島全景。山林がみごとに覆い、すぐわかるところに集落は見えない。

港に教会があり、緩い坂を上ったあたりから集落が開ける。

九州本土・呼子とを結ぶ渡船。

［松島データ］●佐賀県唐津市　●人口：49人　●面積：0.63㎢　●周囲：3.6㎞
●ホームページ：唐津市 https://www.city.karatsu.lg.jp

まだらしま

馬渡島（佐賀県）

元寇の役の舞台も
今は神々に守られて
平和に暮らす

呼子港の沖、12kmにある。江戸時代中期、7人のキリシタンがこの島に漂着して開拓を始めた。港のある宮の本地区（本村）は仏教徒の集落で、少し離れて二《ふ》夕《た》松《まつ》と野中地区（新村）はカトリック教徒の集落というように住み分けがされている。よく耕作された畑が島内いたる場所にあるが自家栽培分。漁業と観光の島である。

新村地区はカトリック教徒の集落。

馬渡島は佐賀県でいちばん大きな島。

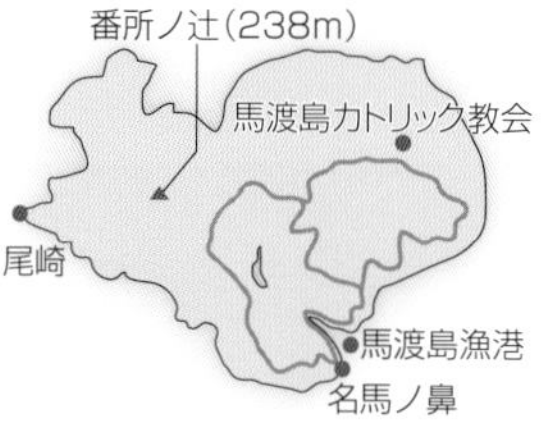

［馬渡島データ］ ●佐賀県唐津市　●人口：267人　●面積：4.24㎢　●周囲：12.5㎞
●ホームページ：唐津市 https://www.city.karatsu.lg.jp

むくしま

向島（佐賀県）

はるか彼方にブルーの水平線
この島の灯台は気持ちがいい

肥前町の星《ほし》賀《か》港沖、約5kmにある。定期船が島に近づくにつれ、島の正面左端にそびえるように高みになった山が印象的。上陸して歩くと、ここがクラマ岳というあたりを一望できる展望地だということがわかる。戦国時代、秀吉に滅ぼされた松浦の波多三河守一族のゆかりの島と伝えられる。島の北側の散策も変化があり楽しい。

港の横には屹立する「クラマ岳」と向島灯台。

緩斜面に広がる集落景観。

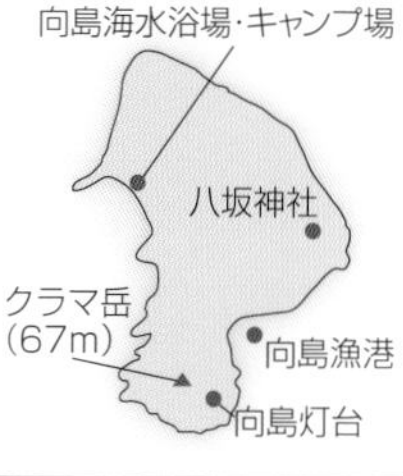

［向島データ］ ●佐賀県唐津市　●人口：44人　●面積：0.30㎢　●周囲：4.0㎞
●ホームページ：唐津市 https://www.city.karatsu.lg.jp

対馬島《つしまじま》（長崎県）

古代日本のころから国防の最前線だった

福岡中心部の北西、約125kmの日本海にある。その一方で、対馬島から韓国の釜山までの朝鮮海峡の距離は約53kmと近く、地理的にみても壱岐と並び、北九州と朝鮮半島を結ぶ重要な中継点ということがうかがわれる。島内の遺跡からも大陸文化の影響を受けたと思われるものが多く出土している。

日本書紀によると、飛鳥時代の天智天皇（中大兄皇子《なかのおおえのおうじ》）のころの西暦663年、日本は百済復興支援のため朝鮮半島に兵を送り唐と新羅の連合軍と戦ったが敗北し、百済も滅亡したとある。翌664年、百済を滅ぼした新羅の来襲を恐れて、対馬に「防人」と「烽《とびひ》（のろし台）」を置いて防備し「金《かな》

春に咲くヒトツバタゴ。

田《たの》城《き》」を築いた。その後も文永11年（1274）と弘安4年（1281）の2度にわたる元寇との戦いでは戦場となり多くの戦死者を出した。

宗氏がその後の対馬を支配する時代となり朝鮮との貿易を通して国と国との通交を取り持つかたちとなった。しかし秀吉の朝鮮出兵で対馬と朝鮮の通交が完全に断絶した。

江戸時代になり、対馬藩の仲介に

北部にある集落、志《し》多《た》留《る》の風景。

石を屋根の上に積んでのせた「石屋根」の建物。かつての暮らしでは高床式の倉庫として使われていた。

よって慶長14年（1609）両国の通交は復活し、対馬も明治維新までさまざまな特権を保持した。いずれにしても古来よりこの島は大陸と日本本土の海上にある〝国境の島〟であったため、常に国情や時代の中で翻弄された。

南北に約82㎞、東西は約18㎞と縦に細長い島だが、国内の島としては北方領土の島々を除き4番目に大きな島（沖縄本島を含む）である。90％が山林。その山中には今も国指定天然記念物のツシマヤマネコが生息する。島の中央部には浅茅《あそう》湾というリアス式海岸線の大きく静かな内湾があり、その海面では真珠貝の養殖などがおこなわれている。青い内湾に白い航跡を描いて行き交う小船の風景、というのが「烏帽子岳展望所」から見る浅茅湾の代表的な景色。天気がよいととても素晴らしい。また韓国の釜山が遠望できる場所として知られる最北部の集落・鰐浦《わにうら》地区では、4月下旬～5月上旬になるといっせいに「ヒトツバタゴ」という木に真っ白い花が咲き、春たけなわを告げ

伝統食「ろくべえ」。サツマイモのでんぷんを精製し、1年かけて熟成保存したあと水で練り上げ、穴から押し出したもの。鶏のだしごと食べる。独特な歯ごたえのある食感とだしのハーモニーがおいしい。

400年以上の採蜜の歴史があるといわれる対馬の「地蜂の蜂蜜」。日本ミツバチから採るこの蜂蜜は1年に1度、熟成された秋に集める。希少で高価だが本物の蜂蜜の味がする。

宗家の菩提寺「万松院」の灯籠に明かりともす。

豆酘《つつ》に残る「赤米神事」に関わる田んぼ。

厳原には韓国からの観光客向けの飲食店が多くある。

る。この日に合わせて地元の祭りが催され、その1日だけ、普段は上陸することのできない防衛最前線の航空自衛隊の島・海栗島に見学上陸が許されるときもある。

　食文化として対馬独特なものは、地鶏や地魚、野菜を入れた鍋料理の「いりやき」、磯の石を焼き、その上に魚貝や野菜をのせて食べる「石焼」、イモから取ったでんぷんで作る「ろくべえ」など、古来から考えだされた伝統食や豊かな食材を生かした食文化がこの島の魅力を作り出している。400年の歴史がある特産の「日本ミツバチの対馬蜂蜜」は希少で高価なものだが、西洋ミツバチの蜂蜜の味にはない風味があり、対馬の代表産品にもなっている。採蜜のための「蜂洞《はちどう》」という切り株が島内のあちこちにあり独特な対馬の風景を作り出している。

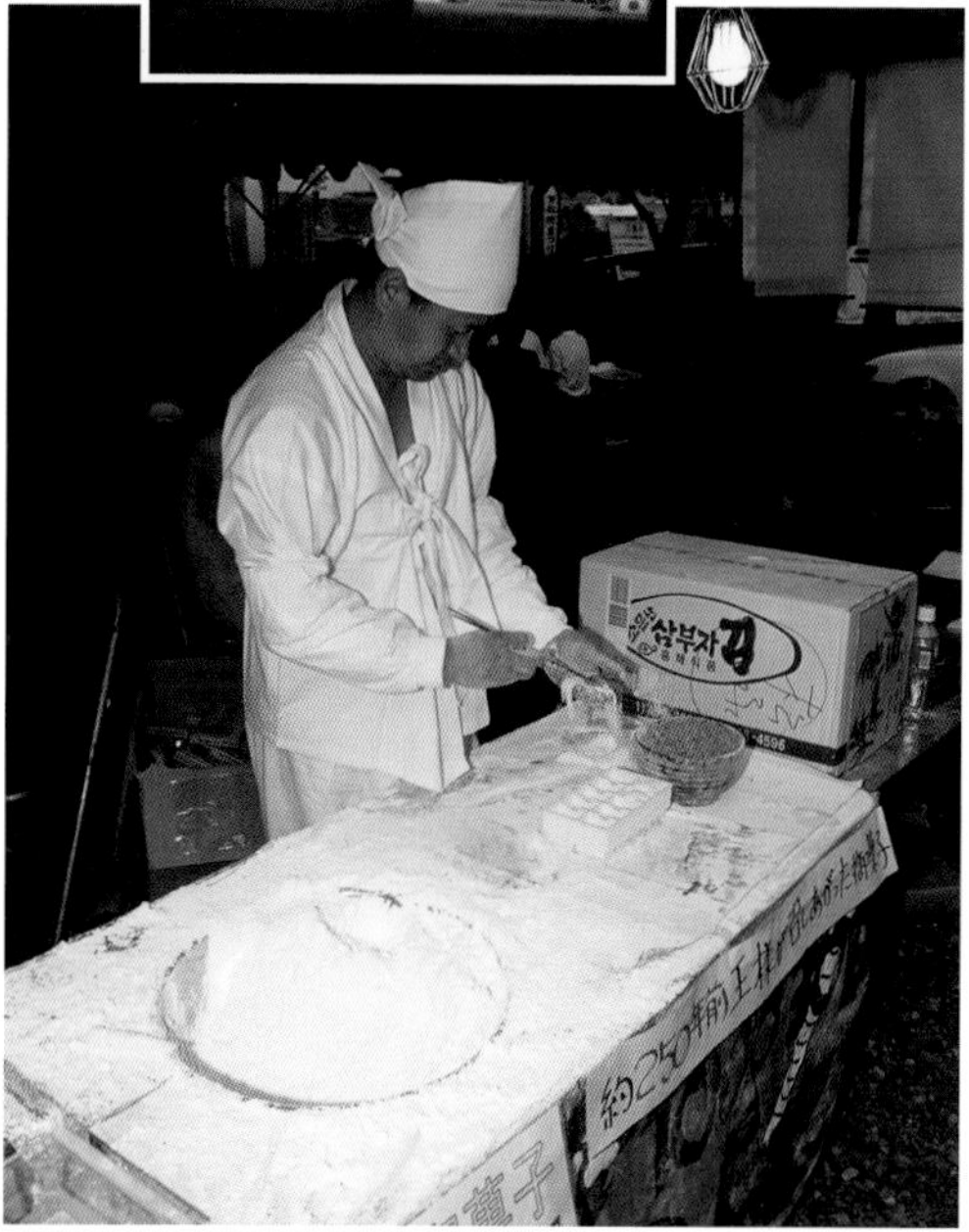

お祭があると韓国のお菓子を作る屋台が並ぶ。

［対馬島データ］●長崎県対馬市　●人口：27,755人　●面積：695.74㎢　●周囲：833.3㎞
●ホームページ：対馬市 https://www.city.tsushima.nagasaki.jp

赤島・泊島《あかしま・とまりしま》（長崎県）

ここまで来ると
さすがに最果て――

対馬島の中央部東側にのびる岬の先端の島で、埋め立てがおこなわれた結果、泊島と赤島の間がつながった。沖ノ島との間は赤島大橋で結ばれている。明治時代に広島県と山口県からの開拓者が入り集落ができた。泊島が道路の終点でスクールバスの終着点もここ。広大な敷地に漁網が干してあったりしてのどかな漁村の風情が漂う。

狭い瀬戸に橋を渡してつなぐ隣接する島々。

広場では漁網の手入れに忙しい。

［赤島・泊島データ］●長崎県対馬市　●人口：統計なし（対馬島に含まれる）　●面積：0.58㎢　●周囲：8.0㎞
●ホームページ：対馬市 https://www.city.tsushima.nagasaki.jp

沖ノ島《おきのしま》（長崎県）

この島が対馬島にあることを
知らない人はかなり多い

山林が海ぎわまで迫る景色が美しい住吉瀬戸。

漁網に使うオモリは自然石。

対馬島の中央部東側、リアス式海岸線の岬の先にある。住吉地区から約50mの瀬戸が橋で結ばれ、対馬島と一体になっている。赤島までを結ぶ道路が1本島の中央部を貫いていて、その両側はみごとな原生林である。入り組んで不可思議なリアス式海岸線の雄大な景観を写真に収めたいときは、住吉神社からか橋の上からがよい。

［沖ノ島データ］●長崎県対馬市　●人口：統計なし（対馬島に含まれる）　●面積：2.66㎢　●周囲：23.0㎞
●ホームページ：対馬市 https://www.city.tsushima.nagasaki.jp

しまやまじま

島山島（長崎県）

いたずら書きのような リアス式海岸線

対馬島のほぼ真ん中の浅茅湾内にある。対馬島との距離が約50mという最短の狭《せば》瀬《せ》戸《と》に「浅茅パールブリッジ」が架かり、島内には車で渡ることができる。

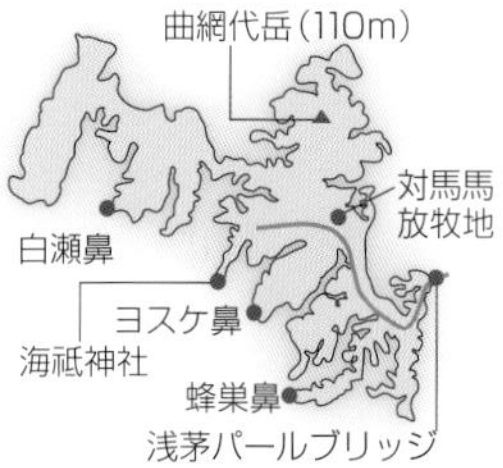

氏神様の「海祇神社」。

リアス式で複雑な入江の浅茅湾の中にあって、さらにこの島も複雑なリアス式であるため、深い入江を活用して真珠貝の養殖などが盛んにおこなわれている。島全体は山林に覆われていて農業が不向きなためもっぱら漁業への依存度が高く、真珠以外にもタイ、ハマチなどの養殖も盛ん。

リアス式の奥深くにある漁村集落。前庭は海、自家用船が港に並ぶ。

現在の対馬島では椎根地区でしか見られなくなった「石屋根」だが、その屋根にのせる板状の石はこの島で産出する「島山石」が使われた。今は需要がなく採石はされていない。

道路の終点に港と集落があり、野菜を作る小さな菜園が並び、その外れには氏神様である「海祇神社」がある。入り組んだ島と海の景色が素晴らしい。

▲「浅茅パールブリッジ」の上からの湾内の景色は素晴らしい。▶民家の前でテングサ干し。

［島山島データ］●長崎県対馬市　●人口：統計なし（対馬島に含まれる）　●面積：4.70㎢　●周囲：45.0㎞
●ホームページ：対馬市 https://www.city.tsushima.nagasaki.jp

海栗島《うにじま》（長崎県）

防衛最前線の基地　春の1日は上陸して遊べたが

対馬島の北端・鰐浦の北、約1kmにある。この島が国境の島で防衛上きわめて重要な…と聞かなくてもひと目見ればわかるのは、集落が見えないのにいくつかのビルとレーダーなど島に関連施設が物々しく建っているからだ。明治36年に旧陸軍の無線基地が造られ、その後砲台なども設置されて長い間軍事上の機密の中にあった島で、今も航空自衛隊の分屯基地が置かれていて、普段は一般人の渡島はできない。

1年に1度、例年5月初旬におこなわれる鰐浦地区の春の祭りに、海栗島が1日開放される日があったが、2010年からは一般開放を中止している。

当時の一般開放は日常自衛隊員しか乗ることができない船に乗せてもらい、海栗島の海上見学ができた。また上陸し、歩いて各施設を説明を受けながら回ることもできた。

自衛隊施設から見た海栗島の海岸線。

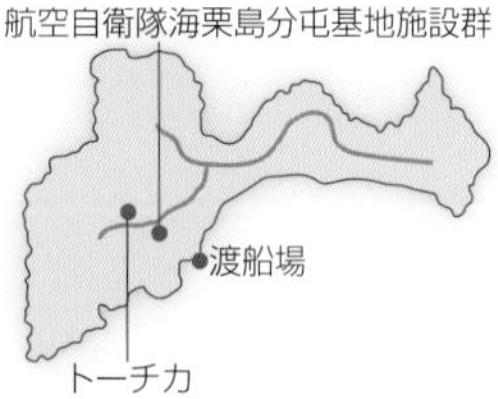

戦時中使われたといわれる「トーチカ」。

春、海栗島に渡れる日が1日だけあった。

鰐浦から見た海栗島の全景。

[海栗島データ]　●長崎県対馬市　●人口：統計なし（対馬島に含まれる）　●面積：0.09㎢　●周囲：2.1km
●ホームページ：対馬市 https://www.city.tsushima.nagasaki.jp

大島《おおしま》（長崎県）

丘のような島は見るからに明るいイメージ

壱岐島・郷ノ浦港の西、約3㎞にある。南隣にある長島との間に珊瑚大橋が架かり、大島と長島は結ばれている。最高点が50mほどの緩い斜面には畑が広がり、海岸部へとなだらかにつながる景色は素晴らしい。北部の無人島・児島周辺の海中にはサンゴの群落も観察され、この付近は対馬暖流の影響を受けていることがわかる。

なんとも夢のある名称…、「珊瑚大橋」。

車で混みあう大島漁港の桟橋。

[大島データ] ●長崎県壱岐市　●人口：89人　●面積：1.17㎢　●周囲：8.0㎞
●ホームページ：壱岐市 https://www.city.iki.nagasaki.jp

長島《ながしま》（長崎県）

かつては平戸藩の流刑地だったとか

壱岐島・郷ノ浦港の西、約3・5㎞にある。大島との間は橋でつなげられたが、そもそもの生活必需品などの購入は壱岐島への依存度が高く、定期船などで郷ノ浦へ行くこともしばしばあるという。自家栽培の畑で野菜を作り、小さな漁船で魚介を獲る暮らしもまたよい。酒屋も商店もあるが、宿泊施設がないのは残念である。

大島から見た珊瑚大橋と長島。

沖に堤防を延ばした赤の浦港。

[長島データ] ●長崎県壱岐市　●人口：93人　●面積：0.51㎢　●周囲：4.5㎞
●ホームページ：壱岐市 https://www.city.iki.nagasaki.jp

壱岐島《いきのしま》（長崎県）

くまなく歩けば日本の古代が見えてくる

壱岐市立「一支国博物館」。

佐賀県の東松浦半島の先端、呼子《よぶこ》町の北西、約26㎞にある。福岡県の博多港からは67㎞の距離にある。平成16年に島内4町が合併し、1島で壱岐市となった。

九州本土と朝鮮半島を結ぶ線上にあり、古くから大陸との交流があった島である。中国の史書『魏志倭人伝』に登

田んぼがしっかりとある壱岐島。秋のおだかけとコスモスの風景。

場する「一大国（一支国《いきこく》）」はこの壱岐島ではないかと、大正12年（1923）から再三にわたりそれを裏づけるための発掘調査がおこなわれてきた。その注目を集めた弥生時代の遺跡「原の辻遺跡」が一支国の国都である——という説は平成の発掘調査でほぼ裏づけられた。東西350m、南北750mの環濠集落は三重の濠をめぐらせ、そこには祭祀建物も存在したということもわかり、ここが歴史上きわめて重要な場所（遺跡）であることから国指定の特別史跡となった。

平成22年3月、「壱岐市立一支国博物館」が開館し出土品が収蔵・展示されるようになった。

“春一番”の発祥地。

壱岐島では農村集落を〝触《ふれ》〟、漁港のある集落を〝浦〟という独特な言い方が今も残る。江戸時代までは〝触〟には漁業権を与えず、また〝浦〟には耕作権を与えないという、農村と漁村をそれぞれはっきりと区分した。その名残が今も地名に残っている。

米も麦作りも盛んで、その麦を使って作る「麦焼酎」は壱岐の特産。西部の海岸線には応神天皇（4〜5世紀）が産湯に使われたと伝えられる名湯「湯ノ本温泉」がある。

発掘調査で一支国の“国都”の全貌が明らかになった。

素晴らしい白砂の筒城浜《つつきがはま》海水浴場。

[壱岐島データ] ●長崎県壱岐市 ●人口：24,068人 ●面積：134.63㎢ ●周囲：175.9㎞
●ホームページ：壱岐市 https://www.city.iki.nagasaki.jp

若宮島《わかみやじま》（長崎県）

江戸時代から海上監視の要衝

壱岐島・勝本港の北、約1㎞にある。山林に覆われていて勝本からは人の住む場所は見えない。というのもこの島は明治時代には海軍省の監視用望楼があったところで、昭和11年には陸軍の砲台も設置された。戦後は自衛隊の警備所が置かれ今日に至っている。自衛隊の連絡船に乗せてもらうことは不可。一般観光では上陸できない。

海上自衛隊壱岐警備所がある島。一般は立ち入りできない島。

［若宮島データ］●長崎県壱岐市　●人口：0人　●面積：0.56㎢　●周囲：4.2㎞
●ホームページ：壱岐市 https://www.city.iki.nagasaki.jp

妻ケ島《つまがしま》（長崎県）

13代続いた島守もついにこれでおしまい

壱岐島・石田町印通寺港の南、約500mにある。江戸時代から人が住みはじめ、島には1世帯だけが暮らすことがずっと守り続けられてきた。住人の百崎さんは江戸時代から13代目。語り継がれるところによると松浦の殿様の側室付き人…、がご先祖だったとか。残念なことに高齢になった百崎ご夫妻は平成14年に島を出た。

牛を飼い、大部分は自給自足の生活をしていた。

1世帯ののどかな島だったが、無人化した。

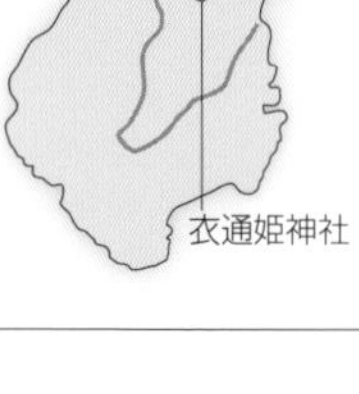

［妻ケ島データ］●長崎県壱岐市　●人口：0人　●面積：0.32㎢　●周囲：2.4㎞
●ホームページ：壱岐市 https://www.city.iki.nagasaki.jp

はるしま
原島（長崎県）

大きな島から小さな島に渡ってみる

壱岐島・郷ノ浦港の沖、約5kmにある。壱岐島の渡良《わたら》地区から近いため原島と隣の長島、大島をまとめて「渡良三島」と地元では呼ぶ。幕末のころまでこの島は流刑地だったという。漁業はもちろんだがそのほかにも園芸栽培などをおこなう人たちがいて、新しい試みを感じる島だ。スイセンには定評があり、その時期に訪ねる人もいる。

漁港にある大漁祈願の“蛭子”さん。

漁師さんの家。出漁前の網の手入れ中。

[原島データ] ●長崎県壱岐市　●人口：69人　●面積：0.53㎢　●周囲：4.3㎞
●ホームページ：壱岐市 https://www.city.iki.nagasaki.jp

ふくしま
福島（長崎県）

日本棚田百選のひとつ土谷《どや》棚田がある

夕映えの中の美しい「土谷棚田」。

5万本のツバキが群生する「初崎自然公園」。

伊万里湾の東側、湾口をふさぐように位置する。九州本土とは約230mという至近の場所に佐賀県境をまたぐ形で福島大橋が架かり、陸路で行くことができる。入江が深く手ごろな瀬もあるため、釣り人に人気が高い。山林が覆う島全体だが北部には5万本のツバキ群生林が美しい。昭和47年まで炭鉱が稼動していた。

[福島データ] ●長崎県松浦市　●人口：2,296人　●面積：16.94㎢　●周囲：40.0㎞
●ホームページ：松浦市 https://www.city-matsuura.jp

飛島《とびしま》（長崎県）

炭鉱がここにあった
ちゃんとボタ山もある

もっとも九州本土に近い松浦市の金井崎の北、約３㎞にある。弘安の役（１２８１）の元寇襲来のときにこの島も戦場になったと伝えられる。島内に石炭の鉱脈があったため江戸時代には石炭の採掘が始まった。昭和14年に本格的な炭鉱が開発され、最稼動期には月産１万トンが採炭された。昭和44年閉山後は養殖漁業が盛んである。

港前の飛島分校は平成17年に廃校になった。

裏山が迫り平地が狭く、家々は少ない。

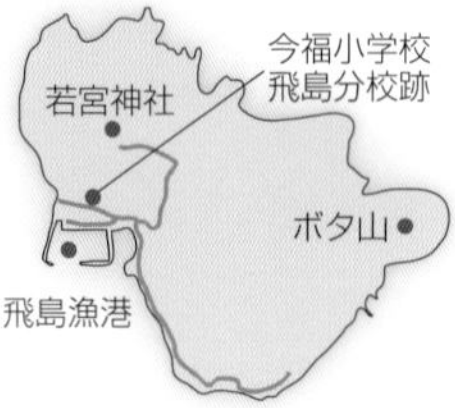

［飛島データ］●長崎県松浦市　●人口：34人　●面積：0.50㎢　●周囲：5.9㎞
●ホームページ：松浦市 https://www.city-matsuura.jp

青島《あおしま》（長崎県）

生活音の漁船の音と
トンビが上空で鳴く声

松浦市御《み》厨《くりや》港の北、約４・５㎞にある。鎌倉時代以降、松浦党が大陸との交易を盛んにおこなった島として知られる。港の北側にある一直線の石段を上りつめたところにあるのが七郎神社で、途中、集落の見晴らしがよい。昭和初期建立の子安観音があるほか、港の裏にあたる西海岸、宝の浜は白砂の美しいビーチになっている。

深い伊万里湾の出入り口にある青島全景。

たちまち売れた水揚げされたばかりのイカ。

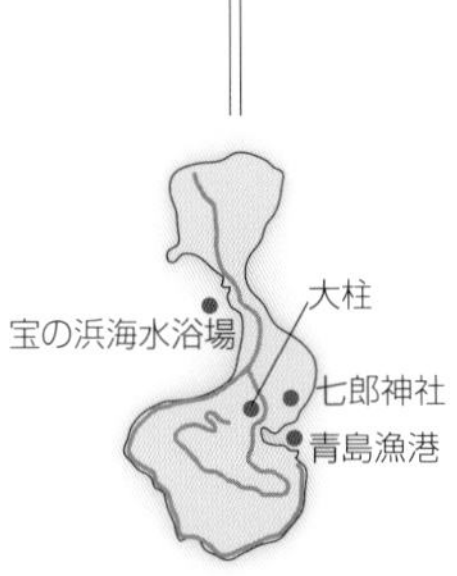

［青島データ］●長崎県松浦市　●人口：175人　●面積：0.90㎢　●周囲：10.4㎞
●ホームページ：松浦市 https://www.city-matsuura.jp

鷹島《たかしま》（長崎県）

島全体が
歴史と文化の資料館

佐賀県の東松浦半島の西に位置し、佐賀県境との間約２㎞の日比水道を隔ててある。鷹島肥前大橋で九州本土と結ばれ陸続きになった。文永の役（１２７４）と弘安の役（１２８１）という２度にわたる元寇の役の激戦地で、蒙古軍14万がここで全滅した。島内には元寇にまつわる史跡が数多く残る。北部のモンゴル村には温泉もある。

元軍から見つからないように身を潜めていたが、鶏が鳴いたために見つかり、滅ぼされた開田集落を記す塚。

モンゴル村にある“ゲル”の内部。

［鷹島データ］ ●長崎県松浦市　●人口：1,713人　●面積：16.18㎢　●周囲：43.0㎞
●ホームページ：松浦市 https://www.city-matsuura.jp

黒島《くろしま》（長崎県）

石材の名産地
人形芝居のあったところ

鷹島北部の西側、約２㎞にある。かつてこの島では「黒島石」という墓にする名石が産出されたが、現在はもう生産していない。明治から大正時代にわたり「黒島浄瑠璃」という人形芝居もあったと伝えられるが、これも今では島で知る人も少ない。鷹島からちょっと足をのばして、かつての島の様子などを見に探訪してみるのもよい。

鷹島から見た黒島の全景。天気のよい日は遠く壱岐・対馬も見える。

［黒島データ］ ●長崎県松浦市　●人口：35人　●面積：0.82㎢　●周囲：4.5㎞
●ホームページ：松浦市 https://www.city-matsuura.jp

的山大島《あづちおおしま》（長崎県）

平戸諸島の北の外れ 海の要衝の現在は

平戸市の北、約11㎞にある。古くは九州北部から出港した遣唐使船が、大陸とを往来する際に寄港したのがこの島だったといわれる。北に湾口を開けた大根坂湾と南に湾口を開けた的山《あづち》湾と神浦《こうのうら》湾があり、神浦には浦役所が置かれて明治大正まで栄えた港がある。

弘安の役（1281）の際には島が戦場となりおびただしい戦死者を出したといわれ、その戦死者を弔い埋葬したという「千人塚」がある。また、秀吉の朝鮮出兵のときには兵士を乗せた船の寄港地としても使われ、昔から海上交通の要衝であったことがうかがえる。

島は全体に起伏が多く、その傾斜地に開かれた棚田が美しい風景を作り出しており、米作りの盛んな島である。神浦港周辺の路地には昔ながらの家々が軒を連ね、そのぎっしりと詰まった狭い空間を歩くと、昔日の港のにぎわいが思い浮かぶようだ。

神浦は国選定重要伝統的建造物群保存地区。

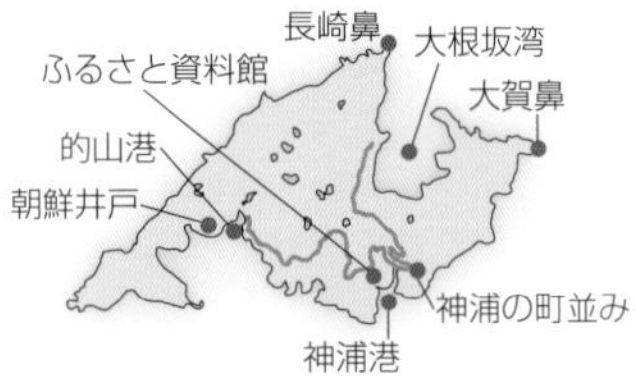

みごとな段々畑。米作りの盛んな島である。

▲島の歴史がわかる「ふるさと資料館」。
▶「朝鮮井戸」。遣唐使船も寄港した島。

[大島〈的山大島〉データ] ●長崎県平戸市 ●人口：911人 ●面積：15.16㎢ ●周囲：38.0㎞
●ホームページ：平戸市 https://www.city.hirado.nagasaki.jp

ひらどしま

平戸島（長崎県）

南蛮渡来文化 キリスト教布教の地

北松浦半島の北西端・田平町の西にあり、約600mの平戸瀬戸をはさんであるが、昭和52年（1977）に平戸大橋が架かり九州本土と陸続きになった。

中部、獅子町の美しい棚田。

フランシスコ・ザビエルほかカトリック宣教師が布教のために日本にやって来た時代、平戸島にはオランダ、イスパニア、イギリスなどの船が次々と来航しオランダ商館やイギリス商館などが置かれた。江戸幕府はその後商館などを長崎出島に移し、平戸島は南蛮貿易では衰退したが、その後、平戸藩10万石の城下町として栄えた。

南北に35kmもある長く大きな島で、車を停めながら何か所かを見て回ると1日はじゅうぶんにかかる。平戸市の中心地では教会やオランダ橋など見どころが密集する。田舎に足を延ばすと「獅子町の棚田」や最南部の「志々伎湾《しじき》」などの風景は絵のようである。

昭和６年に建てられた「カトリック紐差教会」。

▲▶白壁の塀越しに寺院と教会一度に見える奇異な風景が平戸島文化の一つ。

[平戸島データ] ●長崎県平戸市 ●人口：15,737人 ●面積：163.40㎢ ●周囲：203.5km
●ホームページ：平戸市 https://www.city.hirado.nagasaki.jp

生月島《いきつきじま》（長崎県）

断崖の秀景とキリシタンの聖地

平戸島の西北にあり、もっとも近い600mの辰ノ瀬戸には生月大橋が架かり、九州本土から平戸島を経由して陸路で渡れる。島の北部と南部の西海岸には断崖が続く――というと一見険しい島のように思ってしまうが、東側に展開する集落と緑の丘陵を見るかぎり穏やかで季節感豊かな島にみえる。そうした場所はかつて昔、馬の放牧をしたところで、馬や牛を産出した島だったといわれる。

島の住人の多くがカトリック教徒の島として知られるが、その中には近年まで潜伏キリシタンとして信仰を守り続けてきた人々もいる。悲惨なキリシタン弾圧があった殉教地として、現在でもこの島の聖地を訪れる人々が多い。その歴史を学びどこを歩くかを知るためにまず「生月町博物館・島の館」へ。景色の素晴らしさもこの島の魅力だ。「大バエ断崖」や「塩俵の断崖」、「山頭草原」などがある。

北部にある「塩俵の断崖」。

田植えを待つ大久保地区の水田風景。

▲平戸島とつながる「生月大橋」。

▶隠れキリシタンの聖地が随所にある。

［生月島データ］●長崎県平戸市　●人口：4,592人　●面積：16.55㎢　●周囲：28.6㎞
●ホームページ：平戸市 https://www.city.hirado.nagasaki.jp

高島《たかしま》（長崎県）

島の、そのまた島へ
ここまで来ると秘島のおもむき

平戸島南部・宮ノ浦港の西、約1・5㎞にある。軍港佐世保を控えた平戸諸島の要衝であったため、太平洋戦争のときには島内に砲台が置かれた。東に向いた集落はひっそりと静まり返りよく清掃された道がこの島の住人のきれい好きを裏づける。漁業が島の産業だが魚は平戸島に持っていくためか、魚類のにおいがしない島だ。

人家は少なく、集落内には畑もある。

久しぶりの見学者に、島の住人もお出迎え。

[高島データ] ●長崎県平戸市　●人口：20人　●面積：0.25㎢　●周囲：3.0㎞
●ホームページ：平戸市 https://www.city.hirado.nagasaki.jp

度島《たくしま》（長崎県）

なんといっても
こんもりとした飯盛山《いいもりやま》がいい

平戸島の北、約2㎞にある。室町時代の1554年に3人のキリスト教宣教師が来島して布教活動をおこなった結果、500人の島びとがキリシタンとなった。しかし1597年に平戸藩主がキリスト教の改宗を命じたため、この島からキリシタンはいなくなった。飯盛地区と本村地区の間2㎞を歩くと島内の様子がわかる。

真ん中の島が度島。遠方は的山大島。

風を避けて建つ民家と畑。

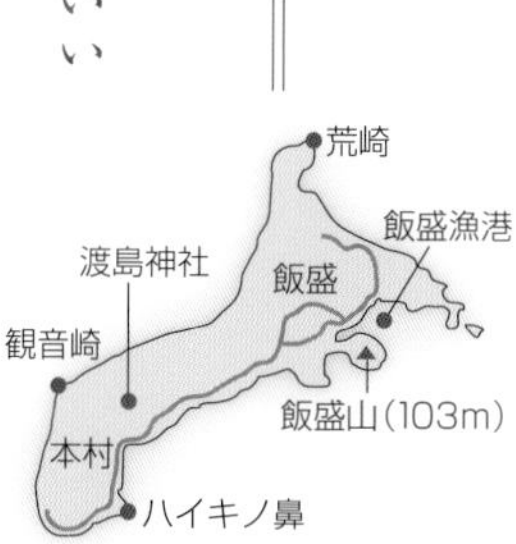

[度島データ] ●長崎県平戸市　●人口：597人　●面積：3.57㎢　●周囲：12.0㎞
●ホームページ：平戸市 https://www.city.hirado.nagasaki.jp

宇久島《うくじま》（長崎県）

平家一門
この島に礎《いしずえ》を築く

佐世保市の西、約60㎞にある。古くは朝鮮や中国への往来時に寄港した島で、遣唐使を乗せた船も立ち寄った記録がある。平安時代末期の文治3年（1187）、壇ノ浦の合戦に敗れた平家盛がこの島に逃れ、その後、約200年間にわたり五島一帯を統治し、五島氏を名乗った。そのためこの島こそ五島文化の発祥地であるといわれる。

西端の火焚崎近くには「平家盛公上陸の地」があり、上陸した家盛が乗ってきた船を隠した「船隠し」がここ。落日の夕映えが美しい場所である。南部の小浜郷下山地区には、幹周りが約16mで樹齢100年以上といわれる「アコウの巨樹」がある。幹や枝が溶けてからまるような大木を下から見ると圧巻。

東光寺は家盛が開基した平家公7代の菩提寺。赤い山門をくぐり本堂の裏手には7代の墓が並ぶ。

ヒジキ漁を終えて。

城ヶ岳（259m）から見た島の景観。左上は牧崎の対馬瀬灯台。

右◀南部の下山にある「アコウの巨樹」。

左◀平家盛の菩提寺「東光寺」。

［宇久島データ］●長崎県佐世保市　●人口：1,667人　●面積：24.94㎢　●周囲：37.7㎞
●ホームページ：佐世保市 https://www.city.sasebo.lg.jp

寺島《てらしま》（長崎県）

長い時間が作り上げる
不思議なポットホール

宇久島南部の西、神浦漁港から2・5㎞にある。宇久島にある平家盛の菩提寺『東光寺』の寺領であった島だったので、寺島と名づけられたと伝えられる。住人のほぼ全員が漁業に従事。西端のノリ瀬にはポットホールと呼ばれる玉石甌穴があり、波が打ち寄せると海水によって洗われ玉石が動く。これは信仰の対象にもなっている。

湾内の海ぎわにある「若宮神社」。

ノリ瀬にあるポットホール（玉石甌穴）。

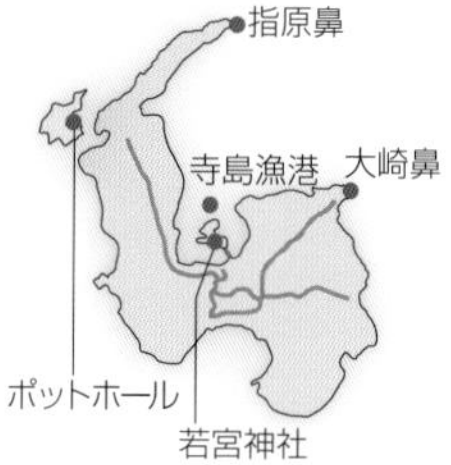

[寺島データ] ●長崎県佐世保市　●人口：10人　●面積：1.30㎢　●周囲：8.8㎞
●ホームページ：佐世保市 https://www.city.sasebo.lg.jp

六島《むしま》（長崎県）

暮らしの原点
あたかも桃源郷…のような

野崎島の北、約1・2㎞にある。江戸時代の捕鯨が盛んだったころには、この島にも鯨組の拠点があったと伝えられる。集落は六島漁港から一段高いところにあり、すぐには見えない。住人も高齢化して減少し、無人化の一歩手前である。島の周囲は潮流が複雑で速く、その分、一本釣りで大物がよく釣れる。

のどかな六島漁港。前には野崎島が見える。

女性たちの魚さばきの共同作業。

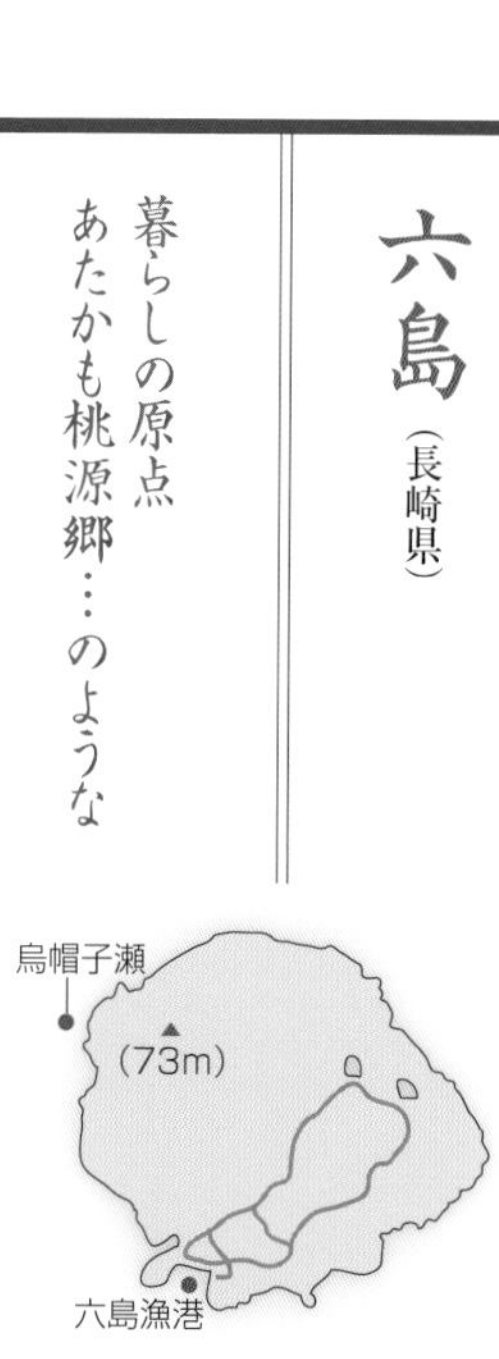

[六島データ] ●長崎県北松浦郡小値賀町　●人口：1人　●面積：0.69㎢　●周囲：3.1㎞
●ホームページ：小値賀町 http://ojika.net

野崎島《のざきじま》（長崎県）

ヤブツバキの山道　ときおり聞こえるシカの鳴き声

最後の住人とともに居た犬。

佐世保市の西、約55kmにある。西に隣接する小値賀島とは約2・5kmの距離にある。全島が200～350mの山が連なる島山で、山林に覆われている。江戸時代中期から定住が始まり、潜伏キリシタンもこの島に住んだといわれる。昭和30年代には640人を超える人口があったが、その後は激減し、平成12年には一時登録人口がなくなり無人島となった。静かで木々に覆われた自然豊かな島には700頭を超える野生のシカが生息しており、早朝にはその高い鳴き声が森にこだまする。

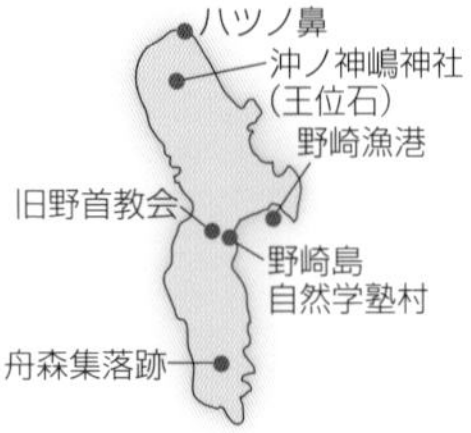

丘の上の野首天守堂。世界文化遺産の構成資産の一つ。

教会堂建築の鉄川与助によるレンガ造りの「野首天主堂」が現存しており、この教会を見学したり、礼拝で訪ねる人々もいる。100年にもわたり島の丘の上で信仰を支えてきた教会堂には静かな威厳が感じられる。旧校舎を使った「野崎島自然学塾村」で野崎島の体験学習ができる。

教会の下には、学校の校舎だった建物を利用した「自然学塾村」がある。

［野崎島データ］●長崎県北松浦郡小値賀町　●人口：1人　●面積：7.11㎢　●周囲：15.6㎞
●ホームページ：小値賀町 http://ojika.net

小値賀島《おぢかじま》（長崎県）

威勢のいい鯨獲りの男衆が闊歩した時代

佐世保市の西、約60㎞にある。小値賀諸島は17島あまりの火山でできた島々である。その中心である小値賀島には比較的小さな臼状火山が20座あり、現在の島全体はそれらの火山が元になって組成されているというきわめて珍しい島である。島内を見て歩くと、そういえば火山による赤黒い溶岩状の岩場などがよく見られる。

隣の宇久島と同様に、遣唐使船が中継しながら島伝いに大陸とを行き来していたころ、補給や風待ちで寄港した島といわれる。江戸時代には近海捕鯨に沸いた。6組もの〝鯨組〟があったといわれる。

小値賀港のある笛吹地区。その裏通りには昔ながらの家々が軒を連ね、狭い小路はこの島の生活文化をあらわす風景が見られる。作家の檀一雄がここに1か月も逗留して執筆し、お気に入りの島だったといわれる。

ハガツオの燻製「カツオ生節」

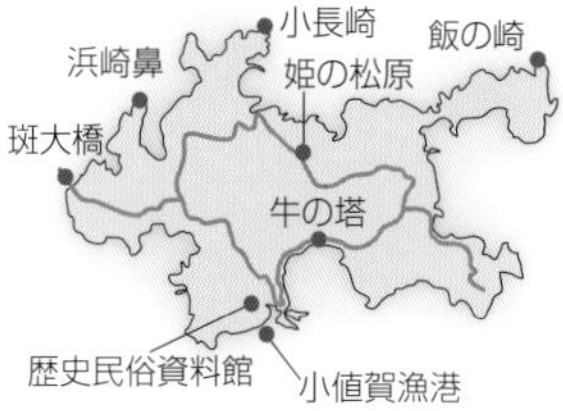

「牛の塔」。島の干拓工事で使役した牛の慰霊のための祠。

▲ガードレールも稲のおだかけに活用！?

▶静かな島。港からの目抜き通り。

［小値賀島データ］●長崎県北松浦郡小値賀町　●人口：1,939人　●面積：12.27㎢　●周囲：57.3㎞
●ホームページ：小値賀町 http://ojika.net

斑島《まだらしま》（長崎県）

その日によって変わる目玉の表情

小値賀島の西、約３００ｍにあり、斑大橋により小値賀島と結ばれている。島の遺跡からは旧石器時代のものや縄文土器が出土し、古くから人が住んでいたことがうかがわれる。海岸部の岩場に、目の形をした穴（甌穴《おうけつ》）とそこに玉石がはまり、あたかも人の目玉のようで珍しい。これはポットホールと呼ばれる自然物で国指定天然記念物。

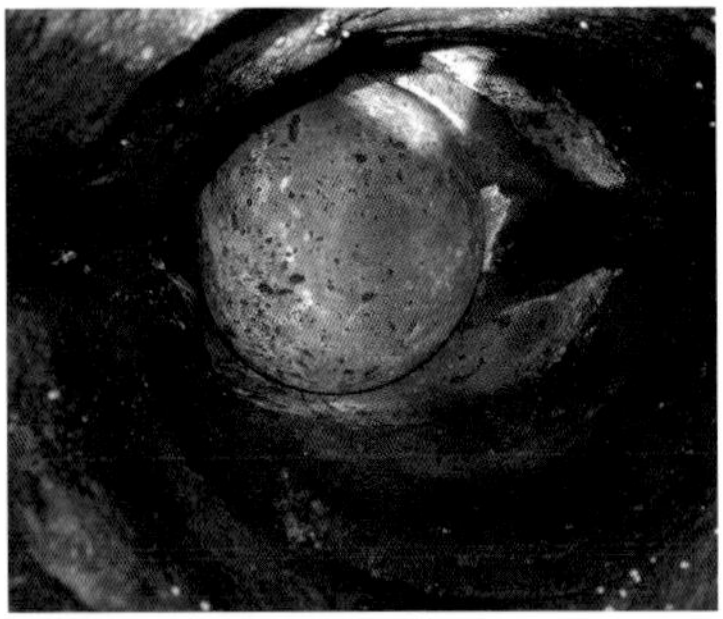

「ポットホール」。岩穴で転がり丸くなった玉石。

橋が架かり小値賀島とは一体に。

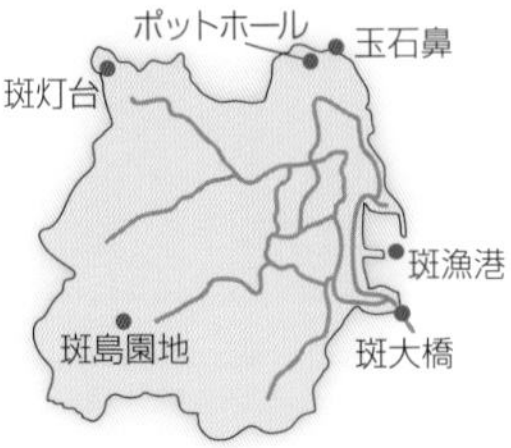

［斑島データ］●長崎県北松浦郡小値賀町　●人口：136人　●面積：1.58㎢　●周囲：5.6㎞
●ホームページ：小値賀町 http://ojika.net

納島《のうしま》（長崎県）

温暖で風光明媚 夏には磯遊びもできる

小値賀島の北、約１㎞にある。二つの小さな火山が結合してできた島。溶岩流によってできたなだらかな平原が島全体に広がり、入り組んだ海岸線が美しい。室町時代の中期には大半の島びとはキリシタンとなっていたが、その後迫害を受けて信仰は途絶え、定着しなかったという。落花生はこの島の特産で県内でもよく知られる。

島の特産は落花生。畑から収穫し泥落とし中。

畑作が盛んで、次から次に野菜などが作られる。

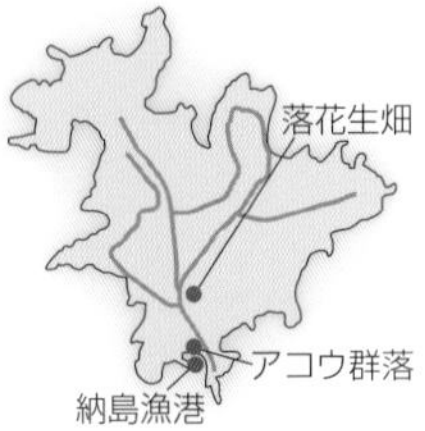

［納島データ］●長崎県北松浦郡小値賀町　●人口：16人　●面積：0.65㎢　●周囲：5.2㎞
●ホームページ：小値賀町 http://ojika.net

黒島《くろしま》（長崎県）

もう少し溶岩が流れ出れば――

小値賀港の南にわずかな水路をはさんである島で、昭和47年（1972）、87mの金比羅大橋が架かり小値賀島と陸伝いとなった。この島は二つの小さな火山がくっついてできた島で、もう少し噴火が大きければ小値賀島とつながっていたともいわれる。

わずかな瀬戸は「金比羅大橋」で小値賀島と結ばれている。

小値賀漁港から歩いて10分。島の北部の「神ノ崎遺跡」は、弥生中期から古墳時代後期ごろまでの約500年間にわたって使われたとみられる豪族の墓地といわれ、数多くの石棺がここから出土している。東端にある「鎌倉山」の由緒としてあるのは、弘安年間（1278～88）に鎌倉・建長寺の禅師雪渓がここを訪れ、小さな庵を建てたことに由来するといわれる。

「黒島園地の展望台」からの眺望は素晴らしく、遠く野崎島や中通島まで一望することができる。園地のサクラが咲く季節はとりわけ美しい。

黒島火山の溶岩流。早く冷えて固まった溶岩はひび割れが多いという。

5,6世紀の埋葬地といわれる「神ノ崎遺跡」。

［黒島データ］●長崎県北松浦郡小値賀町　●人口：35人　●面積：0.24㎢　●周囲：3.2㎞
●ホームページ：小値賀町 http://ojika.net

おおしま
大島
（長崎県）

島びとの助け合いで自力更生を手伝う

小値賀島の南西、約3・5㎞にある。明治時代後期から大正、昭和6年ごろまで漁業がとても盛んだった。とりわけイワシの刺し網漁は大漁が続くと一晩で一斗升200杯も獲れたという。

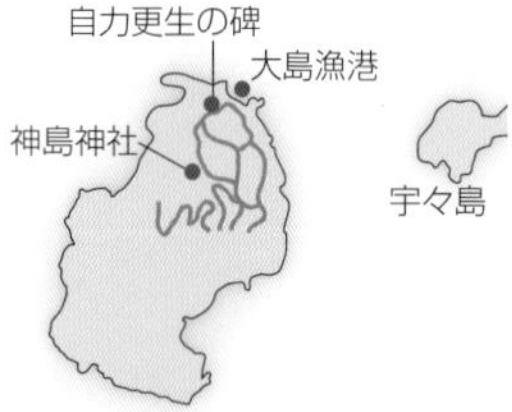

ワカメをシソの葉で巻く島の伝統食「つけめ」。

全島いたるところに火山弾が多くあり、また、水畑遺跡などから矢じりや石斧などの石器が出土している。港から緩い坂に沿って集落の家々が並び、また海岸沿いには鬱蒼と茂る木立の下、民家が強い日差しを避けて涼しげに何軒か建つ。

大島から600m離れて大島に所属する宇《う》々《う》島という無人島がある。この島は昭和40年ごろまで続いた〝困窮島〟だった。不作が続いたり、何らかにより困窮を極めた家族を3年を限度にこの島に移住させて生産活動をおこなわせ、賦役や賦課などをかけずに生活を立て直させた。いわば大島独自の〝自力更生〟の方法だった。

穴の開いた岩の名所「帆揚瀬」近くには別の奇岩もある。

宇々島の民家の跡地は藪に覆われて。

港前の集落入り口。石垣がみごと。

［大島データ］ ●長崎県北松浦郡小値賀町 ●人口：50人 ●面積：0.71㎢ ●周囲：7.8㎞
●ホームページ：小値賀町 http://ojika.net

くろしま

黒島（長崎県）

サザンカやアコウの木に野鳥のさえずりが響く

佐世保港の西、約15㎞にある。江戸時代のキリスト教弾圧の時代に、逃れてきたキリシタンの信者たちが多く住んだ島である。その後、何度もの曲折を経て、明治11年（1878）にローマカトリックに復帰した。現在も住人の70％以上がカトリック信者といわれる。

明治35年（1902）、フランス人宣教師マルマン神父が信徒たちとともに造ったといわれるカトリック黒島教会の名切《なぎり》天主堂（国指定の重要文化財）では、現在でも多くの信徒たちが敬虔な祈りを捧げにやって来る。

異国船の見張り所が置かれた高台などもあり、島全体は険しい島山の景観だが、島内には自家用ではあるが田や畑もあり、タマネギなどの野菜が多く作られている。

サザンカの木が多く、かつて昔はこの実を集めてしぼりサザンカ油として売られたということがあった。

「名切天主堂」。

本村の黒島漁港の景観。

カトリック黒島教会の内部はロマネスク式聖堂の造り。

ステンドグラスは昔のままのものをそのまま使い続けている。

［黒島データ］●長崎県佐世保市　●人口：324人　●面積：4.66㎢　●周囲：12.5㎞
●ホームページ：佐世保市 https://www.city.sasebo.lg.jp

高島《たかしま》（長崎県）

地魚で作る カマボコ、チクワ――

佐世保市相浦港の西、約７㎞にある。松浦藩の領有地として、古くから牧場や船の係留場所として使われていた。屹立した岩山でひときわ威容を誇る番岳（１３６ｍ）には、幕末のころ沖を往来する異国船の見張所があった。頂上からの眺望は最高。漁業の盛んな島で、この島で作られるカマボコとチクワは特産品になっている。

番岳の麓に高島港と集落がある。

中央が番岳、左端は桂岳と灯台が見える。

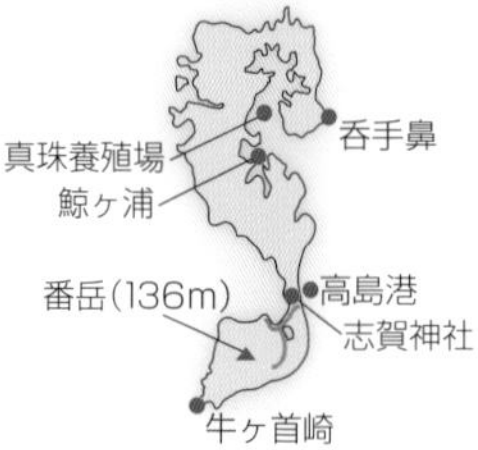

［高島データ］●長崎県佐世保市　●人口：149人　●面積：2.67㎢　●周囲：21.0㎞
●ホームページ：佐世保市 https://www.city.sasebo.lg.jp

大島《おおしま》（長崎県）

こんなに近くても やっぱり島は島

佐世保市の南部の大村湾内にある。九州本土の江上地区から約40ｍほどの海を隔ててあったが、昭和63年に江上大島橋ができ陸続きになった。大正時代には煉瓦用の赤土が採れ煉瓦製造工場があった。橋を渡った島内からはリゾート施設のハウステンボスがよく見える。島の南部にはリハビリの病院と介護施設などがある。

「江上大島橋」を渡って島へ。

昔はこの港にスクールボートが着いた。

［大島データ］●長崎県佐世保市　●人口：統計なし　●面積：0.40㎢　●周囲：3.5㎞
●ホームページ：佐世保市 https://www.city.sasebo.lg.jp

前ノ島《まえのしま》（長崎県）

西海橋を越えた海流で
おいしいカキが育つ

大村湾北西部の深い入江の奥にある小島。大串郷の沖にある竹ノ島に隠れるように、対岸の九州本土から見えない位置にある。リアス式の島の周辺では、海面に浮かべたイカダでカキの養殖漁業がおこなわれている。島の住人としてはその漁業関係者が登録されていたが、現在は本土との往き来は自家用船でおこなっている。

カキ養殖の季節以外は他の海面養殖に変わる。

ずらりと並ぶ本土とを行き来する自家用船。

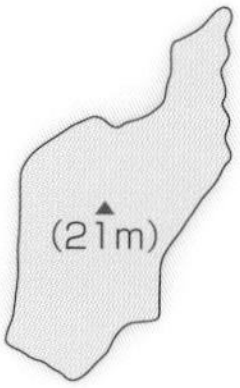

［前ノ島データ］●長崎県西海市　●人口：０人　●面積：0.03㎢　●周囲：不明
●ホームページ：西海市 https://www.city.saikai.nagasaki.jp

竹ノ島《たけのしま》（長崎県）

よほど島好きでないと
ここまでは旅しないか——

大村湾内の西彼町大串郷にあり、九州本土の俵頭地区から海上わずか50mの距離にある。波静かな海域であるため養殖漁業が盛んで、かつては真珠貝の養殖もおこなわれていたが、現在ではカキなどの養殖に替わった。近代的なホテル施設のハウステンボスに近く、ヨーロッパの風景とこの島のしっとりとした風景の対比がおもしろい。

内湾の中、波のたたない静かな海辺の島。

"島の山"が織りなす風景の変化が美しい。

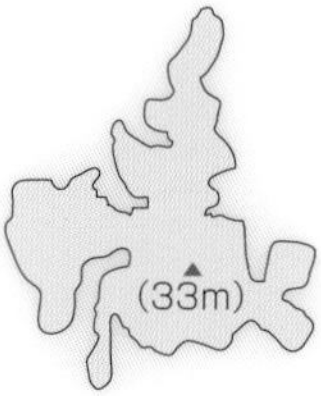

［竹ノ島データ］●長崎県西海市　●人口：３人　●面積：0.08㎢　●周囲：4.1㎞
●ホームページ：西海市 https://www.city.saikai.nagasaki.jp

詩島《うたじま》（長崎県）

長崎出身のシンガーソングライターの島だった

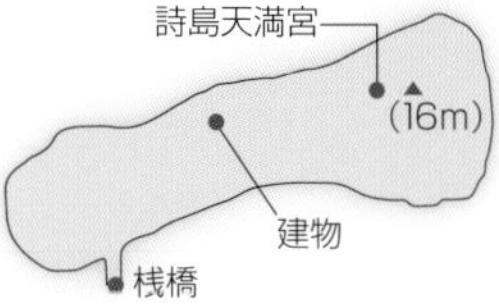

長崎県出身のシンガーソングライター・さだまさしさんが、１９７９年に別荘の島として無人島だったこの島を購入した。それまで寺島と呼ばれていた島だったが、１９９５年にさださんの申請により「詩島」となった。水道や電気も完備しバンガローやログハウスに一般者の宿泊も可能だったが、現在は休止している。

海辺はとても波静かで美しい。

上方から母屋、桟橋、真ん中がレストハウス、下方にコテージがある。

［詩島データ］●長崎県長崎市　●人口：統計なし　●面積：0.01㎢　●周囲：不明
●ホームページ：長崎市 https://www.city.nagasaki.lg.jp

前島《まえじま》（長崎県）

大村湾の沿岸沿いに古墳群の島があった

内海で静かな大村湾。その西彼杵半島の付け根あたりにある。山が無く、標高も30mと、ほぼ起伏のない島で、戦後に開墾されてミカン畑がつくられた。定期航路は無く、住人は自家用の船で対岸の時津町《とぎつちょう》などを行き来している。古代人の集団墓地と見られる古墳群が発掘され、隣接するダケク島と共に「古墳の島」の異名をとる。

古代人の集団墓地と考えられる箱式石棺と円墳が築かれ、６～７世紀の副葬品が出土した。

［前島データ］●長崎県西彼杵郡時津町　●人口：５人　●面積：0.26㎢　●周囲：4.0㎞
●ホームページ：西彼杵郡時津町 https://www.town.togitsu.nagasaki.jp

鵜瀬島《うせじま》（長崎県）

ほんとうに波静かな内海の風景

大村湾内の西岸にはもう一つの湾である形上湾があり、その湾口部に本土とは10mほど隔ててある。大村湾の洋上にある長崎空港から約9kmの位置にあるが、上空を往く飛行機がよく見える日がある。通常の漁業と真珠貝の養殖が盛んな島だが、残念なことにそれを食べさせてくれる宿はない。雨が降ると水墨画のような世界になる。

港と民家の裏山は全部ミカン畑である。

左手が鵜瀬島。右は本土の小口港。

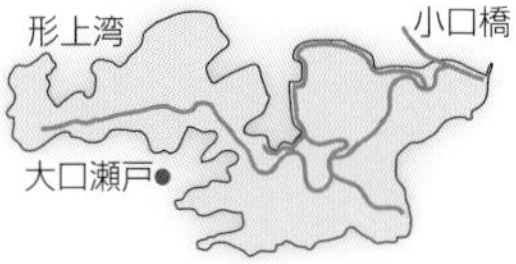

［鵜瀬島データ］●長崎県長崎市　●人口：統計なし　●面積：0.25㎢　●周囲：4.0㎞
●ホームページ：長崎市 https://www.city.nagasaki.lg.jp

鹿島《かしま》（長崎県）

長崎空港の離発着で上空から見えることも

大村湾内にある長崎空港の南、約3・5kmにある。九州本土の舟津地区から約300mの距離を島の人たちは自家用船で行き来している。周囲3kmにも満たない島で10人前後の住人がミカン栽培や漁業を営んでいる。広大な半閉鎖型海域の大村湾は波静かだが、夕景に輝く海面や飛行機の離発着風景など、鹿島を添景にしてみるのもよい。

緑に覆われた島の全景。その多くがミカンの木。

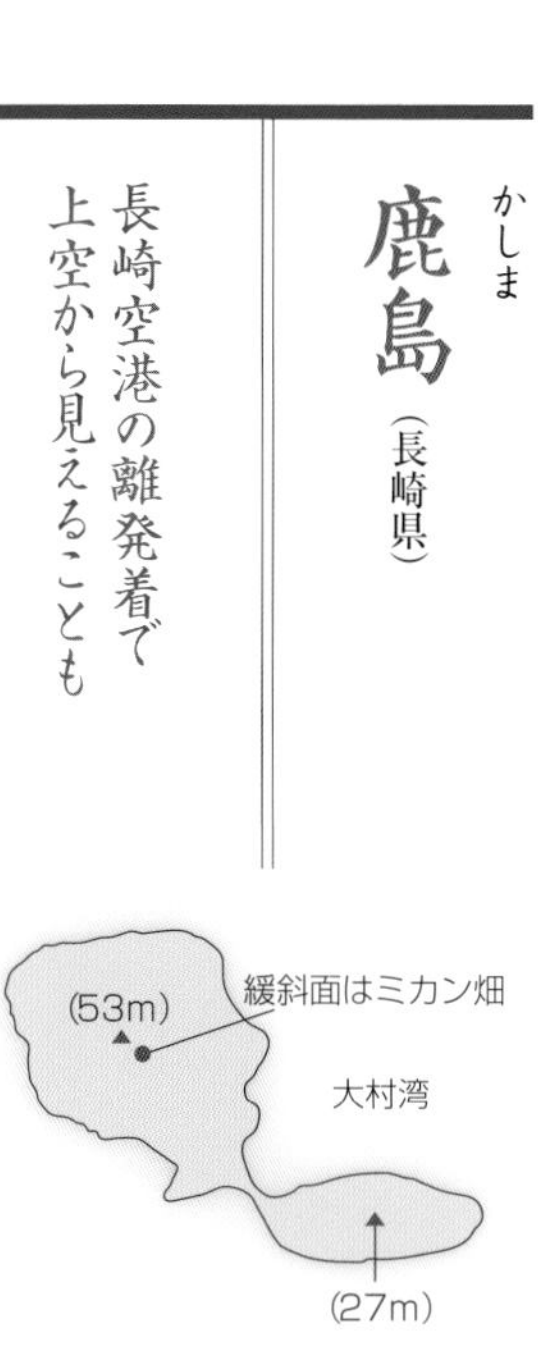

［鹿島データ］●長崎県諫早市　●人口：統計なし　●面積：0.16㎢　●周囲：2.6㎞
●ホームページ：諫早市 https://www.city.isahaya.nagasaki.jp

大島《おおしま》（長崎県）

今は大橋で一気に島へ フェリーのころが懐かしい

西彼杵半島の北部、西海市太田和の西、約2kmにある。平成11年に大島大橋が架かり、昭和63年に寺島との間に完成していた寺島大橋と連結されて九州本土と陸伝いに結ばれた。

「カトリック太田尾教会」。

古くは大村藩の馬牧として使われていた島。昭和10年に開鉱した松島炭鉱大島鉱業所は良質な石炭を産出し、最盛期の昭和35年に1万8千を超える島の人口を記録したが、昭和45年に閉山した。その後大島造船所ができて、巨大なゴライアスクレーンが重量物を運び、造船の音が響く島となった。

島の東部一帯はこのように工業区域とその従業者の住まいという印象だが、そこを外れると島全体は山林が多く入江と漁港が多い島と感じる。細い道を車で走り太田尾地区に入ると、美しい形をした「太田尾カトリック教会」がある。昭和4年（1929）に建てられたもので、外装が細かい石をセメントで練り塗り上げたもので造られているのが珍しい。

大島造船所のゴライアスクレーンがこの島の目印といってもよい。

本土間の架橋により、“島での暮らし”という考え方が“住む場所が島”であるという考え方に変わったともいえる。

［大島データ］●長崎県西海市　●人口：4,391人　●面積：12.08㎢　●周囲：45.9㎞
●ホームページ：西海市 https://www.city.saikai.nagasaki.jp

蛎浦島《かきのうらしま》（長崎県）

石炭が日本の代表的エネルギーだった時代

佐世保港の南西、約20kmにある。古くから人が住み始めた島といわれ、江戸時代初期には大村藩が治めていた。寛永年間（1624～44）には〝鯨組〟があって近海捕鯨の基地にもなっていた島。

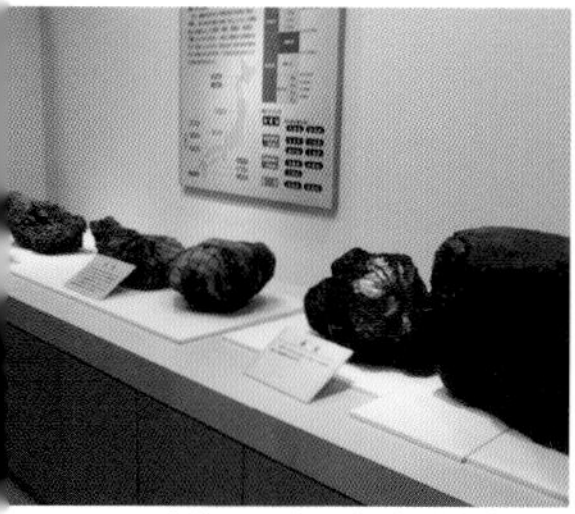

「崎戸歴史民俗資料館」の石炭。

明治19年（1886）、島の南部にある芋島付近で、漁師が潜水漁をしていたとき海底で見つけた石が石炭の発見となった。その後80余年間にわたり採炭の島として操業が続けられ、国家的なエネルギー需要にも影響を及ぼすほどの重要な炭鉱へとなっていった。最盛期には年間120万トンを出炭し4千人もの従業員が働いていた。

昭和43年に閉山。当時の炭鉱従業員の住宅アパートもすでに取り壊され、石炭の島の面影は残り少なくなってしまったが、炭鉱記念公園にある「崎戸歴史民俗資料館」では当時を記録した映像なども観られる。炭鉱の遺構などを探して訪れる人も案外多い。

崎戸港と町の中心地全景。

海辺に作られた散歩道「ウォーターデッキステーション」。風光明媚で歩きやすい歩道。

［蠣浦島データ］ ●長崎県西海市 ●人口：781人 ●面積：4.75㎢ ●周囲：38.3㎞ （崎戸島を含む）
●ホームページ：西海市 https://www.city.saikai.nagasaki.jp

寺島《てらしま》（長崎県）

大島行きにはひと休み
一気に渡ってはもったいない

西海市の本土から呼子ノ瀬戸をはさんで約700m西にある。平成11年に大島大橋が架かり、本土と陸続きになった。その昔この島の起伏と緩斜面が適当だったところから、大村藩の軍馬飼育のための牧場として使われた。島の北端、保食神社まで歩いてみると寺島の景観が楽しめると同時に西向かいの大島ドックの光景も見られる。

木々が生い茂る北西海岸の入江。

島の北端、海ぎわにある「保食神社」。

［寺島データ］●長崎県西海市　●人口：210人　●面積：0.78㎢　●周囲：7.6㎞
●ホームページ：西海市 https://www.city.saikai.nagasaki.jp

崎戸島《さきとじま》（長崎県）

崎戸町の最西端
落日とラジウム温泉が
待っている

西海市太田和の西、約11㎞にある。本土から複数の橋を渡り崎戸島まで陸路で行くことができる。江戸時代には捕鯨の島として栄えた。異国船の通行を見張る要衝として大番所が置かれた。現在は自然探勝歩道などが作られ、島を歩きに来る人たちも多い。島の西端にはラジウム温泉の宿泊施設があり、付近からの眺望は素晴らしい。

崎戸本郷の港前。老舗の民宿“椿の宿”がある。

崎戸島近海産のイセエビの刺身。

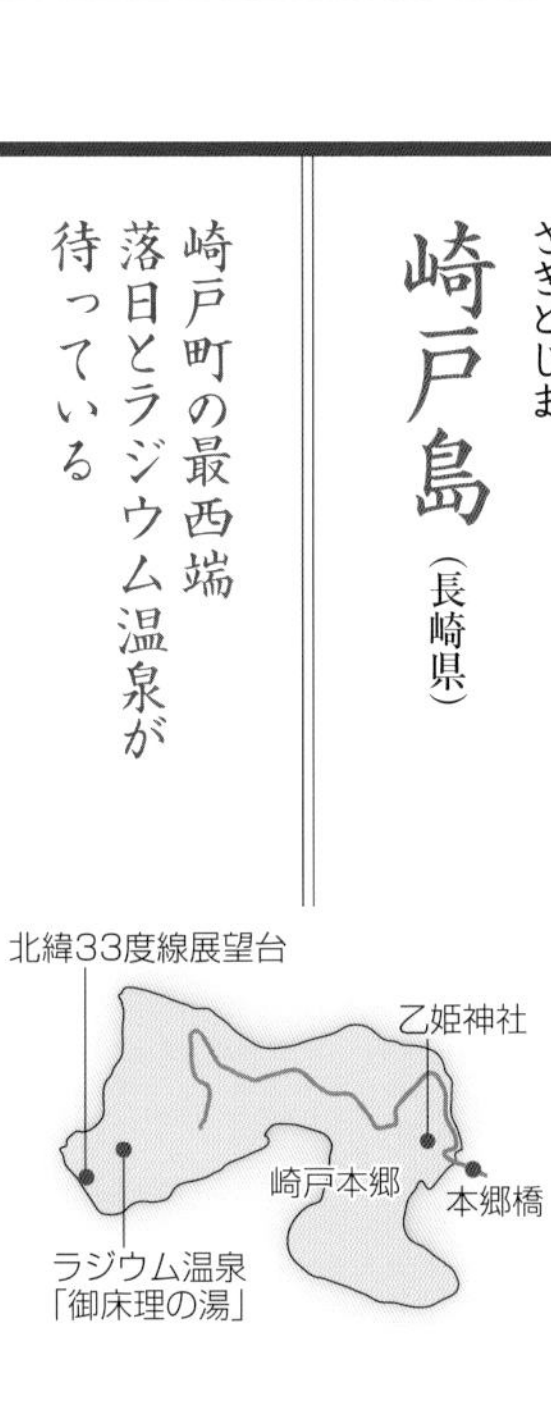

［崎戸島データ］●長崎県西海市　●人口：118人　●面積：0.41㎢　●周囲：不明
●ホームページ：西海市 https://www.city.saikai.nagasaki.jp

江島《えのしま》（長崎県）

清楚な風土の中で はぐくまれる島の味

佐世保港の西、約38㎞にある。江戸時代、西海の近海で盛んにおこなわれた捕鯨の基地でもあった島で、その証しともいえる「納屋場跡」が現在の港のすぐ近くに残っている。

幻となるか「江島醤油」。

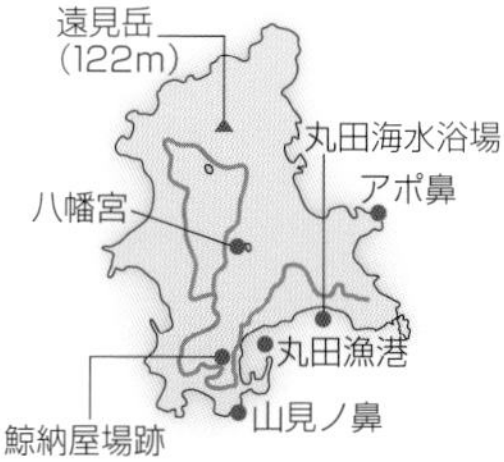

島は全体に山林に覆われていて平地はわずかに港のまわりと集落内だけ。人口が減り学校も休校となってしまったが、島内にある生垣や道は美しく手入れされ、また、自家用野菜畑ではさまざまなものを作っている光景を見るにつけ、この島の生活を大切にする心の豊かさを感じる。

島の婦人会有志が造る「江島醤油」は長い伝統に支えられる江島独特のもので、島内産大麦と大豆、塩と水だけを原料とし、あとは江島の気候風土の中で10か月かけて造りだす、正真正銘の無添加手づくりの本醸造醤油である。しかし、造る女性たちはご高齢のためその存続が危ぶまれている。

梅雨前の仕込み時期を前に、製造用品の手入れ中。

▲集落内の空き地には小さな畑が多い。
▶捕鯨のための納屋があった。

［江島データ］●長崎県西海市　●人口：88人　●面積：2.59㎢　●周囲：9.6㎞
●ホームページ：西海市 https://www.city.saikai.nagasaki.jp

平島《ひらしま》（長崎県）

本土を後にして外海へ 間近に見えるは五島の島々

佐世保市の西、約50㎞にある。間近に見える五島列島・中通島のほうが距離的に断然近く、もっとも近い場所との距離は約5㎞。江戸時代に捕鯨が盛んだった場所で、その当時に納屋が建っていたといわれる場所などが残る。九州西部の五島灘を支配したといわれる小佐々水軍の支配地が平島で、島内には4か所の城跡が残っている。

平島漁港の漁網干し。

集落内の狭い路地。

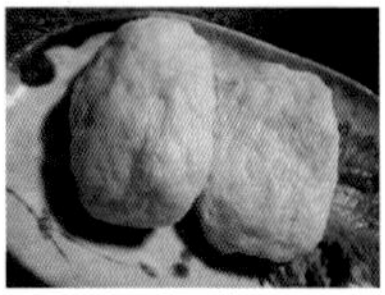
島特産の「揚げかまぼこ」。

[平島データ] ●長崎県西海市　●人口：120人　●面積：5.49㎢　●周囲：16.9㎞
●ホームページ：西海市 https://www.city.saikai.nagasaki.jp

松島《まつしま》（長崎県）

海外の安い石炭を購入し １００万kWの電気を作る

西彼杵半島・西海市大瀬戸町の西、約2㎞にある。江戸時代は大村藩の領地で、捕鯨基地としても栄えた。天明元年（1781）に石炭の採炭が始まり、大正時代には一時1万3千人もの人がこの島に住んだ。主産業の石炭とともに歩んだ松島だが昭和9年の坑道水没事故で閉山、昭和56年からは石炭による火力発電の島になった。

平坦な印象の松島全景。

松島港の前にある「松島神社」の鳥居。

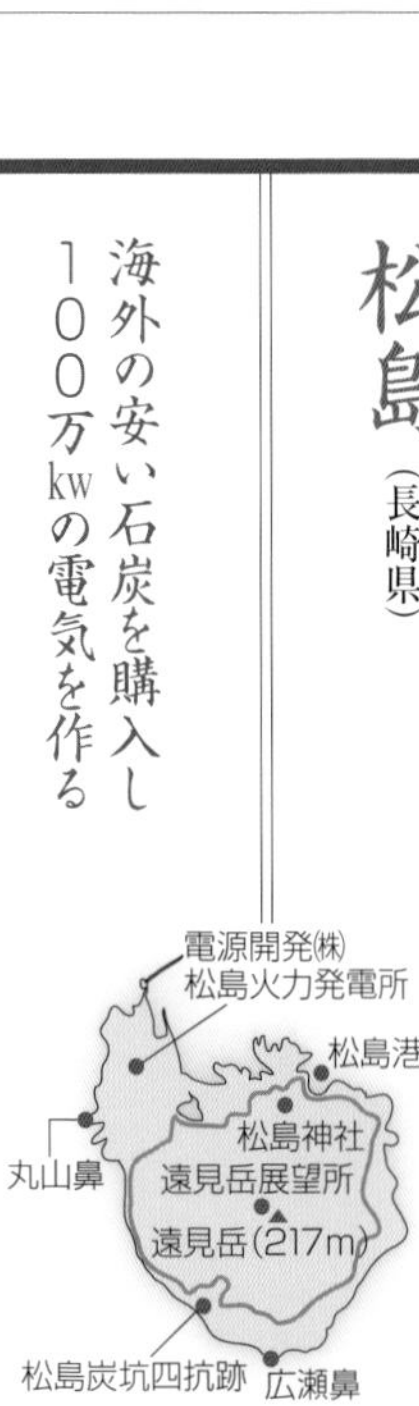

[松島データ] ●長崎県西海市　●人口：373人　●面積：6.37㎢　●周囲：10.6㎞
●ホームページ：西海市 https://www.city.saikai.nagasaki.jp

池島《いけしま》（長崎県）

自生するイグサから黒いダイヤの石炭に

のどかなネコの楽園。

西彼杵《にしそのぎ》半島・外《そと》海《め》町の西、約7kmにある。明治20年（1887）にアメリカの軍艦がこの島に向けて砲撃演習をおこない住人に死傷者を出した事件と、明治44年（1911）にはロシアの軍艦が島に接近する事件が起きて外交問題にもなったことがある島。

この島がなんといってもよく知られるのは、平成13年まで石炭を産出していた「日本最後の島の炭鉱」だったということである。昭和34年に操業を開始した松島炭鉱池島鉱業所は、年間140万トンの安定した出炭量で日本のエネルギーを支えた。操業の最盛期であった昭和40年代前半には7千人を超える人口となり、島内にはアパートが林立し、さまざまな商品が数多く並ぶスーパーマーケットなどもあって、活気ある産業の島だった。炭鉱が興る以前は、島内に自生するイグサを使って作る畳表《たたみおもて》と漁業で生きる島だった。

炭鉱最盛期の頃の、鉱員用高層アパートが今も残る。

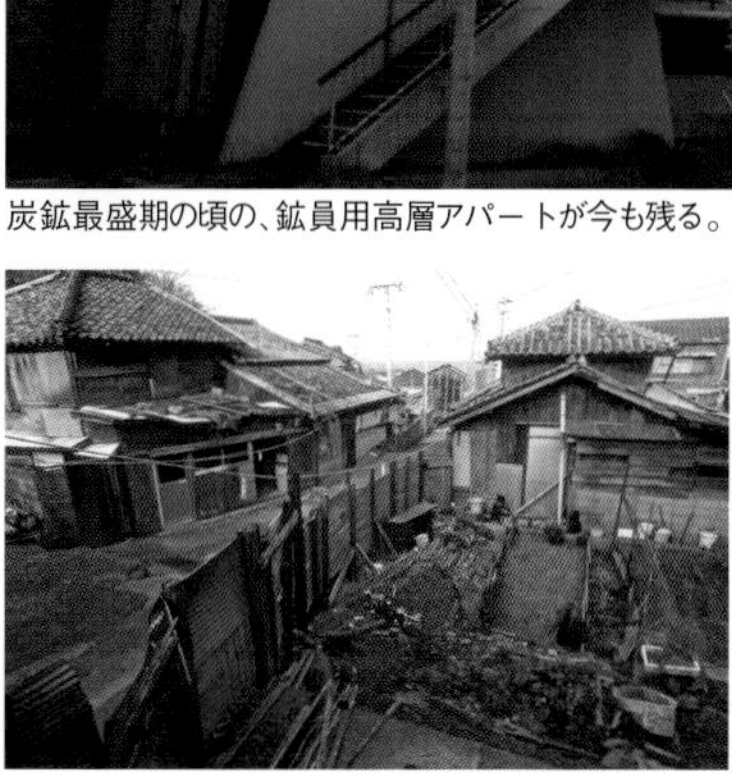
鉱山が開かれる以前からあった池島の集落地区。

[池島データ] ●長崎県長崎市　●人口：99人　●面積：1.06㎢　●周囲：2.3㎞
●ホームページ：長崎市 https://www.city.nagasaki.lg.jp

馬込教会のステンドグラス。

いおうじま・おきのしま

伊王島・沖之島（長崎県）

876mの伊王島大橋が開通

長崎港の南西、約10㎞にある。伊王島と沖之島は数mから30mほどの水路をはさんでいるだけで、橋が3か所に架かりほとんど2島は一体化している。江戸時代のキリシタン弾圧のときには、九州本土の一部のキリシタンが伊王島中部の大明寺地区に移り住んで暮らしたと伝えられる。沖之島の馬込地区には「馬込教会」の尖塔が美しくそびえ建っていて、今も多くの信徒たちが礼拝に訪れる。

昭和16年から石炭を産出したが47年に閉山。その後は温泉保養施設などで島興しが進められている。島の西北端にある「伊王島灯台」は明治4年にできたイギリス人技師ブラントンの設計によるもの。他の灯台に比べると灯火をのせる台座の造りが太くしっかりとしている。洋風の灯台吏員宿舎も建造物として素晴らしく、現在は記念館として公開されている。

沖之島の馬込地区と港。船上から見る天主堂は威厳に満ちて。

ゴシック式天主堂をもつ「馬込教会」。裏側もまた素晴らしい。

［伊王島・沖之島データ］●長崎県長崎市　●人口：616人　●面積：1.25㎢（伊王島）／0.95㎢（沖之島）　●周囲：7.1㎞（伊王島）／5.1㎞（沖之島）
●ホームページ：長崎市 https://www.city.nagasaki.lg.jp

高島《たかしま》（長崎県）

アイディアをふりしぼり石炭の次へ挑戦

長崎港の南西、約14㎞にある。江戸時代の宝暦元年（1751）、本土長崎の農民が移住して島が開かれた。石炭はそれ以前に発見され宝永7年（1710）には採炭が事業化されていた。その事業は藩の直営、合弁、官有と幾多の変遷を経て、明治14年に岩崎弥太郎の三菱合資会社の所有となり戦後に至るまで大きく成長を続けた。石炭産業は日本近代化の根底を築き、三菱の事業の基礎と飛躍を担った高島は、後世「三菱発祥の地」と呼ばれることとなった。

石炭事業に成功した岩崎弥太郎。三菱発祥の地。

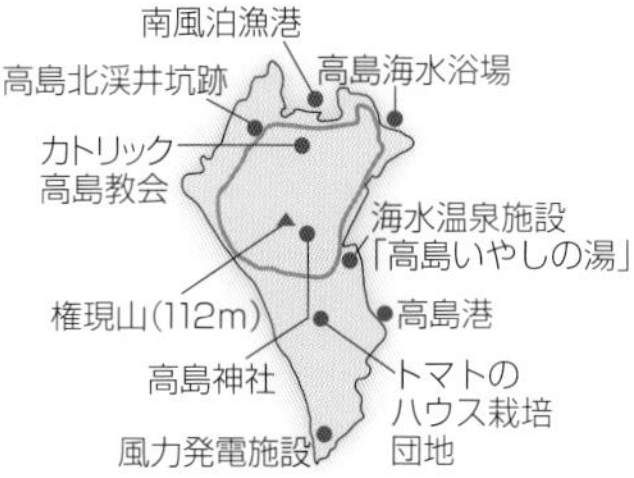

炭鉱跡地に建つトマト栽培ハウス。

最盛期1万7千人あった人口は閉山後の人口流出で激減した。炭鉱住宅は取り壊されて美しい木々が植えられた園地となり、また一部はハウス栽培の団地などに替わった。港の近くには海水温浴施設「高島いやしの湯」が作られ、海水を使った新しい健康促進の施設として話題を呼んでいる。

▲港横の市場。島でとれた野菜や収穫物の店が並ぶ。

▶「高島トマト」はうまい。

[高島データ] ●長崎県長崎市 ●人口：262人 ●面積：1.23㎢ ●周囲：8.9㎞
●ホームページ：長崎市 https://www.city.nagasaki.lg.jp

端島《はしま》（長崎県）

廃墟の美しさ
日本の石炭産業史を物語る

廃墟となった建築物群。

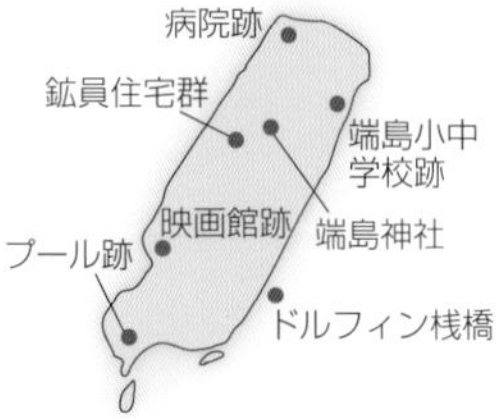

長崎港の南西、約18kmにある。野母《のも》半島の最短の場所からは約4kmと間近に見える。端島は別名『軍艦島』。大正10年に長崎の新聞社が島の形が軍艦「土佐」によく似ている、と記事にしたことからそう呼ばれることとなったらしい。たしかに野母半島から至近に見る端島の姿は軍艦島の名にふさわしい形

右手の建物が学校校舎。中央の高台にあるのが職員住宅。

である。

江戸後期の文化7年（1810）、漁民によって偶然発見された炭層を簡易な〝磯掘り〟で採掘したことに始まり、三菱が本格的な鉱山事業として着手したのは実際には明治23年（1890）だった。その後約1世紀近くにわたり三菱の屋台骨を作り、かつ日本の近代化を支え続けた。

周囲1㎞たらずの島内に、炭鉱の仕事場と生活の場としての住宅、学校、商店、病院、床屋、そして映画館やビリヤード、居酒屋など娯楽施設まですべてがあり、そこには5000人を超す人々が暮らしていた。そのため大正7年（1918）に高層アパートが建てられたという建築史上としても稀代な島であった。

坑夫は危険がともなう重労働だが、高収入で生活水準は高かったといわれる。昭和39年の坑道内火災で一部鉱区が水没、それに相まって時代は石炭から石油へのエネルギー交代の時期が重なり鉱山事業は終息に向かい、昭和49年（1974）ついに閉山となり、数か月後には全員が離島して無人島となった。平成21年、一部島内を整備して見学のための上陸ができるようになり、軍艦島上陸ツアーが催行されている。

「共同浴場」跡か。

部屋の中の遺物。

風の音と、たまに鳥のさえずりが。

風化は進んでいるが、まだ当時の様子をよく残している。

［端島データ］●長崎県長崎市　●人口：0人　●面積：0.06㎢　●周囲：1.2㎞
●ホームページ：長崎市 https://www.city.nagasaki.lg.jp

樺島《かばしま》（長崎県）

なぜ大ウナギが ここに生息していたのだろう

野母半島先端の南、約300mにある。2か所の橋が架かり本土とつながっている。樺島灯台公園まで約1時間30分のハイキングは好評。中世から帆船の寄港地として栄え、大正、昭和になってからは、三池炭鉱などの石炭運搬船が寄港する島として知られた。天然の大ウナギが生息した井戸があり、6代まで世代をつないだ。

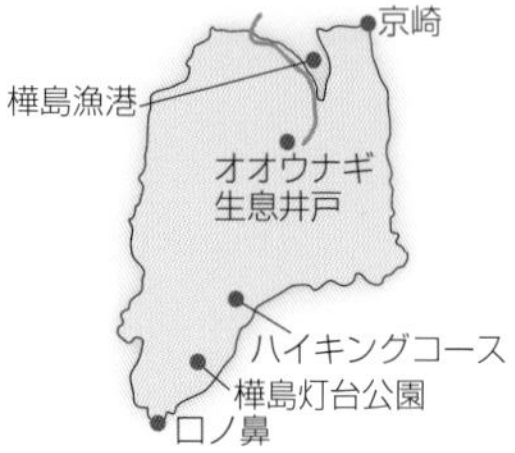

古町の集落内。狭い路地に民家がぎっしり。

ハイキングコースから見る美しい海の景色。

［樺島データ］●長崎県長崎市　●人口：408人　●面積：2.32㎢　●周囲：8.0㎞
●ホームページ：長崎市 https://www.city.nagasaki.lg.jp

牧島《まきしま》（長崎県）

島の県・長崎といえども 橘湾にはこの島、一島だけ

長崎市の東、橘湾の船津地区沖、約100mにある。牧戸橋が架かり九州本土と結ばれている。昭和53年に5～7世紀の積石塚が発掘され、国指定の史跡「曲崎古墳群」に指定された。橘湾から外海に広がっているわりには静かな海面で漁業は盛ん。長崎市水産センターがあり、トラフグ、ヒラメ、タイなどの栽培養殖が見学できる。

ペーロン保存会もあり、長崎の中でも盛んな場所。

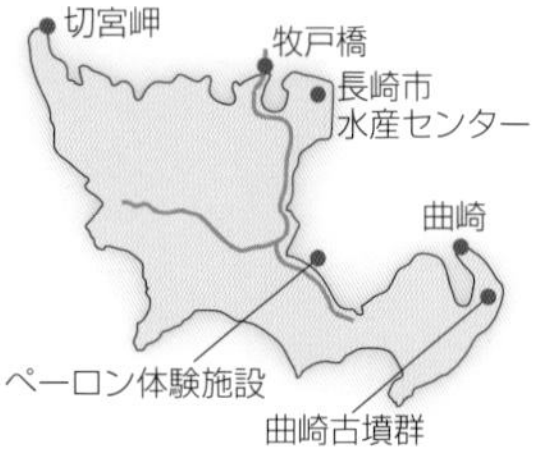

［牧島データ］●長崎県長崎市　●人口：688人　●面積：1.62㎢　●周囲：不明
●ホームページ：長崎市 https://www.city.nagasaki.lg.jp

中通島《なかどおりじま》（長崎県）

深く澄んだ海の色
急斜面の段々畑と人家

佐世保市の西、約55㎞にある五島列島中でもっとも北の島。島は十字のような形で、特に南北に細長く延びる地形をしているため十字架のようにも見える。北の津和崎灯台まで延びる地形はとりわけ急峻で、その急斜面に張りつくように人家と段々畑があるのは、弾圧を避けて暮らしたキリシタンの名残といわれる。現在も住人の30％がカトリック信徒といわれ、教会は島内に25か所もある。その代表格でもあるのが青砂ケ浦教会。

全島は起伏の大きい島山で山林に覆われており、島の周囲はリアス式の複雑な海岸線をみせる。その波静かな内湾ではハマチなど養殖漁業が盛んだ

8月14日の盆のときにおこなわれる「青方念仏踊り」は古来より伝わる南方系の踊りで珍しい。朝鮮の役で命を落とした将兵たちの精霊供養が始まりと伝えられる。

奈良尾にあるカツオモニュメント。

急斜面に切り開いた田畑と家屋。キリシタンの住む里。

「青砂ケ浦教会」の礼拝。

［中通島データ］●長崎県南松浦郡新上五島町　●人口：15,762人　●面積：168.31㎢　●周囲：278.8㎞
●ホームページ：新上五島町 https://official.shinkamigoto.net

頭ヶ島《かしらがしま》（長崎県）

総石造りの教会
国指定の重要文化財

中通島の東の端、有川郷の沖合に約150mの孕《はらみ》瀬戸をはさんである。昭和56年に頭ヶ島大橋が架かり中通島と陸続きになった。

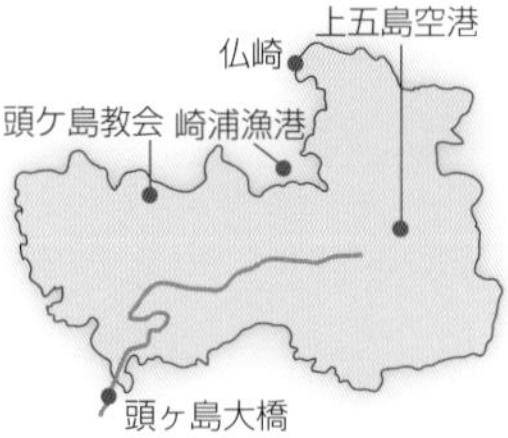

ツバキ模様のステンドグラス。

　古くから中通島の墓地となっていた島だったが、幕末に入植が始まりキリシタンの16戸130人にまで人口を増やしていた。ところが長崎奉行所の弾圧により住人たちは明治2年に本土の浦上に逃れて、ふたたび無人島となってしまった。その後、信教の自由となった世で頭ヶ島に人が戻り、初代の天主堂は木造で明治20年に建てられ、その後現在の石造の天主堂に建て替えられたのは大正8年で、10年間の歳月をかけた信徒たちの資金集めと奉仕とによって教会はみごとに完成した。

崎浦漁港。島は山林に深く覆われている。

　この島で産出する「頭島石」は加工しやすい石として知られる。頭島石を使って建てられた頭ヶ島教会は西日本唯一の石造りの教会である。

独特な石造りの「頭ヶ島教会」は国指定の重要文化財。

［頭ヶ島データ］ ●長崎県南松浦郡新上五島町　●人口：13人　●面積：1.86㎢　●周囲：8.2㎞
●ホームページ：新上五島町 https://official.shinkamigoto.net

桐ノ小島《きりのこじま》（長崎県）

ボーッと歩いていると
この島は見落としてしまう

中通島の南部、若松島と接する西海岸沿いを見ると、岬なのか島なのかよくわからない小島がいくつもある。

わずか10mほどの瀬戸に橋が架かっている。緑深き島である。

中通島・桐集落の海ぎわにわずか10mほどの海を隔ててあるのが、名前も可愛らしいこの島。中通島を訪ねる機会があればぜひ寄り道をしてみたい。周りの海に並ぶ養殖イカダはこの島の住人が育てているもの。

［桐ノ小島データ］●長崎県南松浦郡新上五島町　●人口：中通島に含む　●面積：0.04㎢　●周囲：1.1㎞
●ホームページ：新上五島町 https://official.shinkamigoto.net

若松島《わかまつじま》（長崎県）

絵に描いたような景色とは
こういう風景のことをいう――

重なる島々が美しい「若松瀬戸」の風景。

「若松大橋」が中通島との間に架かった。

長崎市の西、約100㎞にある。五島列島の中央に位置し、リアス式が描く海岸は変化に富んで美しく、中通島との間に小島を置く風景は「若松瀬戸」と呼び景勝地となっている。平成3年に中通島との間に若松大橋が架かり、海上交通に頼っていた経済が陸上に変わった。宿泊すればまちがいなくうまい鮮魚が食べられる。

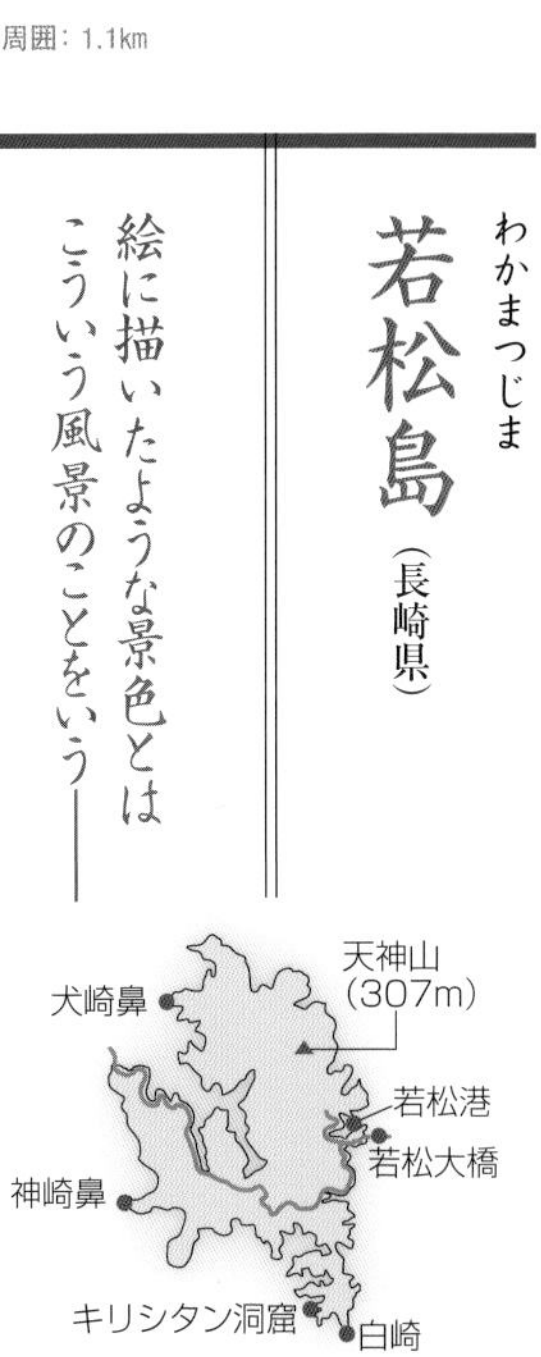

［若松島データ］●長崎県南松浦郡新上五島町　●人口：1,164人　●面積：31.13㎢　●周囲：123.7㎞
●ホームページ：新上五島町 https://official.shinkamigoto.net

漁生浦島《りょうぜがうらしま》（長崎県）

古くに呼ばれた島名は
なんと奇妙な、猟尽島——

若松島の西端、約100mにあるが、漁生浦橋で若松島と結ばれている。読みにくい島名だが、その昔この島は「猟尽島《りょうつきじま》」と呼ばれていたといわれる。字のように猟が尽きてしまうのは縁起が悪いからか住人が役人に願い出て、元文5年（1740）に現在の島名になった。名のとおり現在も漁業に生きる島である。

漁港の前に集落は1か所。民家がかたまってある。

漁生浦島と有福島を結ぶ「臨港道路」。

[漁生浦島データ] ●長崎県南松浦郡新上五島町　●人口：28人　●面積：0.65㎢　●周囲：4.2㎞
●ホームページ：新上五島町 https://official.shinkamigoto.net

有福島《ありふくじま》（長崎県）

切れ切れになっている島を
全部橋と堤防で結んだら

若松島の西端から1㎞にあるが、漁生浦島と臨海道路と結ばれているため、若松島や中通島から陸路で行くことができる。五島近海は江戸時代から捕鯨が盛んだったが、この島にも延宝元年（1673）から8年間、鯨突き組が活動したときがあった。カトリック信者が多く、東部には昭和2年に建造された有福教会がある。

漁生浦島から見た有福島全景。

島の東部、宮田地区の家々。

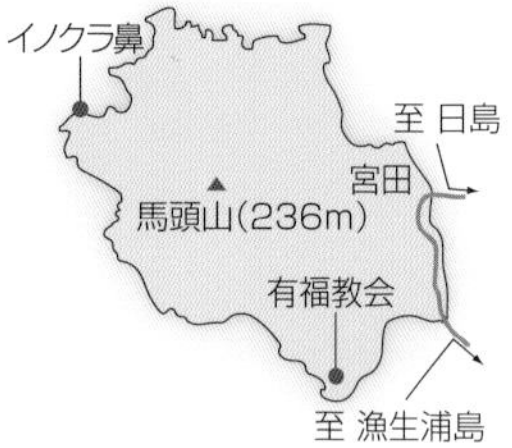

[有福島データ] ●長崎県南松浦郡新上五島町　●人口：101人　●面積：2.97㎢　●周囲：10.0㎞
●ホームページ：新上五島町 https://official.shinkamigoto.net

日島《ひのしま》（長崎県）

島から島へ 堤防伝いに歩く楽しさ

若松島の西北、約1㎞にある。堤防のような臨港道路で隣の有福島と結ばれていて、四つの島の橋を渡ると大きな町がある中通島まで行くことができる。日島は火の島のことを指すとも考えられ、烽火を上げて洋上を往来する異国船などを見張った島だといわれる。室町時代には朝鮮との交易地になったという歴史ある島。

鎮守の森から見る港と集落。

元商店の軒下に懐かしい看板…。

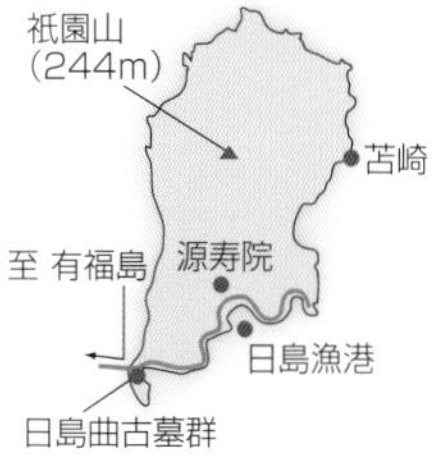

[日島データ] ●長崎県南松浦郡新上五島町 ●人口：29人 ●面積：1.39㎢ ●周囲：7.1㎞
●ホームページ：新上五島町 https://official.shinkamigoto.net

前島《まえしま》（長崎県）

島から渡る そのまた先の小島へ

奈留島港の船の出入り口にある。奈留島港は深い入江なので、それでも前島までは2㎞の距離がある。上陸しても人の姿をあまり見かけないが、出会った古老に話をすると人懐かしく話しこむこともしばしば。離島から渡るそのまた離島ということで、鳥のさえずりや風の音など、普段忘れていた五感がリフレッシュされる。

末津島との間に現れた砂洲、トンボロ。

江ノ浦港に入った定期船の津和丸。

[前島データ] ●長崎県五島市 ●人口：25人 ●面積：0.47㎢ ●周囲：5.6㎞
●ホームページ：五島市 https://www.city.goto.nagasaki.jp

奈留島《なるしま》（長崎県）

森も山も海岸線も遠い歴史に彩られて

長崎港の西、約90kmにある。深く入り組む変化に富んだリアス式の海岸線の島で、面積が約24平方kmなのに対して島の周囲の総延長が76kmにもなる。古くは遣唐使船が寄港した島で、その航海の安全を祈願するために「鳴《なる》神社」（現在の奈留神社）があった。島全体に２００ｍ前後の山が連なり周辺の海を監視するには好適であるため、江戸時代の正保４年（１６４７）には外国船を見張り密貿易を取り締まるための「遠見番所」が置かれた。

海の景色を楽しめる場所だらけではあるが、とりわけ「舅ヶ島海岸」と隣接する「千畳敷」は、広がる海原に突き出たタタミ１０００畳分ほどもある岩礁の台地で秀景。

奈留高校の校門横には作曲家で歌手の荒井由美（現・松任谷由美）が、島の高校生の便りに応えて創ったという楽曲「瞳をとじて」の歌詞の碑がある。

天然記念物の「権現山樹叢」。

「千畳敷」。広い岩礁地帯で、周辺は海遊びに好適の海。

「瞳をとじて」の歌詞の碑。

［奈留島データ］●長崎県五島市　●人口：1,816人　●面積：23.68㎢　●周囲：75.4㎞
●ホームページ：五島市 https://www.city.goto.nagasaki.jp

ひさかじま

久賀島（長崎県）

静かな五輪《ごりん》の漁港に教会の鐘の音響く

尖塔が美しい「浜脇教会」。

長崎港の西、約95㎞にある。平家の残党が逃げ延びて島にたどり着き、山間部に農業を営んで暮らしたという伝説も残る島。江戸時代は五島藩の牛馬の牧として使われていた。

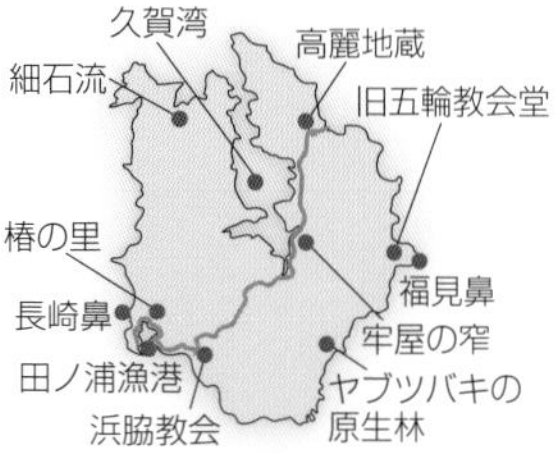

五島列島はどの島にもツバキが多くあるが、この島にはヤブツバキだけが純粋に育つ林が約1ヘクタールの広さにわたってあり、県指定の天然記念物にもなっている。明治元年のキリシタン弾圧があった際に42名が殉教した聖地が「牢屋《ろうや》の窄《さこ》」として現在も残されている。

内湾を抱え込む馬蹄形の不思議な形をした島で、そのすみずみまで歩くと平坦地には田畑が多く、農業が盛んであるという印象を受ける。そんな農村風景を見られる島は全国的に見ても昨今では少なくなったので貴重。

五島最古の木造教会「旧五輪教会」へは山道を歩いて30分ほどかかる。周囲の景色とともにだれもが敬虔な思いを抱くだろう。

五輪地区には五島最古の木造教会「旧五輪教会」がある。

深い入江の久賀湾。深浦地区付近の海岸。

蕨地区にある首が長い「高麗地蔵」。

［久賀島データ］●長崎県五島市　●人口：256人　●面積：37.23㎢　●周囲：62.8㎞
●ホームページ：五島市 https://www.city.goto.nagasaki.jp

蕨小島《わらびこじま》（長崎県）

伝説の島は こんなに美しい場所に

久賀島の蕨漁港の真向かいにあり、距離は約600m。白い顔をした高麗地蔵の顔が紅潮してくると、沖合にあった高麗島は海中に没して無くなった――と伝えられる高麗島伝説の舞台となっている。わずか数世帯の家族がこの島で養殖漁業を営んでいる。そのイカダ越しに44mの裏山を見れば、なぜか神秘的なこの伝説もうなづける。

標高が44mほどのこんもりとした山林の島。

久賀島の蕨地区から見た蕨小島全景。

［蕨小島データ］●長崎県五島市　●人口：11人　●面積：0.03㎢　●周囲：1.8㎞
●ホームページ：五島市 https://www.city.goto.nagasaki.jp

椛島《かばしま》（長崎県）

開墾された畑に 過去のキリシタンの 生活が見えてくる

福江島の北東、約12kmにある。二つの島に見えるがつながっており、本窯と伊福貴の二つの集落がある。その昔、平家落人が住んだのがこの島の始まりと伝えられる。その後は潜伏キリシタンがやって来て島の山を開墾し畑を作って暮らし始めた。その時代の流れの証は、現在も住人であるキリシタンの1家族に受け継がれている。

海を見下ろす急斜面に畑を切り開く。キリシタンたちの苦闘の歴史が詰まった畑。

長刀地区の山中にある「長刀《なぎなた》石」。

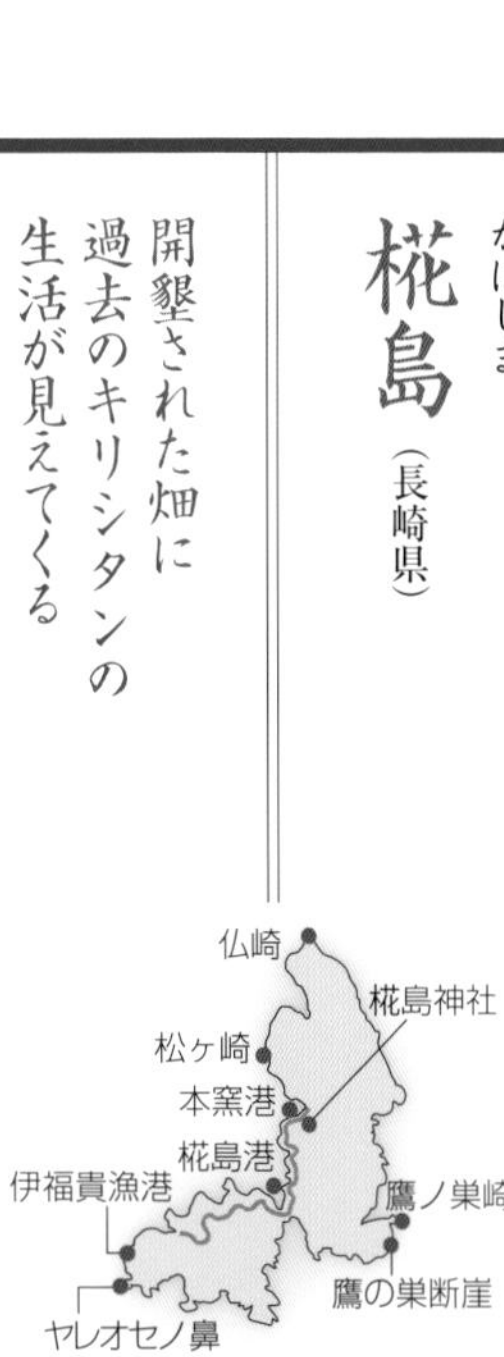

［椛島データ］●長崎県五島市　●人口：81人　●面積：8.68㎢　●周囲：27.5㎞
●ホームページ：五島市 https://www.city.goto.nagasaki.jp

あかしま

赤島（長崎県）

福江島から天気がよければ気ままに一人旅

五島市福江港の南東、約13kmにある。江戸中期に泉州佐野浦（現在の大阪府泉佐野市）の漁民がこの地に移住したと伝えられる。近海はイワシをはじめとする魚類が豊富で漁獲にも恵まれ豊かな島だったといわれる。また、明治時代から昭和初期にかけてはカツオ漁の活況に沸き、小さな島ながら460人を上回る人口を数えた。

港から一本道を進むと両側はすでに空き家を取り壊してきれいに更地にした跡で、その先には「赤島神社」の鳥居と社が見えてほっとする。集落はまばらになったが、その家々を結ぶ道には立派な石積みの塀があり、かつての繁栄を謳歌しているようである。

わずか数軒の家に住人がおり、家の裏の港から小船を出して網による漁業を細々とおこなって暮らしている。観光的な見どころは現在のところ何もないといってよい。

屋根の樋《とい》から水を溜める。

カツオ漁の繁栄の往時を語る屋敷の石垣塀。立派で見事。

▲石垣の上にはなぜか南国のサンゴ石が…。

▶「赤島神社」は今も集落を見守る。

［赤島データ］●長崎県五島市　●人口：７人　●面積：0.51㎢　●周囲：5.6㎞
●ホームページ：五島市 https://www.city.goto.nagasaki.jp

福江島《ふくえじま》（長崎県）

しっかり歩けば3日はかかる
歴史文化の別天地

長崎港の西、約100㎞にある。歴史に登場する年代は古く、遣隋使、遣唐使のころには風待ち中継港のある島として重要な役割を担う場所だった。「古事記」の時代には平戸から五島の島々にかけての一帯は〝ちかのしま〟と呼ばれ、〝血鹿島〟や〝遠嘉島〟という表記がされているが、この遠嘉島が福江島であるという考え方が一般的であるといわれる。

　鎌倉時代になり、宇久島を居城とする松浦氏が現在の五島列島全体にまで勢力をのばし、この地域の支配を手中に収めた室町時代に宇久島から福江島に中心を移し、その後に「五島」姓を名乗り五島藩主となった。他所の藩から

五島列島の花といえばツバキ。

▲三方が海に面して造られた福江城（石田城）は日本でも珍しい海城。
◀五島カトリックの総本山「堂崎天主堂」は五島最初の教会である。

の流入を拒むことなく開放する独自の藩行政で、商人や漁業者たちが活発に動き経済も大きく発展した。

　この時期の大村藩から流入した人々の中にキリシタンの集団があった。開墾をおこないながら山間部の急斜面に貼りつくように田畑を起こして定住し、弾圧を避けて〝潜伏キリシタン〟となりながら信仰を守り続けた。明治には大部分の宗徒が正式なカトリック教徒に復帰し、昭和の時代とともに最後

競り落とされたキビナゴ。五島を代表する魚の一つといえよう。

雄大な自然景観、「大瀬崎の断崖と灯台」。

伝統の凧「バラモン凧」作り。

までの残った潜伏キリシタンもいなくなった。

福江島は五島市の中心の島で、長崎港からは在来の大型フェリーと高速のジェットフォイルが結ぶほか、空の便もありアクセスはとても便利である。また福江港は五島列島の中心港でもあり、各島をめぐってやって来る船がひんぱんに入出港する。

福江島の全体の印象は、里山を思わせる島の景観であることと、小さな火山が一つあって温泉もあること、それぞれ違う天主堂がそれぞれ由緒ある地で今も信仰の要になっていること、そして〝郷《ごう》〟と呼ばれる各集落で守り続けられている伝統行事が今も息づいていることだろう。豊かな島である。水産業の豊かさを見たいならば早朝の福江漁港をのぞいてみるとよい。あまりの魚種の多さにきっと驚くことだろう。島内を歩くとツバキの里であることもわかる。伝統行事では小正月に下崎山地区でおこなわれる「へとまと」、大宝郷《だいほうごう》の秋の祭り「砂打《ずなうち》」、盆供養の念仏踊り「チャンココ」などで、この島ならではの個性あふれるものである。

「水之浦教会」。

大宝郷の秋の祭「砂打」の行列。

［福江島データ］ ●長崎県五島市　●人口：32,072人　●面積：326.31㎢　●周囲：320.3㎞
●ホームページ：五島市 https://www.city.goto.nagasaki.jp

黒島《くろしま》（長崎県）

五島の島は一島一島が独特な文化を持っている

五島市富江の東、約5㎞にある。16代の五島藩主、五島囲《かこむ》が1513年に藩内の反逆に遭い、この島に逃げて自刃したと伝えられる。富江小学校黒島分校は平成10年に115年間にわたった歴史に幕を閉じた。人口減少が続く中で平成27年には2名が住んでいたが、令和4年、ついに無人となった。

島の海岸部はゴロタ石の浜辺。

115年間続いた富江小黒島分校跡。

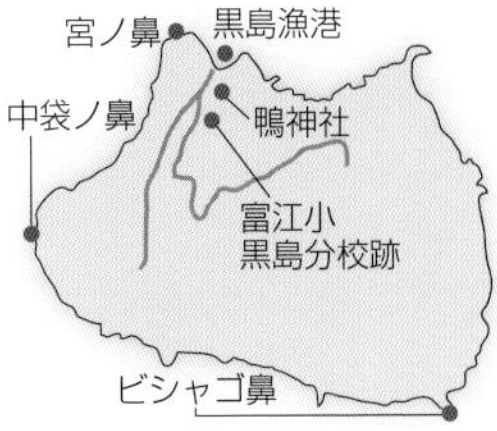

［黒島データ］●長崎県五島市　●人口：0人　●面積：1.12㎢　●周囲：5.0㎞
●ホームページ：五島市 https://www.city.goto.nagasaki.jp

黄島《おうしま》（長崎県）

木立の中を歩き島一周のトレッキング

福江島の南東、約8㎞にある。遺跡発掘で古くから九州北部とのつながりがあったことがわかった。また1736年には、この島の益富又左衛門が近海捕鯨を始め、近隣の鯨獲りの組とともに大いに栄えたといわれる。静かな緩斜面の集落を散策し、おいしい魚に舌鼓を打ち、島の話をいろいろ聞くには唯一の民宿に泊まるとよい。

お年寄が多く、ネコたちもなにげに穏やか。

定期船が入港した黄島漁港。

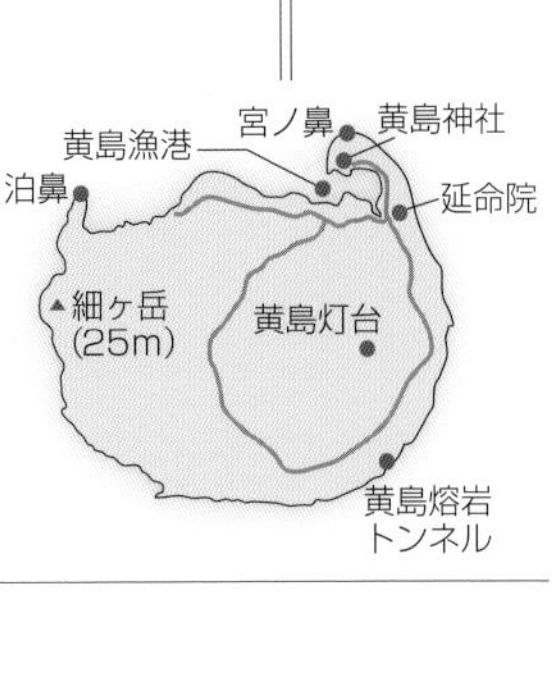

［黄島データ］●長崎県五島市　●人口：32人　●面積：1.39㎢　●周囲：6.5㎞
●ホームページ：五島市 https://www.city.goto.nagasaki.jp

島山島《しまやまじま》（長崎県）

大瀬崎の断崖の先には
こんな素晴らしい島がある

五島列島の福江島南西端、玉之浦から２００m離れてある。橋が架かり、福江島とは陸続きになっている。鬱蒼とした山林に包まれる島で、その中には４００頭ものシカが生息しているといわれる。深い入江では養殖イカダが並び、夕映えに輝く光景は美しい。福江島のさらに奥地なだけに行くのは遠いが、訪ねてみる価値はある。

福江島の玉之浦から見た島山島。

400頭を超えるシカが生息している。

[島山島データ] ●長崎県五島市　●人口：15人　●面積：5.52㎢　●周囲：16.0㎞
●ホームページ：五島市 https://www.city.goto.nagasaki.jp

嵯峨ノ島《さがのしま》（長崎県）

この島の生成が見える
火山の断面

夕映えの中、嵯峨ノ島に向かう船が1隻。

ここが海上に見えている「火山の断面火口」。

福江島の三井楽・貝津港の西、約４kmにある。二つの火山がくっついてできた島で、その火山の断面海侵食崖が洋上から見ることができる。かつては流刑の島として歴史にも登場し、後には平家落人、カトリック信者も生活の地としてここに移り住んだ。『オーモンデー』という念仏踊りはこの島固有のもので国指定無形民俗文化財。

[嵯峨ノ島データ] ●長崎県五島市　●人口：93人　●面積：3.16㎢　●周囲：9.5㎞
●ホームページ：五島市 https://www.city.goto.nagasaki.jp

黒島《くろしま》（大分県）

白砂のビーチは素晴らしい
日本とオランダ友好の地

臼杵市北部の尾本地区の目の前にある。尾本港からは約３００ｍ。徳川家康の政治指南役となったオランダ人のウイリアム・アダムスを乗せた船が漂着したのがこの島。美しいビーチが整備され、夏を中心に休日などには多くの観光客が遊びにやって来る。たくさんのミカン畑が作られていて、観光ミカン狩りなどもできる。

港のすぐ横にはこの美しいビーチが広がる。

対岸の尾本地区から見た黒島の全景。

[黒島データ] ●大分県臼杵市　●人口：０人　●面積：0.20㎢　●周囲：不明
●ホームページ：臼杵市 https://www.city.usuki.oita.jp

津久見島《つくみしま》（大分県）

明治後期に愛媛からの
移住者が開いた島だったが…

臼杵港の北東、約５㎞にある。角度によっては美しいピラミッドのように円錐形に見える印象的な形の島。原生林に覆われ１６６ｍのこの島には平地がなく、わずかな浜辺に１軒の民家民宿があったが、近年の台風被害で住民は本土に引越して無人化した。ミカドアゲハという県指定天然記念物で希少の蝶が生息しているといわれる。

最近まで活躍していた桟橋だが台風で壊れた。

美しいピラミッド型。津久見島の全景。

[津久見島データ] ●大分県臼杵市　●人口：０人　●面積：0.20㎢　●周囲：不明
●ホームページ：臼杵市 https://www.city.usuki.oita.jp

姫島《ひめしま》（大分県）

日本書紀。古事記。伝説の島を歩く

定期船から見た姫島全景。

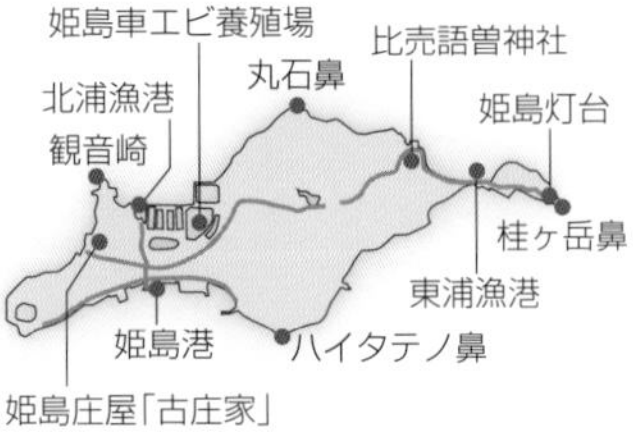

国東《くにさき》半島・国見町の北、約5㎞にある。伊邪那岐命《いざなぎのみこと》と伊邪那美命《いざなみのみこと》の神々が国生みに際して、初めに8つの島（大八洲《しま》）を生み、次に〝女島《ひめ》〟（またの名を天一《あめのひとつ》根《ね》という）を含む6島を生んだと『古事記』にあり、そのとき4島目に生まれた〝女島〟こそが姫島であるといわれる。国生み神話にかかわる由来

姫島の盆踊り。キツネの化粧を施し、「キツネ踊り」の出番を待つ少年たち。

のある島である。

　瀬戸内海のもっとも西にあたる要衝で、伊予灘から周防灘を抜ける航路にとっては最後に見る島となった。その重要な航路を照らすために57mの高さの断崖に明治37年（1904）、御影石造りの「姫島灯台」が建てられた。高台に立つ真っ白の灯台を囲むように八重ザクラが満開となる春の光景はまた格別素晴らしい。

　姫島の名が全国的に有名になったのは、子供たちが盆の日に踊るかわいい「キツネ踊り」がテレビCMで流れてからである。毎年8月14日から4日間おこなわれるこの盆踊りは、鎌倉時代の〝念仏踊り〟が根底にあるといわれ、終わることなく何度も何度も歌い手が歌い継いでいく中でそれぞれの踊りが繰りひろげられていく。近年は創作踊りなどが多くなったが、古くからある大人の男たちによる「アヤ踊り」や「銭太鼓」などはみごとな踊りだ。

　格式の高い旧庄屋の「古庄家《こしょうけ》」は、天保13年（1842）から3年がかりで作られた2階建寄棟造りで立派なもの。また伝説に彩られた姫島には七不思議があり、一つずつ回ってみるのもおもしろい。島の特産は大分の一村一品を代表する「活きクルマエビ」。

民家の軒下のみごとな鏝絵《こて》。

島の東端に建つ「姫島灯台」。春はサクラの名所。

盆踊りでは、大人が踊るこの「銭太鼓」が圧倒的に素晴らしい。

［姫島データ］ ●大分県東国東郡姫島村　●人口：1,751人　●面積：6.99㎢　●周囲：17㎞
●ホームページ：姫島村 https://www.himeshima.jp

保戸島《ほとじま》（大分県）

どこにもない集落景観
漁船と住居の密度

津久見港の東、約14kmにある。島の南端は本土にもっとも近いところで80m足らずというきわめて至近の瀬戸だが、公共交通路としてはこの間は行き来していない。

斜面を埋めるコンクリート建ての民家群は圧巻。

天文4年（1535）、京都の上加茂神社の分霊を勧請して創建された「加茂神社」が港を見おろす高台にあり、7月の夏の大祭では〝湯立て神楽〟などのほか、神輿と獅子が海へ飛び込むという勇壮な奉納がおこなわれる。

明治23年（1890）ごろから始まった遠洋マグロ漁は島の基幹産業で、最盛期には160隻を超すマグロ漁船を保有し、南太平洋などに出漁した。現在も60隻ほどが操業していて、年に数回帰港するマグロ漁船が入港すると、翌日から新鮮なマグロが島内に出回るというマグロの島でもある。ぶつ切りマグロとゴマだれで作る「マグロのひゅうが丼」はこの島の伝統料理である。

夏の祭りで海に入る神輿。何度も入るのでくたくたに…。

▲夏祭りのときにおこなわれる「湯立て」。
▶伝統食「マグロのひゅうが丼」。

[保戸島データ] ●大分県津久見市 ●人口：549人 ●面積：0.86㎢ ●周囲：4.0㎞
●ホームページ：津久見市 https://www.city.tsukumi.oita.jp

地無垢島《じむくしま》（大分県）

急峻な島影の中に
ヤブツバキの林、美しく

無垢島漁港前の民家。

津久見港の北西、約15㎞にある。本土ともっとも近い楠屋鼻からは約7㎞の距離にある。島は海からいきなり屹立する姿で洋上に見え、平地はまったく見えずに全島が険しい島山といった感じである。定期船が入港すると、集落のある場所は平坦な場所にあることがわかりほっとするが、山林はその集落に迫り鬱蒼と茂っている。集落は小さく、20分もあれば端から端まで見て歩けるが、山の周囲から山頂にかけてを散策すると、植林されたヤブツバキの小道などがあり美しい。

島の特産として婦人会が作る「椿油」があり、純粋な作り方で希少品のため人気が高い。

集落の北の外れにある無垢島小中学校の校庭に立つと、歩いて渡れそうな距離に沖無垢島が見える。この島は無人島だが、地無垢島と2島併せて「無垢島」と呼ぶこともある。

向かう洋上にとらえられた地無垢島全景。

漁港に並ぶ漁船群。近海はサバ、アジなどの好漁場が数多くある。

漁の島らしく、路地にはみんなで使える“魚さばき台”があった。

［地無垢島データ］●大分県津久見市　●人口：31人　●面積：0.29㎢　●周囲：3.0㎞
●ホームページ：津久見市 https://www.city.tsukumi.oita.jp

おおにゅうじま
大入島（大分県）

海ぎわに湧く井戸 神話が今も息づく

堀切の桟橋に定期船が入港。

　佐伯港の北、約700mの至近にある。100〜200mの山々が連なり、深い木立に覆われた島。リアス式の海岸線の一つ一つの浦に集落があるが平地がほとんどなく、斜面を段々に拓いて集落の家々が建っている。その多くはイリコ、チリメンを獲る引き網漁や底引き網漁など漁業で働く人々である。

　北部の日向泊港近くに神武天皇にまつわる「神の井」がある。この井戸は波打ち際からわずかしか離れていないのに湧き出している真水で、東征におもむく際、この地に降り立ち水を汲もうとした神武天皇が矢の先で地面を突いたところ湧き出した井戸と伝えられる。

　その日向泊の北側にある岩礁の一つは「人形𥒎《ばえ》」といわれ、船上から見るとその向きによってサムライの裃《かみしも》姿に見えるというものである。白浜海岸はビーチ遊びができる美しい砂浜だ。

たしかに裃《かみしも》を着けた大名の姿に見える岩礁「人形𥒎」。

▲▶神武天皇にまつわる伝説を残す井戸「神の井」。波打ちぎわに近い場所にある。

［大入島データ］●大分県佐伯市　●人口：522人　●面積：5.65㎢　●周囲：23.2㎞
●ホームページ：佐伯市 https://www.city.saiki.oita.jp

屋形島《やかたじま》（大分県）

春から夏にかけてはプチ亜熱帯感覚が楽しめる

宮崎県境にほど近い深く入り組んだ海岸線沿い、蒲江町の南、約２㎞にある。元禄年間の１６９２年に開拓が始まり、その後佐伯藩の牧場となった島。北部の集落から西側にみごとな畑があるが、ほぼ全世帯の生業は漁業。温暖な海流が流れ込む海域なためサンゴが生育している場所があり、また夏には芳しい香りのハマユウが咲く。

九州本土から見た屋形島全景。

温暖な島でハマユウの花も咲く。

［屋形島データ］●大分県佐伯市　●人口：16人　●面積：1.06㎢　●周囲：3.0㎞
●ホームページ：佐伯市 https://www.city.saiki.oita.jp

大島《おおしま》〈鶴見大島《つるみおおしま》〉（大分県）

急潮と断崖の景観美こころ洗われる船の旅

佐伯から豊後水道にのびる鶴見半島のほぼ先端、北約６００ｍにある。佐伯港からは14㎞の距離。江戸時代には佐伯藩領で、往来する船を監視するための御番所が置かれていた。近海は国内でもよく知られる豊後のサバやアジの漁場で、この島の男たちはそれ以外にブリやサワラなどの一本釣り漁師である。周辺は豊後水道自然公園。

春と秋におこなわれる「賀茂神社」の大祭。

急潮の元ノ間海峡。魚の宝庫だ。

［大島〈鶴見大島〉データ］●大分県佐伯市　●人口：86人　●面積：1.63㎢　●周囲：11.9㎞
●ホームページ：佐伯市 https://www.city.saiki.oita.jp

ふかしま

深島（大分県）

ダイナミックな島の外観
垂涎《すいぜん》の〝島みそ〟を求めて

網直しの漁師。

蒲江港の南、約9kmにある。古文書によると、江戸時代の享保6年（1721）に赤木村（現在の佐伯市直川）から農民が移住して島が拓かれたといわれる。その後、寛保3年（1743）には佐伯藩により深島の住民は屋形島に移され無人化し、その後、江戸中期からは藩の流刑地となった。さまざまな変遷を経た後、文化7年（1810）に蒲江浦からの移民によりふたたび島に人が住むようになり今日に至っている。

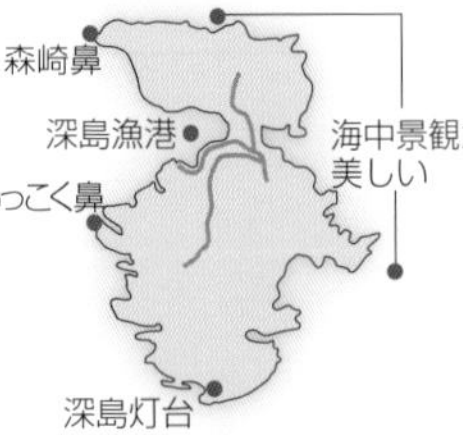

学校が廃校になり子どもたちの声が聞かれないのは寂しいが、島のご婦人たちはすこぶる元気で、特産の「深島かまど白みそ」作りに励んでいる。これは島で昔から作られている伝統食品で、このみそを使って作る貝汁は絶品である。海中景観が美しく海洋動物が多いことから、ダイビングスポットとして注目されている。もちろん釣りにも絶好の島。

港から集落へ向かう道。

▲夏休みには蒲江からやって来る人が多い。
▶深島特産の「かまど白みそ」。

［深島データ］ ●大分県佐伯市 ●人口：16人 ●面積：1.10㎢ ●周囲：4.0㎞
●ホームページ：佐伯市 https://www.city.saiki.oita.jp

大島《おおしま》（宮崎県）

島遊びの冒険心をくすぐる

日南市南郷町の東、約２kmにある。幕末までは飫肥《おび》藩の馬牧だった島で、変化に富む海岸と山林がおりなす風景は素晴らしい。温暖なこの地ではアコウの木をよく見かけるが、山王神社近くにあるアコウは樹齢１２０年を越えるという大樹でみごと。「鞍埼《くらさき》灯台」は日本初のコンクリート造り灯台で点灯から１２０年以上の時が経つ。

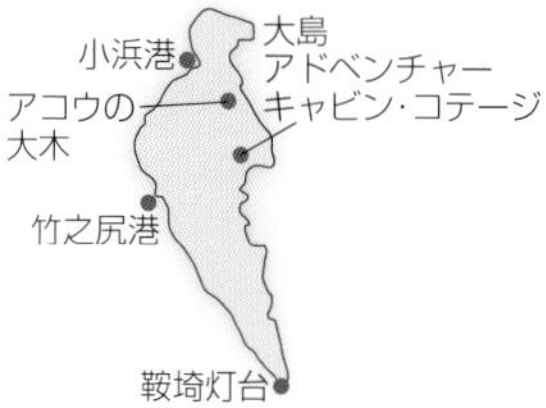

120年の歴史「鞍埼灯台」。

宿泊施設「大島アドベンチャーキャビン」。

［大島データ］ ●宮崎県日南市　●人口：２人　●面積：2.09㎢　●周囲：9.5㎞
●ホームページ：日南市 https:// www.city.nichinan.lg.jp

青島《あおしま》（宮崎県）

ここまで来るとビロウの木があり南国気分

波模様に浸食した「鬼の洗濯板」の景観。

宮崎市の郊外、約15kmの観光地・青島海岸から約３００mの弥生橋で結ばれている。島全体が「青島神社」の神域で、古くは一般立ち入りが制限されていた島。現在は「鬼の洗濯板」（国指定天然記念物）で全国的に知られる観光地となっている。ビロウの群落をはじめ南国の亜熱帯植物群のほうは国の特別天然記念物に指定されている。

上空から見た青島全景と鬼の洗濯板。

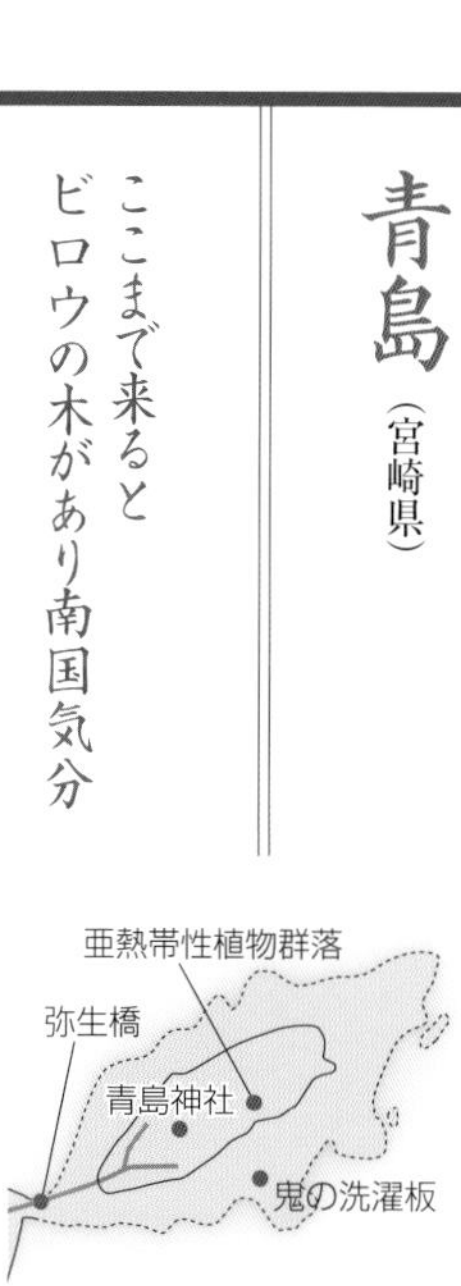

［青島データ］ ●宮崎県宮崎市　●人口：統計なし　●面積：0.04㎢　●周囲：0.86㎞
●ホームページ：宮崎市 https://www.city.miyazaki.miyazaki.jp

築島《つきしま》（宮崎県）

斜面に建つ家々 島の始祖は宇和島の人

宮崎県の南部、串間市・舳《へた》漁港の東、約500mにある。島名の由来は、明治15年に四国宇和島の築島藤吉という漁師が当時の金額61円（現代の金銭感覚で120万円ぐらい）で購入して住み始め、島名はその苗字に由来するといわれる。対岸の舳《へた》地区から見ると西向きの急斜面に建つ家々がよく見える。島内いたる場所にビロウの木が南国の島のように茂り、ハマユウやソテツなども多い。

斜面に建ち並ぶ民家集落。

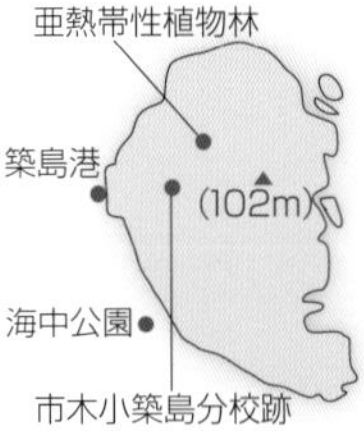

昭和9年にできた築島分校は平成20年度まで生徒3人と職員4人がいたが、その後も生徒数が減り、平成22年で休校となった。秋祭りの「山の神祭り」と新年大漁祈願の「恵比須祭り」は子供と大人全員でおこなう。

漁業を生業とする島で、アジ、サバなどの一般魚を獲るほか定置網漁やはえなわ漁もおこなう。とりわけ9月から10月におこなわれるイセエビ網漁では毎年多くの水揚げがあり、高値取引されるというこの島の特産物。

本土側の舳《へた》（へた）漁港から見る築島全景。

日の出前、ゆっくりと東の空から明けていく海に島影が浮かんでくる。

［築島データ］●宮崎県串間市 ●人口：5人 ●面積：0.24㎢ ●周囲：2.2㎞
●ホームページ：串間市 https://www.city.kushima.lg.jp

島野浦島《しまのうらしま》（宮崎県）

11月の秋の大祭は海の男たちの島祭

延岡市の北東、約17kmにある。元禄年間（1688～1704）に定住が始まったといわれ、古文書によれば幕末のころ人口1074人を数えたという。専業漁家が多く、圧倒的に水産関係の仕事に就いている人たちが多い。朝に夕べに漁港に水揚げされる水産物を見学しているとその多さには驚くばかり。島に宿泊すると旬の魚などが食膳に並び、それを目あてに延岡方面からやって来る人も多い。

　リアス式の海岸線も風光明媚でたいへん美しいが、なによりここは日豊海岸国定公園の中にあってさらに海中公園になっている場所。海の中にはオオスリバチサンゴやウミトサカなどの海洋生物が生息していて、それらはグラスボートに乗ると船上から見ることができる。秋におこなわれる島野浦神社の大祭では、勇壮な「けんか神輿」の奉納などが見られる。

本土と島の間を結ぶ“海上タクシー”。

九州本土から見た島野浦島の全景。

味があり、絵心を感じさせる島の看板。

漁船の数は格段に多く…。

［島野浦島データ］●宮崎県延岡市　●人口：678人　●面積：2.84㎢　●周囲：15.5km
●ホームページ：延岡市 https://www.city.nobeoka.miyazaki.jp

戸馳島《とばせじま》（熊本県）

半島の先の八代海には素晴らしいフラワーアイランド

宇土半島の先端から３００ｍの沖にある島だったが、戸馳大橋が架かり九州本土と陸続きになった。陸路で天草の島々を訪ねるときにはここを通るので、ちょっと立ち寄って歩いてみるのもいい。かつて江戸時代には塩田として栄えた島だが、現在は農業が盛んで花卉《かき》や柑橘類の栽培がおこなわれ、草花を探勝する島として知られる。

塩田跡はほぼ農地になり、植物の大地となった。

赤い鳥居がいくつも続く「戸馳稲荷神社」の参道。

[戸馳島データ] ●熊本県宇城市 ●人口：1,090人 ●面積：6.95㎢ ●周囲：16.5㎞
●ホームページ：宇城市 https://www.city.uki.kumamoto.jp

大矢野島《おおやのじま》（熊本県）

リアス式の入り江を歩けばキリシタン殉教の時代をほうふつ

島原の乱で殉教した天草四郎の出身地であり、ここがまさに乱の始まりの場所。宇土半島から５０２ｍの橋が架かり、現在は陸路で渡れる。島の中心部には天草四郎公園とミュージアムがあり、島原の乱に関してのさまざまなことを学ぶことができる。静かな内海の島は温暖で、植栽された草花も多く目を楽しませる。

登立《のぼりたて》にある隠れキリシタンの墓。

季節の花で美しく彩られる「天草四郎公園」。

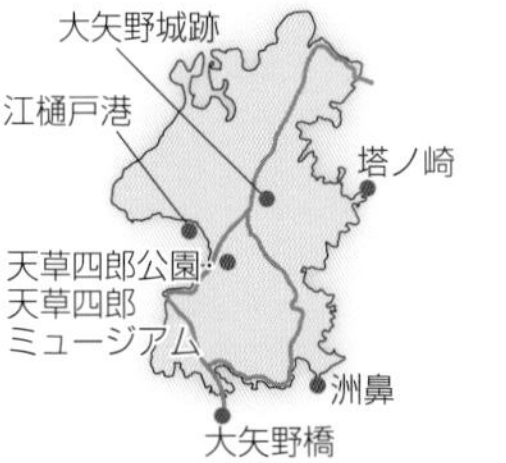

[大矢野島データ] ●熊本県上天草市 ●人口：10,968人 ●面積：30.20㎢ ●周囲：55.4㎞
●ホームページ：上天草市 https://www.city.kamiamakusa.kumamoto.jp

維和島《いわじま》（熊本県）

集落を結ぶ峠道に残された
いにしえの学校の思い出

宇土半島先端沖にある橋の架かる島。地図によっては維和島ではなく、別名の「千束蔵々島《せんぞくぞうぞうじま》」となっているものもある。千束と蔵々地区を結ぶ健康坂という峠道を歩き島の中央部に立つと維和桜公園がある。ここには尋常高等小学校跡があって、歴史と文化を感じる場所として訪れる人も多い。古墳時代の遺跡もこの島にはある。

“健康坂”の峠にある「維和桜公園」。

西大維橋、東大維橋を渡り島へ入る。

［維和島データ］●熊本県上天草市　●人口：1,069人　●面積：6.55㎢　●周囲：17.2㎞
●ホームページ：上天草市 https://www.city.kamiamakusa.kumamoto.jp

湯島《ゆしま》（熊本県）

島原湾の小島で
天草四郎が目指した
信仰の世界

大矢野島と島原半島のちょうど真ん中、どちらからもほぼ5㎞に位置する洋上にある。島原の乱（1637）のときには天草四郎と50人からなるキリシタン信徒たちが、この島で反乱の謀議をしたところから「談合島」との異名をもつ。なんといっても天草四郎の遺構を見て歩きたい。港前の集落も漁業の活気があり魚もうまい。

傾斜地に民家と畑などが同居する島内の集落。
しっとりとした島内の雰囲気がよい。

天草四郎らが武器製造に使った「鍛冶水盤」。

［湯島データ］●熊本県上天草市　●人口：253人　●面積：0.52㎢　●周囲：4.0㎞
●ホームページ：上天草市 https://www.city.kamiamakusa.kumamoto.jp

野釜島《のがまじま》（熊本県）

夏は海遊びにキャンプ
釣りもできれば魚もうまい

大矢野島と野釜大橋で接続された天草ののどかな島。島の周りにはこの島の漁船が多く行き交い、漁業の活気が絶えない。小さな島だがキャンプ場が二つもあるのは、熊本市街地から車で気軽に乗り込むことができる野外遊びの「奥座敷」という誉が高いからだ。風光もよく、なによりも静かで自然のあふれる島として人気がある。

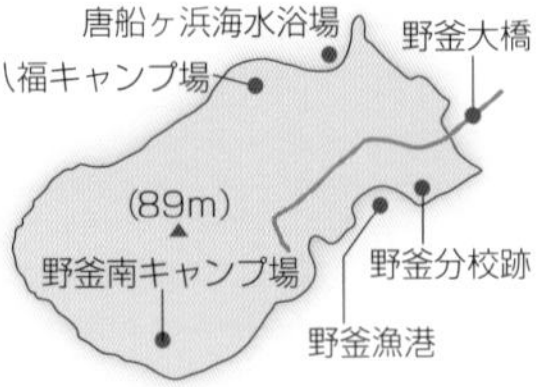

野釜漁港前に広がる集落。

現在は「野釜分校跡」になってしまった。

［野釜島データ］ ●熊本県上天草市　●人口：269人　●面積：0.32㎢　●周囲：3.8㎞
●ホームページ：上天草市 https://www.city.kamiamakusa.kumamoto.jp

永浦島《ながうらじま》（熊本県）

海辺を歩けば干潟もある
釣りを楽しみ
活魚料理に温泉…

大矢野島と天草上島の間に位置する。橋の架かる前には漁業を中心に耕作など農業も盛んな島だったが、昭和41年の架橋で温泉と宿泊の観光保養地へと変わった。遊漁船を出して波静かな島の周りで釣りを楽しむのもよいだろう。天草の風光を求めて旅人が多いのだが、この島へはとりわけ活魚料理と温泉を求めてくる人が多い。

温泉が湧く島。島には温泉旅館もある。

海を仕切って作った天然のイケス。

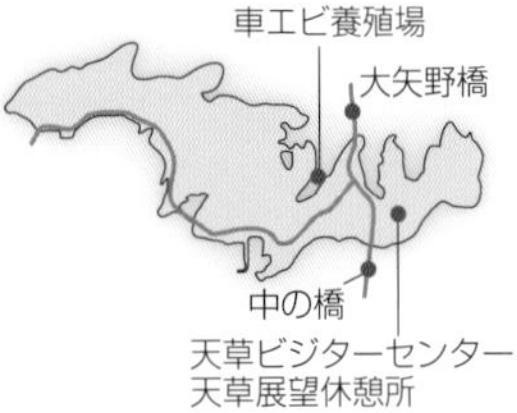

［永浦島データ］ ●熊本県上天草市　●人口：103人　●面積：0.79㎢　●周囲：8.4㎞
●ホームページ：上天草市 https://www.city.kamiamakusa.kumamoto.jp

樋合島《ひあいじま》（熊本県）

まるでピラミッドのような高杢島を見ながら潮風を楽しむ

昭和30年代には島同士が橋でつながり、40年代には本土と天草の島々が次々に橋でつなげられてこの地域は大きく変わった。陸伝いに観光客が押し寄せて、それまで漁業に頼る島の経済は観光関連のサービス業などにシフトした。海辺散策を楽しむ快適な遊歩道などが整備され、天草の箱庭的な風光を楽しめる島として知られる。

漁港を横目に、高杢島の見えるところまで。

別名「天草富士」ともいう高杢《たかもく》島。

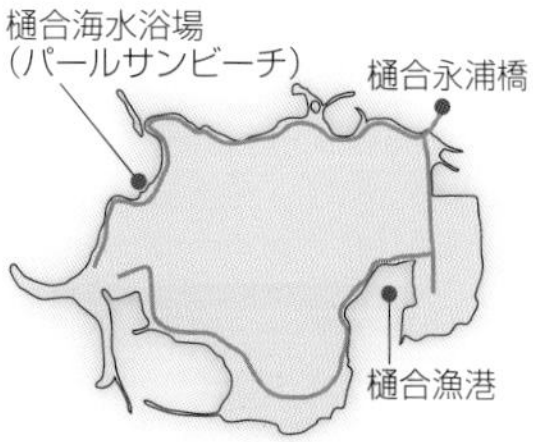

[樋合島データ] ●熊本県上天草市 ●人口：234人 ●面積：0.79㎢ ●周囲：5.0㎞
●ホームページ：上天草市 https://www.city.kamiamakusa.kumamoto.jp

前島《まえじま》（熊本県）

天草めぐりの拠点にしてもいい温泉宿泊観光地

天草上島の北に位置し、１７８ｍの松島橋でつながる。周辺の小島とともに天草観光の風光の美しさを探勝できる場所として名高い。温泉のある宿泊施設が整い、ここを天草めぐりの宿泊地点にするのもよい。世界初の海に浮かんだ水族館、天草パールセンターなど、夏場を中心に多くの観光客が訪れる。リアス式海岸の海辺歩きも楽しい。

天草諸島の観光拠点。見どころも多い。

移動販売車がやって来る島。

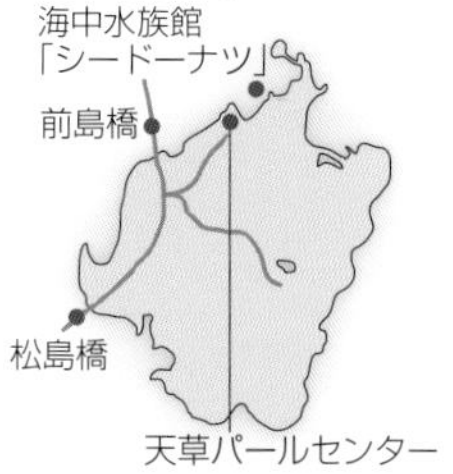

[前島データ] ●熊本県上天草市 ●人口：108人 ●面積：0.43㎢ ●周囲：3.8㎞
●ホームページ：上天草市 https://www.city.kamiamakusa.kumamoto.jp

天草上島《あまくさかみしま》（熊本県）

古き島の文化が残る歴史と文化紀行へ

天草五橋は一つ一つ橋の形が違う。

八代市の西に位置し、東は八代海、西は島原湾に面している。熊本県本土の宇土半島から島をつなぐ天草五橋で結ばれており陸路で渡ることができる。

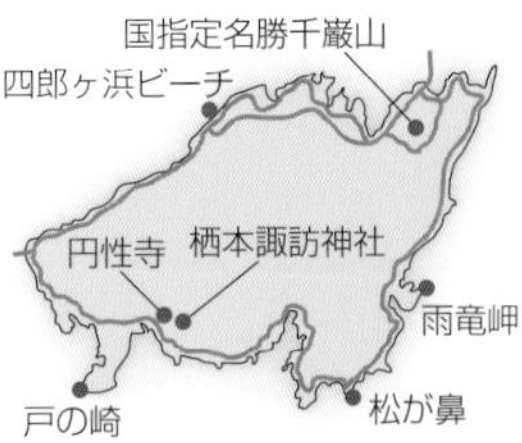

16世紀のキリスト教の伝来とともに南蛮文化が興った島でもある。寛永14年（1637）の天草・島原の乱で島は荒廃したが、その後幕府の天領となって明治維新を迎えたが、その弾圧の中でも潜伏キリシタンとなって宗教を守り続けた人々もいた。

5月の天草はツツジの季節。四季を彩る草花も多い。

古くからの日本の観光名勝地として知られ、特に国指定名勝の「千巌《せんがん》山《ざん》」は、天草五橋が一望

島内の平地には水田もあり、農業も盛ん。

できる展望地として常に紹介される場所。歴史的な社寺も多いが、とりわけ南部の「栖本諏訪《すもとすわ》神社」は正保2年（1645）に、天草・島原の乱の後、世の平静を祈り建立されたものである。

すぐ近くにある「円《えん》性《しょう》寺《じ》」も正保2年の開基で山門、本堂が素晴らしい。

［天草上島データ］●熊本県上天草市／熊本県天草市　●人口：22,880人　●面積：225.95㎢　●周囲：不明
●ホームページ：上天草市 https://www.city.kamiamakusa.kumamoto.jp ／天草市 https://www.city.amakusa.kumamoto.jp

樋島《ひのしま》（熊本県）

かつて昔、この島は周辺地域の中心地だった

天草上島の南東端、和田の鼻沖500mにあり、昭和47年に二つの島が架かり陸続きになる。江戸時代にはこの島は天領であり、天草上島の南東から御所浦島までの行政領域の中心地だった。周辺9ヶ村を統括した庄屋、藤田家はこの島で206年間も続いた大庄屋。その跡は今も残り、古文書や当時の貴重な資料も保存されている。

樋島1号橋、2号橋を渡り、樋島へ入る。

養殖用のイカダが浮かぶ海、樋島全景。

[樋島データ] ●熊本県上天草市　●人口：995人　●面積：3.45㎢　●周囲：12.2㎞
●ホームページ：上天草市 https://www.city.kamiamakusa.kumamoto.jp

中島《なかじま》（熊本県）

天草の島々の原風景をそっと見に行く

前島の北側200mにある。43mの小高い丘から島全体にわたりうっそうとした木立に覆われている。昭和40年代に一時無人化したこともあったが、現在はふたたび車エビ養殖の人々が生活している。年間生産量10トンを超す車エビの養殖事業と、島の周りの海面の養殖イカダで働く漁業者を見ると小さい島だが活気を感じる。

前島の北地区から見た中島。

島の周囲は海面での養殖漁業が盛んだ。

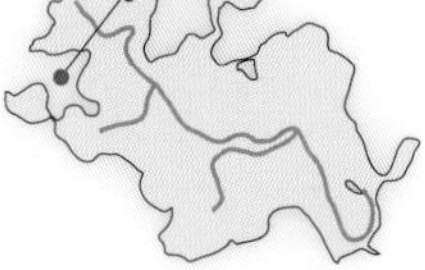

[中島データ] ●熊本県上天草市　●人口：4人　●面積：0.21㎢　●周囲：2.4㎞
●ホームページ：上天草市 https://www.city.kamiamakusa.kumamoto.jp

御所浦島《ごしょうらじま》（熊本県）

ここにはかつて
恐竜たちが暮らしていた

天草上島の南東5㎞にある。島々に囲まれた穏やかな八代海の中にある。島名の由来は、景行天皇が九州を巡幸の際、行在所が置かれたところから名付けられたと伝えられる。平成9年、1億年前の白亜紀中期の御所浦層群から国内最大級の肉食・草食恐竜の化石が発見され、恐竜ファンにとっては聖地ともいえる島になった。

恐竜の化石が出た島の立派なモニュメント。

「ともづな石」景行天皇巡幸の際の船つなぎの石。

［御所浦島データ］●熊本県天草市　●人口：1,548人　●面積：12.54㎢　●周囲：25.7㎞
●ホームページ：天草市 https://www.city.amakusa.kumamoto.jp

牧島《まきしま》（熊本県）

恐竜や源平の時代へ
深い入り江をタイムスリップ

直径60㎝のアンモナイトの化石。

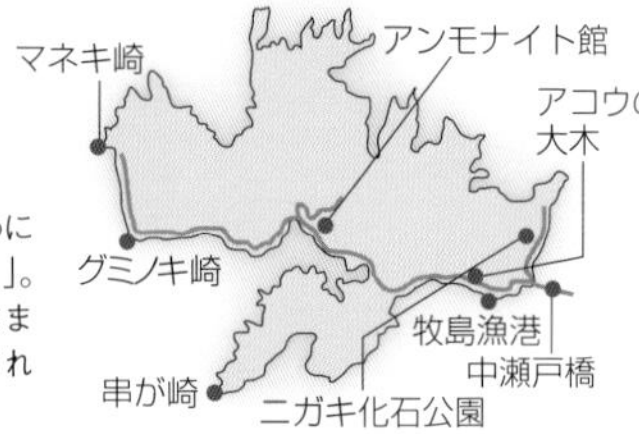

樫の浦地区の道路ぎわにある「アンモナイト館」。中には、発掘されたままの状態が現状保存されている。

御所浦島の北西にあり452mの中瀬戸橋が架かる。リアス式の複雑な海岸線の島で、御所浦島と同じくここの地層からも大昔の動物の化石などが発見されている。地質学や恐竜研究者たちに注目されている島。自転車などを使って集落を訪ね歩いてみるのも楽しい。源平の落人伝説と思われる史跡などが数多く残っている。

［牧島データ］●熊本県天草市　●人口：260人　●面積：5.59㎢　●周囲：24.8㎞
●ホームページ：天草市 https://www.city.amakusa.kumamoto.jp

横浦島《よこうらじま》（熊本県）

気取らない民宿で うまい海産物を食べる

御所浦島と天草上島の間にある。急斜面の弁慶岳の裾野、海岸部のわずかな平地に2か所の集落があり、軒を寄せ合うように家々が密集している。集落の前庭ともいうべき静かな海面には多くの養殖用イケスの浮玉や養殖イカダが並んでいて、小船はそれを避けるように白い航跡を残して航行していくのが絵になる。

横浦港と集落。後方の雲海の中は天草上島。

島のまわりには養殖用のイカダがびっしり。

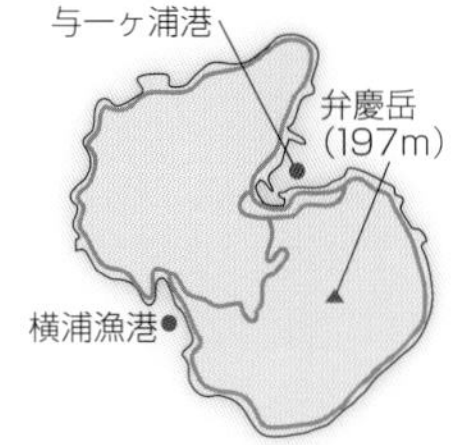

［横浦島データ］●熊本県天草市　●人口：499人　●面積：1.14㎢　●周囲：5.3㎞
●ホームページ：天草市 https://www.city.amakusa.kumamoto.jp

通詞島《つうじしま》（熊本県）

184mの通詞大橋で 天草下島から陸路で島へ

天草下島の北部とつながる架橋島で、海原の先は島原半島などの長崎県となる。天草灘に突き出た東西に細長い平坦な島は島全体がテーマパークのようで、塩作り、草木の観賞、ダイビング、イルカの観察など、いろいろな目的をもって楽しめる。島名の「通詞」は通訳するということで、かつてこの島に南蛮貿易の通訳者がいたのだろう。

緩斜面には畑が広がる農業も盛んな島。

通詞島漁港と集落風景。

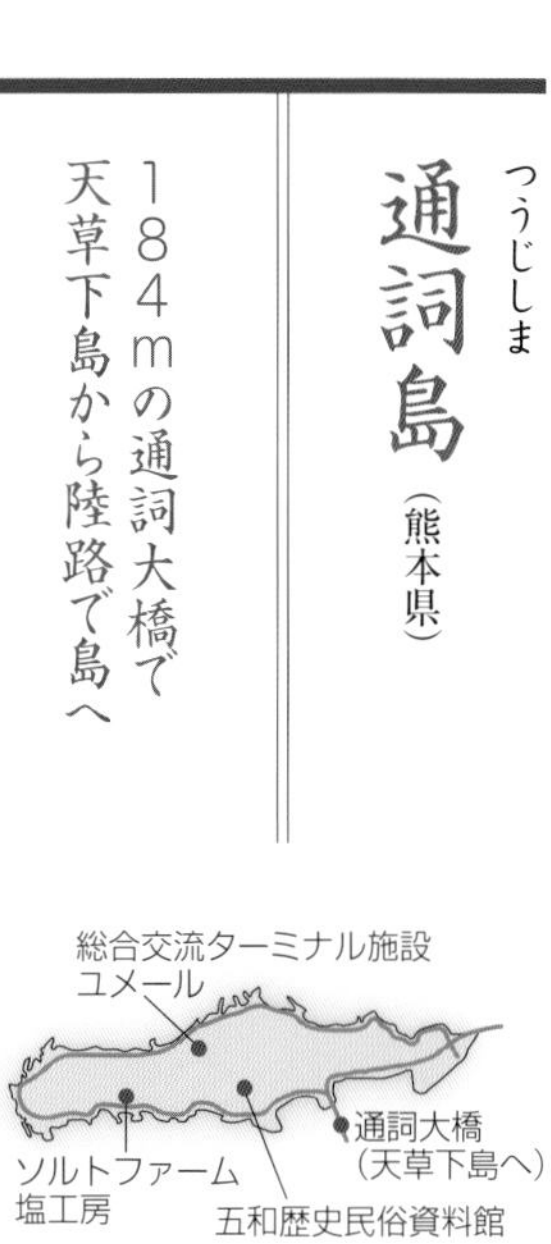

［通詞島データ］●熊本県天草市　●人口：473人　●面積：0.60㎢　●周囲：3.9㎞
●ホームページ：天草市 https://www.city.amakusa.kumamoto.jp

天草下島《あまくさしもしま》（熊本県）

そういえば雲仙天草国立公園の島だった

西日があたる丘の上の墓。

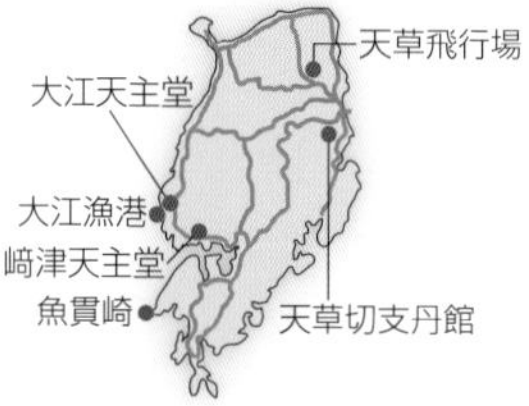

天草上島と下島の間の〝本渡の瀬戸〟には「瀬戸大橋」が架かり、陸路で往来できる。天草・島原の乱に決起したキリシタンの多くはこの島の人々だった。その人々の墓地や遺跡も数多くあるほか、大江地区には「大江天主堂」、波の静かな羊角湾には天草を代表する「﨑津天主堂」がある。

温泉がある島としても知られ、志岐、下田、牛深、河浦、碇石の各地区に温泉施設があり楽しめる。島の東側は内海の島々の風景が美しく、また島の西側の海岸線はどこも夕日の美しい場所として、天気のよい休日には多くの写真撮影のマニアがやって来る。天草市本渡の中心地にある「天草切支丹館」はキリシタンに関する歴史資料を展示していて、国指定の重要文化財『天草四郎陣中旗』の実物を見ることができる。

昭和8年にフランス人神父が私財を投じて建てた「大江天主堂」。

早朝の大江漁港。水揚げの光景。

カトリック﨑津教会。

［天草下島データ］ ●熊本県天草市／熊本県天草郡苓北町　●人口：63,181人　●面積：574.98㎢　●周囲：301.2㎞
●ホームページ：天草市 https://www.city.amakusa.kumamoto.jp ／苓北町 https://reihoku-kumamoto.jp

下須島《げすしま》（熊本県）

温暖、風光明媚 あまり知られていない 海中公園へ

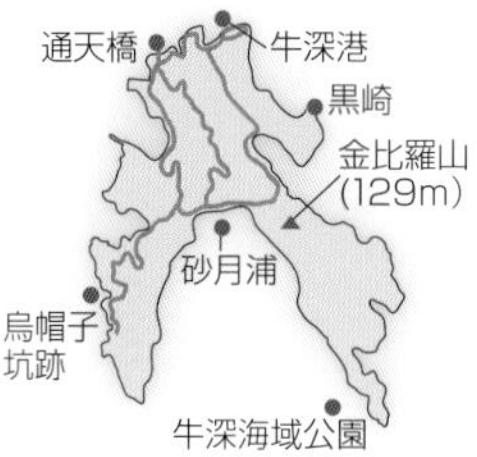

天草下島の南端にあり、よく見ないとわからないほど下島と一体に見える。全国に63か所ある海中公園のうちの一つ牛深海中公園があり、カラフルな海の生物を観察できる。かつてこの島では石炭を産出した時代があったが、昭和40年に閉山した。深い入り江の奥、砂月浦は夏の海遊びとともに景勝地としても足を運びたい場所。

美しい砂月浦の「砂月ビーチ」。

カラフルな海洋動物が多い天草の海。

［下須島データ］ ●熊本県天草市　●人口：840人　●面積：4.5㎢　●周囲：34.2㎞
●ホームページ：天草市 https://www.city.amakusa.kumamoto.jp

横島《よこしま》（熊本県）

船渡しを頼み ぶらりと散歩してみるのも おつなもの

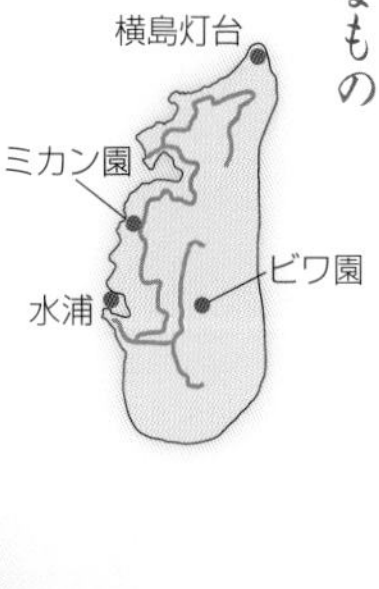

天草下島の中心地である本渡地区と水俣など九州本土とを結ぶ船が通る航路横にある。天草下島の対岸からは３００ｍの距離。地の利を生かしてかつては海運で栄えたりしたが、現在はわずかな世帯が自家消費程度の農業と漁業をおこなっている。静かでのんびりしているが、島内に子どもはいない。また、定期船も商店もない。

天草下島から見た横島全景。緩い丘陵の島である。

［横島データ］ ●熊本県天草市　●人口：1人　●面積：0.83㎢　●周囲：5.0㎞
●ホームページ：天草市 https://www.city.amakusa.kumamoto.jp

獅子島《ししじま》（鹿児島県）

かんきつの産地
八代海の風光を一望できる
七郎山へ

ミカンの産地として名高い長島の北東、八代海の中ほどにある。２００〜３００ｍの山々が連なり、洋上から近づくと山がちな島ということがわかる。アンモナイトなどの化石がここからも出土している。島名の由来については、かつて年貢に納めたものの一つに鹿皮があり、鹿皮はシシと呼ばれたところからともいわれている。

片側《かたそば》港と集落の景観。

懐かしい木造家屋を見て歩くのもよい。

［獅子島データ］●鹿児島県出水郡長島町　●人口：628人　●面積：17.06㎢　●周囲：36.5㎞
●ホームページ：長島町 https://www.town.nagashima.lg.jp

長島《ながしま》（鹿児島県）

英名でサツマ・マンダリン
温州ミカンのルーツを訪ねて

天草下島の南にあり、八代海を囲むように位置する。温暖な気候なため昔からかんきつ栽培が盛んだった。中国を経て今から１７０年ほど前に薩摩に伝えられたミカンが明治時代に温州ミカンとして定着した。その発祥の島がここ。山の斜面にはミカン畑が広がり、リアス式の複雑な海岸部は格好の釣り場。架橋で本土と結ばれている。

ミカンの博物館「日本マンダリンセンター」。

静かで落ち着いたたたずまいの宮ノ浦港。

［長島データ］●鹿児島県出水郡長島町　●人口：8,357人　●面積：90.66㎢　●周囲：66.0㎞
●ホームページ：長島町 https://www.town.nagashima.lg.jp

伊唐島《いからじま》（鹿児島県）

陸伝いで行ける
なごみの島風景

長島の北の端にくっつくようにある小さな島で、平成8年に伊唐大橋が架かり本土と陸伝いに結ばれた。沿岸漁業はもともと盛んだが、耕作地にも恵まれて農業や畜産に就く人々も多い。宿泊施設はないが車で農産品を求めて訪れたり、船でやって来たりして1日のんびりと田舎を満喫していく人もいる。のどかさがあふれる島だ。

広々とした耕作地が広がる島内。

島の住人たちが作って掲げた生活標語などは、島のまとまりぐあいがわかり興味深い。

［伊唐島データ］●鹿児島県出水郡長島町　●人口：273人　●面積：3.71㎢　●周囲：18.0㎞
●ホームページ：長島町 https://www.town.nagashima.lg.jp

諸浦島《しょうらじま》（鹿児島県）

八代海の箱庭
島影と海面の風光に感激する

長島の北部に約70m離れてあるが架橋されている。波静かな八代海の中、島全体に繁茂する天然木の山林や深い入江がとくに美しい。昭和40年ごろからこの静かな海面を生かした養殖漁業が盛んになり、タイ、ハマチなどが出荷されている。高台を通る島内道路を散策すると、海面に広がる養殖イカダ群と島影、集落の景色が印象的。

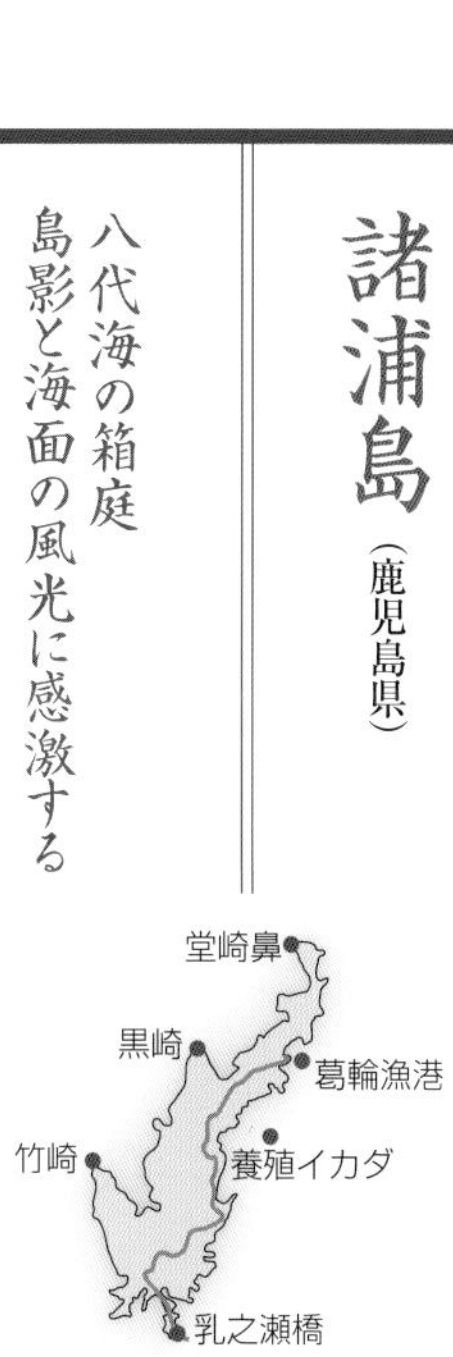

深い入江と重なる島々の諸浦港と集落景観。

本浦と無人島の野島付近の養殖海面。

［諸浦島データ］●鹿児島県出水郡長島町　●人口：360人　●面積：3.87㎢　●周囲：22.0㎞
●ホームページ：長島町 https://www.town.nagashima.lg.jp

桂島《かつらじま》（鹿児島県）

のどかな島の生活だが
何もかも自分たちの力で…

一番近い本土は高尾野町・野口港で、その北、約3㎞にある。島の始まりは江戸時代。天草から入植した3世帯がこの島の基礎を造ったと伝えられ、現在は沿岸・近海を主に定置網、底引き網の漁業がおこなわれていて、少数の住民ながら活気のある島の生活が営まれている。定期船がなく、自分の船で本土間を行き来する。

静かで、木立が生い茂る集落の道。

民家と漁船が同居する、島の集落景観。

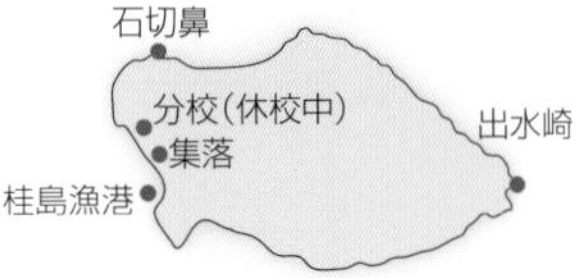

［桂島データ］●鹿児島県出水市　●人口：11人　●面積：0.33㎢　●周囲：2.7㎞
●ホームページ：出水市 https://www.city.kagoshima-izumi.lg.jp

蕨島《わらびしま》（鹿児島県）

用水路にかかる蕨橋を渡って
のどかな島をひとめぐり

特別天然記念物のツル飛来地として知られる出水《いずみ》市の飛地にある。もともとは300mほどの海を船で渡る島だったが、昭和22年からの干拓事業で本土から伸ばしていった水田が昭和40年に蕨島とつながり、地続きになった。冬の季節はツルの飛翔も観察できるほか、島の高台に立つと桂島や天草の島々も見渡すことができる。

“みずほいび”は、用水路にかかる小橋の意。

2か所に橋が架かる島で本土の生活感と同じ。

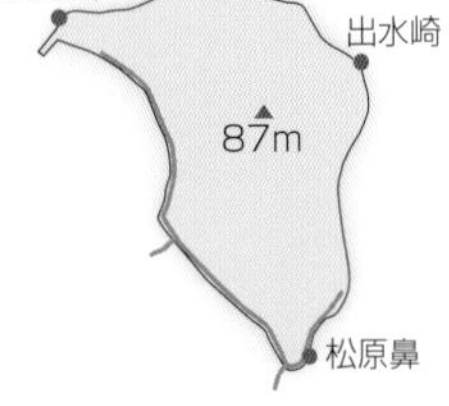

［蕨島データ］●鹿児島県出水市　●人口：112人　●面積：0.87㎢　●周囲：不明
●ホームページ：出水市 https://www.city.kagoshima-izumi.lg.jp

上甑島《かみこしきしま》（鹿児島県）

昔、地理で習ったような…
トンボロ地形を間近に

串木野港の西北、約35kmにあり、3島からなる甑列島の一番北に位置する島。この島の特徴は地形だ。港のある中心地・里村は巨大なトンボロ（陸繫《りくけい》砂州《さす》）の上にある集落で、俯瞰で眺められる場所に立つとそのみごとな地形に驚く。50m幅の砂州が延々4kmも「海の道」のように続く景勝地・長目の浜もまたみごとな景色である。

「長目の浜」は延々と続く砂浜の道のよう。

甑島のきれいな海水を使い“塩作り”。

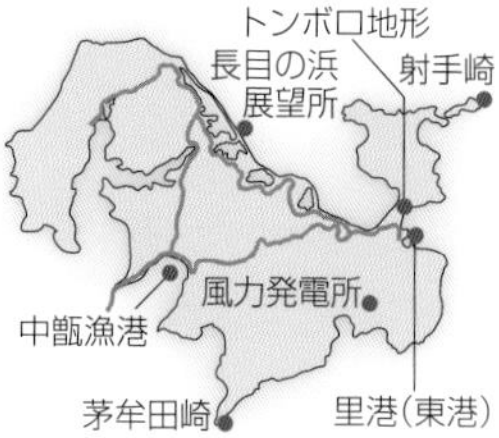

[上甑島データ] ●鹿児島県薩摩川内市　●人口：1,780人　●面積：44.20㎢　●周囲：81.1㎞
●ホームページ：薩摩川内市 https://www.city.satsumasendai.lg.jp

中甑島《なかこしきしま》（鹿児島県）

断崖も多く磯釣りに絶好
夏に咲くカノコユリの美しさ

串木野港の西、約40kmにある。もともと甑列島は可憐なカノコユリの自生地で、ここ中甑島にもその自生地があり、夏になるとたくさんの花が咲き誇る。上甑島とは「鹿の子大橋」で接続されていて一気に2島を回ることもできるが、島歩きの範囲は平良地区周辺だけで、その他は原生林と断崖などが多く危険な場所には入らないことだ。

これが「甑大明神」。御神体はこの「甑岩」。

樹木が多く、特にタブの原生林が美しい。

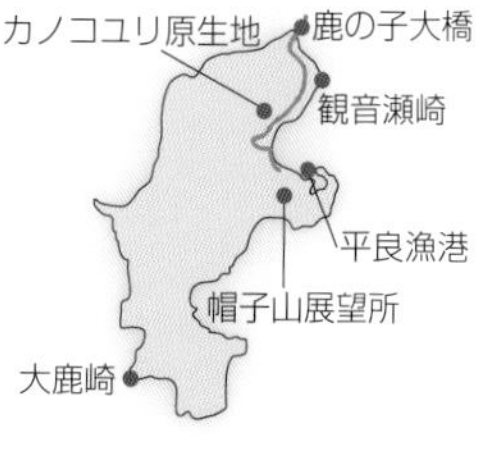

[中甑島データ] ●鹿児島県薩摩川内市　●人口：177人　●面積：7.28㎢　●周囲：17.4㎞
●ホームページ：薩摩川内市 https://www.city.satsumasendai.lg.jp

下甑島《しもこしきしま》（鹿児島県）

東海岸には白砂のビーチ
西海岸は断崖絶壁

急峻な崖に咲いたカノコユリ。

串木野港の西、約50kmにある。縄文時代の遺跡が発掘されていて、かなり大昔から人類が住み始めていたようである。古文書には遣唐使船の中継港であったことが記され、江戸時代の慶長16年（1611）以降は島津氏の直轄の中、薩摩藩の南蛮貿易の基地にもなった。

鬱蒼と茂る木々と険しい連山が作りだす島山で、雨が降るとその島の頂上はレースのカーテンがかかったように煙って見えなくなり厳しい島の印象がより強くなる。潜伏キリシタンがここに逃れたという伝承も残っている。島の北端には甑列島特産のカノコユリの自生地があり、初夏の咲き誇るころになると険しい断崖などに可憐で美しい花をつける。南部の手打地区には武家屋敷が連なる通りがありみごとな集落景観を見せている。西海岸は険しい断崖が多いが、奇岩の「ナポレオン岩」があり、片野浦にはキャンプ施設もある。

近海で釣り上げたカジキマグロが水揚げされた。

▲観音三滝公園にある「瀬尾の滝」。
▶「ナポレオン岩」。たしかにナポレオン！

［下甑島データ］●鹿児島県薩摩川内市　●人口：1,721人　●面積：65.56㎢　●周囲：84.8㎞
●ホームページ：薩摩川内市 https://www.city.satsumasendai.lg.jp

新島《しんじま》（鹿児島県）

錦江湾に誕生して230年
隆起の島を歩きたければここ

安永年間（1779）の桜島の噴火で隆起してできた島で、桜島からはわずか1・5㎞の洋上にある。火山灰のシラス土壌の島内には水場が少なく、池や耕作地はほとんど見あたらないが木々は繁茂している。海侵食で今も島の周囲は削られ続けている。港の真正面に展開する雄大な桜島を見ていると心が洗われるようだ。

桜島の火山活動でできた、誕生日のある島。

港周辺の道路と民家。木々は生い茂っている。

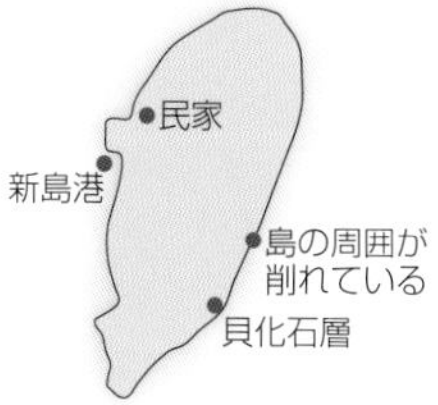

[新島データ] ●鹿児島県鹿児島市　●人口：2人　●面積：0.13㎢　●周囲：不明
●ホームページ：鹿児島市 https://www.city.kagoshima.lg.jp

口永良部島《くちのえらぶじま》（鹿児島県）

釣りもいい、温泉もいい
大自然を満喫する

屋久島の西12㎞にある。風が少し吹くと付近の海上は荒れて渡島が厳しくなる（特に冬場）。本村、西ノ湯、寝《ね》待《まち》、湯向《ゆむぎ》の4か所に温泉があり、島外者は本村温泉のみ入ることができる。近年も含めてたびたび火山活動が活発になる新岳の噴煙もときおり上がる。島内の一周道路をハイキングするのも楽しい。

島の南、七釜から見た火山活動中の新岳。

かつて薬用植物“ガジュツ”が栽培されていた。

[口永良部島データ] ●鹿児島県熊毛郡屋久島町　●人口：103人　●面積：35.81㎢　●周囲：49.7㎞
●ホームページ：屋久島町 https://www.town.yakushima.kagoshima.jp

屋久島《やくしま》（鹿児島県）

黒潮の中で生き続ける縄文の木

大隅半島の先端・佐多岬の南、約60㎞にある。九州最高峰の宮之浦岳（1936ｍ）をはじめとして40座もの1千ｍを超える峰がある。その一方

付近を静かに制圧する圧倒的な巨樹「縄文杉」。
木のそばに立つことができた1980年の撮影。

伐採後に放置されていた「土埋木」。

巨大切り株「ウィルソン株」の中から。

で海辺にはガジュマルやヘゴなどの亜熱帯植物が繁茂しており、山頂で雪が混じるような冬の日に下界の海ではスノーケリングができるという稀有な島である。これは屋久島が暖かい黒潮の流れの中にあるためで、山頂の亜寒帯から海岸部の亜熱帯まで植物相の垂直分布もはっきりとしている。海面０ｍから一気に2千ｍ近くに達する山々の島であるところから「洋上アルプス」といわれる。

樹齢７２００年ともいわれる『縄文杉』は、この杉を含む屋久島の自然林が世界自然遺産に登録されたゆえんのシンボル的存在である。『縄文杉』へ行く方法は何コースかあるが、いずれも長時間歩き続けた末にたどり着く場所にある。その木の放つ威容は素晴らしく、残念ながら写真と言葉では伝えにくい。

ヤクシャクナゲは5月から6月に咲く。山中で見るのがいちばんだが「しゃくなげの森公園」で見る3千本を超すシャクナゲもみごと。「白谷雲水峡」「ヤクスギランド」は屋久島の杉や自然を気軽に楽しめる場所である。温泉は島内数箇所で湧き、トレッキングの後などにもらい湯（日帰り入浴）もできる。果実はポンカン、魚はサバ、トビウオ、カツオなどが島の特産である。島の外周は約１２０㎞の一周道路で自動車も通るが、島の横断や縦断はもちろん徒歩のみである。

宮之浦の町と屋久島の連山。

川と峡谷と森林がおりなす秀景「白谷雲水峡」。

［屋久島データ］ ●鹿児島県熊毛郡屋久島町　●人口：11,478人　●面積：540.48㎢　●周囲：126.7㎞
●ホームページ：屋久島町 https://www.town.yakushima.kagoshima.jp

種子島《たねがしま》（鹿児島県）

鉄砲の伝来から宇宙開発まで

千座《ちくら》の岩屋の海辺で。

大隅半島・佐多岬の南、約45㎞にある。天文12年（１５４３）に明の船が南端の門倉岬に漂着し、乗船していたポルトガル人から鉄砲や火薬、はさみ、タバコなど西洋の文明が伝えられた。サツマイモは江戸時代にこの島で栽培されたのが始まりといわれ、現在も芋焼酎製造に使うサツマイモや特産の「安納芋《あんのういも》」などを栽培している。また強い南国の日差しのもとではサトウキビが栽培され、昔ながらの直火炊きでの黒糖作りもおこなわれている。

近海を黒潮が流れ、比較的平坦で穏やかな気候で近海ではカツオやマグロも獲れるという恵まれた海域。サーフィンに格好のビーチが島内いたる場所にあり、移住して波との暮らしを楽しんだり、島で仕事を始める人など新しい気風を持つ人々が多くなっている。種子島宇宙センターのロケット発射台がある島としてよく知られる。

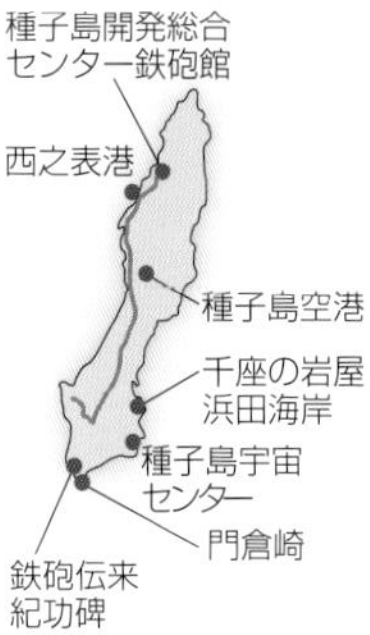

最南端の門倉崎に建つ「鉄砲伝来紀功碑」。

［種子島データ］●鹿児島県西之表市／鹿児島県熊毛郡（中種子町・南種子町） ●人口：26,818人 ●面積：444.30㎢ ●周囲：169.6㎞
●ホームページ：西之表市 https://www.city.nishinoomote.lg.jp ／中種子町 https://www.town.nakatane.kagoshima.jp ／南種子町 http://www.town.minamitane.kagoshima.jp

馬毛島《まげしま》（鹿児島県）

平坦な島は洋上基地になりやすい

人の定住は明治初期で、昭和26〜29年に開拓で80世帯が移住。サトウキビ栽培や養豚、漁業を行い、同35年には小中学校分校が設置され、人口は３８３人を数えた。その後、昭和55年に無人化。買収話や持ち主の破産など紆余曲折を経て最終的に防衛省が買収し、令和5年（２０２３）航空自衛隊基地建設工事が防衛省によって始まった。

種子島・西之表港の西、約9㎞にある平坦な島である。
写真提供／朝日新聞社

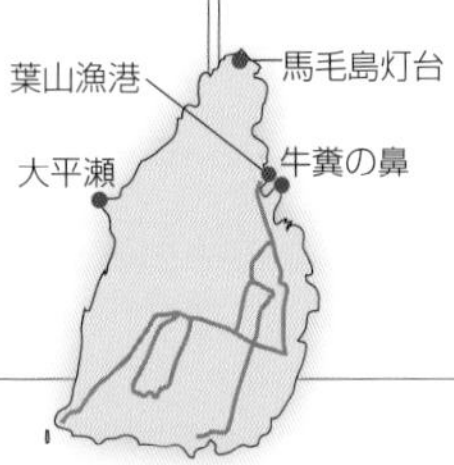

［馬毛島データ］●鹿児島県西之表市 ●人口：２人 ●面積：8.17㎢ ●周囲：不明
●ホームページ：西之表市 https://www.city.nishinoomote.lg.jp

硫黄島《いおうじま》（鹿児島県）

伝説と多くの史跡が物語る歴史の長さ

薩摩半島・枕崎港の南、約55kmにある。霧島火山帯が南進の帯に沿って洋上に噴火した火山の島。標高704mの硫黄岳は現在も噴煙を上げ続け、ときおり下降した硫酸ガスが農作物に被害を与えることもある。定期船で島に着くと、まず港の海面を見てだれもが驚く。港の海底から湧く鉄分を含む温泉が海水と反応し、海面が真っ茶色に変色しているからである。

平家物語では鹿ケ谷《ししがたに》の陰謀により僧《そう》都《づ》俊寛《しゅんかん》が鬼界ヶ島に流されるが、その島がここだと伝えられる。史実にあたる史跡などが多く、それを考証しながら島歩きをすると楽しいだろう。

島内は美しく、集落景観は清楚でじつに整っている。温泉が3か所にあり、集落からやや離れるが、波打ちぎわの露天「東温泉」は波濤の音を聞きながら入る湯で野趣あふれるもの。かつて使われた飛行場の滑走路が残っている。

波打ちぎわの露天「東温泉」。

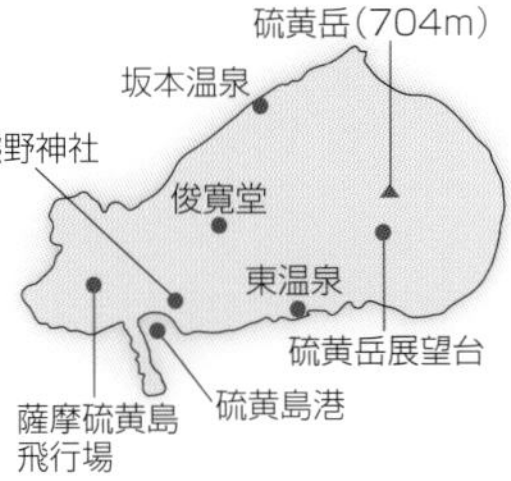

港内は茶褐色の異様な景観。火山島への上陸である。

▲▶「八朔太鼓踊り」は五穀豊穣、無病息災の祭り。真っ赤で渦巻き模様の「メンドン」が現れる。

［硫黄島データ］●鹿児島県鹿児島郡三島村　●人口：132人　●面積：11.62㎢　●周囲：19.1㎞
●ホームページ：三島村 http://mishimamura.com

竹島《たけしま》（鹿児島県）

緩斜面の島の大地には豊かな自然のめぐみ、竹の子が

集落の外れにある巨大なガジュマル。

特産の竹の子（大名竹）のために下草刈り。

近海は黒潮洗う荒波の海域で知られる。かつて遣唐使の時代（６５３年）には遭難した遣唐使船から５人がこの島に漂着したといわれる。大名竹という小ぶりの竹がほぼ全島を覆いつくしていて、５月すぎになるとこの竹の子の旬となり、全島民挙げて竹の子採りをおこなう。釣りの醍醐味を楽しむ人たちも多く訪れる。

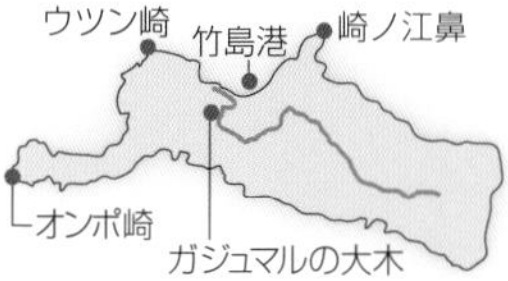

［竹島データ］●鹿児島県鹿児島郡三島村　●人口：59人　●面積：4.22㎢　●周囲：12.8㎞
●ホームページ：三島村 http://mishimamura.com

黒島《くろしま》（鹿児島県）

平家の落人伝説もうなずける深い森と急峻な島影

山肌が大里港と集落まで下りてきて迫る地形。

作家・有吉佐和子がこの島を舞台に書いた作品「私は忘れない」の文学碑。

薩摩半島の南西、約50kmにある。周囲は断崖が多く中央部に５００～６００ｍの山が連なるところを見ると険しい島という印象を受けるが、上陸していったん島内に入ると木立の中で鳥のさえずりが響き渡り、畑で農作業に精を出す島の人々の笑顔が垣間見える。４００年の伝統をもつ五穀豊穣の行事「黒島面踊り」がおこなわれる。

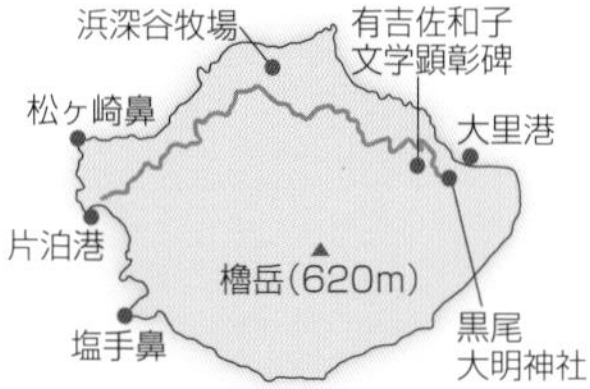

［黒島データ］●鹿児島県鹿児島郡三島村　●人口：173人　●面積：15.39㎢　●周囲：20.1㎞
●ホームページ：三島村 http://mishimamura.com

原色 日本島図鑑

南西諸島（トカラ・奄美・沖縄）

Nanseishoto

- *Tokara*
- *Amami*
- *Okinawa*

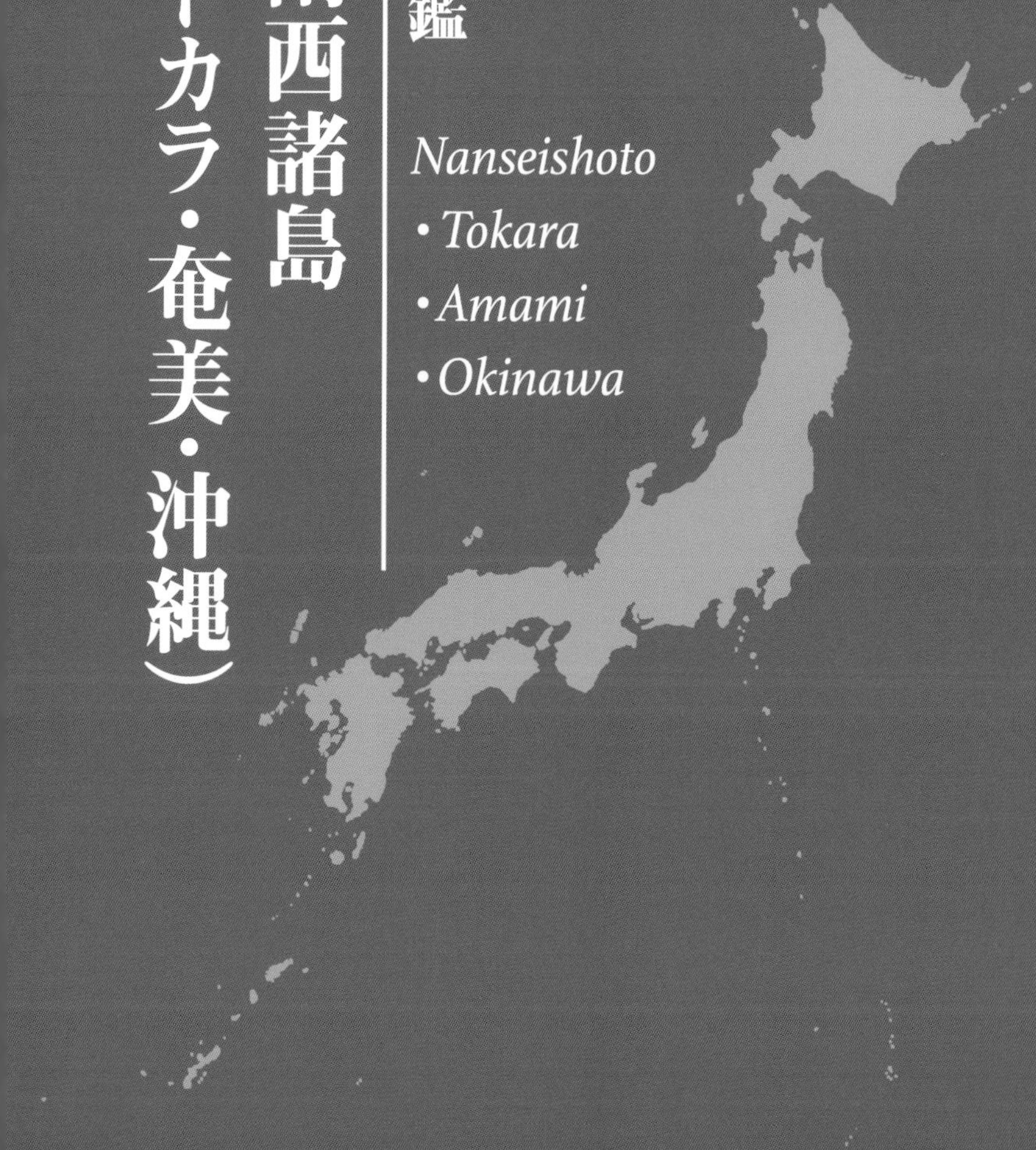

悪石島《あくせきじま》（鹿児島県）

仮面神ボゼが現れる盆の1日

荒波の洋上に忽然と現れる悪石島。険しい島影だ。

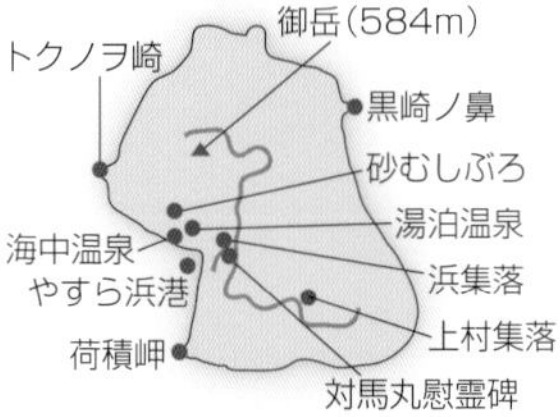

薩摩半島の南西約210km、トカラ列島のほぼ中央にある。奄美諸島と九州本土を結ぶ洋上に点在するトカラの島々はちょうど北上する黒潮の流れの中にあって、古来から南方からの文化の流入があったものと考えられる。また中世から近世にかけては琉球、中国をはじめ、薩摩や北九州との交流を示

集落の外れから突然現れた仮面神ボゼ。

各家々を回って男たちによる踊りがくり広げられる。

す陶器などが社寺や墓地から見つかっている。

唯一の港「やすら浜港」が浜地区で、住人の多い上村地区は2㎞ほど上った島の高台にある。平地はほとんどなく、ほぼ全島が山といってよい。山の中、麓《ふもと》、集落の外れ、屋敷の裏など、島内の随所に神々が奉られているというまさに「神々の島」と呼ぶにふさわしい島である。その象徴ともいうべき行事が旧暦の盆のときにおこなわれる。盆の最終日、島の住民が集う広場に、3体の恐ろしい形相をした仮面をつけた神がなだれ込んで来るのである。赤土に黒すじのはいった見なれぬ模様の顔、そこには大きな耳、丸く赤い目、真っ赤な口が開き、ピノキオのような長い鼻が異様である。これが『ボゼ』という仮面神。盆の最後の幕引きをおこなう神である。広場は阿鼻叫喚…!?となり、しめっぽさを払拭するかのような絶叫のにぎわいの中で終わる。

港の北側にはキャンプ場や砂蒸し風呂が楽しめる場所、そして波打ち際に湧く海中温泉、温泉施設のある湯泊温泉がある。島の民宿はいたって素朴。島の昔話などを聞き散策して4、5日過ごすのがよいだろう。

「対馬丸慰霊碑」戦時中、沖縄からの疎開船“対馬丸”が近海で米潜水艦の魚雷攻撃を受け1700人のうち約1500人が犠牲となった。

やすら浜港の景観。写真中央付近が海中温泉。

静かな森の中にたたずむ「坂森神社」。島の中にはおびただしい数の神々が存在する。

[悪石島データ] ●鹿児島県鹿児島郡十島村　●人口：81人　●面積：7.49㎢　●周囲：8.8㎞
●ホームページ：十島村 http://www.tokara.jp

中之島《なかのしま》（鹿児島県）

日本古来の在来馬
トカラウマを見に——

牧場の「トカラウマ」。

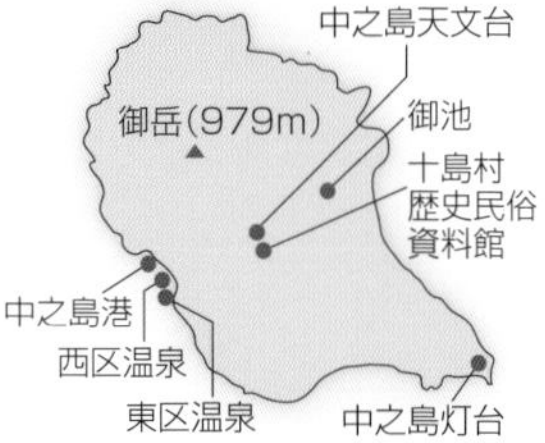

薩摩半島の南西、約160㎞にある。黒潮本流の中にある島ということもあって、古くから南北の交流があったといわれる。江戸時代には島津氏の直轄地として船奉行支配下にあり、異国船遠見番所や異国船番所などが置かれた。その後、昭和の時代に至るまでトカラの中心の島として機能し、1956年3月まで

旧盆。霊をお迎えする行事に際して、家族そろって墓地へおもむく。

旧十島村役場が置かれていた。現在、十島村村役場は本土の鹿児島市内にあり、中之島にはその「役場支所」のほか「十島村歴史民俗資料館」「中之島天文台」などがある。そのため実質的には村の中心地といった感である。

　別名「トカラ富士」とも呼ばれる、今なお噴煙を上げ続ける御岳（979m）が島の北側半分を占めており、南側の400〜500mの山々との間に平地部が広がり、その場所に集落、学校、各施設、畑、牧場などがある。中之島港の前にある集落が「西地区」で平家落人の子孫という伝説に裏づけられる人々の家々。もう一つの「東地区」は奄美大島から移住開拓に入った人々が暮らす集落である。それぞれの地区に西温泉と東温泉があり、旅人もこの温泉を楽しむことができる。

　小型の在来馬「トカラウマ」（県指定天然記念物）が島内で10頭前後飼育されていて、放牧場に行くとその内の数頭が草を食んでいたり、走り回っていたりする姿を見られることがある。ビロウが多くガジュマルやバショウの木なども茂り、独特な自然に包まれた島である。

東温泉の風呂場。

東側山腹から噴煙が今なお立ち上る。ここは火山島である。

トカラのことは「十島村歴史民俗資料館」で。

［中之島データ］●鹿児島県鹿児島郡十島村　●人口：130人　●面積：34.42㎢　●周囲：28.0㎞
●ホームページ：十島村 http://www.tokara.jp

くちのしま
口之島（鹿児島県）

落ち延びた平家の侍たちが袂に入れて持ってきたのがタモトユリ

薩摩半島の南西、約１５０㎞にある。昭和34年まで電気のない暮らしを余儀なくされた絶海の島だったが、現在はセランマ温泉などの保養施設もできて快適な島の暮らしができる。終後の混乱期、鹿児島本土と奄美諸島からの闇売買船が来て売買や物々交換をしたという歴史がある。美しいタモトユリが咲き誇り、牛がたくさんいる島である。

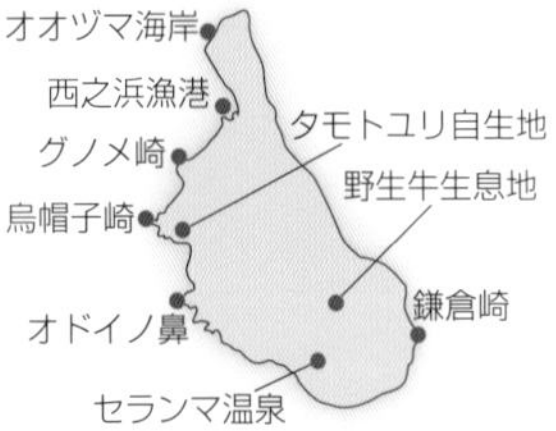

港の北側にある「平瀬海水浴場」。

野生の状態で生きるほんものの「野生牛」。

［口之島データ］●鹿児島県鹿児島郡十島村　●人口：114人　●面積：13.33㎢　●周囲：13.3㎞
●ホームページ：十島村 http://www.tokara.jp

たいらじま
平島（鹿児島県）

牛が草を食み温泉にのんびり浸かればここは天国

薩摩半島の南西、約２００㎞にある。島で唯一の南之浜港から緩斜面を上がっていくと集落がある。辺りにはビロウの木やガジュマルが繁茂し亜熱帯の原生林といった様相で、この島が黒潮の中にあるトカラ列島の一つだということを実感する。少人数の島なので、何ごとをおこなうにも「島全体で一家族」のまとまり感がある。

「平家の穴口」は海ぎわにできた潮だまり。

唯一の港、南之浜《はえのはま》港。

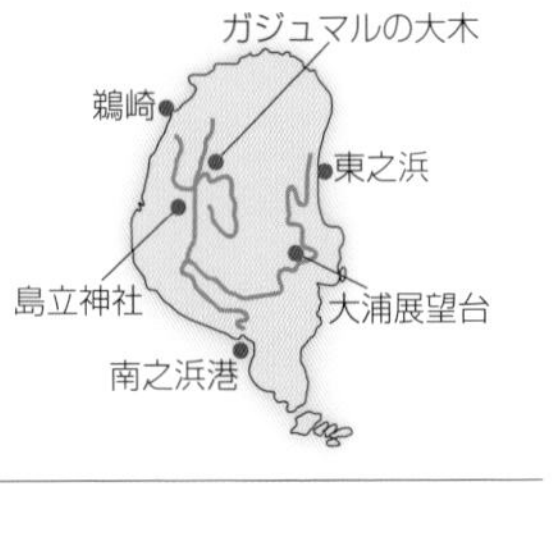

［平島データ］●鹿児島県鹿児島郡十島村　●人口：76人　●面積：2.08㎢　●周囲：4.5㎞
●ホームページ：十島村 http://www.tokara.jp

臥蛇島《がじゃじま》（鹿児島県）

風化していく島の桟橋共同体を考える

薩摩半島・枕崎市の南、約170kmにあるトカラ列島の一つ。昭和45年（1970）、4世帯16人にまで減った人口ではハシケ作業が維持できないことなどの理由により全員が島から離れ、無人島となった。移住先は九州本土などさまざまだが、特に多かったのは約30km離れた隣の島・中之島であった。

灯台から見た臥蛇島の桟橋。

島の周囲は断崖で、人が住むにはかなり厳しい環境であることはその地形を見ればわかるが、この島の中に人間同士の豊かな共同体文化があったということもまたよくわかる。特産のカツオ節作りでは島民挙げて働き、自給自足の生活では漁労も農作業もすべて共同作業とし、得られたものは集落で平等に分け合う平和な島であった。

急テンポで進んだ近代化が離島の過疎化に拍車をかけることとなった典型の島として、臥蛇島は後世も語り継がれる島となっている。

島から離れて31年目の里帰り。無人化しても育った島は故郷。

▲灯台まわりは点検巡回があるためかきれい。
▶風化は長い年月を物語る。

［臥蛇島データ］●鹿児島県鹿児島郡十島村　●人口：0人　●面積：4.05㎢　●周囲：不明
●ホームページ：十島村 http://www.tokara.jp

宝島《たからじま》（鹿児島県）

幕府の異国船打払令は この事件が発端だった

薩摩半島から南西に約270㎞、トカラ列島で一番南に当たる島。文政7年（1824）、静かなこの島にイギリス船から男たちが銃を乱射して上陸した。島の牛3頭を強奪するも、島にいた藩の役人がその中のイギリス人一人を射殺するという事件が起きた。そんな歴史の舞台も今は平和。紺碧の海と白砂のビーチはこの島の宝物だ。

荒木崎灯台から見た「イマキラ岳」。

前籠《まえごもり》港の港壁画は名物。

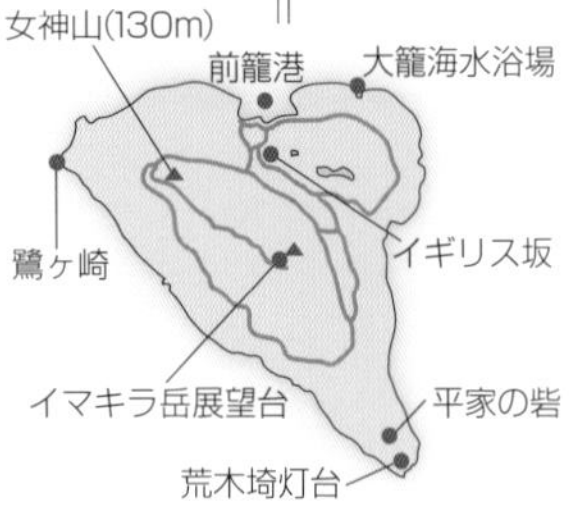

[宝島データ] ●鹿児島県鹿児島郡十島村 ●人口：122人 ●面積：7.07㎢ ●周囲：12.1㎞
●ホームページ：十島村 http://www.tokara.jp

小宝島《こだからじま》（鹿児島県）

ぐるりと島をめぐっても1時間 野天温泉で星空でも眺めるか

薩摩半島の南西、約250kmにある。隣の宝島とは15km離れる。船が島に近づくにつれ、島の中央部の山とそのすそ野を広大な平地が取り囲むという独特な地形であることがわかる。トカラはどの島にも温泉があるが、この島は小島であるにもかかわらず3か所で温泉が湧き、それぞれのおもむきを楽しめるので人気が高い。

山林は少なく、奇岩の光景が目につく。

のんびりと船待ちをする島の人。

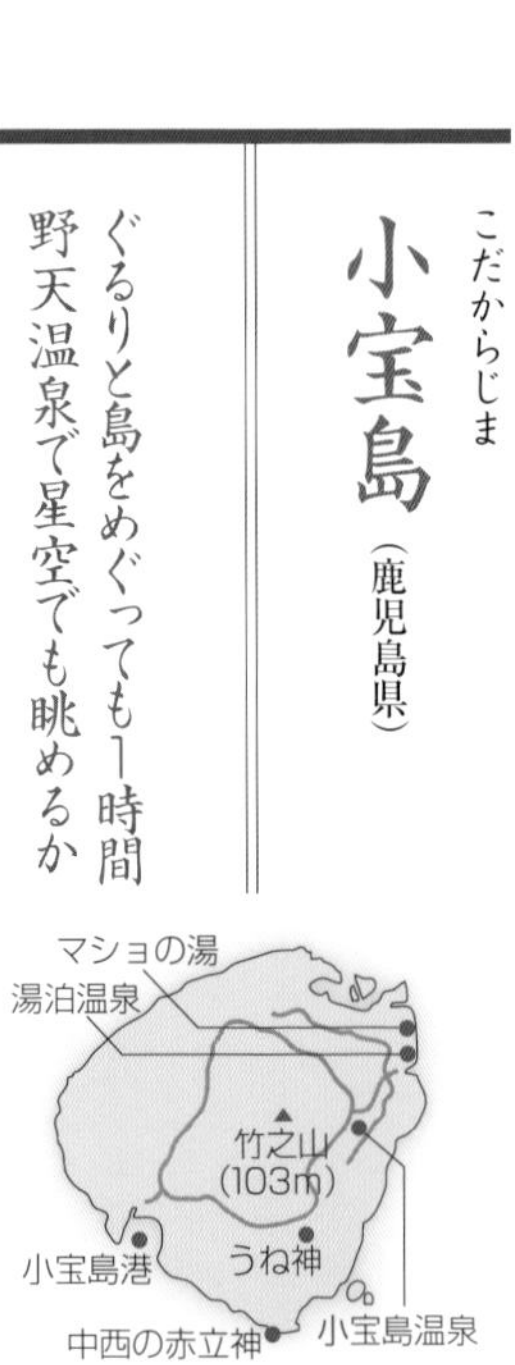

[小宝島データ] ●鹿児島県鹿児島郡十島村 ●人口：60人 ●面積：1.00㎢ ●周囲：3.2㎞
●ホームページ：十島村 http://www.tokara.jp

すわのせじま

諏訪之瀬島（鹿児島県）

今なお噴煙上がる活火山 ここで島の鼓動を感じ取る

中央部にある御岳（７９６ｍ）がたびたび火山活動を起こしている。近年も平成12年に噴火し、火口に近づくことは現在も禁止。活火山の荒々しい溶岩流の跡や木々の生えない山肌を見ると自然の脅威を感じさせるが、在来の奄美の移住者と昭和40年代に都市からやって来て住みついたヒッピーたちがたくましく暮らしている。

標高796mの活火山「御岳《おたけ》」から噴煙が上がる。

切石港のすぐ近くにある「乙姫の洞窟」。

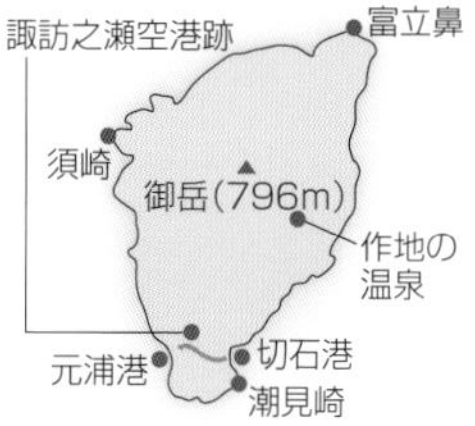

[諏訪之瀬島データ] ●鹿児島県鹿児島郡十島村 ●人口：82人 ●面積：27.61㎢ ●周囲：24.5㎞
●ホームページ：十島村 http://www.tokara.jp

きかいじま

喜界島（鹿児島県）

標高２０４ｍからの眺望 百之台に立つと青空を独り占め

大隅半島の南、約３８０㎞にある。島の西側にはサンゴを積み上げた石垣が美しい阿伝《あでん》集落があるが、東側は赤連地区を中心に石垣がない。特攻隊の出撃飛行場があった東側は空襲を受け、そのとき空いた穴を埋めるのに積み上げてある美しい石垣を壊して使った。サトウキビ畑が全島に広がり、味のよい花良治《けらじ》ミカンは名産。

「百之台公園」の展望台からの景観。

「海軍航空基地戦没者慰霊之碑」。特攻隊はこの島からも飛び発った。

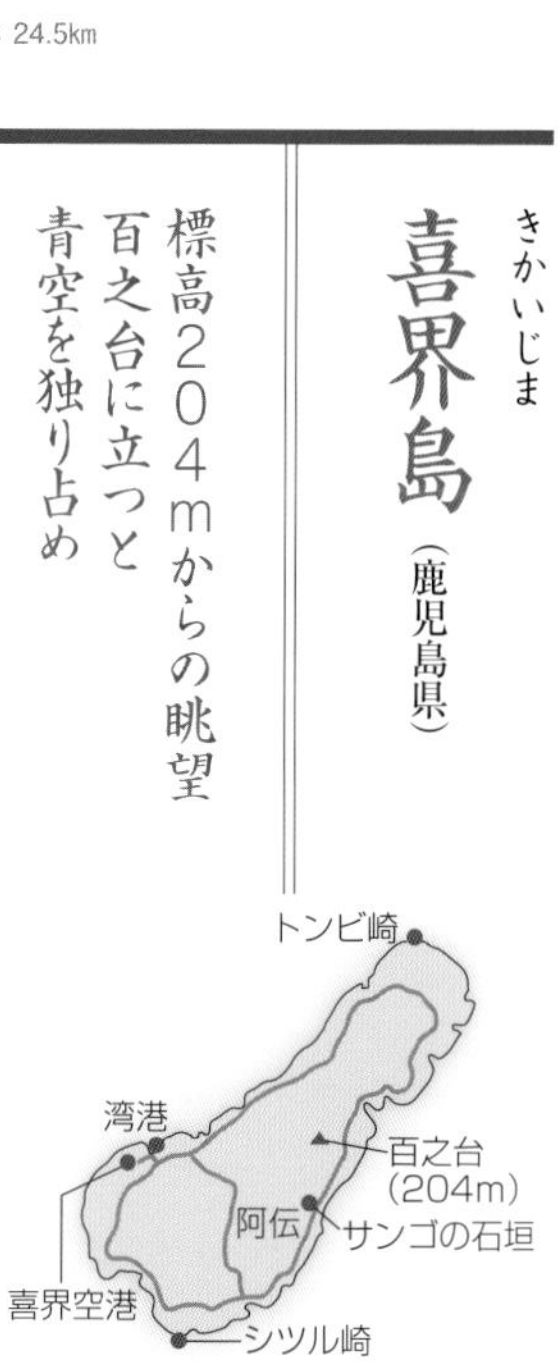

[喜界島データ] ●鹿児島県大島郡喜界町 ●人口：6,407人 ●面積：56.82㎢ ●周囲：50.0㎞
●ホームページ：喜界町 https://www.town.kikai.lg.jp

奄美大島《あまみおおしま》(鹿児島県)

野生のふところに飛び込む

九州本土・大隅半島の南西、約300㎞にある。奄美群島中最大の島。また、北方領土の島々を除き、国内全島の中でも沖縄本島、佐渡島に続く3番目に面積が大きい島である。

奄美諸島最大の町、奄美市名瀬。

シーカヤックで島の周りをツーリングするのも楽しい。

奄美の名瀑「マテリアの滝」。

深い湾や入りくむ海岸線は白砂の浜辺が多く明るい印象の美しさだが、その海岸部のわずかな平地からいきなり鬱蒼とした亜熱帯の森林になる景観は美しいというよりも〝凄い〟。市内や集落のすぐ裏山から亜熱帯のジャングルがはじまるという、まさに町と自然が共生している島といってもよいだろう。奄美市名瀬《なぜ》の郊外にあるヒカゲヘゴが群生するジャングル「金作原《きんさくばる》原生林」や住用《すみよう》にある「マングローブ原生林」はこの島の自然の奥深さを物語る場所といえる。また森の中には、生きた化石といわれる国の特別天然記念物「アマミノクロウサギ」や毒蛇のハブなども生息している。

かつて「大島紬」では年商300億円にものぼったといわれる産地だが、現在はその10分の1にまで減ってしまった。着物を着る機会がなくなったので仕方ないが、この大島紬が1千3百年の伝統に裏づけられた文化であることを知るために、龍郷《たつごう》町の「奄美大島紬村」を見学するとよいだろう。

瀬戸内町油井《ゆい》の「油井豊年踊り」、龍郷町秋名《あきな》の「秋名アラセツ行事」などの五穀豊穣願いの祭は、奄美古式にのっとったもので、沖縄文化のものとも違いじつに興味深い。孤高の画家・田中一村の絵を収集した『田中一村記念美術館』は評価の高い美術館である。

「金作原《きんさくばる》原生林」。奄美らしい密林地帯を行く。

油井集落の「油井豊年踊り」。

［奄美大島データ］●鹿児島県奄美市／鹿児島県大島郡（龍郷町・瀬戸内町・大和村・宇検村）　●人口：58,247人　●面積：712.36㎢
●周囲：461.0㎞
●ホームページ：奄美市 https://www.city.amami.lg.jp　龍郷町 https://www.town.tatsugo.lg.jp　瀬戸内町 https://www.town.setouchi.lg.jp　大和村 https://www.vill.yamato.lg.jp　宇検村 https://www.uken.net

加計呂麻島《かけろまじま》（鹿児島県）

奄美文化の源流が今も静かに時を食む

移動図書館が巡回している島。

九州本土・大隅半島の南西、約350kmにある。奄美大島南部の瀬戸内町と加計呂麻島の間の大島海峡には深い入江が数多くあり、台風時などの船舶避難港になるほど内海のような静かな海面である。そのような海なので奄美大島の古仁屋港からは定期船以外に小型船の〝海上タクシー〟が加計呂麻島の

「諸鈍シバヤ」には長い年月を経て伝えられてきた郷土芸能の伝統が息づいている。

随所へ人を運んでいる。

　美しい浜辺の浦々を結ぶ道を走れば島を一周する海岸線をくまなくたどれるが、海ぎわを外れるとすぐ深い山で、その山林は島の約95%を占める。

　『諸鈍《しょどん》シバヤ』という長い歴史をもつ郷土芸能がある。古来交通の要衝だった諸鈍地区の大屯《おおちょん》神社に伝わるもので、国指定の重要無形民俗文化財である。〝シバヤ〟の〝シバ〟は山の雑木のことで、〝ヤ〟は小屋を指す。つまり〝雑木で作った小屋〟のことである。この小屋の中で演者の男たちが準備をおこない、出しもの（演目）を次々と観客の前で披露していくというもの。演者は全員〝カビディラ〟という紙の面をつけて踊り、演じる。ホラ貝、太鼓、鐘、三味線、と指笛が境内に響く素晴らしい芸能神事である。壇ノ浦の戦いに敗れた平家一族がこの島に落ち延び、暮らす中で土地の人々に伝承したものと伝えられる。

　ソテツの実を原料の一つとして作る島の味噌「なりみそ」、古式製法の釜で炊いて作る「黒糖」、正月料理「三献《さんごん》」などはこの島ならではの郷土食である。

　この地の戦争体験を描いた作家・島尾敏雄の文学碑のほか、南部の安脚場《あんきゃば》に戦争遺跡なども残る。

森の中の「島尾敏雄文学碑」。

コクがある特産の「釜炊きの黒糖」は希少品。

正月料理「三献《さんごん》」。2種の雑煮の椀と刺身、焼酎が膳の上にのる。

[加計呂麻島データ] ●鹿児島県大島郡瀬戸内町　●人口：999人　●面積：77.25㎢　●周囲：147.5㎞
●ホームページ：瀬戸内町 https://www.town.setouchi.lg.jp

与路島《よろしま》（鹿児島県）

大島、加計呂麻、そして与路へ島伝いに南下してようやくたどり着く

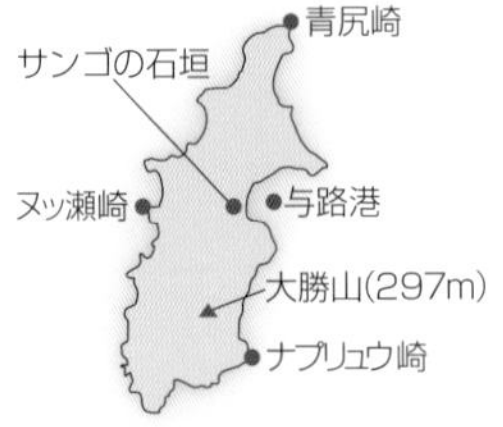

加計呂麻島の南西、約5kmにある。平家にまつわる遺跡がいくつかあり、そのほかにも流罪人牢屋跡や烽火台跡などが残る。島のほぼ全体がうっそうと茂る原生林で覆われている。山を見学して歩きたいときには、島の人に案内を頼むことだ。集落の家々の周りは同じ大きさと形のサンゴ石を積み上げたもので実にみごと。

サンゴの石積み塀は立派。ハブ叩きの棒が…。

与路港。沖に見える大きな島が請島。

［与路島データ］●鹿児島県大島郡瀬戸内町　●人口：52人　●面積：9.35㎢　●周囲：18.4㎞
●ホームページ：瀬戸内町 https://www.town.setouchi.lg.jp

請島《うけしま》（鹿児島県）

南の島の原風景石垣の集落に夕餉の香りが漂う

定期船の接岸。荷物を待つ人々。

昆虫マニア垂涎の「アマミマルバネクワガタ」。

加計呂麻島の南、約3kmにある。200mから400mの山々が全島を占め、わずかな平地2か所に集落が開ける。昔から農業と畜産がおこなわれていた島で、今日でもニンニク、ラッキョウなどを栽培し豚や牛の飼育が盛ん。香りが強く今では希少といわれるウケユリ（請百合）が自生する島。ハブもまた多いので、山に入るときは注意。

［請島データ］●鹿児島県大島郡瀬戸内町　●人口：87人　●面積：13.34㎢　●周囲：24.8㎞
●ホームページ：瀬戸内町 https://www.town.setouchi.lg.jp

徳之島《とくのしま》（鹿児島県）

サトウキビ畑、満天の星空
自然の中で
潮騒を聴き生命を育む

薩摩半島の南西、約４００kmにある。面積では奄美諸島の中で2番目に大きく、基幹産業であるサトウキビ畑が広がる。かつて、世界最年長を記録した泉重千代翁が生涯を暮らした島として知られ、また昭和55年に話題となった「五つ子ちゃん」もこの島で誕生している。温暖な気候、自然豊かで生命を育む風土といえる。

亀徳港に入港した下りの定期フェリー。

マラソンランナー高橋尚子の練習コース。

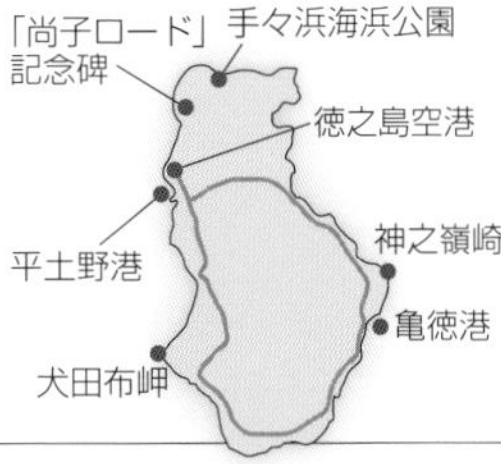

[徳之島データ] ●鹿児島県大島郡徳之島町・伊仙町・天城町　●人口：21,417人　●面積：247.85㎢　●周囲：89.2㎞
●ホームページ：徳之島町 https://www.tokunoshima-town.org　伊仙町 https://www.town.isen.kagoshima.jp　天城町 https://www.town.amagi.lg.jp

沖永良部島《おきのえらぶじま》（鹿児島県）

エラブユリのふるさと
初夏になると
甘い香りにつつまれる

かぐわしいエラブユリのにおいが町に漂う。

地産地消のスローフードランチパック。

薩摩半島から南西に約４５０km、花卉《かき》栽培をはじめとした農業の島として活気がある。明治35年、イギリス人貿易商アイザック・バンティングによって欧米に紹介されたこの島の「エラブリリー」は好評を博し、世界に知られるユリの花となった。東洋一の鍾乳洞といわれる「昇竜洞」、世之主《よのぬし》の墓など見所も多い。

[沖永良部島データ] ●鹿児島県大島郡和泊町・知名町　●人口：11,666人　●面積：93.65㎢　●周囲：55.8㎞
●ホームページ：和泊町 https://www.town.wadomari.lg.jp　知名町 https://www.town.china.lg.jp

よろんじま

与論島（鹿児島県）

東京都与論島――といわれた島

お祝いや祭りのときの島料理。

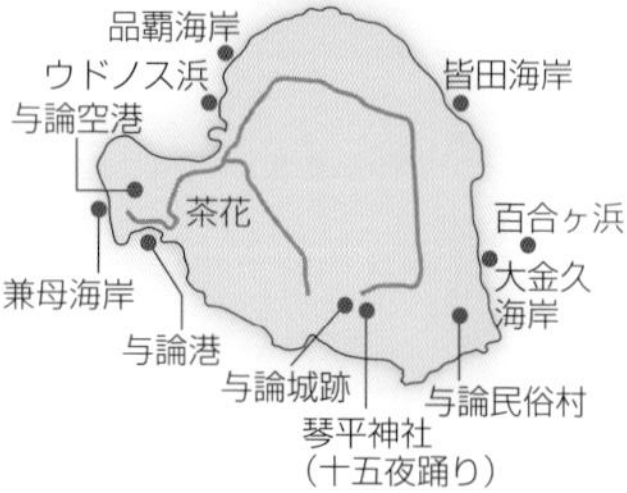

九州本土・大隅半島の南西、約480kmにある。奄美諸島の中心である奄美大島から約200kmの鹿児島県最南端にある。いちばんにぎやかな島の中心・茶花《ちゃばな》をはじめ、全部で9つの集落からなる平坦でやや段丘状の地形をもった島。〝隆起サンゴ礁〟という石灰岩でできている島である。昭和40年代にあっ

マリンブルーの与論島の海。

上空から見たサンゴ礁に囲まれる島、与論島。

た離島ブームのとき、都会から若者が海に魅せられて大勢やって来た。その様子をマスコミは〝与論島は東京の島のようだ〟と評した。

緑のサトウキビ畑が島じゅうに広がっているので、そこを自転車などに乗って走り回り、泳げるビーチ探しをするのも楽しい。この島は美しいビーチがなんといっても最大の魅力。代表的な美しい海岸を挙げると、茶花から時計回りに、小さくてきれいな砂浜の「ウドノス浜」、スノーケリングに楽しい「品覇《しなは》ビーチ」、幻想的なエメラルドグリーンの「皆田《みなだ》ビーチ」、干潮で百合ケ浜が現れる「大金久《おおかねく》ビーチ」、西日がまぶしい「兼母《かにぶ》ビーチ」など。

与論十五夜踊りで使われる面。

島で2番目の高所は南部にある「与論城跡」の場所。ここには琴平神社があり、年3回おこなわれる国指定の重要無形民俗文化財「十五夜踊り」の場所である。室町時代の永禄4年（1561）に創作、伝承されてきたもので、二組に分かれて片方は本土の狂言のように演じ、もう一方は奄美・琉球の舞踊をおこなうという、〝五穀豊穣〟と〝島中安穏〟を願って奉納されるもの。夜までかかる幻想的な祭といえる。琉球文化の影響を強く受けたこの島の民俗を知るには私設民俗資料館「与論民俗村」がある。

昔の与論島の民家をそのままに残し、展示物も多い「与論民俗村」。

ソテツの葉で作る「虫かご」。

[与論島データ] ●鹿児島県大島郡与論町　●人口：5,083人　●面積：20.56㎢　●周囲：23.7㎞
●ホームページ：与論町 https://www.yoron.jp

沖縄島《おきなわじま》（沖縄県）

琉球と、平和と、アメリカと伝統と観光がある

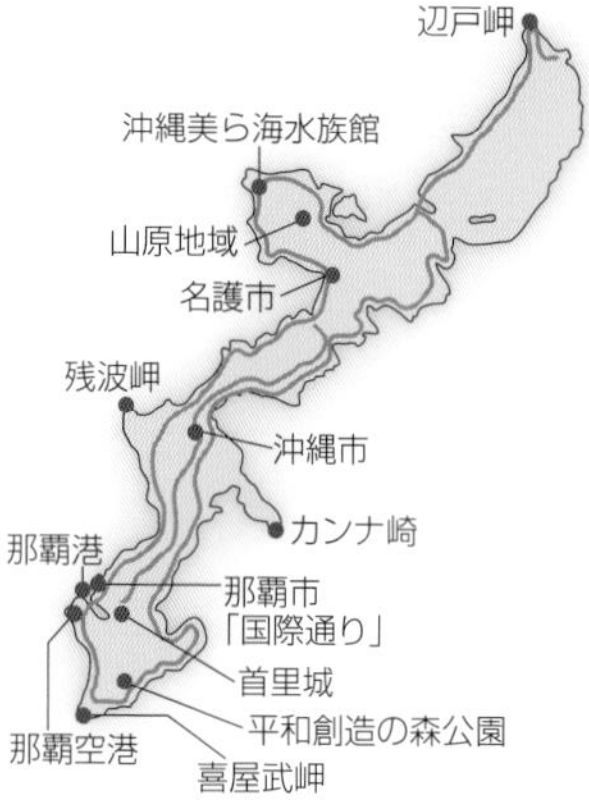

九州本土の南西、約６００kmにある南西諸島最大の島。本州など本土４島を除くと、択捉島、国後島に次いで日本第3位の面積の島である。一般的に沖縄本島と呼ばれている。

南北に約１１０km、東西約20kmと細長く、地域的なおもな見どころとして太平洋戦争のアメリカ軍上陸で激しい

復元された首里城の正殿。琉球王朝のこの城は遺構の調査から14世紀末のころのものといわれる。(矢火焼失前)

戦禍を被った〝南部〟には多くの戦跡があり、その中心が「平和祈念公園」。また、近くの漁業の町・糸満でおこなわれる5月4日の海神祭「糸満ハーレー」では、男たちによる勇壮な爬竜船《はりゅうせん》競争が繰りひろげられる。

〝那覇市街〟の真ん中には約1・6㎞に渡って「国際通り」がある。戦後復興とともにこの通りに闇市が興り人々が集まる場所となり、映画館やデパートなどかが並ぶ繁華街となっていった。平成の現在、この通りは「お土産屋通り」の異名をもつ。

戦火で消滅した「首里城」は平成4年に復元、平成12年にはユネスコ世界遺産となった。中国の影響を強く受けた朱塗りの建築は首里王朝の象徴としてみごとなものである。

沖縄最大の聖地・斎場（せーふぁ）御嶽。

〝中部〟にはアメリカ軍基地があり、ところどころに基地の町のおもむきをたたえる英文字だけの広告看板などが「アメリカン」な雰囲気をかもしだしている。また、海遊びのビーチなどがたくさんある。〝北部・山原《やんばる》〟は本島の田舎にあたる場所。薪《まき》の灰から作る灰汁《はいじる》（強アルカリ性）を使って練った麺を使う昔ながらの「沖縄そば」は、ここまでこないと食べられない。「沖縄美《ちゅ》ら海《うみ》水族館」は世界最大級の水槽。圧倒的な迫力で見ごたえじゅうぶん。

那覇市にある泊港は慶良間列島や久米島などの航路が発着する。

春の北部、山原地方。沖縄のミカン「カーブチー」の露店。

［沖縄島データ］ ●沖縄県那覇市ほか ●人口：沖縄県人口1,469,566人の約9割 ●面積：1,207.00㎢ ●周囲：476㎞
●ホームページ：沖縄県庁 https://www.pref.okinawa.jp

伊平屋島《いへやじま》（沖縄県）

水田には米　海ではモズク、島内では泡盛

沖縄本島最北端・辺土《へど》岬の北西、約35kmにある沖縄県最北端の島。琉球王朝、第一尚王朝の尚巴志《しょうはし》の祖先にあたる屋蔵大《やくらうふ》主《しゅ》の出身地といわれる。南北に細長い島で連続して200mクラスの山が並び、全島が山がちな島という印象を受ける。しかし、集落のある場所は広い平地で、ここでは古くから米作りがおこなわれ、現在も米の生産が活発だ。

北端の伊平屋灯台手前の東海岸には、砂地の岩場が割れて洞窟のようになった場所がある。「クマヤ洞窟」と呼ばれる御嶽で、住人の聖地になっている。その先の最北端には標高104mの「久葉山」があるので、行ってみるとよいだろう。山全体がクバ（正式な名称はビロウ）の木で覆われ、風が吹くとザワザワ、ガサガサとじつににぎやかな音を立てる。島の人がこれを「山が鳴く」というのがおもしろい。県最北の泡盛酒造所もある。

北端の神々しい姿の小山。

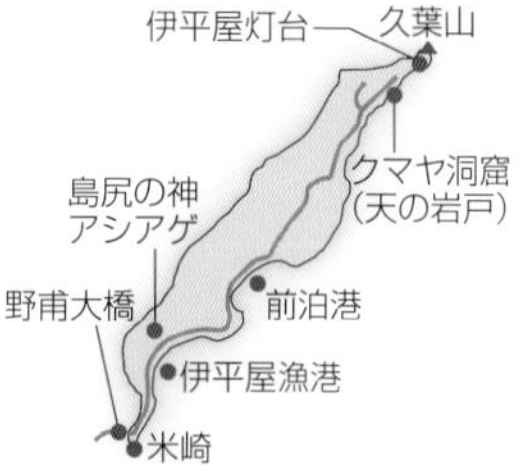

天の岩戸伝説が残る「クマヤ洞窟」。中には拝所がある。

▲おかずぐらいの魚は港で釣れる。
▶神々が降臨する聖地「神アシアゲ」。

［伊平屋島データ］●沖縄県島尻郡伊平屋村　●人口：1,100人　●面積：20.66㎢　●周囲：42.9㎞（野甫島を含む）
●ホームページ：伊平屋村 https://www.vill.iheya.okinawa.jp

伊是名島《いぜなじま》（沖縄県）

琉球国王は この島で産まれた

沖縄本島の最北端・辺土岬の西、約30㎞にある。琉球王朝第二尚氏の始祖、尚円王の生誕地として知られる。琉球王朝発祥の地ということで、島内にはその歴史にまつわる史跡などが多い。尚円王のへその緒を埋めたといわれる場所「みほそ所」と、産湯をとったという「産井（ウマリガー）」が「尚円王御庭公園」の中に残されている。また、尚円王の父祖の墓地である「伊是名玉御殿《たまうどん》」が島内の南東端、伊是名城跡の横にある。

尚円王の父祖の墓「伊是名玉《たま》御殿《うどん》」。

山は100m前後と低く、ゆるやかな斜面が多いために穏やかな風土と暮らしがあったにちがいない。サトウキビ畑と田んぼが島の景観を作りだしている、のどかな農村という印象の島である。

島の北、約2・5㎞にある具志川島は昭和45年まで人が住んだ島。また南、約1・5㎞にある屋那覇島はソテツとガジュマルの無人島で神の島である。

静かな伊是名集落。土の道の味わい、石積みの垣根、フクギ並木が美しい。

▲勢理客集落の石垣と琉球赤瓦の民家。

▶尚円王生誕地の「みほそ所」。

[伊是名島データ] ●沖縄県島尻郡伊是名村 ●人口：1,272人 ●面積：14.13㎢ ●周囲：16.7㎞
●ホームページ：伊是名村 https://www.vill.izena.okinawa.jp

野甫島《のほじま》（沖縄県）

サトウキビ畑に風そよぐ 沖縄の島は水との闘い

伊平屋島の南から約1・2㎞の橋でつながる。島々にとって水源があるかないかは生命線だが、この島にはウフマガーと呼ばれる共同の井戸が一つだけある。古来、島の人々はこの井戸水を仲良く分け合って使ってきた。今では海底送水管による水道で便利になったが、共同井戸の精神は住人によって守られ続けている。

南部のくぼ地にある共同井戸「ウフマガー」。

小さな島だがサトウキビ畑もあり、春先は収穫に忙しい。

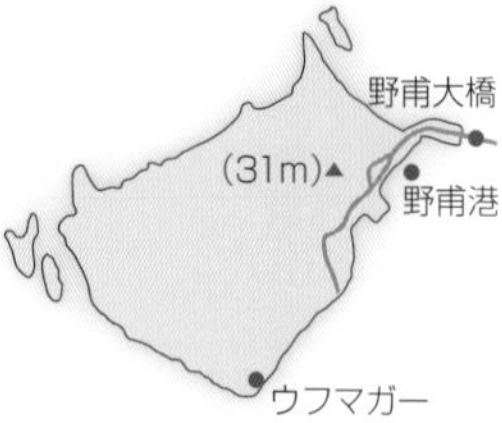

［野甫島データ］●沖縄県島尻郡伊平屋村　●人口：87人　●面積：1.08㎢　●周囲：不明
●ホームページ：伊平屋村 https://www.vill.iheya.okinawa.jp

宮城島《みやぎじま》（沖縄県）

目を凝らしていないと 車窓からあっという間に 消え去る

沖縄の伝統的郷土行事である海神祭「ウンジャミ」がおこなわれる沖縄本島北部、塩屋湾の入り口にある。かつてその昔は、この島も塩などを作っていたのだろう。美しい砂浜があり夏にはビーチ遊びの人々がやって来るほか、釣り人も多い。国道58号線が島を通っていて、注意していないと入江の一部だと思って見落としてしまう。

粗いサンゴの遠浅の浜辺。子供の海遊びにはとっておきのビーチ。

国道から外れて島内の路地に入ると静か。

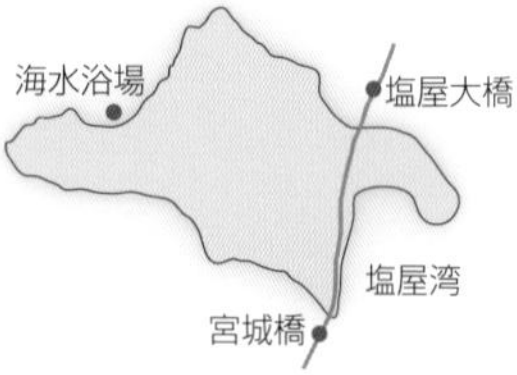

［宮城島データ］●沖縄県国頭郡大宜味村　●人口：92人　●面積：0.24㎢　●周囲：2.8㎞
●ホームページ：大宜味村 https://www.vill.ogimi.okinawa.jp

屋我地島《やがじしま》（沖縄県）

平坦な島の前には
内海が広がる
どこか瀬戸内の光景に似て

沖縄本島、今帰仁村にある運天港の対岸５００ｍにある。国道58号線から屋我地大橋を通って陸路でもつながる。穏やかな羽地内海が広がり、明治のころは塩田があって塩作りが盛んだった。今は広大な緩斜面を使ってパイナップルの栽培がおこなわれる。南部の干潟にはマングローブ地帯があり、ヒルギを見ることもできる。

緩斜面にパイン畑、その先に羽地内海が広がる。

白砂と海のコントラストが美しい屋我地ビーチ。

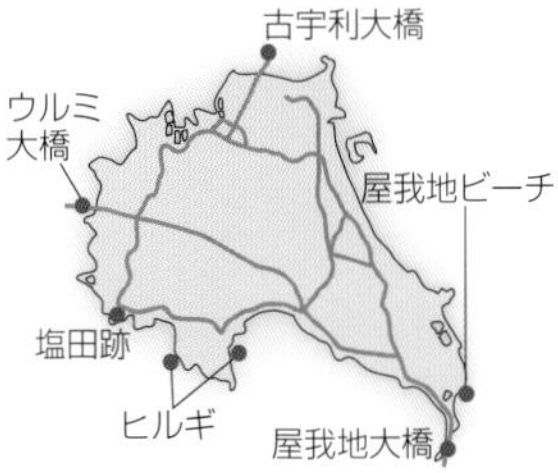

［屋我地島データ］●沖縄県名護市　●人口：1,271人　●面積：7.81㎢　●周囲：16.0㎞
●ホームページ：名護市 https://www.city.nago.okinawa.jp

古宇利島《こうりじま》（沖縄県）

縄文後期の遺跡に
紀元前の土器
ここで沖縄のルーツを知る

橋が完成し、本島から屋我地島経由で島に入ることができる。紀元前2世紀の土器などが出土した島として知られるほか、ここが沖縄の人の発祥地といわれるチヌグ浜が古宇利港のすぐそばにある。台地状で山のない島なので、一周道路を歩いて回ってみるのも楽しい。島の人々の信仰の場所、御嶽がいたる場所にある。

1960mの古宇利大橋が屋我地島とを結ぶ。

島の畑ではカボチャや紅イモの栽培が盛ん。

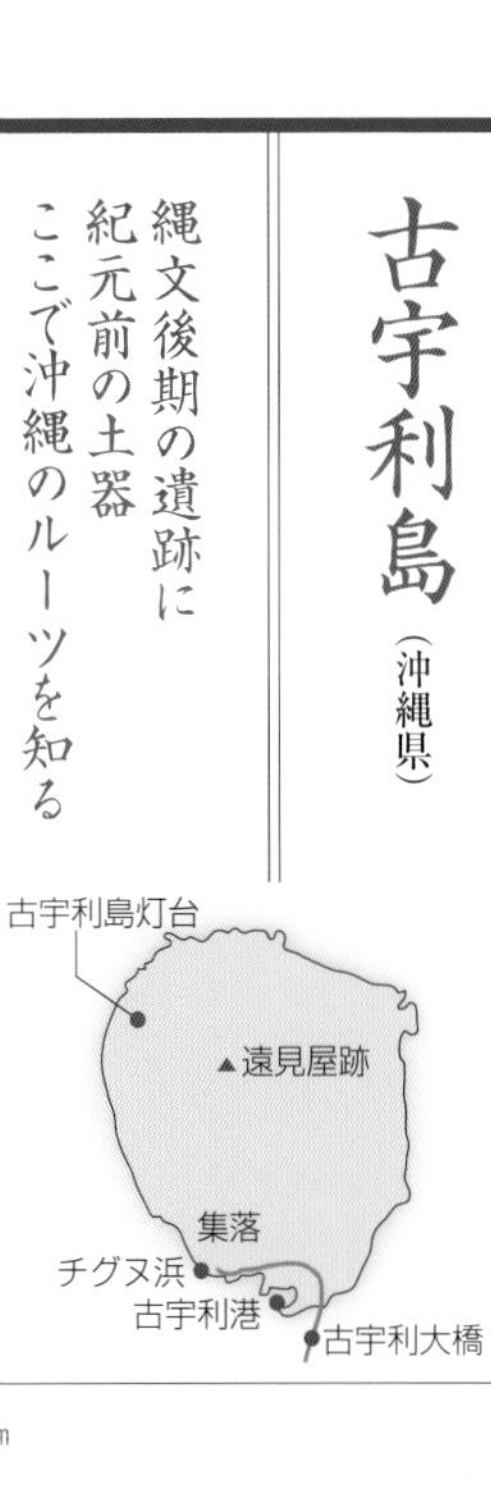

［古宇利島データ］●沖縄県国頭郡今帰仁村　●人口：345人　●面積：3.17㎢　●周囲：7.9㎞
●ホームページ：今帰仁村 https://www.nakijin.jp

伊江島《いえじま》（沖縄県）

海から見ても陸から見ても
威容を誇るイータッチュー

沖縄本島の本部半島沖9㎞にある。島の中央にある城《ぐすく》山《やま》（172m）が特徴的な姿で島の外観となっていて、このとがった山のことを「イー（伊江の）タッチュー（とんがり山）」と沖縄の愛称で呼ぶ。サトウキビや葉タバコ、テッポウユリの栽培、畜産が盛ん。島の周りの海は変化に富んでおり、ダイビングポイントとしても人気が高い。

菜の花畑の向こうに城山が見える。

モクマオウの並木道が素晴らしい。

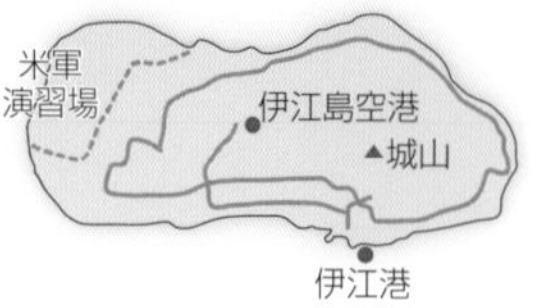

［伊江島データ］●沖縄県国頭郡伊江村　●人口：4,300人　●面積：22.76㎢　●周囲：24.4㎞
●ホームページ：伊江村 https://www.iejima.org

瀬底島《せそこじま》（沖縄県）

一歩足を踏み入れると
ここが農産物の島だとわかる

沖縄本島・本部沖、約600mにある。以前はこの短い距離をフェリーが結び、朝夕には学生が乗り降りする光景が見られたが、昭和60年に架橋され本島と陸続きになった。島の中ほどに中国で古来より信仰される農業神・土地神の「土帝君《とていくん》」がある。これは国指定の重要文化財で、かつてはここに土帝君像があったが焼失した。

古来中国の農業と土地神を奉る「土帝君《とていくん》」がある。

瀬底ビーチは美しい白砂浜。伊江島も目の前に。

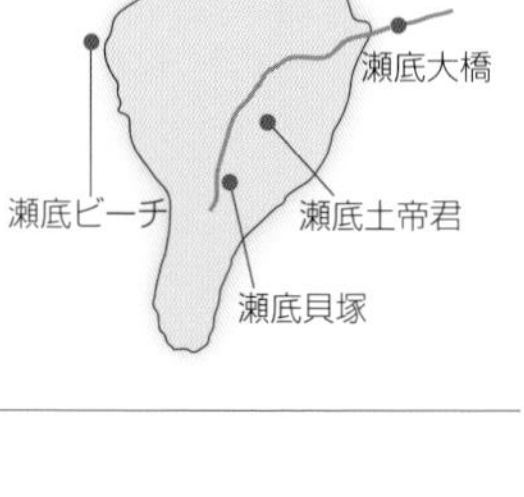

［瀬底島データ］●沖縄県国頭郡本部町　●人口：948人　●面積：2.99㎢　●周囲：7.3㎞
●ホームページ：本部町 https://www.town.motobu.okinawa.jp

水納島《みんなしま》（沖縄県）

この美しいビーチなら
わざわざやって来る
価値がある

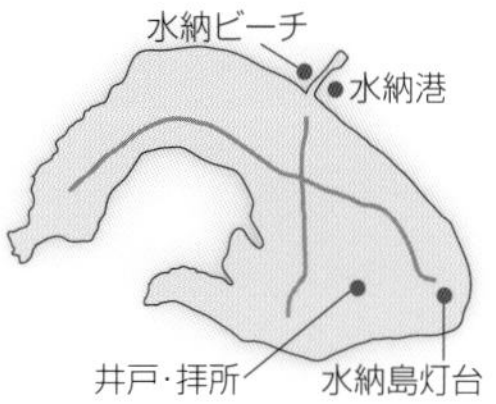

沖縄本島・本部の西、約7㎞にある。上陸した第一印象は、この島は真っ白だ――ということかもしれない。太陽が照りつけるとまぶしくて目が開けられないほどの白砂のビーチは沖縄といえども希少。明治23年に瀬底島からの移民が開拓した島で、現在は農業と畜産が盛ん。夏の観光客の受け入れも積極的で、ビーチ遊びが楽しい。

クロワッサンの形をした美しい島。

素晴らしい白砂のビーチが最大の魅力。

［水納島データ］ ●沖縄県国頭郡本部町 ●人口：19人 ●面積：0.47㎢ ●周囲：4.6㎞
●ホームページ：本部町 https://www.town.motobu.okinawa.jp

平安座島《へんざじま》（沖縄県）

約5㎞の
快適な海上道路を走り
石油タンク群の光景を見に

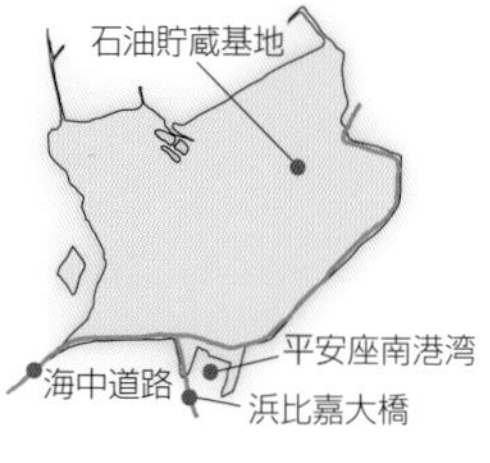

沖縄本島中部、金武湾の東海上にある。もともと浅瀬だった与勝半島沖の海を埋め立てて道を造り陸路で結んだ島。宮城島との間を埋め立てて県内唯一の石油貯蔵基地が作られ、巨大な石油タンクが多数並び風変わりな景観を作っている。平安座島のもともとの集落は海上道路から島に入ったところで、のどかな雰囲気も残る。

海面を埋め立てた場所に作られた「石油貯蔵基地」。

海上道路から見た島の全景。石油基地は島の裏側。

［平安座島データ］ ●沖縄県うるま市 ●人口：593人 ●面積：5.44㎢ ●周囲：不明
●ホームページ：うるま市 https://www.city.uruma.lg.jp

伊計島《いけいじま》（沖縄県）

縄文・弥生の村落跡
本島東側の小島はおもしろい

沖縄本島中部、金武《きん》湾沖にある島々の中で一番北東にある。海上道路を通り、島伝いに入ることができる。こぢんまりとしているが英文字看板などどこかアメリカ的な雰囲気が漂うビーチがあり、外国人も多く来る。縄文晩期から弥生前期の村落跡「仲原《なかばる》遺跡」は国指定の史跡で竪穴住居の遺構や人骨、土器などが見つかっている。

畑の中の一角に仲原遺跡がある。見学無料。

ブーゲンビリアの咲く民家の塀。

［伊計島データ］●沖縄県うるま市　●人口：143人　●面積：1.72㎢　●周囲：7.5㎞
●ホームページ：うるま市 https://www.city.uruma.lg.jp

宮城島《みやぎじま》（沖縄県）

懐かしい沖縄の姿が
ここで見つかるかもしれない

沖縄本島中部、金武湾沖の島で与勝半島から海上道路でつながる。赤瓦をのせた沖縄屋敷やうっそうと茂るガジュマル、フクギなど昔ながらの沖縄的景観を残す。隣の島は石油タンク群の平安座島で、宮城島の高台に上がると石油タンク群の景観が一望できる。本島の都市部近くにあって、これほどいにしえを残す島はほかにない。

崖上の景勝地「高離（タカハナリ）バンタ」。

都市部ではあまり見られなくなった赤瓦の家。

［宮城島データ］●沖縄県うるま市　●人口：354人　●面積：5.54㎢　●周囲：12.2㎞
●ホームページ：うるま市 https://www.city.uruma.lg.jp

はまひがじま

浜比嘉島（沖縄県）

本島が近いのに
こんなに静かな島もある

　沖縄本島中部、与勝半島のうるま市与那城の西、約4・5㎞にある。伊計平良川線の海上道路を走り、平成9年にできた約1400mの「浜比嘉大橋」を渡ると陸路で行くことができる。

波で削られた岩。

言い伝えによると、琉球開闢《かいびゃく》の祖神であるアマミキョとシネリキョの二神が渡来し、その神が住んだ島である。

　フクギ林に囲まれて石垣の美しい浜地区と、よく掃き清められた道と赤瓦の琉球造りの家屋が建ち並ぶ比嘉集落の二つの集落があり、どちらも古きよき沖縄の集落形態の面影を残している。その家屋として文化財指定を受けた「吉本家」の屋敷が比嘉集落にあったが焼失した。この建物は古来琉球建築によく使われるイヌマキで明治時代末期に建てられた本瓦葺きの平屋だった。島の南部には小さな「兼久ビーチ」があり、観光地から外れてほんとうに静かにゆっくりと散策できる島。

古い形式を残す「吉本家」住居としてあったが、平成22年、火災で焼失した。

「アマミチューの墓」がある小島・アマンジ。

「シルミチュー」の洞窟。

［浜比嘉島データ］ ●沖縄県うるま市　●人口：233人　●面積：2.09㎢　●周囲：7.0㎞
●ホームページ：うるま市 https://www.city.uruma.lg.jp

津堅島《つけんじま》（沖縄県）

沖縄本島からちょっと船旅
農業の大地に心打たれる

沖縄本島南部の中城湾沖、約12kmにある。甘みのある島特産・津堅ニンジンの評判が高く、この島はキャロット・アイランドの異名をもつほど。全島平坦な島で、どこまでも続く区割りされた広大な畑は圧巻。延々1km続く白砂のビーチがあり、定期船も勝連半島・平敷屋から20分と近く、観光や釣り、海水浴に人気が高い。

季節には「津堅ニンジン」一色となる広大な畑。

海辺にある「ホートゥガー」は子孫繁栄の聖地。

［津堅島データ］ ●沖縄県うるま市　●人口：230人　●面積：1.88㎢　●周囲：7.0㎞
●ホームページ：うるま市 https://www.city.uruma.lg.jp

久高島《くだかじま》（沖縄県）

琉球の始まりを知っているのは
ビロウ（クバ）の原生林

琉球の島々の開闢にかかわる聖地の島。

聖地・フボー御嶽の入り口。鬱蒼とした森。

沖縄本島の南、中城湾最南部の湾口沖、約5kmにある。琉球の始祖といわれるアマミキョが降臨したのがこの島であると伝えられる。北東から一直線の道が集落まで続き、その途上に御嶽や遥拝所などの聖地が点々とある。神の島として沖縄の民俗を紐解く鍵を秘める場所である。古きよき沖縄の民俗と生活を色濃く残す島である。

［久高島データ］ ●沖縄県南城市　●人口：222人　●面積：1.36㎢　●周囲：8.0㎞
●ホームページ：南城市 https://www.city.nanjo.okinawa.jp

瀬長島《せながじま》（沖縄県）

ちょっと風変わりな空港見物
飛行機のお腹が見える

沖縄本島南部、那覇空港の滑走路の南端にある。着陸の際、南から滑走路に進入するときには島の全体がとらえられる。海上を埋め立てた道路が島と本島を結び、地続きになっている。運動公園のようになっていて野球場が複数と、建物の中にはバッティングセンターがある。北側のビーチではボードセイリングなどを楽しむ人が多い。

マリンスポーツを楽しむのに絶好の海が広がる。

那覇空港に離着陸する飛行機が間近に見られる。

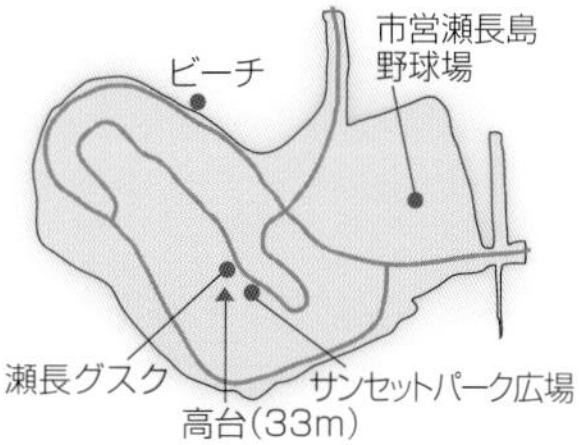

［瀬長島データ］●沖縄県豊見城市　●人口：０人　●面積：0.18㎢　●周囲：1.8㎞
●ホームページ：豊見城市 https://www.city.tomigusuku.lg.jp

奥武島《おうじま》（沖縄県）

戦後は一時、米軍の野球場に
沖縄らしい漁港風景

沖縄本島南部にあり、本島とはわずか１５０ｍだけ海を隔てる島。奥武橋で本島と架橋されているためよく見ないと島には見えない。橋を渡って島に入ると左手は漁港で、運がよければ漁船の活気がみられる。那覇市で水産物にうるさい人はここへ買いに来る人もいる。島を１周歩いても20分ほど。泳ぐことができるビーチがある。

本島の高台から見る橋でつながった奥武島全景。

近海で取れた水産物がいろいろ手に入る島。

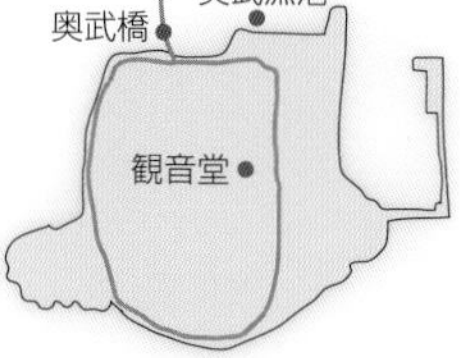

［奥武島データ］●沖縄県南城市　●人口：859人　●面積：0.23㎢　●周囲：1.7㎞
●ホームページ：南城市 https://www.city.nanjo.okinawa.jp

南大東島《みなみだいとうじま》（沖縄県）

密林を切り拓いて全島をサトウキビ畑に

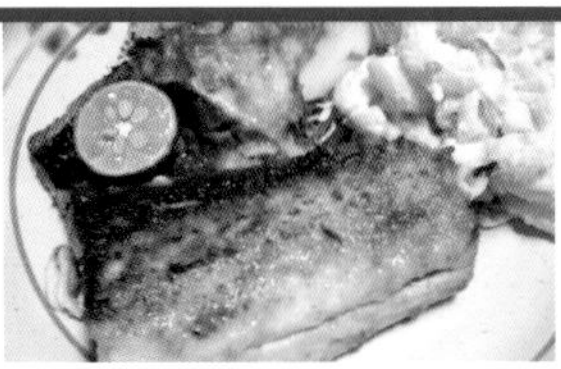

ナワキリという魚の料理が名物。

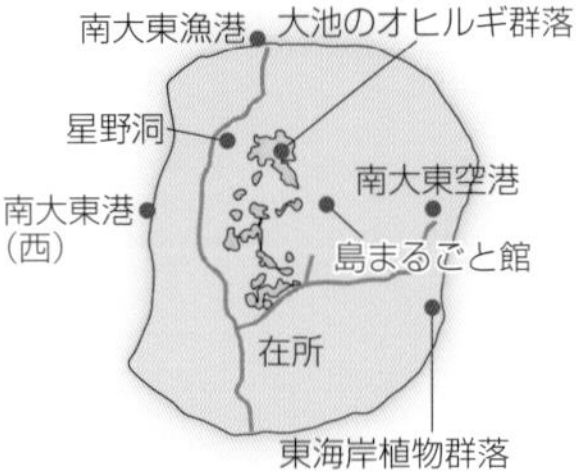

那覇市の東、約３６０㎞にある。南大東島、北大東島、沖大東島（現在は無人島）の３島からなる大東諸島は、今から約４８００万年前に赤道直下のニューギニア付近で誕生した海底火山だったといわれる。海上に顔を出したこの火山は浮沈をくりかえしながら台地にサンゴの堆積物を付けて島をかた

百数十年前の入植時、この島の大地は一面ジャングルだったが、今はみごとなサトウキビ畑だ。

ち作っていった。そして現在の場所に４８００万年という歳月をかけてプレートに乗って移動をしてきた。その距離は３２００㎞。悠久ともいうべき地球時間の旅をしてきた島である。

島の外縁が島の中心部より数十ｍ高く、洋皿に似た形で、波や風から島内が守られるような形状である。台風の通り道でもあるこの島でサトウキビ栽培が定着できたのもこの島の形が大きく左右したといわれる。

波が荒い島なので、漁船の海への上げ下げは常にクレーンでおこなう。

文政３年（１８２０）、ロシア軍艦『ポロジノ』により発見された島といわれる。明治33年（１９００）1月23日、八丈島大賀郷出身の玉置半右衛門が30年間の土地借受という政府からの開拓許可を得てこの島に上陸、鬱蒼と茂るジャングルを切り開いてサトウキビの大規模栽培を始めた。３年後の明治36年には総延長５㎞におよぶサトウキビ運搬用の専用軌道が敷かれて沖縄の島に初の鉄道が走った。

島の周囲には砂浜はなく、すべて切り立つ崖に囲まれている。

大陸とつながったことがない島なのでダイトウオオコウモリ、ダイトウコノハズクなど動相に貴重な固有種がある。鍾乳洞、オヒルギの群落、東海岸の植物群落など見どころも多い。島じゅうどこもサトウキビ畑の光景はなんといってもこの島の象徴である。

島で唯一の集落「在所」。

ビロウやオオタニワタリなどの亜熱帯植物が生い茂る。

［南大東島データ］●沖縄県島尻郡南大東村　●人口：1,227人　●面積：30.52㎢　●周囲：21.2㎞
●ホームページ：南大東村 https://www.vill.minamidaito.okinawa.jp

北大東島《きただいとうじま》（沖縄県）

日本一の桟橋の高さはなんと12メートル

那覇の東、約360㎞にある。隆起サンゴ礁の島としての生い立ちと組成的なものは南大東島と同じである。明治33年（1900）、八丈島出身の玉置半右衛門は南大東島の開拓に着手したが、3年後の明治36年には、今度はこの島でサトウキビ栽培とリン鉱石の採掘を事業化した。アルミの原料となる〝アルミナ鉄〟と火薬原料となる〝リン酸〟を生産し、最盛期には4000人の人口を数えたが、その後事業は退潮に転じ昭和26年にリン鉱石の採掘は廃止となった。以後、全島的なサトウキビ栽培にすべてがかけられ、機械化によっておこなう先進的な大型農業の島としてよく知られる。

目もくらむような高さの西港の岸壁。

西港桟橋のすぐ上には「燐鉱石貯蔵庫跡」があり、風波にさらされて形を残すものは少なくなってきている。大東諸島の固有種であるダイトウオオコウモリはここにも生息する。

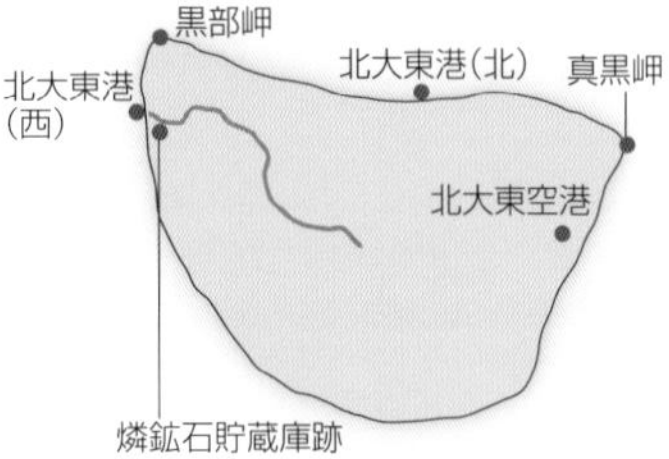

[北大東島データ] ●沖縄県島尻郡北大東村 ●人口：559人 ●面積：11.91㎢ ●周囲：13.5㎞
●ホームページ：北大東村 https://www.vill.kitadaito.okinawa.jp

前島《まえしま》（沖縄県）

学校やカツオ節工場があった昔へ回帰する人々

南北に長い島で、その東側には明治末期に開校した前島分校があった。写真／星野英昭

沖縄本島の西約23㎞にあり、渡嘉敷島まで約7㎞の距離にある。昭和20年以前はカツオ節作りの島として知られ、簡易水道も整備された集落に200人以上の住民が暮らしていた。しかしたび重なる台風災害で、ついに昭和37年、住民全員が移住して無人島となったが、平成15年に旧島民が再び島に戻り、定住した形跡を残す。

[前島データ] ●沖縄県島尻郡渡嘉敷村 ●人口：0人 ●面積：1.59㎢ ●周囲：7.0㎞
●ホームページ：渡嘉敷村 https://www.vill.tokashiki.okinawa.jp

渡嘉敷島《とかしきじま》（沖縄県）

那覇から夕日を見ていると渡嘉敷島に落ちていく

第2次世界大戦末期におきた集団自決と、沖縄戦で亡くなった住民を慰霊する「白玉之塔」。

那覇市の西、約30㎞にある。那覇空港やその近くの海岸線から西方角に慶良間諸島がよく見えるが、そのいちばん大きな島。慶良間諸島のビーチはどこも美しいが、とりわけ真っ白い砂浜の「阿波連《あはれん》ビーチ」と「渡嘉志久《とかしく》ビーチ」は素晴らしい。

かつてこの美しい島々の慶良間は、太平洋戦争の沖縄戦戦火で多くの自決者を出した島である。「歴史民俗資料館」には島の漁具や民具のほか、戦禍の資料などが展示されている。

中心部にある根元家は琉球王朝時代に唐へ渡った船の船頭を務めた。そのころの繁栄を残す屋敷の石垣が現存している。当時の精巧な石積みの技術が高かったことに驚くだろう。

ダイビングの島として定評があるほか、沖縄の伝統食である「ターウム（田芋）」の産地として知られる。琉球料理の「ドゥルテン」などの材料。

真っ白なビーチとエメラルドブルーのサンゴ礁の海が素晴らしい「阿波連ビーチ」。

明るい海と魚群の多さが自慢のダイビングのメッカ。

田芋で作る甘い食べ物「ドゥルテン」。

［渡嘉敷島データ］ ●沖縄県島尻郡渡嘉敷村　●人口：670人　●面積：15.31㎢　●周囲：19.6㎞
●ホームページ：渡嘉敷村 https://www.vill.tokashiki.okinawa.jp

ざまみじま

座間味島（沖縄県）

古来、海を仕事場にしてきた人々が住む

高月山展望所から見た座間味集落。

那覇港の西、約35㎞にある。かつて昔、正平6年（1350）、琉球国王の察《さつ》度《と》王が明国へ出した進貢船の船頭として、この島から数人を起用した。島には耕作地は少なく、もともと生活圏は海のそばにあって海洋思想にも富んでおり、大海への航海にも対応できる力を持っていたと思われる。

海底地形の変化も素晴らしく、生物相も豊富な慶良間の海。

明治23年（1890）に沖縄でカツオ漁業を初めて組織した島としてよく知られる。遠洋カツオ漁で獲られたカツオはかつおぶしにされ、最高級の「慶良間鰹」として沖縄で取引された。戦前までは座間味島の基幹産業だったがその後は徐々に衰退し、昭和50年代に最後のカツオ漁船が廃船となった。それと相前後して沖縄海洋博覧会で海が注目されるようになり、またその候補地として慶良間諸島の名が挙がったことから、本州のダイバーたちが続々と訪れるようになる。海中のサンゴ礁の素晴らしさや透明度が30m以上という類を見ない美しい海であることが島の住人にもわかり、本格的なダイビングを楽しむ観光立村として整備と投資が続き、その後を歩み今日に至っている。

台風のときでもどこかで潜れるという豊富な潜水ポイントが最大の魅力で、海上の観察では年末から4月ごろにかけてのザトウクジラの回遊を見に訪れる人々は多い。

太平洋戦争末期の沖縄戦ではアメリカ軍が最初に上陸して初の交戦状態となり、住民３００人以上が集団自決した島である。

「慶良間海洋文化館」は船と海洋文化、漁業から戦争の歴史に至るまでが展示解説される資料館で、興味深い資料も多くあったが閉館した。

太平洋戦争の傷跡はこの島にも大きく残る。

海底の砂地から顔を出したカラフルなハナヒゲウツボ。

サンゴの上に乗ったジュズベリヒトデ。

[座間味島データ] ●沖縄県島尻郡座間味村　●人口：587人　●面積：6.70㎢　●周囲：23.2㎞
●ホームページ：座間味村 https://www.vill.zamami.okinawa.jp

阿嘉島《あかしま》（沖縄県）

島の前庭は世界有数の透明度を誇る海

那覇市の西方約40kmにある慶良間諸島の中の一島で、座間味島の南西3kmにある。大小さまざまな慶良間の島々の中では大きなほうの島。集落は南側の1か所で民家が連なり、ここではたくさんの民宿が営まれる。ダイビングを楽しみにやって来る人々が多く、年間を通してダイバーが島に宿泊して海中散歩を楽しむ基地といってよい。

手前の阿嘉島から白砂の嘉比島を見る。

阿嘉御殿のアカテツの木。

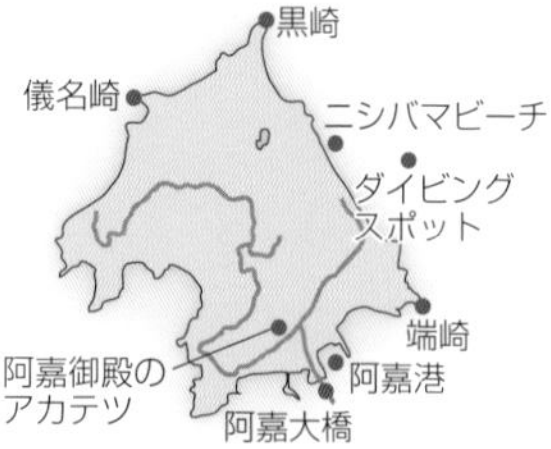

［阿嘉島データ］●沖縄県島尻郡座間味村　●人口：237人　●面積：3.80㎢　●周囲：12.3㎞
●ホームページ：座間味村 https://www.vill.zamami.okinawa.jp

慶留間島《げるまじま》（沖縄県）

昔ながらの集落の風格 慶良間の原風景

那覇市の西約40kmにある阿嘉島の、南約200mにある慶良間諸島の一つ。平成10年、阿嘉島との間に阿嘉大橋が架かる。慶良間諸島の昔の集落、建物などの様子がよく残されている島で、琉球王朝後期に造られたといわれる高良家は国指定の重要文化財になっている。固有種のケラマジカ（国指定天然記念物）が生息する。

「ひんぷん」という魔よけの目隠しを置いた屋敷のつくりの「高良家」。

明け方や夕方によく見られるケラマジカ。

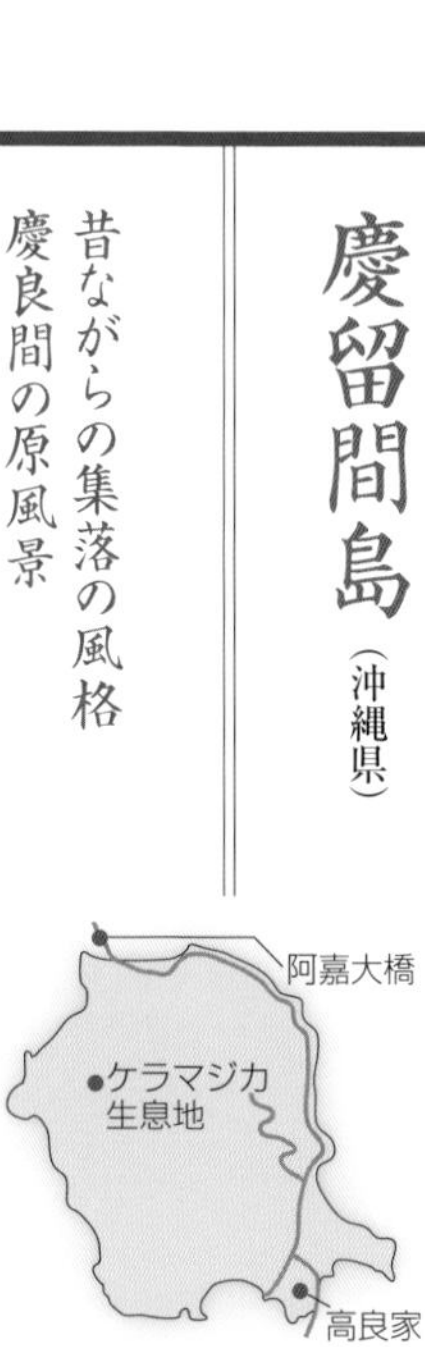

［慶留間島データ］●沖縄県島尻郡座間味村　●人口：52人　●面積：1.15㎢　●周囲：4.9㎞
●ホームページ：座間味村 https://www.vill.zamami.okinawa.jp

渡名喜島《となきじま》（沖縄県）

伝統的な集落景観を今に残す

那覇市の北西、約58kmにある。古来、琉球と中国を結んだ交易船の航路にあたるため、のろしを上げる「烽火台」が置かれていた。美しいフクギ林の向こうに赤瓦の民家が建つという伝統的琉球民家の集落景観がよく保存されていて、平成12年、国の重要伝統的建造物群に指定された。かつての遠洋カツオ漁の島としてその名を馳せた。

「あがり浜」と呼ぶ美しい東海岸のビーチ。

フクギなどに囲まれた琉球赤瓦の屋敷がみごと。

[渡名喜島データ] ●沖縄県島尻郡渡名喜村　●人口：303人　●面積：3.87㎢　●周囲：16.1㎞
●ホームページ：渡名喜村 https://www.vill.tonaki.okinawa.jp

粟国島《あぐにじま》（沖縄県）

眺望地・筆《ふで》ん崎《さき》に立てば辺りの島はみな見える

台地が90m一気に垂直に落ちる場所「筆ん崎《ふでんさき》」。

那覇市の北西、約60kmにある。島の南西部は90mにもおよぶ断崖で、一気に海へと落ちている。中央部は緩斜面になっており島の北東部に向けて下がる傾斜地という変わった地形。主産業はサトウキビの栽培。各地で盛んになった塩作りのさきがけとなった島で、現在もこの島の塩は有名。ビーチ遊びもダイビングも楽しめる。

自然海塩をつくる施設がある。

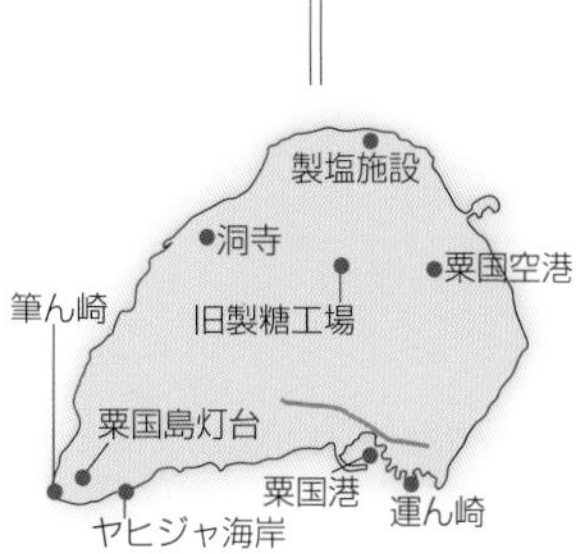

[粟国島データ] ●沖縄県島尻郡粟国村　●人口：690人　●面積：7.65㎢　●周囲：16.8㎞
●ホームページ：粟国村 https://www.vill.aguni.okinawa.jp

久米島《くめじま》（沖縄県）

風格ある集落に文化と歴史を感じる

漁師が使う沖縄の船「サバニ」。

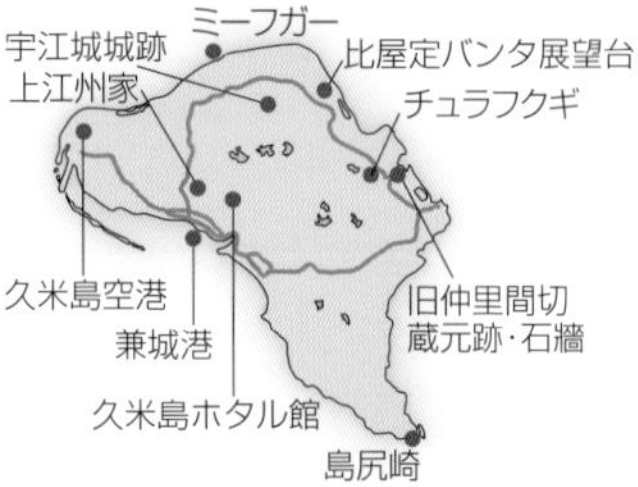

那覇港の西、約１００㎞にある。朝鮮や中国の史書にこの島の名前がたびたび見られ、古くから関係のある異国では知られる島だった。交易船の遠見番所を置き烽火台を設置して異国船の寄港に対処したといわれる。当時の大陸との交易では要衝となった島である。

かつては米を作る島として知られ水

琉球泡盛の中でもよく知られる「久米仙」の酒造所（久米島の久米仙）。酒を寝かせる大きな甕が並ぶ。

田が全島に多くあったが、現在は米を作る農家はない。替わってサトウキビ栽培がおこなわれ、また近年はマンゴー、ドラゴンフルーツ、パイン栽培のほか、クルマエビの養殖などが盛ん。

　標高150〜300mの全体に山がちな島だが、あまり山を意識させないのは島が大きいためだろうか。しかし島の最高所310mにある「宇《う》江《え》城《ぐすく》城跡」(県指定史跡)に上ると展望は素晴らしく、島内はもちろんのこと天気のよい日は沖縄本島まで見える。静かな真謝《まじゃ》から宇根集落を歩くとフクギ並木が美しく、そのすぐ近くには、みごとな積み石の石垣を見せる昔の役場跡「旧仲里間切蔵元《まぎりくらもと》跡・石牆《せきしょう》」がある。夏場はクマゼミが鳴いて暑苦しいが、フクギ並木の日陰などに入ると島の風がそよぎ、久米島紬の機織《はたおり》の音が聞こえてきて涼しげである。

　江戸時代の宝暦4年(1754)に建てられた「上《う》江《え》洲《ず》家」は沖縄に現存する最古の民家である。代々地頭代を務めた上江洲氏7代目が建てた屋敷。格式高い琉球屋敷の造りはみごとなもので、国指定の重要文化財である。平成5年に白瀬川の上流で大型ホタルの新種「クメジマボタル」が発見された。

真謝地区のフクギの屋敷林や並木はみごとな美しさ。

北部の海岸にある奇岩「ミーフガー」。子孫繁栄、子宝祈願の拝所。

雄大な景観が広がる「比《ひ》屋《や》定《じょう》バンタ展望台」。

[久米島データ] ●沖縄県島尻郡久米島町　●人口：7,240人　●面積：59.53㎢　●周囲：53.3㎞
●ホームページ：久米島町 https://www.town.kumejima.okinawa.jp

オーハ島《おーはじま》（沖縄県）

素晴らしい
白砂のビーチに立って、
空と海を独り占めにできる

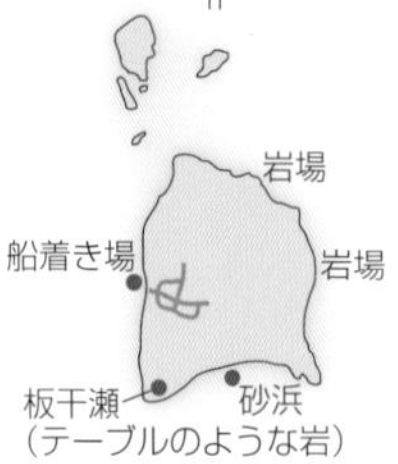

久米島の東方にあり、奥武島と並んで点在している。近年まで住人がいて、定期船のない奥武島や久米島との間を自前の船で渡り、生活用品を調達して暮らしていた。しかしその住人の高齢化などで島を離れる人が相次ぎ、無人化したが、平成28年に再び有人化した。時を忘れさせる静かで美しい島である。

干潮時には歩いて渡れそうなほどの浅い海。

かつて人々が暮らした家屋は今も残る。

［オーハ島データ］●沖縄県島尻郡久米島町　●人口：９人　●面積：0.37㎢　●周囲：2.7㎞
●ホームページ：久米島町 https://www.town.kumejima.okinawa.jp

奥武島《おうしま》（沖縄県）

畳石。沖縄のどの島にも
こんな奇観は見あたらない

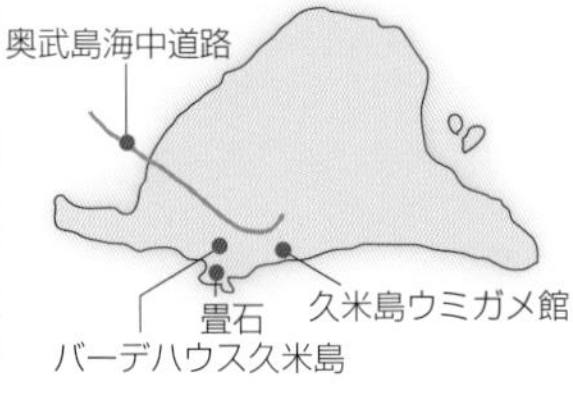

浜辺に敷き詰められた不思議な石「畳石」。

奥武島と久米島を結ぶ道路。

久米島の東に連なる島で、昭和58年に８００ｍの浅瀬に海上道路（一部は橋）を通し、久米島と陸続きになった。六角形や五角形の亀の甲羅に似た石が海岸に敷き詰められた奇観景勝「畳石」がある。海洋深層水を使った温泉施設・バーデハウス久米島が誕生し、ダイビングとともに、この島の新しい観光スポットとして注目される。

［奥武島データ］●沖縄県島尻郡久米島町　●人口：30人　●面積：0.63㎢　●周囲：3.4㎞
●ホームページ：久米島町 https://www.town.kumejima.okinawa.jp

大神島《おおがみじま》（沖縄県）

見ることができたら幸せ
大海原のサンゴ礁絵模様

宮古島・島尻漁港の北、約4㎞にある。宮古島北部から洋上に見えるこの島の景観は、沖縄の野外作業でかぶる〝クバ笠〟を伏せた形によく似ている。宮古島と大神島の両地区でおこなわれてきた『祖《うや》神祭《がんさい》』は島外者は見ることのできない秘匿性の高い祭りとして今日までおこなわれてきたが、宮古島ではもうすでにこの祭がなくなった現在、この島だけが現存する最後となった。

島の中央部にある高台「大神島遠見台」。

島の中央が「遠見原《とおみばる》」という山の頂上で標高75ｍある。眺望は素晴らしく、眼下には大神集落はもちろん、遠く宮古島や池間島などが一望に見渡せる。天気がよくて干潮時ならば、サンゴ礁の海に描かれるエメラルド色のラグーン（礁湖）が特に美しい。集落を少し外れると〝祖神〟の聖地なので立ち入らないように気をつけたい。

宿泊施設や売店などはこの島にはないのでご注意を。

岩の一つ一つが神にかかわるものなので、それを避けて造られた島の外周道路。

平坦な広場は南東の浜辺に1か所だけ。

島尻漁港と大神島を結ぶ定期船。

［大神島データ］●沖縄県宮古島市　●人口：21人　●面積：0.24㎢　●周囲：2.4㎞
●ホームページ：宮古島市 https://www.city.miyakojima.lg.jp

宮古島《みやこじま》（沖縄県）

風光と民俗行事
文化の奥行き

本州と比べ1時間以上遅い日の出。

沖縄本島・那覇市の南西、約280kmにある。13世紀ころの中国の史書『元史』の文保1年（1317）の記述と『温州府誌』の中に〝海外婆羅《ブラ》公管《コウカン》下密《カミ》牙古人《ヤコジン》民…〟が温州《おんしゅう》（中国浙江省東南部の沿岸）あたりに漂着した——とあるのが、初めて宮古島が歴史に登場したものといわれる。〝婆羅《ブラ》〟は現在の城《ぐすく》

くさい泥を身体じゅうにつけ、集落を走り回って人々に塗りつける奇祭「パーントゥ」。夕暮れの中に3体のパーントゥが現れた。

辺《べ》にある保良《ぼら》のことを指し、〝密牙古《ミヤコ》〟（ミャーク）は宮古のことといわれる。

沖縄の島々の中で1、2を争う美しいビーチがある島。マリンリゾートとして絶好のロケーションでもあり人気が高い。また、海底地形の変化が激しいダイナミックな海は上級ダイバーたちにとっての憧れの地である。砂浜の美しい「砂山ビーチ」「与那覇前浜」は沖縄のトップクラスのビーチ。島のいちばん東にある景勝地「東平安名崎《あがりへんなざき》」で見る朝日は素晴らしい。

サトウキビは島の重要な基幹産業。島じゅうどこを歩いてもサトウキビ畑が広がる。また、冬12月から春の4月までは製糖工場が稼動し、島内には黒糖に近いような甘いサトウキビの香りが漂う。この時期ならばサトウキビの生ジュースも飲める。

拝所である〝御嶽《うたき》〟が多くあり、民俗祭事も多い。晩秋におこなわれる「パーントゥ」は悪霊を追い祓うという〝厄払い〟行事の一種で、全身につる草をまとい、身体じゅうにくさい泥をつけた3体の仮面神が集落内を走り回り、人や家、車などあたりかまわずに泥を塗りつけるというもの。この日は島中から多くの人がやって来る。

漲水《はりみず》御嶽《うたき》の前にあるいにしえの面影を残す石畳道。

島の中心地、平良から約3kmにある白砂の美しい「砂山ビーチ」。

景勝地「東平安名岬」。

［宮古島データ］ ●沖縄県宮古島市　●人口：50,230人　●面積：158.93㎢　●周囲：133.5㎞
●ホームページ：宮古島市 https://www.city.miyakojima.lg.jp

池間島《いけまじま》（沖縄県）

昔は遠洋漁業の基地
今は癒しの
野鳥のさえずりを聞く

宮古島の北西、約1・4㎞にある。1425mの池間大橋でつながり、宮古島と陸続きになった。かつてはソロモン海域などにカツオ漁のために出かけて行った島だが、現在は遠洋はおろか近海漁業も小規模になり、産業は農業に移行した。島の中央部に湖沼湿地があり、カモやサギなどの大きなものから野鳥など、多くの鳥が飛来する。

美しい海上に渡された「池間大橋」。

かつお遠洋漁業の時代の面影は今はなく…。

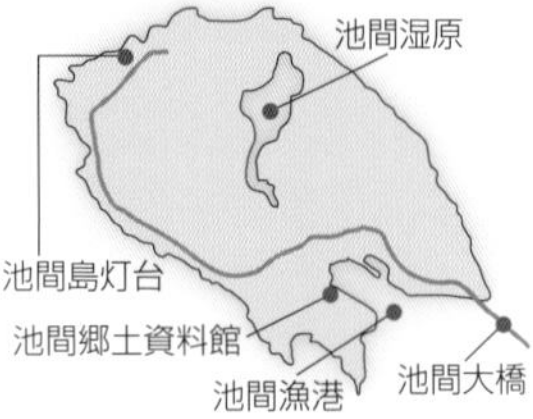

［池間島データ］ ●沖縄県宮古島市　●人口：477人　●面積：2.83㎢　●周囲：11.2㎞
●ホームページ：宮古島市 https://www.city.miyakojima.lg.jp

来間島《くりまじま》（沖縄県）

橋が架かったら
外に出ていた若者が戻って
農業を始めた

宮古島の南西部から1690mの来間大橋で結ばれる。平坦な島内には農地が多く、サトウキビが栽培されるほか、葉タバコ、食用アロエ、ドラゴンフルーツ、島バナナなどの農業が盛ん。龍宮城展望台は対岸の宮古島と来間大橋をパノラマ展望できる場所。エメラルドブルーの海の色とまぶしい白砂のビーチのコントラストが美しい。

島内産果実の販売店が龍宮展望台横にある。

龍宮城展望台からながめる来間大橋。

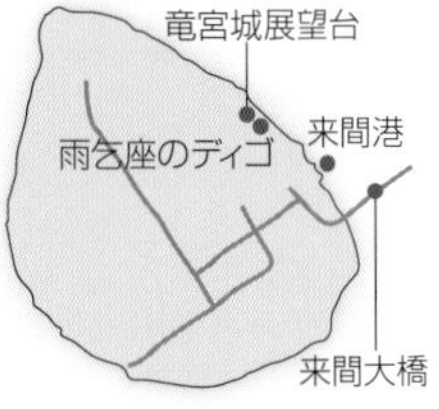

［来間島データ］ ●沖縄県宮古島市　●人口：145人　●面積：2.84㎢　●周囲：6.5㎞
●ホームページ：宮古島市 https://www.city.miyakojima.lg.jp

下地島《しもじしま》（沖縄県）

エアバスなどが飛来し タッチ&ゴーを訓練する

伊良部島の西側にあり伊良部島とほとんど一体に見える。平坦な島の土地を利用した国内唯一のジェット機のパイロット訓練用飛行場があり、3000m滑走路が1本供用されている。西海岸にある伝説の「通り池」は神秘的な紺碧《こんぺき》の水面をたたえていて、訪れるものを魅了してやまない。島の周囲は絶好のダイビングポイント。

神秘的な深いブルーの湖面の「通り池」。

長大な滑走路で繰り広げられるタッチ&ゴーの訓練。

［下地島データ］●沖縄県宮古島市　●人口：98人　●面積：9.68㎢　●周囲：32.3㎞
●ホームページ：宮古島市 https://www.city.miyakojima.lg.jp

伊良部島《いらぶじま》（沖縄県）

この島を歩くと 漁師の意気を感じる

佐良浜港には白い建物が多く、明るく見える。

宮古島とつながる3,540mの伊良部大橋。

宮古島の北西、約8㎞にある。南太平洋まで出かける遠洋カツオ漁が昭和50年代までおこなわれた。定期船が着く佐良浜の集落に鉄筋建ての家々が連なる光景は、単に台風に備えるというだけでなく、その遠洋漁業で高収入を得た人たちの御殿ともいえる。サトウキビ栽培も盛ん。秋にタカの一種、サシバが飛来する。

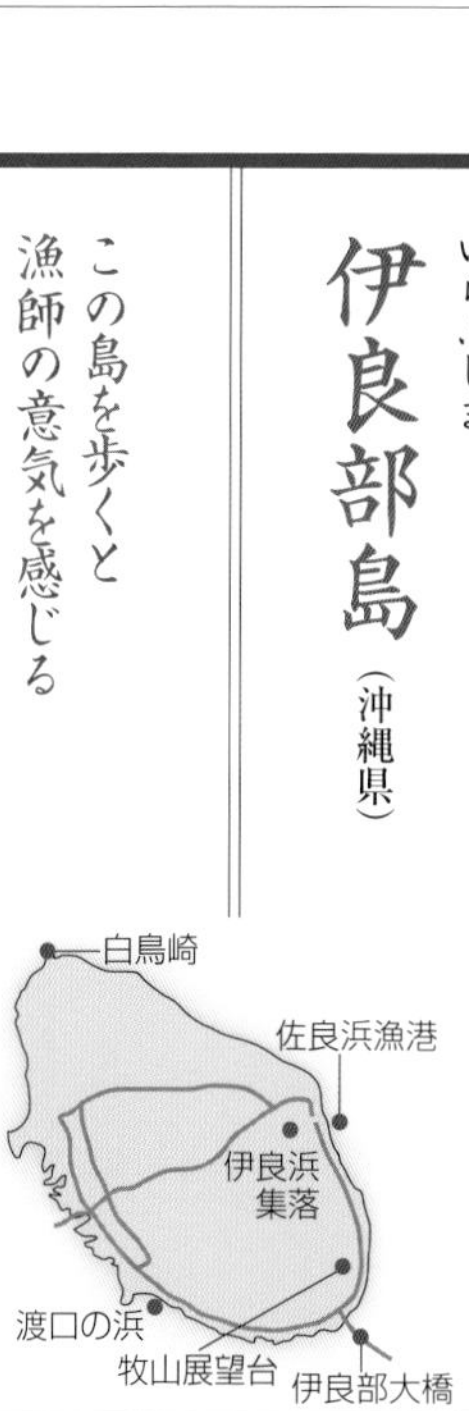

［伊良部島データ］●沖縄県宮古島市　●人口：4,724人　●面積：29.06㎢　●周囲：72.4㎞
●ホームページ：宮古島市 https://www.city.miyakojima.lg.jp

水納島《みんなしま》（沖縄県）

鳥塚《たかつか》伝説が残る
沖縄の数少ない秘境

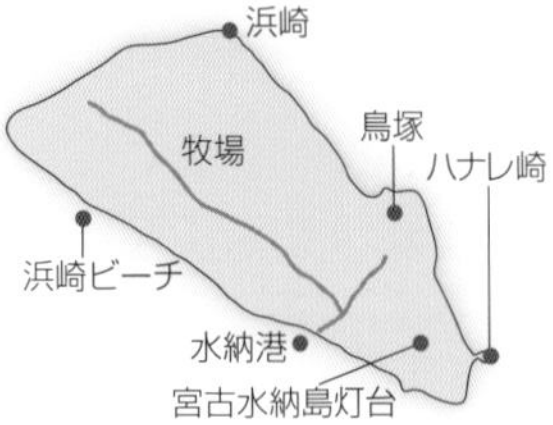

宮古諸島と八重山諸島のほぼ中間に多良間島があり、そこから北、約10㎞にある定期船の通わない島。住人は一家族だけで、島の広大な土地を使って畜産（約１００頭の牛の放牧）をおこなっている。水納島に流れ着いた公家がタカに救われて島から戻ったという伝説が残り、そのとき死んだタカを祭ったという「鳥塚《たかつか》」が今も残る。

海岸部の近く、木立の中にある「鳥塚」。

屋敷跡の石垣の向こうに山羊がいた。

[水納島データ] ●沖縄県宮古郡多良間村　●人口：３人　●面積：2.16㎢　●周囲：7.4㎞
●ホームページ：多良間村 https://www.vill.tarama.okinawa.jp

多良間島《たらまじま》（沖縄県）

古きおもむきを残す集落
海辺はまぶしい白砂のビーチ

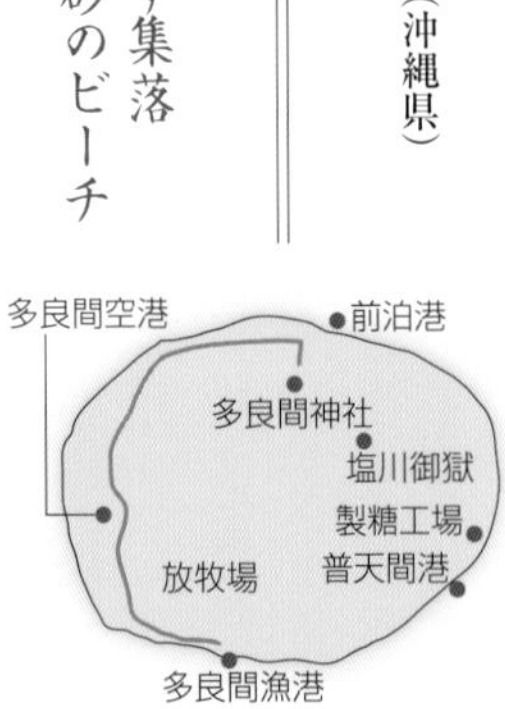

集落のお祝い事で“山羊汁”を作る女性たち。

琉球王朝文化の名残をとどめる「八月踊り」。

宮古島の西、約67㎞にある。沖縄本島と石垣島を結ぶ飛行機はこの島の上空を飛び、眼下に赤土の大地とサトウキビ畑のコントラストが美しく見える。島内にはフクギやテリハボク、モンパノキなどが多く見られる。この島で旧暦8月8日におこなわれる豊年祭は「八月踊り」と呼ばれる。国指定重要無形文化財で素晴らしい。

[多良間島データ] ●沖縄県宮古郡多良間村　●人口：1,049人　●面積：19.81㎢　●周囲：20.9㎞
●ホームページ：多良間村 https://www.vill.tarama.okinawa.jp

石垣島《いしがきじま》（沖縄県）

中心街もよいけれど
ちょっと遠出をしてみたら

最北端の平久保崎に建つ灯台。

那覇の南西、約４１０kmにある。東京からは約１９００kmという距離にある石垣市は日本最南の〝市〟である。年平均気温が約24℃と、夏はやや厳しい暑さだが秋冬春と温暖で暮らしやすい気候のため、本土からの移住者が多い。

石垣市の中心はビルもホテルも建つ市街地景観だが、少し車で中心地から出ると美しいサンゴ礁の海とビーチの川平湾、マングローブ林の宮良川、ヤエヤマヤシの群落が素晴らしい米原など石垣島の大自然を見せてくれる場所がたくさんある。島野菜やパインなど農産品を生産者が販売する売店が島の各地区にあり、ちょっとのぞいてみるのもよい。

民俗文化と芸能の宝庫でもあり、各地区でおこなわれる豊作祈願の豊年祭、旧盆行事のアンガマー、数え年97歳を祝う風車祭（カジマヤー）、などが今も古式にのっとりおこなわれる。

旧盆の先祖供養「アンガマー」。あの世から訪れる精霊たちのアンガマー集団が、夜通し家々を回る。

美しい内湾の「川平湾」。

川平湾近くの森で見つけた特別天然記念物の「カンムリワシ」。

［石垣島データ］●沖縄県石垣市　●人口：50,169人　●面積：222.24㎢　●周囲：182.5㎞
●ホームページ：石垣市 https://www.city.ishigaki.okinawa.jp

たけとみじま

竹富島（沖縄県）

集落の白砂の道
赤瓦民家と石垣が美しく

魔よけのシーサー（獅子）が載る屋根。

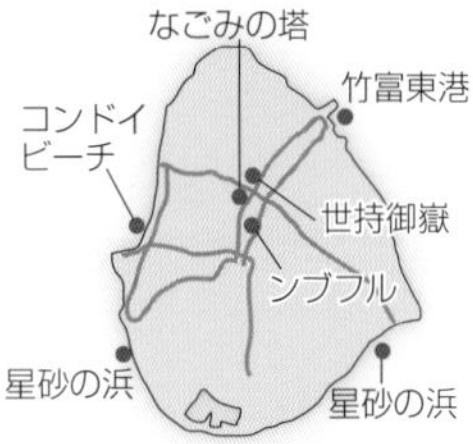

石垣港の南西、約５㎞にある。平坦な島で、石垣島の少し高台からながめると水平線上に真っ白い砂浜が真一文字になって見え、マリンブルーと白砂のコントラストがとても美しい。

　古くから人が住んでいたとみられる島で、この島の民謡「種子取り」の中に謡われている内容から、島に移住した

島で最大の祭は「種子取《たなどぅい》祭」。旧暦の9月から10月にかけて10日間にわたっておこなわれ、数々の芸能が奉納される。

人々は屋久島、徳之島、沖縄本島、久米島などからの血縁者で島内6か所に集落を作ったといわれる。その平坦な島内では農業が盛んにおこなわれていた。現在では自家野菜を栽培する程度で本格農業はおこなわれていない。八重山諸島の古き面影を残す島で、水牛車による島内観光や浜辺で星砂さがしなどを楽しんだり、焼物づくりをしたりマリンスポーツを楽しんだりする選択肢が充実している。

集落景観が素晴らしい。素朴なサンゴ岩を積んで造った石垣と浜から運んだ白砂を敷きつめた道。その道を結んで赤瓦をのせた琉球民家の屋敷が続く。青空の下、そのコントラストはみごとで美しい。集落全体の景観が国指定の重要伝統的建造物保存地区に選定されている。島の民宿に泊まると、古老が夜明け前から集落内の道をほうきで掃き清める音が心地よい。八重山文化が集約された島なので、日帰り立ち寄りの旅ではなくゆっくりと一泊して楽しみたい。

赤瓦の屋根が美しい伝統的民家群の集落。

白砂の道とサンゴを積んだ石垣。

作家・司馬遼太郎は名著『街道を行く』シリーズの〝先島への道〟の中で、この島の「ンブフル」を取り上げている。平坦な島の中で唯一の小高い丘――ンブフル。牛が一晩のうちに築いたという伝説の場所。著者はここが「倭寇の遺跡」だろうと推論しているのは興味深い。

[由布島データ] ●沖縄県八重山郡竹富町　●人口：335人　●面積：5.43㎢　●周囲：12.1㎞
●ホームページ：竹富町 https://www.town.taketomi.lg.jp

嘉弥真島《かやまじま》（沖縄県）

海洋スポーツとビーチでくつろぐのに最上の島

石垣島を出港した八重山の各離島行きの船から見える真っ白い砂浜の島だ。特に小浜島行きの船はこの島のそばを通る。

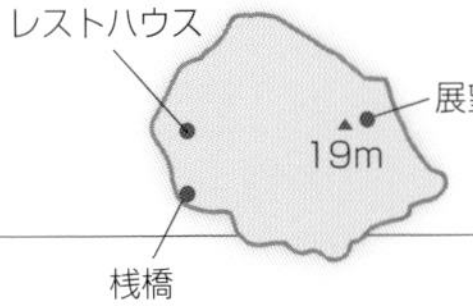

嘉弥真島桟橋。

野ウサギが数百羽生息する島で、アダンの木や茅が多く自生する。農・漁業の一次産業は無く、マリンスポーツなどサービス業が唯一の産業。スノーケリングで海面散歩、キャンプツアーなど日帰りで楽しむ島だ。

[嘉弥真島データ] ●沖縄県八重山郡竹富町　●人口：1人　●面積：0.39㎢　●周囲：3.0㎞
●ホームページ：竹富町 https://www.town.taketomi.lg.jp

こはまじま

小浜島

（沖縄県）

マリンスポーツといえば「はいむるぶし」

石垣港の西、18㎞にある。古くは西表島の古見村から移住した人々により島が拓かれたと伝えられる。水源に厳しい八重山の小さな島々の中にあって米作がおこなわれてきた島で、伝統的に農業が盛ん。今日ではサトウキビ栽培が主産業となっている。島の中央部は〝村内《むらうち》〟といい古くからの人たちが住む集落で、西端の〝細崎《くばさき》〟は明治から大正時代にカツオ漁の糸満漁師たちが移住した集落で、双方おもむきが違い興味深い。

昭和54年（1979）に「ヤマハリゾート・はいむるぶし」が造られた島で、沖縄でもっとも早く造られたビーチリゾート施設として知られる。現在は売却譲渡されたが、エメラルドブルーの美しい海、純白のビーチは今なお小浜島の浜辺景観を作りだしている。平成13年のNHK連続ドラマ『ちゅらさん』ではお話の舞台となり、全国に知られる島となった。

テレビドラマの舞台となった島。

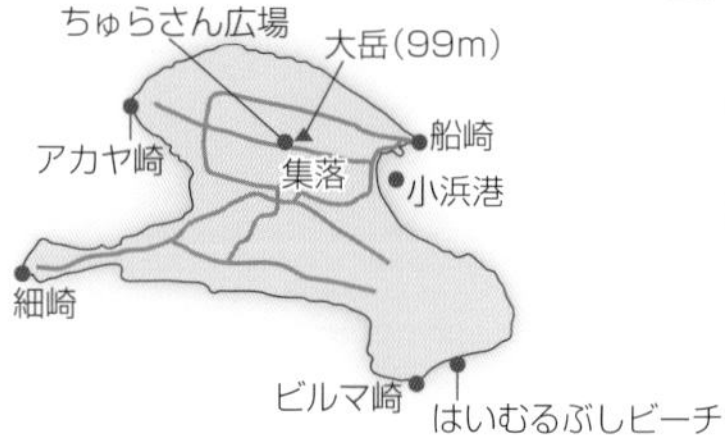

手刈りによるサトウキビの収穫。

▲リゾート施設“はいむるぶし”の美しい浜辺。
▶高台の向こうに見えるのは西表島。

［小浜島データ］●沖縄県八重山郡竹富町　●人口：748人　●面積：7.86㎢　●周囲：21.0㎞
●ホームページ：竹富町 https://www.town.taketomi.lg.jp

くろしま

黒島（沖縄県）

牛まつり
正月の行事、みんないい

旧暦1月1日、“旗頭”を高くかざして祝う。

石垣港の南西、約18㎞にある。みごとなほどに平坦な島で、最高所は15mのところが1か所と島の中央部、牧場の真ん中にある展望台だけ。住人の数よりはるかに多い牛の島といわれ、その数約3千頭が全島牧場ともいえるその大地のあちこちで草を食む。毎年おこなわれる「牛まつり」では抽選の1等賞で牛1頭がもらえる。

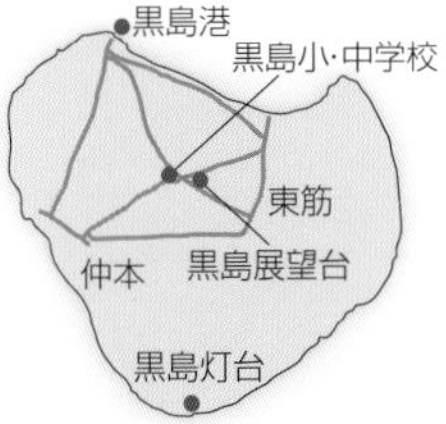

集落は5か所あり、どこからもほぼ等距離である島の真ん中に黒島小中学校がある。夏の豊年祭は暑い中での沖縄らしい祭りを見せてくれるが、冬の行事でこの島を訪ねてみるのもよい。旧暦の1月1日、この島の「旧正月行事」は、五穀豊穣を願いさまざまなものを高さ5mもある〝旗頭《はたがしら》〟に付け、これを集落内で振りかざしてにぎわう。戸板に乗って演じる寸劇もあり、1日外ですごす暖かい島の正月もなかなかよいものである。

旧正月の前日、五穀豊穣の願いをぶら下げた“旗頭《はたがしら》”が完成した。

▲戸板の上での寸劇。旧正月の楽しみの一つ。
▶人より牛によく出会う。

［黒島データ］●沖縄県八重山郡竹富町　●人口：219人　●面積：10.02㎢　●周囲：14.1㎞
●ホームページ：竹富町 https://www.town.taketomi.lg.jp

あらぐすくじま

新城島〈上地《かみじ》・下地《しもじ》〉（沖縄県）

原始のやきものが この島の原野で焼かれた

石垣港の南西、約25㎞にある。上地《かみじ》と下地《しもじ》の二つの島を総称して新城島という。両島とも標高20m足らずの平坦な島で、石垣島から島へ向かうときにも水平線に島影を見つけにくい。島に近づくと真っ白な砂浜が印象的である。

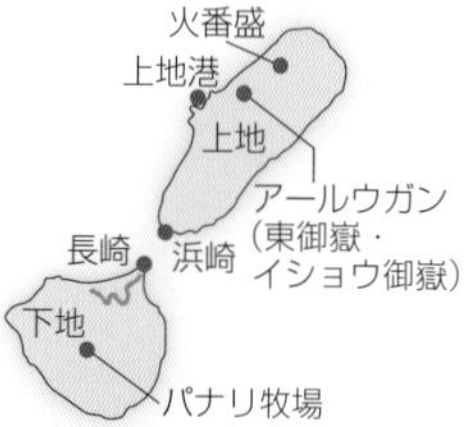

火番盛（タカニク）は、烽火を焚いた場所。

上地は大昔、島の土を材料に貝やカタツムリなどを砕いて練りこみ、窯などは使わず露天で焼かれたといわれる土器の「パナリ焼」が出土した島で、その骨董的価値は高い。

島内には〝御嶽《うたき》〟と呼ばれる住人にとって神聖な場所が数多くあるので、集落や島内を見学するときには必ず住人にひとことあいさつするのが礼儀。また、いくつかある鳥居のある場所からは中に立ち入ってはいけない。上地の南端・浜崎から見る下地の島の景観は透き通る海をはさんで美しい。この島は現在全島が肉用牛を生産する牧場となっている。

集落内は人気もなく静寂。ときおり鳥の鳴き声が響く。

▲浜崎から見る新城島の下地《しもじ》。

▶島内でいちばん大きな「イショウ御嶽」。

［新城島（上地・下地）データ］●沖縄県八重山郡竹富町　●人口：８人　●面積：1.76㎢（上地）　1.57㎢（下地）●周囲：11.0㎞（上地）6.2㎞（下地）4.8㎞
●ホームページ：竹富町 https://www.town.taketomi.lg.jp

由布島《ゆぶじま》（沖縄県）

水牛に揺られて夢見ごこちの果実かな

島内に咲くブーゲンビリア。

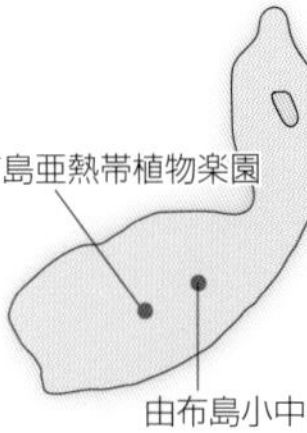

西表島の東側、美原集落の海岸部の沖、約500mにある。海岸から水牛車に乗って渡る観光の島として知られる。その水牛車では案内人が三線をつま弾きつつ唄う民謡の調べを聞きながら、潮の引いた砂浜をゴトゴト揺られて島へ向かう。

浅瀬の海を水牛車に乗って島へ渡る。サンシン爪弾く沖縄民謡を聴きながら…。

昭和22年に黒島、竹富島からの入植者によって開拓された。当時。人口は30人ほどだったといわれるが、昭和46年には台風による甚大な被害により一時全員西表島へ退島した。しかしその後、復興を図りながら熱帯植物園の計画を進め、昭和56年ついに完成オープンに漕ぎつけた。

島に入るとそこがすでに観光施設の中で、みやげ物店と飲食ができる店舗となっていて、島内でとれたマンゴーやパッションフルーツなどいろいろなフルーツを楽しむことができる。外へ出て園内の植物観賞ができる。

▲西表島の美原から見た由布島。

▶由布島産のマンゴー、パイン。

［由布島データ］●沖縄県八重山郡竹富町　●人口：９人　●面積：0.15㎢　●周囲：2.3㎞
●ホームページ：竹富町 https://www.town.taketomi.lg.jp

鳩間島《はとまじま》（沖縄県）

瑠璃《るり》の島風が やさしくそよぐ

石垣港の西北、約36㎞にある。西表島西部地区・船浦港からは、北方向に約6㎞という距離にある。江戸時代の元禄13年（1700）と16年の2度にわたり、西表島の古見《こみ》と黒島の保里《ほり》から150人あまりを強制移住させて鳩間島を拓いたと伝える古文書が残る。その後明治、昭和と人口の増減を繰り返

島の周りには幻想的な海の色が。

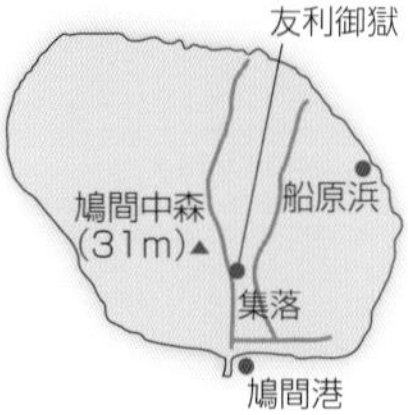

豊年祭。住人総出で五穀豊穣の祈願をし、祭を楽しむ。

しながら、終戦後の一時期は650人という数を記録したこともある。

石垣島から船に乗り〝石《せき》西《せい》礁《しょう》湖《こ》〟と呼ばれる石垣・西表島間の湖のようなサンゴ礁の海を船は快走して行く。小浜島を左手に見るとやがて進路は西表島方向から大きく右手にそれていく。海の色が変わってくる。プリシアンブルーからやがてなんともいえないエメラルド色の海に。そんな中に白砂がまぶしく輝く鳩間島が視界に入り、その島影が迫ってくる。まさに感動的な島への到達である。

島には大きな祭りが年に何度かある。いちばん大きな祭が「豊年祭」。島外に出ている人々もほとんどが里帰りして祝うというにぎやかなお祭りである。ハーリー船が繰り出し奉納芸能などもおこなわれて、島は2日間にわたって祭りのるつぼと化す。

たくましいこどもに育てたいと希望する親から預かった島外の子供たちを、島の住人が里親となって育てるという試みが定着した島として知られる。小さなコミュニティでも祭りも里親制度も一所懸命に取り組んでいる。沖縄の古典民謡「鳩間中森」の島である。

2時間ほどの素潜り漁で獲った魚。

豊年祭の演目は長い間練習を重ねた発表の舞台。

御嶽の前で住人に振舞われる祭のご馳走。

鳩間中森に復元された石積みの「遠見台」。

[鳩間島データ] ●沖縄県八重山郡竹富町　●人口：68人　●面積：0.96㎢　●周囲：3.9㎞
●ホームページ：竹富町 https://www.town.taketomi.lg.jp

西表島《いりおもてじま》（沖縄県）

ヤマネコの棲む密林のふところで

河口のマングローブ地帯。

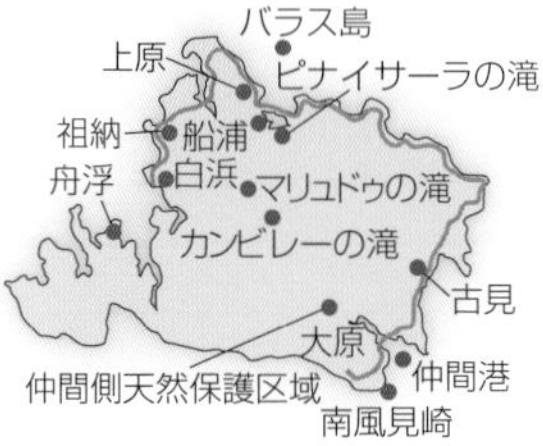

石垣港の西、約28㎞にある。八重山諸島の中でもっとも大きく、県内48の有人島の中でも沖縄本島に次いで2番目の面積をもつ島。全島が密林に覆われる日本でも数少ない亜熱帯の大自然を残す島として、日本ではもとより海外の自然研究者たちからも熱い視線が注がれる島である。その象徴となったの

マングローブの奥地に入ると、このような立派な「サキシマスオウ」を見つけた。

は昭和40年（1965）作家・戸川幸夫が苦心の末に発見した〝イリオモテヤマネコ〟。それは20世紀最大の発見といわれた。その後、動物相にかぎることなく植物などでも国内でまれに見る希少生物の宝庫であることが知られるようになった。昭和47年（1972）に西表国立公園（現在は西表石垣国立公園）としてのさまざまなものが保護されることとなった。その流れは今日も続いている。

300m～400mの山岳地帯は原生林の密林で、降雨量が多いために川を作り、数か所に滝までである。東部地区では仲間川、西部地区では浦内川などの河口付近にはマングローブ地帯がありオヒルギやメヒルギの大群落が見られ、また山中にはサキシマスオウの大木もある。

比内川の湿地林を歩く。

島で早くから拓けた集落は西部の祖《そ》納《ない》と東部の古見《こみ》だったが、明和年間の大津波災害やマラリアの猛威などで古見は廃村となっていった。現在の集落はほとんどがその後の開拓時代を経て各地から来た移住者である。大自然のふところに飛び込んで、ダイビング、滝めぐり、植物観察、密林縦断トレッキングなど野趣を満喫できる島である。

ジャングルの中の水を集めて一気に海に落とす「ピナイサーラの滝」。

サンゴのかけら（バラス）でできた島。上陸できる。

［西表島データ］●沖縄県八重山郡竹富町　●人口：2,393人　●面積：289.62㎢　●周囲：174.5㎞
●ホームページ：竹富町 https://www.town.taketomi.lg.jp

中御神島《なかのうがんじま》（沖縄県）

アジサシやオオミズナギドリ
海鳥たちの楽園

石垣港から約65㎞、西表島の南西にある。野鳥が生息する島として知られ、現在は国指定の「海鳥繁殖地」となっている。足場が悪いため上陸地点はほとんどない。繁殖の時期には海鳥が大挙頭上を飛び交い、ときに威嚇されたりする。ダイビングボートが島の周りのポイントまで行くときには近くまで行くことができる。

上空には数知れないほどの鳥が乱舞する。

ダイビングボートから見る中御神島の全景。

［中御神島データ］●沖縄県八重山郡竹富町　●人口：０人　●面積：0.22㎢　●周囲：不明
●ホームページ：竹富町 https://www.town.taketomi.lg.jp

外離島《そとばなりじま》（沖縄県）

西表島まで訪ねても
この島へ行く人はまずいない

西表島西部の祖納《そない》集落から南西、約2・5㎞にある。定期航路もなく、観光で見てまわるべきポイントも島内には見あたらない。２０１４年ころまで住人一人が暮らしていた。戦後の一時期、この島では石炭が産出されたことがあったが、やがて閉山となる。かつて昔は、祖納地区の人々の畑がこの島にあり、耕作がおこなわれていた。

シーカヤックツアーで内離島周辺を訪ねる。

北東の海岸部は白砂のビーチ。

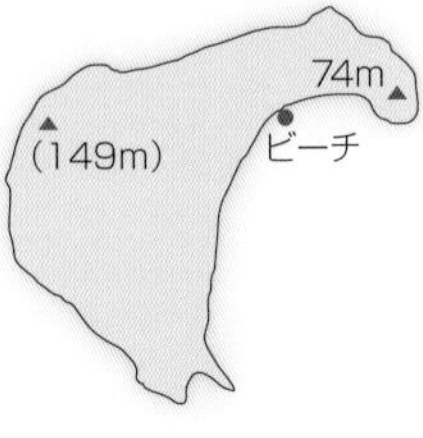

［外離島データ］●沖縄県八重山郡竹富町　●人口：０人　●面積：1.32㎢　●周囲：5.3㎞
●ホームページ：竹富町 https://www.town.taketomi.lg.jp

波照間島《はてるまじま》（沖縄県）

島のエネルギーが集約「ムシャーマ」の夏

高那崎から見る大海原は雄大。

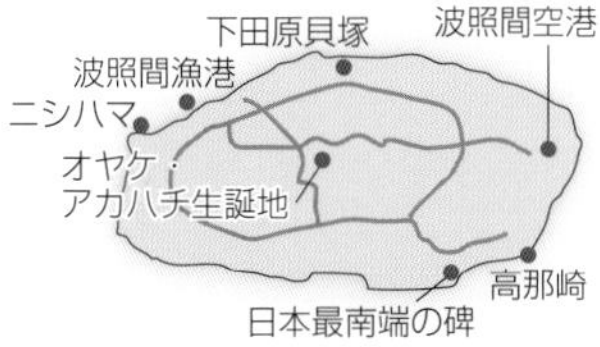

　石垣港の南西、約50㎞にある。人の住む島として日本最南端の島である。北の海岸部にある「下田原貝塚」を調べたところ3800年前のものとわかり、かなり昔から人が住みついていたようである。八重山諸島が支配者の勢力争いで群雄割拠していた14世紀ごろ、オヤケアカハチ（遠弥計赤蜂）という人物が現れ八重山一帯を統一した。その生誕地がこの島である。

　高那崎一帯は石灰岩が浸食した荒々しい崖の岩礁地帯で、この景色を一望する高那崎に立ち南に広がる大海原をながめると、ここが日本の島の最果て…という実感が湧く。全島にサトウキビ畑が広がり黒糖生産が盛んなほか、泡盛の名酒と評価の高い『泡波』の生産地でもある。

　赤瓦の民家とフクギの茂る庭、そして石垣の美しい集落景観がこの島の魅力でもある。旧暦7月の先祖供養と豊作祈願の「ムシャーマ」は見ごたえのある島で最大の行事である。

美しいコバルトブルーの海。遠くには西表島の島影が見える。

「ムシャーマ」の行列。

［波照間島データ］●沖縄県八重山郡竹富町　●人口：462人　●面積：12.73㎢　●周囲：14.8㎞
●ホームページ：竹富町 https://www.town.taketomi.lg.jp

与那国島《よなぐにじま》（沖縄県）

沈んでしまった
古代遺跡なのだろうか

ティンダハナタから見る祖納集落。

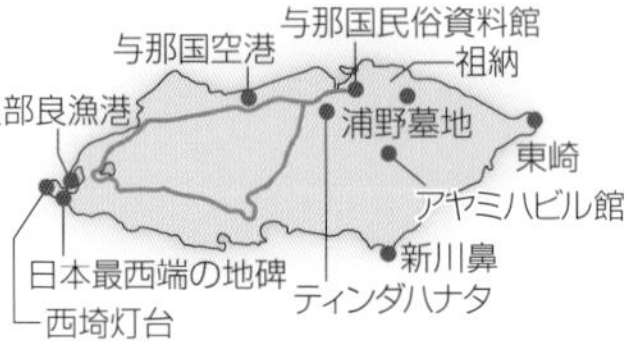

石垣港の西、約１２５kmにある。東京から約１９００kmと遠いが、台湾北東部の蘇澳《スーアオ》港との距離は約１１１km。これは石垣島との距離より近い。かつて終戦直後の昭和21年ごろに台湾と与那国島間で密貿易時代があったこともうなずける距離で、まさにここは国境の島である。冬の晴天時には台湾の連山

祖納漁港から見たティンダハナタの景観。伝説の場所である。

や蘇澳港が見える日もある。

16世紀ごろにこの島を統治したといわれる女傑サンアイ・イソバは祖納《そない》集落の西の山、「ティンダハナタ」の南側で産まれたと伝えられる。ここは祖納集落が一望できる展望台で、サンアイ・イソバの記念碑が建つ。

航空機で上空から訪ねると、祖納集落の横に100基ほどの巨大な墓が並ぶ墓地が見える。ここは沖縄でも有数の「亀甲墓《きっこうばか》」の墓地で、その形、大きさなど本土では見られないもので驚く。

島の西側には久部良集落があり、ここでは大物のカジキマグロがよく揚がる。少し足をのばして夕日を見に西崎へ行くと「日本最西端の地」の石碑が建ち、その後ろには美しい大海原が広がる。

この島にしかないものといえば、「海底にある古代の遺跡」と思われる巨大な構造物が南部の新川鼻沖海底に存在する。そしてもう一つ、アルコール度数が60度の「花酒」と呼ばれる泡盛だろう。ポニーのように小型でかわいらしい農耕馬「ヨナグニウマ」もこの島の固有の在来馬である。

とにかく蝶の多い島。

浦野墓地の巨大な亀甲墓群。

小型でかわいい「ヨナグニウマ」。乗馬体験もできる。

[与那国島データ] ●沖縄県八重山郡与那国町　●人口：1,702人　●面積：28.95㎢　●周囲：40.3㎞
●ホームページ：与那国町 https://www.town.yonaguni.okinawa.jp

尖閣諸島《せんかくしょとう》（沖縄県）

海底に眠る地下資源
尖った塔の形をした島

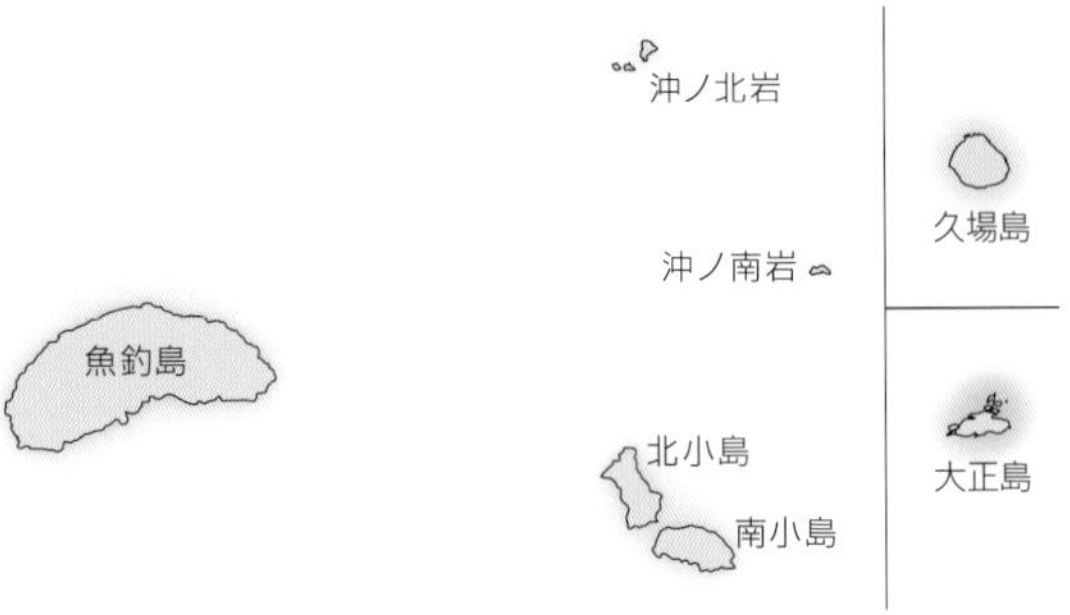

沖縄県石垣島の北北西、約170㎞周辺にある日本の無人島である。主島は面積3・82平方㎞、周囲約10㎞の魚釣島で、ほかに久場島（黄尾嶼）、南小島、北小島、大正島（赤尾嶼）の5島と周辺諸々の小島をふくむエリアを尖閣諸島と呼ぶ。近海は恵まれた漁場で明治42年に99世帯、住人248人がカツオ節や海鳥のはく製作りなどの生産活動を行っていたが、その後は無人となった。

そもそも尖閣諸島定住と領有の根拠は、明治17年ごろ実業家・古賀辰四郎が島に渡り漁業を開始したことに始まる。その後、日本政府はこの島々が近隣他国の支配下にないことを確認した後、閣議決定を行い、明治28年（1895）日本に領土編入した。国際法上も日本国領土としてこの時点で画定された。

魚釣島全景。「尖閣」は英海軍の海図にある「The Pinnacle Islands」（小さな尖塔の島）から名づけられた。　時事通信社

明治30年代の魚釣島の浜。近海で獲れるカツオは島内でさばかれ、カツオ節に作り上げられた。

古賀花子さん提供　©朝日新聞社

［尖閣諸島データ］●沖縄県石垣市　●魚釣島・北小島・南小島などからなる数島の総称。・魚釣島　●面積：3.81㎢　●周囲：約11㎞　・北小島　●面積：0.31㎢　●周囲：約3.1㎞　・南小島　●面積：0.40㎢　●周囲：約2.6㎞　・久場島　●面積：0.91㎢　●周囲約3.5㎞　・大正島　●面積：0.06㎢　●周囲：約1㎞　他

日本の島々と領土

ユーラシア大陸の東端にある日本。広大なこの大陸と相対的に見るならば日本の本州や北海道も豆粒ほどの小さな〝島〟といえるだろう。しかし日本の島を語るときは本州と北海道、九州、四国と相対的にそれより小さな水面上の陸地が〝島〟と一般的に位置づけられる。

日本の最北地は歯舞群島・色丹島、国後島、択捉島である。現在の実効支配はロシアだが、歴史的に日本固有の領土である。西端は台湾と接する与那国島で、南端と東端は太平洋上の沖ノ鳥島と南鳥島である。日本領土の竹島と尖閣諸島は現在韓国と中国との間で問題をはらむ島である。

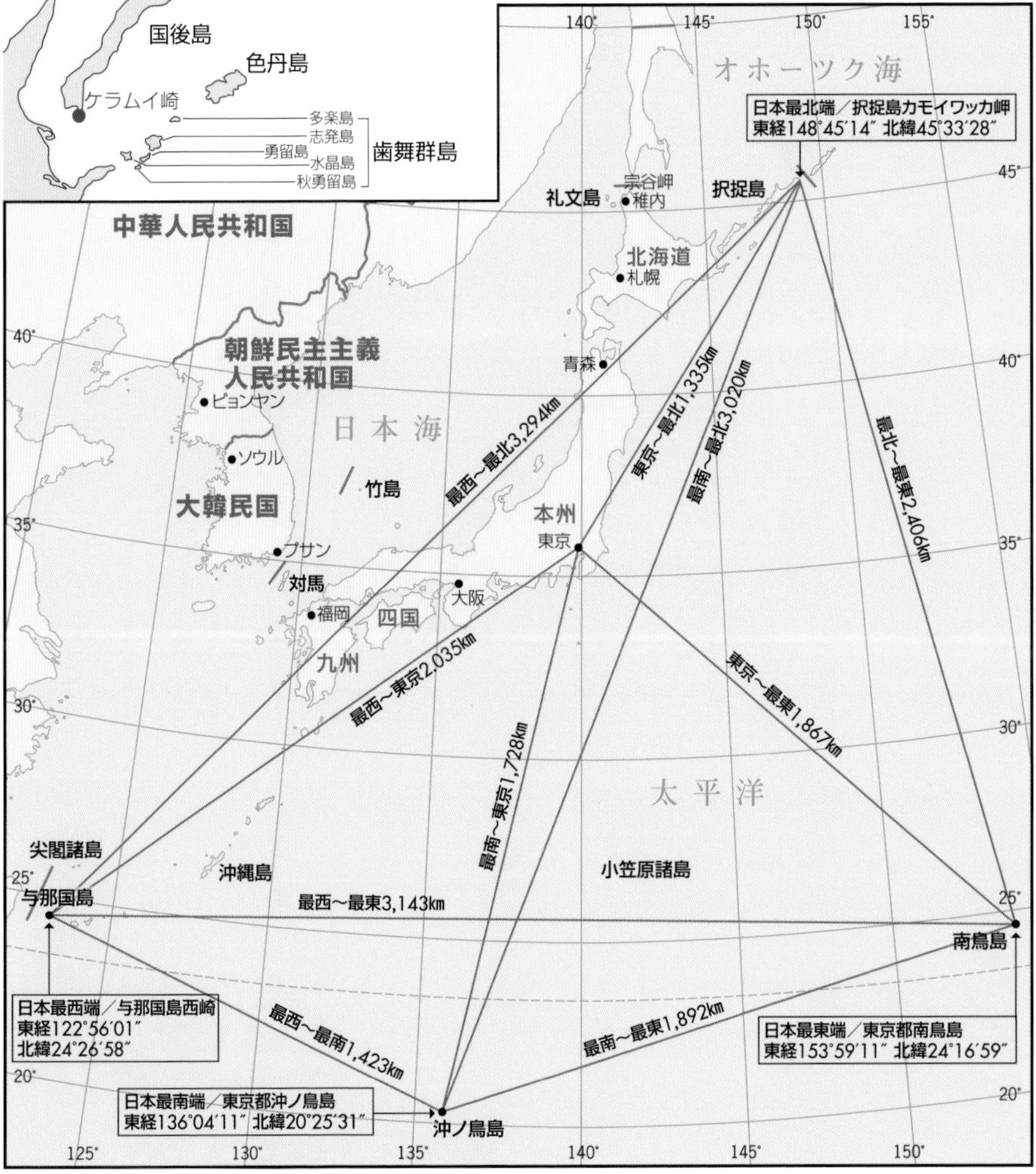

あ行

か行

さ行

な行

は行

参考文献

順不同

- 「日本の島ガイド SIMADASシマダス」（財団法人日本離島センター）
- 「離島振興三十年史・上下巻」（全国離島振興協議会）
- 「高島町政三十年の歩み」（長崎県高島町役場）
- 「日本の離島」（徳間書店）
- 「全国版・島の旅」（毎日新聞社）
- 「鳥島」（刀江書院）
- 「沖縄の民俗資料 第1集」沖縄県教育委員会文化課監修（根元書房）
- 「海祭」（小呂小中学校創立記念実行委員会）
- 「軍艦島実測調査資料集」阿久井喜孝・滋賀秀實（東京電機大学出版局）
- 「わが故郷 土佐・沖の島（第二巻）」（郷土誌編集委員会）
- 「わたしたちの町 八束」（八束町教育委員会）
- 「濱田守太郎の世界」本田安次監修（佐渡汽船株式会社）
- 「本四架橋に伴う島しょ部民俗文化財調査報告・第1・2年次」（瀬戸内海歴史民俗資料館）
- 「大島今昔覚書」浜田作太郎（私家版）
- 「五島黄島郷土誌」宮嶋一穂編集（私家版）
- 「直島町史・続編」直島町史編纂委員会編集（直島町役場）
- 「瀬戸内海水軍史」松岡進（瀬戸内海文化研究所）
- 「波照間島民俗誌」宮良高弘（木耳社）
- 「池間島民俗誌」野口武徳（未来社）
- 「琉球の歴史」宮城栄昌（吉川弘文館）
- 「若松町史」若松町教育委員会編集（若松町役場）
- 「沖縄文化論叢２ 民俗編Ⅰ」大藤時彦・小川徹編集（平凡社）
- 「沖縄文化論叢３ 民俗編Ⅱ」馬淵東一・小川徹編集（平凡社）
- 「八重山ことわざ事典」宮城信男（沖縄タイムス社）
- 「トカラ列島社会の研究」鳥越皓之（お茶の水書房）
- 「蟷螂の斧」崎山毅（私家版）
- 「竹富町誌」竹富町誌編集委員会（竹富町役場）
- 「奄美文化史」長澤和俊編（西日本新聞社）
- 「沖縄資料集成」西銘康展編集（green-life）
- 「芸能の原風景」全国竹富島文化協会編（瑞木書房）
- 「新潟県伝説集成 佐渡編」小山直嗣（恒文社）
- 「佐渡の民話 第１集」浜田一夫編（未来社）
- 「佐渡芸能史・下巻」田中圭一（中村書店）
- 「かくれた佐渡の史跡」山本修巳（新潟日報事業社出版部）
- 「大島の民話・伝説」大島宝島委員会編（大島宝島委員会）
- 「佐渡島歴史散歩」児玉信雄・田中圭一・本間寅雄編集（河出書房新社）
- 「八重山・島社会の風景」真栄城守定（ひるぎ社）
- 「ふなずしの謎」滋賀の食文化研究会編（サンライズ印刷出版部）
- 「沖島に生きる」小川四良（サンライズ印刷出版部）
- 「南の島に行かないか」根岸泉（南日本新聞開発センター）
- 「小豆島の年中行事」小豆島の民俗を語る会編（オリーブの里協会）
- 「私の琉球料理」新島正子（柴田書店）
- 「備讃瀬戸の民俗と風土」武田明・高橋克夫（木耳社）
- 「八重山の歴史と民話」前花哲雄（私家版）
- 「南方文化の探求」河村只雄（沖縄文教出版）
- 「沖縄 旅の時間」高沢皓司（凱風社）
- 「佐渡金山」田中圭一（教育社）
- 「日吉神社五本の祭」隠岐の田楽と庭の舞保存連合会庭の舞保存会編集（私家版）
- 「神々の古層④来訪する鬼」比嘉康雄（ニライ社）
- 「季刊 自然と文化 笹森儀助の探検と発見」（財団法人日本ナショナルトラスト）
- 「月刊 歴史公論５」（雄山閣出版）
- 「五島雑学事典」永冶克行（ゆるり書房）
- 「芸南地方 瀬戸の島」（中国新聞社）
- 「平郡島史」堺吉之丞（私家版）
- 「薩南の島々」朝日新聞社編（朝日新聞社）
- 「沖縄の孤島」朝日新聞社編（朝日新聞社）
- 「日本の古代３ 海をこえての交流」大林太良（中央公論社）
- 「日本の古代８ 海人の伝統」大林太良（中央公論社）
- 「あるくみるきく137 糸満の海」（日本観光文化研究所）
- 「沖縄文化史辞典」琉球政府文化財保護委員会監修（東京堂出版）
- 「新南島風土記」新川明（大和書房）
- 「与論島 琉球の原風景が残る島」高橋誠一・竹盛窪（ナカニシヤ出版）
- 「写真帳 小笠原」倉田洋二（アポック社出版局）
- 「与那国の歴史」池間栄三（私家版）
- 「港・みなと町」四国新聞社編（丸山学芸図書）
- 「沖縄・聞き書きの旅」下嶋哲朗（刊々堂）
- 「自然探訪 屋久島」大山勇作（書泉フローラ）
- 「飛島 あの日35話」本間又右衛門（私家版）
- 「姫島 その歴史と文化」高橋与一（大分合同新聞社）
- 「沖縄の旅 その風土と歴史」（沖縄タイムス社）
- 「かごしま文庫69 甑島」小川三郎（春苑堂出版）
- 「沖縄の自然 その生いたちを訪ねて」沖縄第四紀調査団・沖縄地学会（平凡社）
- 「古い歴史と豊かな自然 隠岐のまちむら」財団法人島根県市町村振興協会編集・発行
- 「瀬戸内散策」森本繁（私家版）
- 「隠岐探訪」藤嶽章英（隠岐観光協会）
- 「わたしの見島 CINEM塾編（HAGI世界映画芸術祭）
- 「続・沖縄の文化財」（月刊沖縄社）
- 「日本地名大辞典42 長崎県」（角川書店）
- 「日本地名大辞典47 沖縄県」（角川書店）
- 「瀬戸内海」緑川洋一（日本文教出版）
- 「ひろしま幻の水軍城」村上正名（広学図書）
- 「沖縄文化論」岡本太郎（中央公論社）
- 「にっぽん 島の旅 全５巻」團伊玖磨監修（中央公論社）
- 「軍艦島 海上産業都市に住む」伊藤千行・阿久井喜孝（岩波書店）
- 「高島町の足跡」高島町役場総務課企画振興班（長崎県高島町）
- 「端島 軍艦島」高島町教育委員会編集・発行
- 「北海道南西沖地震奥尻町記録書」（奥尻町役場）
- 「えらぶユリ栽培百周年記念誌」ユリ栽培百周年記念誌編纂委員会編集・発行
- 「島を拓く 久保田耕作聞書」酒井俊寿（西日本新聞社）
- 「八丈島 探索・学習ガイドブック」（八丈町）
- 「密貿易島」大浦太郎（沖縄タイムス社）
- 「奄美の島 かけろまの民俗」鹿児島民俗学会編（第一法規出版）
- 「南大東村誌」南大東村役場編集・発行
- 「かくれキリシタンの聖画」中城忠・谷川健一（小学館）
- 「地図帳 日本の島100」山と渓谷社編（山と渓谷社）
- 「季刊誌しま」（財団法人日本離島センター）
- 「隔月刊誌 島へ。」（海風舎）
- 「奄美風土記」栄喜久元（大和学芸図書）
- 「国境線 対馬」斉藤隼人（対馬新聞社）
- 「琉球民話集・全」（琉球資料研究室）
- 「吐火羅国」稲垣尚友（八重岳書房）
- 「反文明の島」辰濃和男（朝日新聞社）
- 「漂着物の博物誌」石井忠（西日本新聞社）
- 「日本民族と黒潮文化」黒潮文化の会編（角川書店）
- 「宮本常一著作集17 宝島民俗誌・見島の漁村」（未来社）
- 「宮本常一著作集 4 日本の離島 第1集」（未来社）
- 「三つの海峡」たかしよいち（河出書房新社）
- 「喜界島古今物語」三井喜禎（私家版）
- 「新八重山歴史」牧野清（私家版）
- 「おきなわのふるさと 竹富島」山城善三・上勢頭亨編（竹富公民館）
- 「徳之島町誌」徳之島町誌編纂委員会（徳之島町役場）
- 「小濱島誌」山城浩（私家版）
- 「海女」瀬川清子（未来社）
- 「つしま百科」長崎県対馬支庁編（対馬自治連絡協議会）
- 「対馬 古跡探訪」永留久恵（ジャパン・パブリッシャーズ）
- 「対馬の古跡」永留久恵（対馬郷土研究会）
- 「南島の古代文化」国分直一・佐々木高明（毎日新聞社）
- 「海上の集落」稲垣尚友・大島洋（ナツメ社）
- 「琉球小話」稲垣國三郎（文教出版）
- 「南西諸島の民家」野村孝文（相模書房）
- 「たらま島」（多良間村）
- 「北海道樹木図鑑」佐藤孝夫（亜璃西社）
- 「利尻 山の道花の道」宮本誠一郎・杣田美野里（北海道新聞社）
- 「礼文 山の道花の道」宮本誠一郎・杣田美野里（北海道新聞社）
- 「南の精神誌」岡谷公二（新潮社）
- 「日本書記 上・下巻」井上光貞 監訳（中央公論社）
- 「古事記」（岩波書店）
- 「魏志倭人伝と邪馬台国」武光誠・読売新聞調査研究本部（読売新聞社）

本書について――

本書は日本の人の住む島（有人島）をすべて網羅しています。またそれ以外にも、かつて人々が住んでいた島、かかわりの深い周辺の島、あるいは産業や自然、文化などと関係の深い無人島も併せて紹介しています。その中には実際に渡ることが不可能な島もありますのでご注意ください。渡島が困難であったり、上陸禁止などの島にはその旨明記しました。

本書の島紹介ページの基本構成はできるだけ写真でご覧いただくことを主眼としています。島の代表的景観、取材時に偶然撮れたスナップショット、見どころ、祭や行事、生活などの写真をできるかぎりふんだんに盛り込み、その島のイメージをみなさまに描いていただけるように心がけました。したがって、島の基本データは誌面上必要最小限にとどめて掲載してあります。島の人口は２０２４年２月から３月中旬の時点で調べた最新のものを掲載しました。

島々も取材に取り掛かった50年前とは大きく様変わりしました。桟橋が大きくなり、定期船も大型化し、また、橋が架かった島やビルが建った島もあります。できるかぎり新しい写真で誌面作りをしましたが、中には以前の景観のままで掲載してあるところがあります。

※島の数は「450」は、北方四島を「４」、竹島・尖閣諸島をそれぞれ「１」としてカウントしましたので、実際の島の数はもっと多くなります。

資料協力・写真提供

順不同

公益財団法人日本離島センター／壱岐市立一支国博物館／石山荘／㈱中の島／一真海運・片山龍一／岩国柱島海運／エル・ビー・カヤックステーション／大崎内浦漁業協同組合／五島新報新聞社／豊浦汽船／中国電力広報課・環境部門／さだ企画／星野英昭／村上修一／箭内博行／渕上印刷／弓削島「しまでCafe」／江差町役場追分観光課／宮城県女川町／東松島市観光協会／利島村教育委員会／小笠原村産業観光課／三浦市商工観光課／藤沢市観光協会／熱海市観光課／能登島観光協会／篠島観光協会／日間賀島観光協会／志摩市観光協会／鳥羽市観光課／鳥羽市観光協会／南あわじ市商工観光課／南知多町教育委員会／岡山県庁中山間・地域振興課／岡山県男女共同参画青少年課／岡山県東区総務地域振興課／笠岡市経済観光活性課／瀬戸内市産業振興課／倉敷市観光課／備前市産業部商工観光課／大崎上島町商工観光課／呉市産業部観光振興課／因島総合支所しまおこし課／尾道市観光課／尾道市産業振興課／岩国市政策企画課／岩国市柱島出張所／呉市観光振興課／呉市水産振興課／萩市大島出張所／下関市観光振興課／周防大島観光協会／田布施町経済課／上関町総合企画課／周南市観光協会／下松市産業観光課／周南市観光政策課／直島町総務課／高松市観光振興課／土庄町建設課／丸亀市離島振興室／丸亀市商工観光課／三豊市観光協会／上島町生名総合支所産業振興課／松山市企画政策課／松山市観光産業振興課／今治市観光課／愛媛県上島町／宿毛市商工観光課／福岡県西区総務部企画振興課／唐津市観光課／唐津市鎮西支所産業課／五島市富江支所地域振興課／五島市観光交流課／長崎県時津町／長崎市さるく観光課／壱岐市観光商工課／対馬市総務課／佐世保観光コンベンション協会／松浦市観光物産課／新上五島町観光物産課／宇久町観光協会／小値賀町産業振興課／諫早市商政観光課／天草市商工観光課／佐伯市鶴見局振興局地域振興教育課／日南市観光課／みやざき観光コンベンション協会／三島村総務課／十島村総務課／今帰仁村観光協会／多良間村観光課／伊江村役場企画総務課／うるま市秘書広報課／うるま市商工観光課／渡名喜村経済課／竹富町観光協会／竹富町商工観光課／粟国村総務課／南城市観光・文化振興課／本部町観光協会／宮古島観光協会／全国市町村市役所・役場

■カバーデザイン：宮澤来美

■本文デザイン：宮澤来美、温水久夫、佐野路子

■アートディレクション：秋葉勇人デザイン室

■編集：ビーアンドエス

プロフィール

加藤 庸二 Kato Yoji

フォトグラファー。島のスペシャリスト。1970年代の学生時代に奄美群島、トカラ列島などを放浪し、本格的に写真撮影を始める。1971年に与論島で潜水を習得し、慶良間列島などで水中撮影を行う。在学中にドキュメンタリー映画制作の日本映像記録センターでフィルム編集に携わる。卒業後、出版社編集を経て1980年、潜水専門誌『ダイバー』の創刊号から編集人として参画。その間もダイビングフォトグラファーとして活動し、国内外の島々の撮影を精力的に行う。1996年に一般人が上陸できる有人島のすべてに渡島した。国交省の「島の宝100景」の選考委員、日本旅客船協会、国交省のフォトコンテストの選考委員などを務める。

紀行、文化と暮らし、伝統、伝説、自然と人物などを取材し、雑誌、新聞、機関誌などで発表するフォト＆エッセイストとして活動する。明治大学卒。日本写真家協会会員。東京都出身。

原色 日本島図鑑 改訂第３版

2024年６月25日 初版発行

著　者　加 藤 庸 二
発行者　富 永 靖 弘
印刷所　株式会社新藤慶昌堂

発行所　東京都台東区台東２丁目24　株式会社　**新星出版社**
〒110-0016　☎03(3831)0743

Printed in Japan

ISBN978-4-405-07389-0

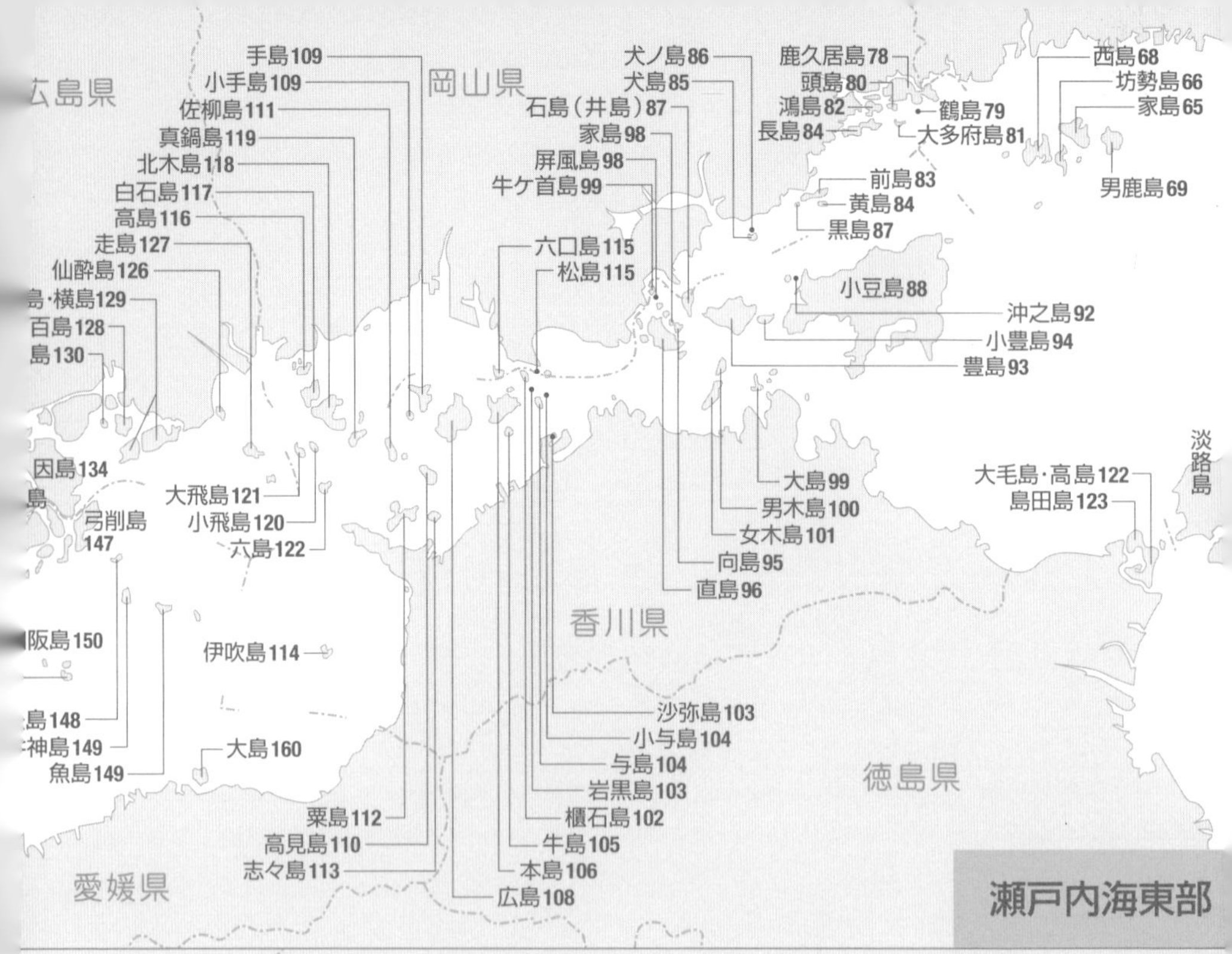

瀬戸内海東部

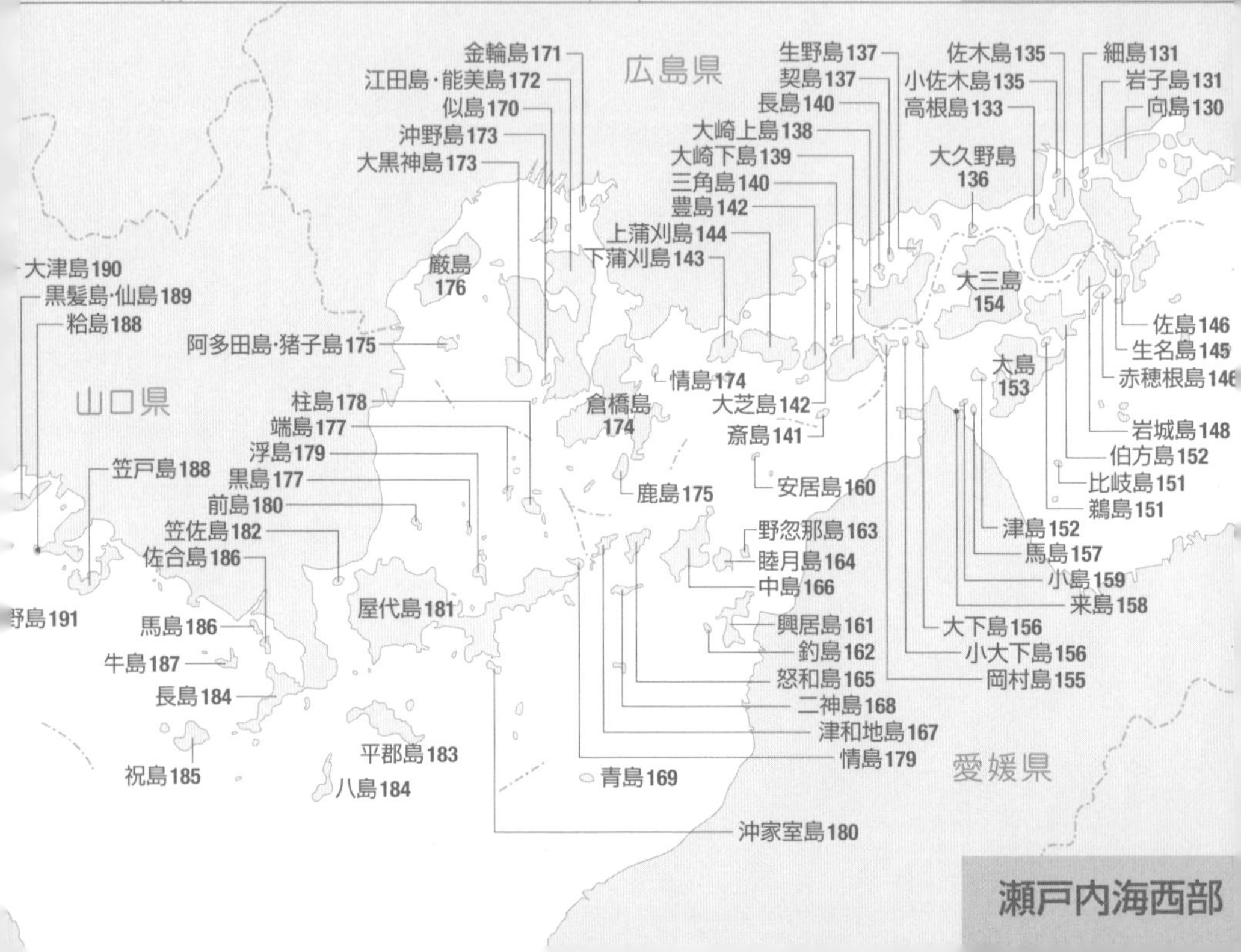

瀬戸内海西部